网络协同制造和智能工厂学术专著系列

制造业多价值链协同数据空间设计理论与方法

牛东晓 王宏伟 韩浩平 ◎ 著

Design Theory and Method of Multi Value Chain
Collaborative Data Space in Manufacturing Industry

机械工业出版社
CHINA MACHINE PRESS

图书在版编目（CIP）数据

制造业多价值链协同数据空间设计理论与方法 / 牛东晓，王宏伟，韩洁平著 . —北京：机械工业出版社，2024.2

（网络协同制造和智能工厂学术专著系列）

ISBN 978-7-111-74670-6

Ⅰ . ①制… Ⅱ . ①牛… ②王… ③韩… Ⅲ . ①智能制造系统 – 制造工业 – 工业企业管理 – 研究 Ⅳ . ① F407.406

中国国家版本馆 CIP 数据核字（2024）第 028937 号

机械工业出版社（北京市百万庄大街 22 号　邮政编码 100037）
策划编辑：王　颖　　　　　　责任编辑：王　颖　赵晓峰
责任校对：韩佳欣　牟丽英　　责任印制：邸　敏
三河市国英印务有限公司印刷
2024 年 3 月第 1 版第 1 次印刷
170mm×230mm・22 印张・488 千字
标准书号：ISBN 978-7-111-74670-6
定价：119.00 元

电话服务　　　　　　　　　网络服务
客服电话：010-88361066　　机　工　官　网：www.cmpbook.com
　　　　　010-88379833　　机　工　官　博：weibo.com/cmp1952
　　　　　010-68326294　　金　书　网：www.golden-book.com
封底无防伪标均为盗版　机工教育服务网：www.cmpedu.com

前　言

制造业是形成经济增长动力，塑造国际竞争新优势的重点和难点。当前，全球制造业格局调整升级，新一代信息技术与制造业深度融合，如何实现制造业创新发展与转型，推进工业化与信息化融合发展，重塑制造业技术体系是当前发展的重要问题。为此，国家提出《国家创新驱动发展战略纲要》《中国制造 2025》，大力提倡发展智能制造，提高我国制造业的国际地位和效益水平，促进经济高质量发展。随着我国经济的快速发展，我国面临的制造业技术能力尚未形成、融合新生态发展不足、核心技术支撑能力薄弱等问题不断出现。由此，基于"互联网+"思维，以"创模式、强能力、促生态、夯基础"以及重塑制造业技术体系、生产模式、产业形态和价值链为目标，实现制造业创新发展与转型升级，推进工业化与信息化、制造业与互联网、制造业与服务业融合发展，探索引领智能制造发展的制造与服务新模式具有重要的科学意义和应用前景。

本书创建了制造业多价值链协同数据空间设计基础理论，构建了面向制造企业的多价值链协同体系，给出了价值链活动新业务模式，实现了企业全过程多价值链协同管理。本书主要解决了多价值链协同数据体系架构基础设计问题，实现了多价值链协同高维时空全过程数据智能优化决策，构建了多价值链协同知识服务引擎，设计了多价值链协同数据空间管理引擎与管理系统架构，以期较大提高制造企业智能化管理水平、综合竞争力和经济效益，产生重大理论和应用成果，形成示范效应，引领前沿发展。

本书由华北电力大学牛东晓教授、浙江大学王宏伟教授以及东北电力大学韩洁平教授著。在写作中得到了华北电力大学的李明钰、王建军、孙丽洁、斯琴卓娅、杜若芸、陈洪飞、崔曦文、吴庚奇、刘宇静、高恬、王董禹、彭露瑶、汪鹏、田竹肖、耿世平、刘云天、彭莎，浙江大学的谢庭玉、覃博、马克、张键、陶舒婷、张宇飞、李祁，东北电力大学的杨晓龙、王敬东、赵丹、顾美玲、闫晶、云靖雯、禚传瑜、常笑瑀、李慧敏、王佩芳、穆杞梓、杨帅松，北京清畅电力技术股份有限公司的张焕粉、李克英等人的帮助。

本书写作受到"国家重点研发计划项目"资助，项目编号为2020YFB1707800，项目名称为"制造业多价值链协同数据空间设计理论与方法"。在此，衷心感谢大家对本书出版的大力支持和帮助。

作　者
2023 年 3 月

目 录

前言

第1章 绪论 ··· 1
1.1 背景与意义 ··· 1
1.2 国内外研究现状 ··· 3
1.2.1 制造业多价值链数据面临的问题及困境 ··· 3
1.2.2 制造业多价值链协同数据全生命周期体系的数据处理方法现状 ··· 4
1.2.3 制造业多价值链协同数据空间关键支撑方法研究现状 ··· 5
1.3 研究内容及创新点 ··· 7
1.3.1 研究内容及技术路线 ··· 7
1.3.2 主要创新点 ··· 8

第2章 制造业多价值链协同数据空间概述 ··· 10
2.1 制造业多价值链协同性 ··· 10
2.1.1 制造业多价值链概念 ··· 10
2.1.2 制造业多价值链协同性 ··· 10
2.1.3 制造业多价值链协同参与主体与运行机制 ··· 11
2.1.4 制造业多价值链协同业务流程 ··· 13
2.2 制造业多价值链协同数据空间 ··· 20
2.2.1 数据空间基本概念 ··· 20
2.2.2 数据管理系统现状 ··· 21
2.2.3 制造业多价值链协同数据空间概念 ··· 22
2.2.4 制造业多价值链协同数据空间基本特征 ··· 22
2.3 制造业多价值链协同数据空间体系架构 ··· 23
2.3.1 制造业多价值链协同数据空间体系架构需求分析 ··· 23

2.3.2　制造业多价值链协同数据空间体系架构规划原则 ············· 24
　　2.3.3　制造业多价值链协同数据空间体系架构规划 ················· 25
2.4　制造业多价值链协同数据空间安全管理方法 ························· 27
　　2.4.1　数据空间数据安全管理规范 ····································· 27
　　2.4.2　数据空间数据分级 ·· 28
　　2.4.3　数据空间数据保密性 ·· 29
　　2.4.4　制造业多价值链协同数据空间安全体系 ······················· 30
2.5　制造业多价值链协同数据空间体系管理方法及关键技术 ············ 34
　　2.5.1　制造业多价值链协同数据空间中多源异构数据的采集
　　　　　整合方法 ·· 34
　　2.5.2　制造业多价值链协同数据空间数据处理关键技术 ··········· 36
　　2.5.3　制造业多价值链协同数据空间的智能优化决策模型 ········ 36
　　2.5.4　制造业多价值链协同数据空间知识发掘方法 ················· 37
　　2.5.5　制造业多价值链协同数据空间管理方法 ······················· 38
　　2.5.6　制造业多价值链协同数据空间数据应用关键技术 ··········· 39
　　2.5.7　制造业多价值链协同数据空间数据安全关键技术 ··········· 40
2.6　制造业多价值链协同数据空间适用范围 ······························· 40
　　2.6.1　制造企业 ·· 41
　　2.6.2　供应商 ··· 41
　　2.6.3　经销商 ··· 41
　　2.6.4　终端用户 ·· 42
　　2.6.5　多价值链协同数据空间管理第三方平台 ······················· 42
　　2.6.6　能源企业 ·· 42
　　2.6.7　金融企业 ·· 42
　　2.6.8　政府机构 ·· 43
2.7　本章小结 ·· 43

第3章　制造业多价值链协同数据全生命周期体系的数据处理方法 ············ 44
3.1　数据采集 ·· 44
　　3.1.1　当前阶段数据采集面临的问题 ··································· 45
　　3.1.2　全生命周期体系相关概念 ··· 45
　　3.1.3　数据采集方法概述 ··· 49
　　3.1.4　数据采集质量评估 ··· 51
　　3.1.5　基于数据空间的数据采集延伸 ··································· 55
3.2　数据存储 ·· 59
　　3.2.1　制造业数据空间中的数据分类存储 ······························ 60
　　3.2.2　数据空间中的数据处理流程 ······································ 61

3.3 数据分析及应用 ··· 63
   3.3.1 数据定性筛选方法 ·· 63
   3.3.2 数据分类方法 ··· 66
   3.3.3 数据集成方法 ··· 68
   3.3.4 数据挖掘方法 ··· 73
   3.3.5 数据降维方法 ··· 79
   3.3.6 数据预测方法 ··· 82
3.4 数据安全 ··· 89
   3.4.1 数据空间的不确定性问题 ·· 90
   3.4.2 数据安全风险预测方法 ··· 90
   3.4.3 数据安全风险治理方法 ··· 91
   3.4.4 数据安全风险治理体系 ··· 95
3.5 本章小结 ··· 96

第4章 制造业多价值链协同数据空间的关键支撑方法 ··············· 98

4.1 数据建模 ··· 98
   4.1.1 多模态数据融合电力设备识别建模 ··· 99
   4.1.2 基于 DS-MVC 架构的生产决策建模 ·· 102
   4.1.3 多价值链协同的经营风险预测建模 ··· 103
   4.1.4 考虑多能时空耦合的 IES 多元负荷预测建模 ······························· 106
   4.1.5 基于 Gabor-LSTM-XGboost 两阶段预测建模 ······························· 108
   4.1.6 基于 SSA-ELM 的产品销量智能预测建模 ··································· 112
4.2 混合存储 ··· 114
   4.2.1 面向多源数据的集成存储 ··· 114
   4.2.2 面向数据时效性的分级存储 ·· 115
   4.2.3 面向多模态数据的多元存储 ·· 116
4.3 快速索引 ··· 117
   4.3.1 多源数据索引的构建 ··· 118
   4.3.2 时空数据索引的构建 ··· 119
   4.3.3 跨模态数据索引的构建 ·· 120
4.4 关联表示 ··· 121
   4.4.1 多源异构数据的关联性分析 ·· 122
   4.4.2 多源融合数据的相似性度量 ·· 123
   4.4.3 BOM 表的多价值链关联表示 ·· 126
4.5 全链搜索 ··· 126
   4.5.1 构建数据检索框架 ·· 126
   4.5.2 跨链检索技术 ·· 128

		4.5.3 跨模态检索技术	129
4.6	集成演化		130
	4.6.1	面向历史数据的分析挖掘	130
	4.6.2	面向未来趋势的演化预测	133
4.7	本章小结		135

第 5 章 制造业多价值链协同数据空间的知识发掘和服务方法 137

5.1	知识发掘与图谱构建		137
	5.1.1	制造业多价值链协同的命名实体识别方法	137
	5.1.2	制造业多价值链协同的关系抽取方法	144
	5.1.3	基于分割嵌入的开放知识图谱推理补全	145
	5.1.4	制造业图谱构建与存储	151
5.2	制造业多价值链协同数据空间知识引擎架构		152
	5.2.1	系统架构设计	152
	5.2.2	原型系统	154
5.3	基于知识图谱的制造业多价值链知识服务		173
	5.3.1	知识问答	173
	5.3.2	知识服务	178
5.4	本章小结		189

第 6 章 制造业多价值链协同数据空间管理引擎设计与管理系统 190

6.1	制造业多价值链协同数据空间管理引擎设计方法		190
	6.1.1	制造业多价值链协同数据空间管理引擎数据处理模块	190
	6.1.2	制造业多价值链协同数据空间管理引擎查询优化模块	209
	6.1.3	制造业多价值链协同数据空间管理引擎数据操纵模块	214
	6.1.4	制造业多价值链协同数据空间管理引擎结果输出模块	220
6.2	制造业多价值链协同数据空间管理系统架构		234
	6.2.1	制造业多价值链协同数据空间管理系统需求分析	234
	6.2.2	制造业多价值链协同数据空间管理系统架构	237
	6.2.3	制造业多价值链协同数据空间管理平台	241
	6.2.4	制造业多价值链协同数据空间管理系统软件构件	254
6.3	本章小结		265

第 7 章 制造业多价值链协同数据空间应用实践 267

7.1	应用单位简介	267
7.2	应用情况分析	268

		7.2.1	基于深度学习的电力制造企业多价值链协同数据挖掘方法应用 ················ 269

- 7.2.1 基于深度学习的电力制造企业多价值链协同数据挖掘方法应用 ·················· 269
- 7.2.2 电力制造企业多价值链协同数据空间中数据集成方法应用 ······ 276
- 7.2.3 电力制造企业多价值链协同运作效率影响因素分析方法应用 ············ 279
- 7.2.4 多价值链视角下基于深度学习的制造企业产品需求预测模型应用 ············ 282
- 7.2.5 基于数据空间全生命周期的电力制造企业数据安全协同治理方法应用 ············ 285
- 7.2.6 基于数据空间的电力制造企业多价值链经营风险识别与管控方法应用 ············ 287
- 7.2.7 基于数据空间多价值链协同体系架构的制造企业生产决策方法应用 ············ 289
- 7.2.8 基于数据空间的制造企业数据空间存储方法应用 ················ 295
- 7.2.9 基于制造业多价值链协同数据管理体系的产品销量预测方法应用 ············ 298
- 7.3 应用效果验证 ·············· 300
  - 7.3.1 多价值链协同多源异构数据采集整合软件应用效果验证 ········ 300
  - 7.3.2 多价值链活动全过程快速索引与关联表示软件应用效果验证 ············ 307
  - 7.3.3 多价值链协同知识服务引擎基础平台应用效果验证 ············ 312
  - 7.3.4 多价值链知识抽取及图谱构建软件应用效果验证 ············ 316
  - 7.3.5 多价值链协同数据空间管理引擎软件应用效果验证 ············ 321
  - 7.3.6 五种软件整体应用效果检验 ················ 327
- 7.4 本章小结 ················ 328

第 8 章 成果与结论 ················ 329

参考文献 ················ 332

第1章

绪 论

1.1 背景与意义

制造业是国民经济的主体,是科技创新的主战场,是立国之本、兴国之器、强国之基。十八世纪中叶开启工业文明以来,世界强国的兴衰史和中华民族的奋斗史一再证明,没有强大的制造业,就没有国家和民族的强盛。打造具有国际竞争力的制造业,是我国提升综合国力、保障国家安全、建设世界强国的必由之路。尤其是改革开放以来,我国制造业持续快速发展,建成了门类齐全、独立完整的产业体系,有力推动工业化和现代化进程,显著增强综合国力,支撑我国世界大国地位。然而,我国制造业虽然大而强,但是与世界先进水平相比,依然需要在自主创新能力、资源利用效率、产业结构水平、信息化程度等方面进一步提高,转型升级和跨越发展的任务紧迫而艰巨。当前,新一轮科技革命和产业变革与我国加快转变经济发展方式形成历史性交汇,国际产业分工格局正在重塑。

目前,全球制造业格局面临重大调整。新一代信息技术与制造业深度融合,正在引发影响深远的产业变革,形成新的生产方式、产业形态、商业模式和经济增长点。基于信息物理系统的智能装备、智能工厂等智能制造正在引领制造方式变革。网络众包、协同设计、大规模个性化定制、精准供应链管理、全生命周期管理、电子商务等正在重塑产业价值链体系。全球产业竞争格局正在发生重大调整,我国在新一轮发展中面临巨大挑战,国际金融危机发生后,发达国家纷纷实施"再工业化"战略,重塑制造业竞争新优势,加速推进新一轮全球贸易投资新格局;我国经济发展环境也发生重大变化。各行业新的装备需求、人民群众新的消费需求、社会管理和公共服务新的民生需求、国防建设新的安全需求,都要求制造业在重大技术装备创新、消费品质量和安全、公共服务设施设备供给和国防装备保障等方面迅速提升水平和能力。全面深化改革和进一步扩大开放，将不断激发制造业发展活力和创造力，促进制造业转型升级。资源和环境约束不断强化，劳动力等生产要素成本不断上升，投资和出口增速明显放缓，主要依靠资源要素投入、规模扩张的粗放发展模式难以为继，调整结构、转型升级、提质增效刻不容缓。形成经济增长新动力，塑造国际竞争新优势，重点在制造业，难点在制造业，出路也在制造业；我国建设制造强国任务艰巨而紧迫。经过几十年的快速发展，我国制造业规模跃居世界第一位，建立起门类齐全、独立完整的制造体系，成为支撑我国经济社会发展的重要基石和促进世界经济发展的重要力量。持续的技术创新，大大提高了我国制造业的综合竞争力；但我国仍处于工业化进程中，与先进国家相比还有较大差距，应加强自主创新能力、提高能源利用率、优化产业结构，进一步推进制造强国建设。

总体而言，我国要想提升在全球价值链中的位置，攻克关键核心技术，在科学前沿和高技术领域赶超发达国家，那么支撑产业升级、引领未来发展的科学技术储备亟待加强。2015年5月8日，国务院印发《中国制造2025》[1]，该文件明确指出应立足国情、立足现实，力争通过"三步走"实现制造强国的战略目标。第一步：力争用十年时间，迈入制造强国行列，到2020年，基本实现工业化，制造业大国地位进一步巩固，制造业信息化水平大幅提升。到2025年，制造业整体素质大幅提升，创新能力显著增强，全员劳动生产率明显提高，两化（工业化和信息化）融合迈上新台阶。第二步：到2035年，我国制造业整体达到世界制造强国阵营中等水平。创新能力大幅提升，重点领域发展取得重大突破，整体竞争力明显增强，优势行业形成全球创新引领能力，全面实现工业化。第三步：新中国成立一百年时，制造业大国地位更加巩固，综合实力进入世界制造强国前列。制造业主要领域具有创新引领能力和明显竞争优势，建成全球领先的技术体系和产业体系。中华人民共和国国务院发布的2006年9号文《国家中长期科学和技术发展规划纲要（2006—2020年）》明确指出，应大力推进制造业信息化，积极发展基础原材料，大幅度提高产品档次、技术含量和附加值，全面提升制造业整体技术水平。为此，2016年5月19日中共中央、国务院印发了《国家创新驱动发展战略纲要》，纲要提出"三步走"战略目标，进一步强调创新的重要性；2015年7月4日发布的《国务院关于积极推进"互联网+"行动的指导意见》[2]给出了指导意见，应该推动互联网与制造业融合，提升制造业数字化、网络化、智能化水平，加强产业链协作，发展基于互联网的协同制造新模式。大力发展智能制造，提升网络化协同制造水平。

因此，国家重点研发计划启动实施"网络协同制造和智能工厂"重点专项，针对网络协同制造和智能工厂发展模式创新不足、技术能力尚未形成、融合新生态发展不足、核心技术/软件支撑能力薄弱等问题，基于"互联网+"思维，以实现制造业创新发展与转型升级为主题，以推进工业化与信息化、制造业与互联网、制造业与服务业融合发展为主线，以"创模式、强能力、促生态、夯基础"以及重塑制造业技术体系、生产模式、产业形态和价值链为目标，坚持有所为、有所不为，推动科技创新与制度创新、管理创新、商业模式创新、业态创新相结合，探索引领智能制造发展的制造与服务新模式，突破网络协同制造和智能工厂的基础理论与关键技术，研发网络协同制造核心软件，建立技术标准，创建网络协同制造支撑平台，培育示范效应强的智慧企业。

本书围绕国家重点研发计划"网络协同制造和智能工厂"重点专项的"1.3 制造业多价值链协同数据空间设计理论与方法"开展相关研究。具体为：面向制造企业及协作企业群形成的产业价值链，针对基于第三方平台构建的多价值链协同体系，研究价值链活动数据的生成、汇聚、存储、管理、分析、使用和销毁全过程的价值链协同数据体系架构，研究供应/营销/服务价值链活动全过程的数据建模、快速索引、关联表示、全链搜索、集成演化等方法和技术；研究多价值链协同数据空间管理引擎设计方法、管理系统组成模型与架构；研究价值链服务引擎，基于数据空间的知识发掘、服务方法及技术。

1.2 国内外研究现状

1.2.1 制造业多价值链数据面临的问题及困境

制造及协作企业在生产经营过程中，为共同提高自身价值，从生产、供应、营销和服务等多方面以合作形式展开的一系列增值活动形成了制造业多价值链，多价值链主要包括生产价值链、供应价值链、营销价值链和服务价值链。在各类主体日常生产运行中多价值链参与的主体包括制造企业、与制造企业相关的协作企业群、多价值链协同数据空间管理第三方平台以及监督管理部门四大类主体。各类主体日常生产运行会产生海量的数据，数据的存储技术从早期的数据系统开始，经历了数据孤岛、数据池等时期。数据池技术由于数据更新滞后等问题，造成数据共享困难，使数据失去了安全性和主权性。因此，在数据沼泽的发展基础上，出现了数据库系统。而数据库本身也具有效率低等问题。因此，在2012—2013年，为了实现数据治理和流程再造，数据空间开始发展起来。数据空间能够有效提高数据安全性，使得数据空间主体具有数据处理权，更加符合企业智能化发展的需要[3]。但是针对制造企业如何构建数据空间，完善数据空间管理体系，如何将管理与生产、经营融合，现在研究还在起步阶段，亟须开展进一步研究[3]。

当前，制造业使用数据空间存在着全过程多价值链协同数据采集需求、多价值链协同数据下的智能优化决策需求、多价值链协同知识服务需求以及多价值链协同数据空间管理需求。其中，全过程多价值链协同数据采集需求主要指如何针对制造与协作企业在生产及管理各个环节产生的感知数据、状态数据、业务数据、流程数据以及价值链中的交易平台、金融平台、供应链平台等平台中存在的结构化、半结构化、非结构化数据形成统一的管理平台，按照统一的标准进行采集。多价值链协同数据下的智能优化决策需求指利用收集到的数据，建立价值链各环节的智能优化决策模型优化管理运营。多价值链协同知识服务需求指企业面向复杂的数据空间，利用多价值链协同服务知识图谱，采用面向语境的知识服务推荐方法，以实现复杂知识服务与用户需求的动态匹配。多价值链协同数据空间管理需求指实现面向分布式集群引擎数据存储和管理、面向事务处理的动态快速索引、引擎数据自动扩展和可视化等。目前，分析企业对于多价值链协同数据空间体系需求，以及如何使用和管理数据空间，如何构建多价值链协同数据空间管理引擎模型研究框架、明确数据空间的主体与边界、探究该过程中的管理方法及关键技术亟须研究。

1.2.2 制造业多价值链协同数据全生命周期体系的数据处理方法现状

（1）数据采集

在制造业生产经营过程中，会产生不同来源、多种结构数据的多源异构数据，多元异构数据因其数据来源的多样性、数据种类及形态的复杂性给数据规范化采集与使用带来了一定困难[4]。往往由于不同数据源的数据之间可能存在冲突、不一致或者相互矛盾的现象，在如此大量的数据下，难以实现不同数据的检测和定位。目前，数据采集面临着大数据开放流通困难、数据产权模糊、隐私容易泄露、数据采集质量水平仍待提高等问题。大数据开放流通困难主要指客户以及潜在客户的数据采集和管理零散，严重影响数据的流通使用和共享，很难对线上、线下等多个维度的个人数据进行汇总，且采集的数据大多数为静态数据，缺乏实时性。数据采集之后还面临着数据空间构建、数据使用等问题，数据采集阶段的数据质量直接影响数据空间的构建和数据的使用[5]。因此，针对制造业的多价值链协同效应，从数据全生命周期角度，构建数据空间数据质量的评价指标体系非常关键[6]。

（2）数据存储

伴随着复杂供应链的数据空间，围绕制造业进行数据分析的过程必然需要依靠场景和业务处理或接触到很多的数据。和传统数据存储相比，这些数据按结构分类分为三种：结构化数据、非结构化数据和半结构化数据。其中，结构化数据是指数据以表格形式存储，并且每个数据字段都有固定的数据类型。这些数据具有清晰的数据结构，可以通过行和列的方式组织和访问，类似于关系型数据库中的数据。非结构化数据是指数据没有固定的格式和组织方式，不容易用表格或数据库存储。半结构化数据介于结构化数据和非结构化数据之间，具有一定的结构，但不是完全按照表格形式组织的。在数据分析和处理过程中，不同类型的数据需要采用不同的方法和工具进行处理。在实际应用场景中，通过利用产品或者制造业中的统一编码规制对关键产品环节进行编码提取转换，从而形成围绕该产品的数据空间。值得注意的是，企业往往从多个数据源头提取数据，因此难免会出现数据缺失、数据异常以及数据统计口径、单位等尺度不同的现象，对数据进行预处理有利于提高数据质量。

（3）数据分析及应用

数据分析及应用是构建数据空间的目的，是企业提质增效的关键点。按照数据分析流程，可以分为数据筛选、数据分类、数据集成、数据挖掘、数据降维、数据预测等[7]；按照应用范围，制造业多价值链协同数据包含了影响因素识别、经营风险识别、产品需求预测、制造企业负荷预测等[7]。目前，数据分析及应用较为成熟，但是更需要依据业务特性进行定制相关应用分析算法。

（4）数据安全

数据空间技术不仅可以满足主体对象对多元、不确定性数据的大量需求，同时作为一种数据管理策略解决了对异构、分散数据的收集、利用与共享[8]。伴随着数据处理的快速响应以及高速运算，数据的覆盖面更加广阔、数据利用功能更加多样、数据相关性更强。与此同时，带来的数据安全问题影响着正常的生活生产。在数据的全生命周期中，数据的采集、存储、处理、传输、交换和销毁各个环节都面临一定的风险安全[9]，基于数据的全生命周期制定数据安全管理模式可以有效规避风险。因此需要从风险识别、评价、预警和控制四个角度出发，考虑数据空间数据的动态性以及不确定性，对数据进行安全管理[10]。

1.2.3 制造业多价值链协同数据空间关键支撑方法研究现状

数据建模、快速索引、关联表示、全链搜索和集成演化是构建制造业多价值链协同数据空间的关键支撑方法，有助于提高企业的数字化水平，实现全价值链数据的协同治理与价值信息的挖掘。本节分别对其发展现状进行分析。

（1）数据建模

基于数据空间的数据建模，可以高效利用制造业多价值链协同的过程中企业产生的大量异域、异源、异构数据进行复杂多维度分布式数据分析。在数据建模过程中，需要依据数据特性、用户目的进行建模。在制造业多价值链协同数据空间中，往往需要对文本型、数值型、视频型等数据进行建模。针对邮件和表格中的文本型数据，文献[11]提出了一种基于表格检索和机器学习二阶段的表格相关文本识别方法，阶段一利用表格内容进行全文检索，获取潜在相关文本。阶段二构建机器学习模型，判断表格与潜在相关文本间的相关性，从而实现文献中表格相关文本的自动识别。文献[12]提出了基于人工智能方法，采用光学字符识别（OCR）技术，对图像中的文本进行识别。针对数值型数据，这一类数据结构清晰，一般包括产量数据、交易数据、营销数据等。数据建模的关键点在于需要依据工程实际用户进行建模，文献[13]为了解决新系统建设初期出现的用户满意度下降、投诉量增加的问题，提出建立基于XGBoost的用户投诉风险预测模型来对用户投诉行为进行预测。文献[14]针对备件需求量预测这一典型问题，结合基于状态的维修实际，研究了定期检测策略下备件需求量的预测方法。对于视频类数据，以企业厂房的监控信息为例，文献[15]提出了基于视频的行人轨迹信息提取及异常行为检测与分析研究，解决了依据视频监控迅速且精准地定位异常事件的问题。文献[16]针对现实生活中未经剪辑的视频的效果表现不理想、信息过于冗余问题，提出了一个视频关键运动信息提取算法，用于捕捉视频中的关键运动部分，并以此进行多尺度时间和空间特征建模与融合，使得视频中的时序信息与运动空间场景产生联系。综上分析可知，现在已经有相关研究针对各类型数据，但是值得注意的是在不同的情境下数据建模与数据特点的不同，数据建模具有很大的差异性。因此，亟需依据制造业各类不同的应用场景，提出科学、有效且适用的数据建模方法。

（2）快速索引

快速索引指的是从多源数据、时空数据、多模态数据角度构建多链多源多模态数据的存储与索引，实现复杂数据的快速检索，并以模糊查询的形式为用户提供简便的查询入口，为其他服务提供基础。现在已经有部分学者对快速索引进行了相关研究，文献[17]提出了有效利用数据存储空间，时间序列数据存储采用分布式压缩存储结构，对整数、浮点数、布尔值、字符串和时间等不同类型的数据采用不同的压缩算法，每个存储节点采用日志结构化合并树的数据结构来组织数据，结果表明该方法单机查询性能好。文献 [18] 针对电力系统中的海量数据，结合 Jimo 大数据的动态可删节索引技术，提出一种适用于电力大数据的索引机制与查询方法，并构建了电力大数据高效索引与快速组合查询的一体化解决方案。实际的计算分析表明，该算法极大地提升了电力大数据的组合查询效率，很好地满足了系统的性能需求。文献 [19] 提出一种大规模数据的潜在语义索引（LSI）方法，给出一个降维问题的统一框架。利用该技术在最大程度保持 LSI 降维效果的同时，简化 LSI 的计算，使其能够应用于大规模数据。结果表明利用该技术在最大程度保持 LSI 降维效果的同时，可以简化 LSI 的计算，使其能够应用于大规模数据。总体而言，已经存在对数据快速索引的研究，但是实际上企业面临的数据具有多源特性、多时空特性、多模态特性。如何构建系统性框架，对多源数据、多时空数据、多模态数据进行分析有待深入探索。

（3）关联表示

关联表示指的是针对制造业全价值链活动过程中产生海量多源异构数据进行数据融合和数据关联，实现产品物料母件与子件的有效关联，并提供关联信息的可视化查询。文献 [20] 针对多模态数据中存在细粒度信息以及空间关系信息表示不充分、单模态的偏置问题和无效区域偏置融合问题，构建了多模态数据关联表示方法。文献 [21] 为了解决传统关联规则忽略了规则之间的关系和影响，提出了一种基于贝叶斯网的关联规则表示方法，实验表明这种方法生成的贝叶斯网不仅能够有效地表示原有的关联规则的含义，而且表现了关联规则之间的联系，从而扩展了关联规则的应用。文献 [22] 针对忽略文本中实体间的语义关联的问题，提出一种利用实体描述文本进行增强学习的方法，基于文本挖掘出关联性实体并对关联性进行分级，将关联性作为辅助约束融合到知识图谱的表示学习中。实验结果表明，该辅助约束能明显提升推理效果，优于传统的结构化学习模型以及基于深度学习的文本和结构的联合表示模型。分析可知，现在少有文献对制造业全价值链活动过程中所产生的海量多源异构数据进行关联性分析、同组数据内的数据分析、不同组数据之间的数据分析。

（4）全链搜索

在数据空间中，如何实现从海量的全链路数据中检索出所需要的有价值的数据成为关键。数据检索，顾名思义，是指根据用户所提出的问题，经过选择、整理和评价，选出能够回答问题的数据。通过检索，能够为用户决策提供可靠的依据，检索出的数据越全面、越准确，越能保证做出的决策的合理性。文献 [23] 研究一种基于知识图谱的全链路数据自动检索方法，该方法结合知识图谱理论，构建全链路数据的知识图谱，对全链路数据实施关联整理，结果表明：与基于簇内乘积量化的最近邻检索方法、基于类别分组索引的检索方法、基于加权模式挖掘与规则混合扩展的检索方法相比，所研究检索方法平均倒数排名指标值更小、命中率更大，说明所研究检索方法性能好，检索结果更加全面和准确。文献 [24] 针对智慧图书馆发展需求，提出了一种深度学习模型，用于查询文档文本与关键字之间的相关性。首先计算查询和文档之间的可变长度 Delta 矩阵，描述两个文本之间的差异，其次将其传递到深度卷积阶段，再经过深度前馈网络以计算相关性得分，实验结果证明该模型性能优于同类的最新深度学习方法。文献 [25] 也对电力大数据的检索需求、检索关键技术、检索平台的构建进行了探究。综上分析可知，现在的数据检索是单一模态的，且数据系统也是单一面对某一个具体用户的，而制造业中数据一般是跨模态、跨链检索系统的，依据制造企业特点构建数据检索框架，实现跨模态、跨链检索是数据采集与数据应用的关键点。

（5）集成演化

集成演化包括面向历史数据的分析挖掘服务与面向未来趋势的演化预测服务，立足于数据集成挖掘结果和未来演化趋势，制造企业可以高效地制定企业发展方向。目前，相关的研究相对比较少，文献 [26] 为了解决信息孤岛和信息不对等的问题，充分发挥分布式信息系统的优势，以 Agent 技术为研究基础，提出一种能够在分布式开放网络环境下对信息系统进行集成演化的支撑环境，实现不同系统之间的在线协同与数据流通。文献 [27] 提出了一种面向代码演化的集成软件缺陷预测模型，通过选择与缺陷相关联的代码度量元以及版本间的演化度量元，由决策树（J48）、逻辑回归（LR）、神经网络（NN）、朴素贝叶斯（NB）各自迭代产生分类器，结合 Adaboost 集成学习方法，使其在训练分类器时更关注每一轮的错分元组，得到不同的预测集成模型。而在制造企业中，需要分别在供应链、生产链、营销链和服务链等异质链条上的结构化与非结构化数据，进而使用数据挖掘方法分析集成数据的时空间演化趋势来预测其未来演化趋势，并使用可视化方法对数据集成信息以及演化趋势信息进行展示，为制造企业的业务决策提供有价值的信息支持。

1.3 研究内容及创新点

1.3.1 研究内容及技术路线

为了创建制造业多价值链协同数据空间设计基础理论，构建面向制造企业的多价值链协同体系，形成价值链活动新业务模式，实现企业全过程多价值链协同管理。较大提高制造企业智能化管理水平、综合竞争力和经济效益，产生重大理论和应用成果，形成示范效应，引领前沿发展。研究的关键问题如下所示：

（1）多价值链协同数据体系架构基础设计问题

如何面对制造及协作企业多价值链协同数据空间中存在的异域、异源、异构数据问题，提出汇聚、整合、存储、管理方式，制定数据标准、规范和协议，在分层、分域、分布与协同、融合、全局一体化的高维时空内，运用分布式计算、云计算和并行处理技术，构建价值链活动数据生成、汇聚、存储、管理、分析、使用和销毁全过程的价值链协同数据体系架构。

（2）多价值链协同高维时空全过程数据智能优化决策问题

如何在制造及协作企业多价值链协同数据空间中的多源异构数据资源中，探索产业链的价值增值活动规律，研究全过程活动之间的耦合关系和演化规律，得到全过程多源异构数据空间机器学习支持下的快速索引、关联表示、全链搜索、集成演化、价值优化方法，建立采供供应、生产调度、成本控制、质量追溯、绩效评价、营销服务等多价值链协同高维时空全过程数据智能优化决策模型并求解，最终实现价值提升。

（3）多价值链协同知识的服务引擎构建问题

如何进行制造及协作企业多价值链协同数据空间的知识挖掘及知识重用，构建多价值链协同知识引擎架构，研究引擎计算优化方法；提出异构数据的知识挖掘技术，构建多价值链协同全过程知识图谱；提出基于知识支撑的动态知识服务的复合语境捕捉及鲁棒协作智能求解方法，实现多维度、多尺度、多状态下的知识表示。

（4）多价值链协同数据空间管理引擎与管理系统架构设计方法及验证问题

如何通过制造及协作企业多价值链协同数据空间，研究多价值链协同数据空间管理引擎架构设计方法及管理引擎实现方案；研究分布式集群引擎数据存储和管理方法，面向事务处理的动态快速索引方法，引擎数据自动扩展和可视化方法，得到多价值链协同数据空间管理引擎设计方法；建立面向数据协同和应用驱动的管理引擎模型，基于底层接口库的数据中枢智能筛选模型，高维数据集聚协同智能管理系统模型；研究建立数据协同、知识挖掘、管理优化三层多价值链协同数据空间智能驱动系统架构，并在电力制造企业协同平台验证。且在北京清畅电力技术股份有限公司进行应用示范，同时提供企业应用效益报告。

4个科学问题关系图如图1-1所示。

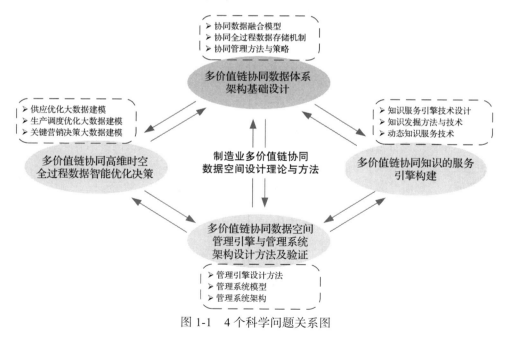

图1-1　4个科学问题关系图

1.3.2　主要创新点

依据价值链管理、经济学与智能优化理论，研究构建多价值链协同数据空间架构、数据空间智能优化决策、知识服务引擎、数据空间管理引擎、管理系统组成模型与架构，形成制造业多价值链协同数据空间设计基础理论，构建多价值链协同管理体系。本书的核心创新点如下：

创新点1：①面对制造及协作企业多价值链协同中存在的异域、异源、异构数据问题，制定制造及协作企业多价值链协同数据空间的数据标准、规范和协议。②构建价值链活动数据生成、汇聚、存储、管理、分析、使用和销毁全过程的价值链协同数据体系架构。③基于智能计算、云计算与互联网理论，提出制造及协作企业全过程多价值链协同多源异构数据采集整合方法、多源异构数据统一存储方法、多源异构数据安全管理方法，用以支撑数据管理体系架构。

创新点2：①从供应角度，建立多价值链大数据下的物资需求多尺度深度学习和知识图谱整合预测模型、多价值链大数据下在线分级联盟原料和备品库存协同优化模型、多价值链大数据下动态柔性供应联盟设计与利益共享优化评价模型，实现基于多价值链和全过程大数据的供应智能优化决策。②从生产与营销角度，建立多价值链大数据下价值联盟生产调度智能优化决策模型、多价值链大数据下价值联盟物流调度智能优化决策模型、动态供应链竞争下核心企业演化博弈报价智能优化决策模型，实现基于多价值链和全过程大数据的生产调度与营销智能优化决策。③从服务角度，建立基于多价值链大数据的产品故障预测预警模型、基于多价值链大数据的质量追溯模型，实现基于多价值链和全过程大数据的服务智能优化决策。

创新点3：①突破传统知识共享模式，提出多价值链协同知识引擎架构，实现大规模跨媒体数据的冗余处理、交叉验证和筛选，并提出基于服务场景的计算优化方法，实现对多价值链服务引擎的动态优化。②提出复杂数据信息的鲁棒语义模型，实现多源、多模态异构数据的知识抽取，提出异构数据融合机制，解决复杂知识的垂直孤岛问题，建立路径发现和路径推理机制，构建自更新、自演化的知识图谱。③面向多价值链数据空间协同优化知识图谱，动态智能匹配、搜索和推荐知识，实现动态知识服务，提出基于动态知识服务的协同鲁棒控制优化方案，优化多价值链协同知识服务引擎在动态情况时的稳定服务。

创新点4：①为应对制造业多价值链规模数据规模增量情境，提高引擎数据管理与维护的便捷性，满足面向制造业多价值链活动全过程的高效应用开发需求，提出分布式集群引擎数据存储和管理、面向事务处理的动态快速索引、引擎数据自动扩展和可视化等方法，由此，基于数据集管理、数据对象管理和数据智能服务，提出多价值链协同数据空间管理引擎设计方法。②面向制造业多价值链异域、异源、异构数据管理需求，针对其数据流、信息流及混合数据结构特征，建立面向数据协同和应用驱动的管理引擎模型、基于底层接口库的数据中枢智能筛选模型、高维数据集聚协同智能管理系统模型，由此，构成多价值链协同数据空间管理系统组成模型。③基于价值链协同理论，建立数据协同、知识挖掘、管理优化三层多价值链协同数据空间智能管理系统架构；基于团体理性和计划行为理论，剖析多价值链智能管理系统协作机理；基于合作博弈、数据生态理论提出数据协同管理和服务保障方法与策略。

第 2 章

制造业多价值链协同数据空间概述

2.1 制造业多价值链协同性

2.1.1 制造业多价值链概念

根据经济学家迈克尔·波特的《竞争优势》一书,价值链是指企业为增强自身价值而产生的一系列基本活动和辅助活动的集合,该理论是企业进行有效管理的重要依据。企业在生产中的各种业务活动都是价值流活动的表现,这些能够使企业价值得以提升的价值流便组成了企业内部的价值链。对于企业价值链的有效管理不但可以提升运营能力,还可以加强企业间的合作,促使企业实现经营管理的横向统一。随着企业及协作企业间界限的逐渐模糊,单供应链间出现交叉现象,链式供应链逐渐过渡到网络形态,企业核心价值也变成了多条价值链的整合过程[28]。

综上所述,制造业多价值链可以概括为制造及协作企业在生产经营过程中为共同提高自身价值,从生产、供应、营销和服务等多方面以合作形式展开的一系列增值活动。其中,多价值链主要指生产价值链、供应价值链、营销价值链和服务价值链。以生产过程作为核心业务的核心价值流,构成了企业内部的核心价值链,而供应、营销和服务作为辅助,构成了企业外部的次要价值链。

2.1.2 制造业多价值链协同性

制造业多价值链管理的核心是形成竞争优势,但竞争优势的来源是多价值链的协同性。协同性被分解的各项战略活动实现有机整合,促使制造企业成本降低,创新能力增强,竞争优势的模仿性难度加大,从而使企业长期处于竞争优势,实现企业的采购、生产、营销以及人力资源管理的协调统一。

在制造业多价值链协同数据空间中,每条价值链之中的数据流并不是独立存在的,而是相互交融和协同的。通过多价值链协同,将制造企业、供应商、分销商、最终消费者连接起来形成一个整体,所有职能环环相扣、密不可分。一方面,内部价值链的数据流要充分利用外部价值链数据流,如企业在生产产品时要考虑到自身生产能力,同时结合外部营销服务所产生的品牌吸引力,才能对产量做出最准确的判断,避免不必要的损失;另一方面,外部的供应、营销、服务价值链数据流之间也存在相互调用的现象,如营销价值链数据中良好的营销策略或服务价值链中对产品故障的准确预测都可以有效促进供应价值链中产品的库存优化及生产调度,从而提高产品的供应能力,降低供应成本。

2.1.3 制造业多价值链协同参与主体与运行机制

1. 制造业多价值链协同参与主体

制造业多价值链协同数据空间的参与主体包括制造企业、制造企业相关的协作企业群、多价值链协同数据管理第三方平台以及监督管理部门四大类主体。

(1) 制造企业

制造企业通过构建面向整个企业,以企业中各个部门的信息系统中数据和数据间的关联关系为管理对象的数据空间,提供按需、即时、灵活的数据服务企业多价值链协同数据空间。实现对多源异构数据的统一描述和管理,采用灵活的多维度、多层次、多角度的数据组织方式,满足企业灵活管理数据的需求。

(2) 制造企业相关的协作企业群

制造企业相关的协作企业群主要是业务关联的多产业协作企业,主要包括制造企业上游的供应商、下游经销商、终端用户、金融企业等,它们为制造企业数据空间提供了信息。

(3) 多价值链协同数据管理第三方平台

多价值链协同数据管理第三方平台建立以产品为中心的覆盖产品全生命周期服务、全价值链的数据空间管理平台,主要目的是打破数据孤岛,进行多价值链协同,助力制造企业及协作企业提质增效。在多价值链协同数据管理第三方平台中,制造企业及其协作企业围绕产品展开一系列的业务,包括产品供应、营销、服务等,并提供一系列的咨询服务、共性技术、支撑保障、技术交流和高效服务等支持业务。

(4) 监督管理部门

监督管理部门对制造企业、制造企业相关的协作企业群、多价值链协同数据管理第三方平台进行监督管理,提供政策支持,对各主体行为进行规范以及引导。

2. 制造业多价值链协同运行机制

制造业多价值链协同数据空间体系中参与的运行机制分为两个重要部分,一是制造企业内部多价值链协同数据空间的运行机制。二是制造企业外部多价值链协同数据空间协作运行机制。前者侧重于企业内部数据空间运行机制,后者侧重于考虑协作企业、监管部门、第三方平台参与的运行协作机制。

（1）制造企业内部多价值链协同数据空间的运行机制

制造企业的数据空间是参与第三方市场的基本数据空间单元。通过构建企业数据空间，达到企业内部多价值链协同、企业外部多价值链协同两个目的。企业中不同的部门、项目组或者个人，都可以根据不同权限对数据空间进行维护和使用。不同数据空间中的数据也可以存在交叉，这种关系可以看作企业数据空间的个人视图。底层架构是构建数据空间体系的基础，用户界面提供不同视角的个人视图。运行协作企业数据空间与制造企业框架相同。图 2-1 为企业数据空间运行机制，体现了不同环节协作企业数据空间的运行。

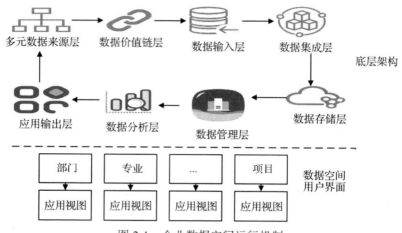

图 2-1　企业数据空间运行机制

（2）制造企业外部多价值链协同数据空间协作运行机制

制造业多价值链协同数据空间以制造企业为主体，相关业务关联企业为协作企业，以多价值链协同数据管理第三方平台为协作平台，促进制造业多价值链协同。政府及监管部门承担监督管理角色，为制造企业、制造企业相关协作企业、第三方平台提供政策支持和技术标准等，从而规范市场行为。与此同时，在多价值链协同的过程中产生的数据又可以为政策调整提供依据。制造企业外部多价值链协同数据空间协作运行机制如图 2-2 所示，该图体现了多主体协同的过程。

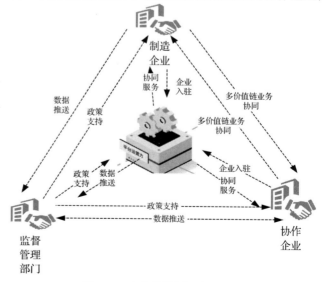

图 2-2　多主体协同运行机制图

2.1.4 制造业多价值链协同业务流程

进行制造企业价值链协同相关业务流程的分析，需要建立一个基本的业务流程模型，并确定一个流程分析的体系，本书将采用"业务流程体"的业务流程分析体系。

业务流程体是将业务流程的定义从传统的流程节点和相关信息拓展为若干要素的组合体。具体的要素包括：

1）关键活动；
2）关键输入；
3）关键输出；
4）业务规则；
5）流程绩效；
6）标杆绩效；
7）最佳实践；
8）角色/责任；
9）组织；
10）信息系统；
11）流程活动目的；
12）流程名称；
13）流程编码。

通过这些要素的定义，我们可以深入了解业务过程的每一个细节要素，从而对业务有更深入的认识。因此，典型业务流程体分析图谱如图 2-3 所示。

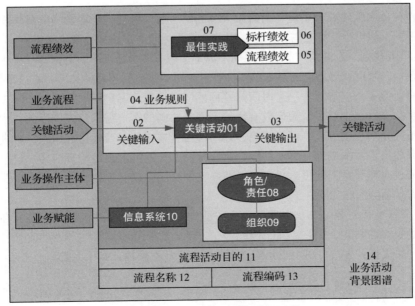

图 2-3 典型业务流程体分析图谱

基于业务流程体定义的一个制造企业的多价值链业务流程如图 2-4 所示。

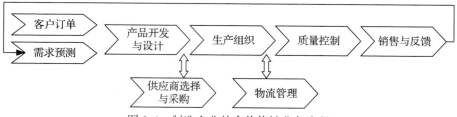

图 2-4　制造企业的多价值链业务流程

这个业务流程组织中包括了如下几个环节：

1）客户订单和需求预测；
2）产品开发与设计；
3）供应商选择和采购；
4）生产组织；
5）质量控制；
6）物流管理；
7）销售与反馈。

以上主要是为了概括制造企业的基本业务流程。而这些大的业务环节的区分也基本符合其业务组织的逻辑。制造企业根据销售订单或者生产计划，进行的生产类零部件、非生产类零部件、协作类零部件的购买、配送、入库、结算业务。

下面对上述环节进行简单的描述。

（1）客户订单和需求预测

客户订单和需求预测虽然作为需求来源的两个不同维度，企业自身的具体操作逻辑也有所不同，但由于其都是需求来源，因此这里作为同一个业务环节来考虑。

1）业务规则。企业的产品制作周期不固定，但大多数情况下，都面临一个中长期阶段。都至少以月度或者季度为基本单位，有时甚至要覆盖到年度的长度。在这种情况下，大多数企业都无法获取这样一个时间跨度内的所有订单。客户订单往往集中在短期的几周到一、二个月，也就是说短期内有比较多而且明确的客户需求信息。因此，中长期需求预测不应是单项的流程，而是将更多部门参与进来，使得目标达成一致，再进行初步预测，完成需求预测流程。尽量缩短企业进行的中长期需求预测与短期客户订单之间的差距，形成对照关系，通过运行机制不断修正中长期阶段的预测结果。制造企业多价值链协同需求预测流程如图 2-5 所示。

2）关键业务对象输出。此阶段的主要业务对象以客户订单或者预测需求订单为载体。这些业务对象包括的主要项目：

①产品规格：客户订单中更具体，而预测需求相对模糊，基于大类。
②需求数量。
③质量标准。
④交货时间和方式。

⑤运输方式。

⑥特殊需求（包装，批次等）。

⑦价格：客户订单中为具体的价格，预测需求中一般为预测的价格。有些情况下，价格要素还包括了一定的议价逻辑。如提前供货的附加条款等。

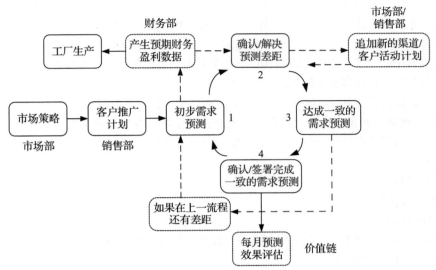

图 2-5　制造企业多价值链协同需求预测流程

3）流程绩效。对于客户订单获取和需求预测环节，完备性是一个非常重要的要求。完备性主要包括两个方面：

①基本信息的完备性。

②订单预测综合完备性。为了保证计划结果的有效性，一般要求订单预测要能够有效覆盖未来可能发生的需求，这样才能对能力、成本、利润要素进行有效的规划。

需求预测大多数情况下，起到的是企业整体目标的承载作用。同时也起到对企业营销行为的约束作用。其本身就是未来新客户订单的承接依据。因此订单与需求预测的匹配程度和偏差状况，是企业必须确认和解决的主要问题。

（2）产品开发与设计

1）业务规则。客户订单或需求预测订单的主要内容表现的是客户层面的信息，也就是外部价值链中营销价值链的体现，而如何对这些订单进行组织和生产，就需要经过产品的开发与设计环节。通过这个环节，可以以不同的方式完成相关的业务。

①确认产品是已经成熟的产品。这样可以采用成熟的产品生产和工艺方法来定义其基本生产过程。

②确认产品是新需求的产品。这样可以通过两种不同的方式来进行计划。一种是类比已有的成品。或者是对产品进行开发，形成新的设计方案。前一种更为快捷，但是产品与客户需求可能存在的偏差较大。无论是否进行开发，最终都要经过设计过程。

③对于有客户特殊需求的产品，要能够进行标注，并在工艺设计上体现要求的变化。

基本设计过程的结果，将确定客户订单所对应的物料清单（BOM）、工艺过程（工序节点、流程、工时、人力资源、工具装备等）、质量标准和财务信息（标准成本、期望利润等）这些基本信息。通过这些信息的引入，对于客户订单的基本信息进行扩展、使得客户订单的信息具备了进一步进入生产逻辑所必需的信息。该部分是企业外部客户需求向内部生产设计的转化，其协同体现在信息的协同，客户需求与生产设计的匹配程度此时转化为客户满意度，也就是内外部协同价值的增值。

设计过程看起来是一个非常标准和固定的过程，但实际上由于生产组织的需要，其设计的内容中，在工艺流程、原料选择等各个方面都可能存在一定的协调空间。在具体的生产过程中，可以根据实际情况进行灵活调整。如何满足企业成本最小化与用户满意度最大化目标就是价值的增值部分，也就是企业内部价值链产生的效益。

2）关键业务对象输出。此阶段的主要业务对象是对客户订单或者预测需求订单进行扩展所形成的生产订单。生产订单描述的主要项目除了原有的客户订单的项目外，还包括：

① BOM。

② 工艺过程。

③ 详细质量标准和要求。

④ 财务信息：财务信息是分解到具体操作步骤和过程的信息内容。与整个工艺过程和原料的具体项目相匹配。

这些项目基本上与计划逻辑都有比较重要的关系。

3）流程绩效。这个环节所承担的绩效指标中，主要是产品设计的准确性和开发的时效性，同时还包括了产品改进的时效性。但这些指标一般都是在产品开发过程中已经产生，并通过实际的生产过程中，根据实际情况不断修正。

（3）供应商选择和采购

1）业务规则。在确认了目标产品后，必然要开始组织供应商选择和采购。一方面要根据供应商管理的标准选择相应的供应商，另一方面还要形成对供应商的供货要求并对供应商的供货承诺进行评价。采购过程需要确定的不仅仅是采购内容和数量，还需要明确向谁采购，采购的供货组织等其他要素。图2-6体现了供应商选择流程。

采购是指企业购买物资（包括原材料、商品、工程物资及固定资产等）、提供劳务并进行款项支付的业务活动。是公司开展其他业务活动的起点，既囊括了"实务流"，同时也涵盖了"资金流"。采购业务基本流程如图2-7所示。

2）关键业务对象输出。这个阶段形成的最重要的业务对象是面向供应商的采购合同和供货计划，甚至更进一步的详细的生产管理计划。通过形成的采购合同和供货计划，能够建立起对于各种原材料库存的预计水平变化信息，通过原材料库存控制生产的组织过程。

3）流程绩效。这个环节中，原料到货的准确率是一个极其重要的指标。这种准确率包括了时间、数量、质量等几个方面。由于原材料位于生产的最初始环节，因此只有保证了这个环节才能够保证计划整体的准确性和有效性。而计划体系更多的是需要依赖这种准确性，同时能够尽可能地适应一定的偏差，在意外发生时能够有效应对。

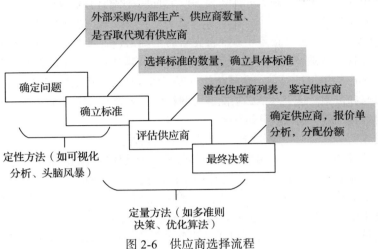

图 2-6 供应商选择流程

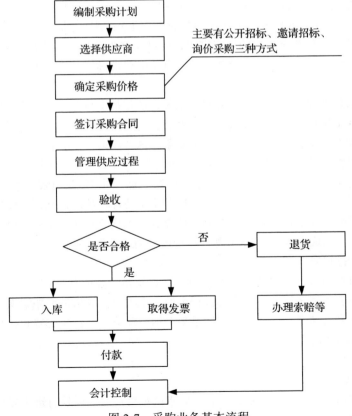

图 2-7 采购业务基本流程

在计划中，因为原料采购计划不匹配产生最大的可能性就是生产的中断，这可以从设备能力利用等指标反映出来，并需要根据产生的原因进行协调。

（4）生产组织

1）业务规则。在前述业务环节准备完毕的基础上，就具备了进入生产环节进行生产管理的可能性。一般情况下，生产管理过程，往往需要从企业到工厂到车间到班组等多个层次，生产的组织过程是一个复杂的过程，综合性的生产过程需要各环节、各个细小组织的参与和协调。这个环节必须能够协调整合，又能够明确的为生产、仓储、运输、技术、质检等各个环节确认其具体任务。

生产过程所考虑的主要业务约束是能力和工艺规则。

能力是比较明显的要素。可能复杂的部分是由于具体生产的产品和工艺的区别会造成细节的产品标准能力占用的偏差，这些需要在计划过程中纠正。

工艺规则的约束则是因行业、产品和生产特点的不同而存在巨大差别。相比较之下，流程型制造业比离散型制造业有更复杂的工艺过程和约束规则。

一般的情况下，这些业务规则包括了几个主要的类别：如何将不同的产品组织为一组的批次或者同一产品应以怎样的数量批次组织生产，如何协调前后生产的产品之间的联系，如何协调有关系的生产过程在不同设备上的时间和调度过程等。

2）关键业务对象输出。这个业务环节的核心业务对象包括了订单和物料两个对象。订单可以承接前述环节所产生的生产订单，而物料则是针对产品和其 BOM 清单中的各类物料对象。生产过程就是将各类物料按照订单的要求和产品设计过程确定的工艺过程结合起来，产出最终产品的过程。

在基本的订单和物料这两个核心对象之外，还包括了另外一大类业务对象：生产资源对象，包括了生产设备、人力资源、工具装备、辅料材料等。这些生产资源对象，最重要的业务逻辑是定义了生产可用的能力要素。这些能力要素综合在一起，为生产可用能力定义了重要的界限范围。

生产的过程就是通过将生产资源对象关联到一起，通过制造过程，形成最终产品。

3）流程绩效。生产过程最重要的业务指标就是订单的客户需求（数量、时间、质量）的满足程度。其次是反映企业内部财务控制的一些指标（成品率、原料损耗、质量等级、能耗、人力成本等）。这部分是产品价值的创造过程，同时也是成本消耗的主要过程。因此这个过程所承担的业务绩效指标也是最多的。

另外，有些情况下，具体的工艺约束环节往往是企业顺行生产的基础条件，因此，某些情况下，有些工艺约束可能成为过程中的一个重要绩效指标。如钢铁行业的连续顺行生产能力或者直装率。这些指标虽然是某个细节环节非常具体的要素，但也是生产管理需要重点考虑的内容。

（5）质量控制

1）业务规则

质量管理活动在于为用户提供按合同要求的最终产品。质量管理主要出现在生产的各个环节。通过质量检测，对生产各个环节，包括原料、半成品和成品的相关质量项目进行确认。这个过程本身要占用一定的时间（能力），同时结果会对生产过程产生一定影响（如返工、补料、重新生产等）。

2）关键业务对象输出。质量管理面向的是生产订单和物料对象，通过生产订单中针对生产过程每个环节和最终成品的工艺要求和质量标准对产出物料进行检验，并得出结果。而很多情况下，质量结果会成为各种约束条件的输入参数。根据质量标准来选择管理方式，根据质量标准和工艺参数来调整生产工艺过程。

3）流程绩效。质量管理环节能够产生一系列的对生产过程评价的指标（如成品率、缺陷率等），这些基本都属于生产执行过程的实际指标，但也会对计划预测产生影响。例如会对成品率的情况进行确认，并据此调整产品的生产周期和物料需求，增加一定的冗余，从而提高生产对应异常变动的能力。

（6）物流管理

1）业务规则。制造企业的物流管理主要包括的两个环节是仓储和运输。之所以将两者放在一起是因为两者所对应的都是物料位置的变化，而不牵扯到其他方面。从原料到半成品（中间品）到产成品，这几个环节，产品都需要在不同的生产和存储地方进行储存和转станов运输。物流环节从来都是供应链管理的核心部分、重要成本的发生环节。大多数的供应链规划过程都发生在物流环节。

仓储和物流环节存在一个非常强的约束条件，就是能力上限。而这个条件对多链协同至关重要，横纵价值链之间合作目标的一致性以及合作方式的有效性，直接关系到商品需求与供应的平衡，优化全渠道库存水平，减少库存损耗，提升商品效率和订单满足率。在企业中，不同的物料按照所需的方式进行仓储管理和运输安排。为了能够有效地平衡成本和生产稳定性的要求，一般企业都会采用库存水平上下限的方式对关键物料进行管理。而运输方式的选择，一般情况是根据成本、取得的难易程度、可靠性等进行一定的优先级别控制。

2）关键业务对象输出。物流环节处理的主要业务对象包括物料和订单，其中订单在计划完成后形成了面向各个物流业务环节的物料、时间、数量和位置的计划要求。而物流过程要参照这些要求组织相应的物流运输过程。而对于外部合作单位，需要根据预期的货物接收和到货时间，平衡得出物流运输的组织方式和计划安排。

3）流程绩效。物流环节比较关注的指标实际上都是围绕成本展开，其中库存周转率是其中最主要的指标之一。传统的规划方案，经常将成本作为规划目标，但对于大型企业来说，其成本要素过多，以至于很难作为全局优化的唯一目标。因此库存部分作为成本优化目标的重要表现，会转化为库存周转率这类指标。考查计划的编制水平，避免出现大规模的物料库存变化，以至于给运输环节造成过大的压力，一段时间内的库存波动水平也是要考虑的重要因素。

（7）销售与反馈

1）业务规则。销售实绩，不单纯是企业自身销售的业绩。对于一个大型企业，实际上大多数销售活动到达最终客户都不是通过自身的销售，而需要包括各个销售渠道的销售活动。结合自身的销售和各渠道终端的销售行为的实际业绩，形成了一个完整的信息闭环和价值链环节。

对于企业来说，通过销售渠道进行分销可以有效分担资金和成本压力。但同时这样的做法也使得企业更远离市场和最终客户。这种远离有些时候可能会使企业本身错误认知市场的实际情况，做出错误的判断，甚至影响到企业的命运。因此，将企业内部价值链管理的后端进一步深入渠道终端，获取真实数据，并使其能够指导自身的经营管理行为，具有非常重要的实际意义。

2）关键业务对象输出。销售与反馈关注的业务对象就是销售数据、自身数据与渠道终端的数据。销售反馈主要影响销售预测和物流管理两个业务环节。并且销售反馈过程效率越高，产生的作用越大。

3）流程绩效。这个环节最关注的指标不是销售实绩数据本身，而是返回数据的覆盖范围和反馈效率。这两个指标决定了数据的质量和对于业务过程的影响程度。

2.2 制造业多价值链协同数据空间

2.2.1 数据空间基本概念

由于传统数据库（database）无法满足跨域、异构、不确定性数据管理的需要，Franklin 等学者在关系数据库管理系统的基础上提出构建数据空间（dataspace）及其支持系统，以方便、综合和有原则的方式管理大量不同的、相互关联的数据源。其关键思想在于"付费即用（pay-as-you-go）"，能够在一组数据源上提供一组初始的、轻量级的有用服务。从本质上来说，数据空间实现了一个语义专用的虚拟共享抽象空间，可以由应用程序工作流中的所有组件和服务关联地访问。

数据空间不仅是一种新的管理理念，更是一种面向主体的数据管理方法，并且已经应用于数字图书馆和电子商务等领域。一般情况下，数据空间指的是主体数据空间，是所有与主体相关的数据及其关系的集合，且主体对象能够控制和使用数据空间中的所有相关数据，具有明显的主体相关性和可控性。主体、数据集、服务是数据空间的三个要素。主体是指数据空间的所有者，可以是一个人或一个群组，也可以是一个企业。数据集是与主体相关的所有可控数据的集合，其中既包括对象，也包括对象之间的关系。主体通过服务对数据空间进行管理，例如数据分类、查询、更新、索引等，都需要通过数据空间提供的服务完成。由此可见，数据空间是一种不同于传统数据管理的新的数据管理理念，是一种面向主体的数据管理技术。与主体数据空间相对的是公共数据空间，也就是企业活动中产生的所有数据信息，随着主体需求的变化，数据项不断地从公共数据空间转移到主体数据空间。

数据空间的提出是现阶段计算机信息管理理论研究和实践应用的重要革命之一，引发了诸多学者讨论的热潮，研究的问题主要集中于数据空间的搜索引擎、基础服务设施、数据安全问题、数据建模和空间集成等方面。数据空间的基础研究逐渐完善，已经具备了在制造业中应用的必要条件。

2.2.2 数据管理系统现状

从多价值链的角度来看，一个典型制造企业的经营活动，除了研发设计、生产制造、供应链管理外，还包括营销、安装、维修、回收等服务性质的活动，这些活动构成了产业增值链条。制造业多价值链数据是指在制造业领域中，围绕典型智能制造模式，生产链、供应链、服务链、营销链中产生的各类数据及相关技术和应用的总称，包括 CAD 数据、BOM 数据、电子邮件等结构化和非结构化数据。以产品数据为核心，拓展了传统制造业数据的范围，同时还包括制造业数据相关技术和应用。

当前数据管理面临的挑战如下：

1）数据量大且类型多样，全生命周期产生大量多源异构数据，企业无法有效管理数据导致管理成本上升，大部分数据价值流失。

2）数据关联关系复杂，制造业数据的关联关系具有应用价值，也是制造业数据管理的特别之处。包含关系（每个实体中都有一个或多个文件），组合关系（每个实体组合起来形成一个完整的结构），顺序关系（生命周期中产生的不同文件之间的时序关系）。

3）系统复杂，实时性要求高。制造业数据规模巨大，结构复杂多样，类型多源异构，价值稀疏，对其的处理面临计算复杂、实时性要求高、持续性强等特点，对大数据处理系统的运行效率以及系统性能提出了严苛的要求，给实时数据采集和快速数据分析提出了巨大挑战。

4）疏于安全管理，导致商业机密泄露。大数据给信息安全带来的挑战主要体现在：大量数据的集中存储增加了其泄露的安全；复杂的数据存储在一起，可能造成企业数据安全管理不合规；大数据被应用到攻击手段中。

5）多源信息共享困难。由于数据来源多样，结构不易，具有不同的格式与标准，有生产链数据，也有营销链数据等非结构化或者半结构化的数据。各企业之间信息系统相互独立，同时，由于信息源、设备生产商不同等众多因素导致数据格式千差万别，致使信息集成贯通难以实现。

数据空间是指与主体相关的数据及其关系的集合。主体的相关性和可控性是数据空间中数据项的基本属性。主体的相关性是指数据空间所管理的是与特定主体相关的信息，而这些信息可以出现在不同的时间，存放在不同的位置，也可以采用不同的格式表示；主体的可控性是指主体的通过各种操作或服务来控制和管理数据空间中数据项。

与传统数据库相比，数据空间的数据管理技术能较快地处理多源异构数据，具有数据空间动态变化、数据模型数据优先、模式在后、多源数据分布式存储、数据集成不改变数据原有格式、数据空间自我演化等特点，主要对比见表 2-1。

表 2-1 数据空间与传统数据库的对比

项目	传统数据库	数据空间
数据规模	以 MB 为单位	以 GB 甚至是 TB、PB 乃至 EB、ZB 为单位
数据结构	数据源单一,数据种类单一——结构化数据	来自多个数据源,数据结构多样,包括结构化、非结构化、半结构化等
数据获取	手动输入	URL 传输或 API 接口
技术体系	数据存储和管理的仓库	数据的采集、整理、存储、安全、分析
应用技术	Oracle,SQL Server	Dataspace
数据关系	简单、稳定	复杂、动态、进化
模式与数据的关系	先有模式,再产生数据(Pay-before-you-go)	数据在先、模式在后、不断演化(Pay-as-you-go)
处理对象	数据仅作为处理对象	数据及数据的关联关系

2.2.3 制造业多价值链协同数据空间概念

制造业多价值链协同数据空间是指将数据空间概念应用于当前制造业,由制造企业主体和协作企业的多条协同价值链所产生的大量多源异构数据及关系组成的集合。与多条协同价值链相关的各种结构化、半结构化、非结构化数据,将按照标准统一的数据规则,分门别类存放到制造企业的数据空间中,成为制造业一切数据分析和服务的基础,在此基础上,可以构建价值链活动数据生成、汇聚、存储、管理、分析、使用和销毁全过程的价值链协同数据体系架构,研究供应/营销/服务价值链活动全过程的数据建模、快速索引、关联表示、全链搜索、集成演化等方法,为智能制造提供支撑。

2.2.4 制造业多价值链协同数据空间基本特征

根据制造业多价值链协同数据空间的基本概念,其基本特征总结如下:

制造业多价值链协同数据空间具有一般数据空间的基本特征,包括面向对象性、较高的安全性、数据资产性等。除此之外,制造业多价值链协同数据空间在面向制造及协作企业的多价值链协同时,也有了一些新的基本特征如下:

(1)制造业数据特征

不同于互联网等简单的数据流,制造业多价值链协同数据空间中所包含的数据源自制造及协作企业之间的多条价值链,其数据表现为多源异构、价值密度低、异常数据多等特征,传统的数据储存和管理已无法满足当前制造业大数据的需求。因此,在制造业多价值链协同数据空间中要按照统一的标准和规则,将这些海量且复杂的数据分门别类地进行储存和分析,进而通过数据清洗才能提取出最有价值的数据流,提高制造企业的效率。

(2)内部制造价值链与外部供应、营销、服务价值链的数据协同特征

在制造业多价值链协同数据空间中,每条价值链之中的数据流并不是独立存在的,而是相互交融和协同的。一方面,内部价值链的数据流要充分利用外部价值链数据流,

如企业在生产产品时要考虑到自身生产能力，同时结合外部营销服务所产生的品牌吸引力，才能对产量做出最准确的判断，避免不必要的损失；另一方面，外部的供应、营销、服务价值链数据流之间也存在相互调用的现象，如营销价值链数据中良好的营销策略或服务价值链中对产品故障的准确预测都可以有效促进供应价值链中产品的库存优化及生产调度，从而提高产品的供应能力，降低供应成本。

（3）制造业多价值链协同数据空间的复杂多层特征

传统的数据库并没有明显的层次性，应用于数字图书馆等领域的数据空间也仅包括数据储存和索引等几项功能，而应用于制造业中的多价值链协同数据空间要复杂得多。这主要是由于制造业多价值链数据的复杂性和制造企业业务覆盖面广导致的，企业经营全过程产生的文本、图像等多类型数据为数据空间的数据准备和数据管理增加了难度，企业生产、供应、营销和服务等多种业务需求对数据空间的数据服务过程也提出了高标准。因此，制造业多价值链协同数据空间体系架构存在复杂多层的新特征。

（4）数据管理的全生命周期特征

制造及协作企业在生产、供应和营销等每一过程都会产生海量数据，如果这些数据都储存在数据空间中，不但会提高数据空间的管理难度，更会影响数据分析的准确性，因此在数据空间的数据管理中要考虑到数据的时效性和重要性。企业产生的数据经历数据采集、数据清洗、数据汇聚和数据使用等过程，重要的数据得以保留，而无效的数据将会被销毁，体现出了数据的全生命周期特征。

（5）数据服务的制造业针对性特征

制造业多价值链协同数据空间中所存在的数据源自制造及协作企业，最终也将服务于制造业。数据的分析过程和应用输出相互对应：基于制造业多价值链数据，应用物资需求预测模型、库存优化模型等服务于企业的决策优化，应用故障预警模型服务于企业的提醒预警，应用生产调度、物流调度模型服务于企业的效率提高，应用报价模型、利益分享模型服务于企业的效益提高。因此，制造业多价值链协同数据空间中的数据服务具有明显的制造业相关业务针对性。

2.3 制造业多价值链协同数据空间体系架构

2.3.1 制造业多价值链协同数据空间体系架构需求分析

面向制造及协作企业群形成的产业多价值链，数据空间的构建只是提供了一个汇集多方数据的方式或途径，而要想真正利用好大数据，首先需要分析企业对于多价值链协同数据空间体系需求，以及如何使用和管理数据空间。本书认为制造业使用数据空间时主要有如下几点需求：

（1）全过程多价值链协同数据采集需求

数据格式多种多样，数据空间囊括了制造与协作企业在生产及管理各个环节产生的感知数据、状态数据、业务数据、流程数据以及价值链中的交易平台、金融平台、供应链平台等平台中存在的结构化、半结构化、非结构化数据。因此具有统一标准和规范的数据对于企业来说是首要的需求。只有按照标准统一的数据规则，将数据分门别类存放到规则一致、格式规范的统一数据服务平台，才能完成构建多价值链协同数据体系架构，提供数据分析和服务的能力。

（2）多价值链协同数据下的智能优化决策需求

传统制造业在生产经营活动中无法充分利用来自市场的大量数据，在产品的研发和生产、经营及销售活动等方面往往存在很大的不确定性，难以对市场需求、产品销售状况做出准确分析与预测，进而做出最优决策。在智能制造中，企业要做的便是将数据驱动与专家知识相结合，建立制造企业外部供应链以及企业内部价值活动的搜索、关联和演化动态系统模型。其具体的需求主要包括：基于人工智能对历史数据、多价值链各环节的数据的挖掘，整合专家知识库的先验知识，建立价值链各环节的智能优化决策模型，实现制造及协作企业的需求预测、库存优化、供应链联盟评价、生产调度优化和物流运输优化、供应链动态演化博弈报价、多模态混杂数据的产品故障预测预警及关系驱动自学习特征识别的质量追溯模型，提出价值链智能优化决策建模理论方法。

（3）多价值链协同知识服务需求

面向复杂的数据空间，企业常常无法在短时间内获得最理想的服务，这就涉及对数据的协同知识服务和知识服务推荐，即制造业对多价值链协同数据空间的知识服务及知识重用需求。为实现良好的知识服务，应通过构建面向多源、多模态、多维数据的一致性知识表示模型，以对复杂数据空间中的有效信息进行知识抽取；设计异构知识融合和推理算法，以构建自演化协同服务知识图谱；同时基于多价值链协同服务知识图谱，采用面向语境的知识服务推荐方法，以实现复杂知识服务与用户需求的动态匹配。

（4）多价值链协同数据空间管理需求

作为关联数据库的延伸，数据空间的使用也包括数据集成、储存、处理、分析及展现等功能，但由于其涉及的数据源众多，数据格式多种多样，使得在数据空间的管理要复杂得多。因此，在多价值链协同数据空间的使用过程中，要尤其注意管理问题。其可能涉及的管理方法有分布式集群引擎数据存储和管理、面向事务处理的动态快速索引、引擎数据自动扩展和可视化等。

2.3.2 制造业多价值链协同数据空间体系架构规划原则

一般的数据空间体系架构的规划中往往包括整体性、层次性和可扩展性等原则。整体性原则是指架构中的各个层次之间是相互联系、相互作用的，以构成一个有机整体；层次性原则指各个层次间应具有层层递进的关系；扩展性指在信息技术快速发展的当下，新技术通过原有架构中可扩展的设备端口，即可实现有效兼容。

除此之外，制造业多价值链协同数据空间体系架构也有其独有的规划原则，具体包括制造业适用性、多价值链协同性、全过程性和多源异构性。

其中，制造业适用性指的是在架构的规划中，都要围绕制造业这一基础。制造业多价值链之间的协同性原则指的是，在规划体系架构时应考虑到内部生产价值链和外部供应、营销、服务之间的协同应用。全过程性指的是，制造及协作企业多价值链的活动包括生产、供应、营销和服务等全过程,其活动数据也包括生成、汇聚、存储、管理、分析、使用和销毁的全过程。多源异构性主要是指数据类型的复杂多样。

2.3.3 制造业多价值链协同数据空间体系架构规划

按照数据空间体系架构规划的总体原则,并考虑到制造业多价值链协同数据空间体系需求,本书首次规划了包括数据来源层、数据价值链层、数据输入层三个隶属于数据准备模块的层次,数据集成层、数据存储层、数据管理层三个隶属于数据管理模块的层次,知识服务层、数据分析层、应用输出层三个隶属于数据服务模块的层次,共三个模块九个层次的体系架构,此架构将作为奠定数据空间应用于制造业中的理论基础。9个层次的具体内容如图2-8所示,且其逻辑顺序为自下往上逐层递进。下面将对各层做出解释并介绍层次之间的功能和联系。

(1)1~3层——数据准备

第1~3层分别为数据来源层、数据价值链层和数据输入层,共同组成了数据准备模块。其中,数据来源层作为架构的基础,对应着图中的最底层。

数据来源层指构成数据空间最初的数据来源,包括该企业及其所有的协作企业所提供的各类数据信息。

数据价值链层指制造企业所拥有的所有价值流组成的价值链,主要包括生产价值链、供应价值链、营销价值链和服务价值链等。

数据输入层指数据的最初表现形式,即企业所提供的RDBMS、邮件、文本、移动通信、图像和WebPage等形式的数据。

(2)4~6层——数据管理

第4~6层分别为数据集成层、数据存储层和数据管理层,共同组成了数据管理模块。这三个层次作为原始数据与最终应用之间的桥梁,对于数据的有效贯通有重要作用。

数据集成层是把不同来源、格式、特点性质的数据在逻辑上或物理上有机地集中,从而为企业提供全面的数据共享,主要解决数据的分布性和异构性的问题。主要包括数据接入、数据采集、文件采集、数据清洗、数据抽取、数据生成和数据汇聚等处理过程。

数据存储层的意义在于将数据有效的收集和留存,通过对多源异构数据标准化的处理,实现海量数据储存的流程化与可实施化。在数据空间中,数据储存的形式也具有很大的兼容性,包括关系数据库管理系统(relational database management system,RDBMS)、可标记扩展语言(extensible markup language,XML)、文本系统、图像系统、列式数据库及分布式系统等多种储存方式。

大数据给制造业的数字化转型带来了机遇,同时也对数据空间的有效管理和利用提出了挑战。传统关系数据库管理方案的不足之处主要表现为难以满足对数据库高并发性的需求和高效检索海量数据的需求,并且其数据库扩展性差。因此,本书所提出的数据空间体系架构将管理层作为重中之重,不仅引入数据建模、快速索引、关联表示、全链搜索、集成演化、管理引擎、数据安全、数据销毁等技术,更为其单独设立了管理系统模型及管理系统架构,以独立、安全有效的方式对数据空间进行管理。

图 2-8 制造业多价值链协同数据空间体系架构

(3) 7～9 层——数据服务

第 7～9 层分别为知识服务层、数据分析层和应用输出层，共同组成了数据服务模块。其中，应用输出层便是整个架构的最终层，对应图中的最顶层。

知识服务层是制造业创新发展的核心驱动力，基于数据空间的知识服务引擎以大数据思维为导向，以大数据资源为保障，对知识服务的需求进行有效抓取和挖掘，同时在知识服务的方法上进行创新和改进。

在本协同数据空间体系架构中，数据分析层是建立在对知识服务需求准确抓取的基础上，针对制造业所主要关心的产供销问题，提出了多价值链建模、预测模型、生产调度模型、报价模型、库存优化模型、故障预警模型和质量追溯模型等多个智能计算模型。即便如此，在数据空间中如何通过创新性的数据分析方法实现对各类大数据流的高效分析仍是数据分析层面临的重大挑战。

应用输出层是本书所提体系架构中所实现功能与高级辅助决策的具体实施，在经过数据分析后，企业可以及时发现问题并解决，亦能够做出最有效的决策方案，以提高企业效益和效率。图 2-8 为制造业多价值链协同数据空间体系架构。

2.4 制造业多价值链协同数据空间安全管理方法

2.4.1 数据空间数据安全管理规范

（1）数据存储安全要求

企业内部数据存储方式包括：纸质文档、数据库、报告、硬盘、光存储介质。存储管理须符合以下规定：

1）含有重要、敏感或关键数据的移动式存储介质须专人管理。

2）删除可重复使用存储介质上的机密及绝密数据时，为了避免在可移动介质上遗留信息，应该对介质进行彻底的格式化，或者使用专用的工具在存储区域填入无用的信息进行覆盖。

3）数据库访问权限须由专人管理，重要、敏感或关键数据访问时，需使用多重身份认证，认证通过后才能访问。

4）数据读写权限分离，不同操作需要采用不同申请流程进行授权，避免人为原因导致数据被删除或拷贝。

5）任何存储媒介入库或出库需经过授权，并保留相应记录，方便审计跟踪。

（2）数据传输安全要求

对数据信息进行传输时，应该考虑数据所属安全等级，在兼顾传输性能的同时，采用合理的加密传输技术。选择和使用加密传输时，应符合以下要求：

1）采用标准密码算法实现传输过程中的明文加密，密文解密流程，密钥存储符合数据存储安全要求。

2）根据数据安全保护级别，确定加密算法的类型、属性，以及所用密钥的长度。

3）听取专家的建议，确定合适的保护级别，选择能够提供所需保护的合适的工具。

4）重要、敏感或关键数据在存储和传输时必须加密，加密方式可以分为对称加密和非对称加密。

5）重要、敏感或关键数据的传输过程中必须使用数字签名以确保信息的不可否认性，使用数字签名时应符合以下要求：

保护私钥的机密性，防止窃取者伪造密钥持有人的签名。采取保护公钥完整性的安全措施，例如使用公钥证书；确定签名算法的类型、属性以及所用密钥长度。

用于数字签名使用的密钥与数据传输加密机线路加密所使用的密钥应分开管理，提升密钥安全等级。

（3）数据安全等级评定要求

重要、敏感或关键数据的数据安全等级定期评定。对于数据的安全等级应每年进行评审，只要实际情况允许，就进行数据信息安全等级递减，以便降低数据安全保护的成本，并增加数据访问的便捷性。

（4）数据信息安全管理职责

数据涉及各角色人员及职责如下：

1）业务人员：拥有数据的所有权；拥有对数据的处置权利；对数据进行分类与分级；指定数据资产的管理者/维护人。

2）系统管理员：对数据管理相关系统进行管理和配置，确保系统正常运行。

3）安全管理员：对数据拥有者、数据使用者、数据访问者进行权限管理，根据安全保护要求将不同角色的权限隔离。

4）运维人员：被授权管理相关数据资产；负责数据的日常维护和管理。

5）研发人员：在授权的范围内访问所需数据；确保访问对象的机密性、完整性、可用性等。

2.4.2 数据空间数据分级

数据分级原则

（1）合理性

数据和处理数据分级的系统，应当仔细考虑分级范畴的数量以及使用这种分级所带来的好处。过于复杂的分级规划可能很琐碎，而且使用和执行起来也效率不高。

（2）周期性

数据的分级具有一定的保密期限。对于任何数据信息的分级都不一定自始至终固定不变，可按照一些预定的策略发生改变。如果把周期定得过高就会导致不必要的系统开销。

（3）数据等级

数据应按照价值、敏感度和机密性要求及对业务的关键程度进行分级，划分等级见表2-2。

表 2-2 数据空间数据等级设定

优先级	说明
高	重要程度高,其安全属性破坏后可能导致系统受到非常严重的影响
中	重要程度较高,其安全属性破坏后可能导致系统受到中等程度的影响
低	重要程度低,其安全属性破坏后可能导致系统受到较低程度的影响
普通	安全属性破坏后可能导致系统受到的影响可以忽略不计

2.4.3 数据空间数据保密性

数据保密性安全规范是数据安全管理要求中的重点,通过数据的保密实现平台重要业务数据的安全传递与安全应用,确保数据能够被安全、方便、透明地使用。为此,业务平台应采用加密等安全措施完成数据保密性工作。

1)通过加密措施,实现重要业务数据传输保密性。

2)采用加密方法,实现重要业务数据存储的保密性。

加密安全措施主要分为密码安全及密钥安全。

(1)密码安全

密码的使用应该遵循以下原则:

1)不能将密码写下来,不能通过电子邮件传输。

2)不能使用缺省设置的密码;不能将密码告诉别人。

3)一旦发生系统的密码泄漏了,必须立即更改。

4)密码要以加密形式保存,加密算法强度要高,加密算法要不可逆。

5)系统应该强制指定密码的策略,包括密码的最短有效期、最长有效期、最短长度、复杂性等。

6)如果需要特殊用户的口令(比如说 UNIX 下的 Oracle),要禁止通过该用户进行交互式登录。

7)在要求较高的情况下可以使用强度更高的认证机制,例如:双因素认证。

(2)密钥安全

密钥管理对于有效使用密码技术至关重要。密钥的丢失和泄露可能会损害数据信息的保密性、重要性和完整性。因此,应采取加密技术等措施来有效保护密钥,以免密钥被非法修改和破坏;还应对生成、存储和归档保存密钥的设备采取物理保护。此外,必须使用经过业务平台部门批准的加密机制进行密钥分发,并记录密钥的分发过程,以便审计跟踪,统一对密钥、证书进行管理。密钥管理应该基于以下流程:

1)密钥产生:为不同的密码系统和不同的应用生成密钥。

2)密钥证书:生成并获取密钥证书。

3)密钥分发:向目标用户分发密钥,包括在收到密钥时如何将之激活。

4)密钥存储:为当前或近期使用的密钥或备份密钥提供安全存储,包括授权用户如何访问密钥。

5)密钥变更:包括密钥变更时机及变更规则,处置被泄露的密钥。

6）密钥撤销：包括如何收回或者去激活密钥，如在密钥已被泄露或者相关运维操作员离开业务平台部门时（在这种情况下，应当归档密钥）。

7）密钥恢复：作为业务平台连续性管理的一部分，对丢失或破坏的密钥进行恢复。

8）密钥归档：归档密钥，以用于归档或备份的数据信息。

9）密钥销毁：密钥销毁将删除该密钥管理下数据信息客体的所有记录，将无法恢复，因此，在密钥销毁前，应确认由此密钥保护的数据信息不再需要。

2.4.4 制造业多价值链协同数据空间安全体系

1. 制造业多价值链协同数据空间安全指标体系

通过制造业多价值链数据安全的分析，得到了多价值链视角下生产、供应、营销和服务四个环节中可能产生的数据安全因素以及该因素下的基本安全因素，并构建多价值链制造业数据安全指标体系。由于文本挖掘得到的数据安全识别结果中包含政策与宏观环境因素，该因素不存在于多价值链的环节中，却是制造业数据安全的重要组成部分，因此在基本指标体系构建的过程中，将其作为独立于多价值链环节的一部分。制造业多价值链数据安全指标体系见表2-3。

表2-3 制造业多价值链数据安全指标体系

多价值链环节	一级安全因素	二级安全因素
—	政策与宏观环境因素	政治制度
		法律政策
		作风建设
		经济因素
生产环节	产品及工程因素	生产过程
		产品管理
		生产规模
		技术因素
		生产因素
	经营管理因素	安全因素
		质量管理
		监督检查
		经营机制
		经营体系建设
		经营决策
		税务安全
		资本决策
	财务资本因素	资本结构
		财务性投资
		非主业投资

(续)

多价值链环节	一级安全因素	二级安全因素
生产环节	财务资本因素	成本安全
		收益安全
		资产评估
		破产清算
		资本回收
	监督管理因素	生产产权
		生产变化
		生产规划
供应环节	物资供应与运输因素	供应不足
		运输安全
		计划变更
		原材料检测
		库存积压
		贸易量变更
	资源调控因素	资源储量不足
		资源调控
		供应商不足
		业务变更
		资源获取
营销环节	市场因素	市场变化
		市场份额变动
		销售渠道
		用户采购习惯变化
		贸易量变化
		企业行为
		宣传风险
		同行竞争
	营销制度因素	营销监管
		企业内控
服务环节	人员服务因素	客户服务
		群众口碑
		服务培训
		企业文化

根据制造业多价值链数据安全指标体系，我们可以根据不同制造企业的实际情况得到基本数据安全指标的安全等级以及各安全主题的等级分布。多价值链各环节安全概率分布如图 2-9 所示。

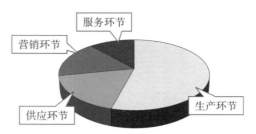

图 2-9　多价值链各环节安全概率分布

2. 制造业多价值链数据安全空间规划

根据制造业多价值链数据安全指标体系以及各安全因素的等级,进行数据安全空间规划。在数据空间的构建过程中,企业整体全生命周期数据安全数据空间从生产价值链、供应价值链、营销价值链以及服务价值链四个业务流程的角度来构建。各业务环节都具有各自独立的子数据空间,它的数据安全维度由制造业多价值链数据安全指标体系中的安全等级来决定。对于安全等级较高的业务环节,为了避免造成较大的数据安全损失,其数据安全性要求更高,因此在数据空间构建过程中,其安全维度应该设定得更高。按照这个原则,电力制造企业多价值链数据安全空间规划如图 2-10 所示。

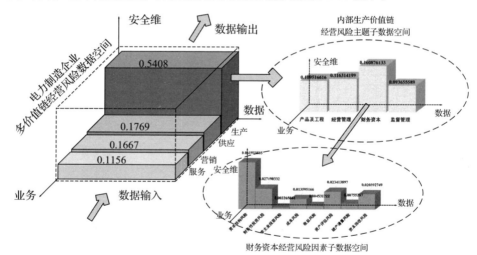

图 2-10　电力制造企业多价值链数据安全空间规划

在设定的数据空间安全体系中,制造企业整体数据空间包含生产、供应、营销以及服务四个主要环节,其中生产环节是企业内部价值链,安全维度更高。每一部分都包含各自的子数据空间,以生产环节为例,生产环节的子数据空间中包含四个安全主题子数据空间,分别为产品及工程、经营管理、财务资本以及监督管理。其中,财务资本为电力制造企业的核心要素,其出现数据安全的等级较高,因此在数据存储与管理的过程中,要求的安全维度更高。而在内部价值链数据安全主题子数据空间中,每一个安全主题又包括各自安全因素子数据空间。以财务资本为例,财务资本子数据空间中又包含 8 个安全因素数据空间，其中资本结构是企业的基础核心要素，因此其要求的安全维度最高。

同理，图 2-10 中每一部分业务环节都包含各自的安全主题子数据空间，而每一部分安全主题子数据空间又包括各自的安全因素子数据空间，各数据空间中的数据根据其可能产生安全的等级设置安全维度，以此来保证数据安全性和数据管理的合理性。

3. 制造业多价值链数据空间安全架构

通过以上多价值链各环节数据安全空间的规划和构建，构建了制造业多价值链数据空间安全架构。在该架构中包含数据源、数据集成、数据存储、数据管理以及数据应用等多个阶段，具体的制造业多价值链数据空间安全架构构建如图 2-11 所示。

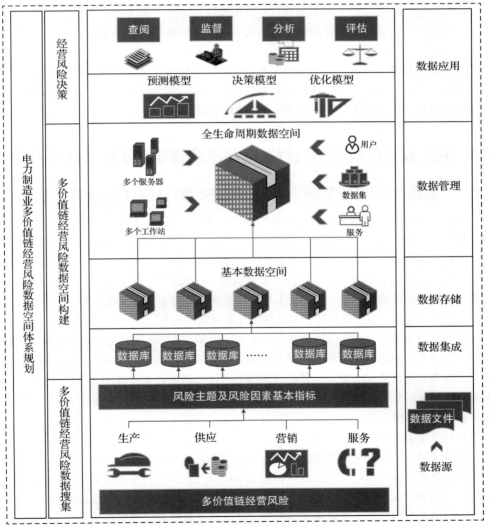

图 2-11　制造业多价值链数据空间安全架构

在数据源环节，根据以上建立的制造业多价值链数据安全指标体系，从多价值链四个环节中提取基本安全指标和安全主题，根据该指标体系，搜集各安全指标数据，作为数据的主要来源，形成数据文件。

在数据集成环节，根据搜集到的数据文件，构建各基本安全指标数据库，将数据库的构建落实到最小单位。

在数据存储环节，根据指标体系中各安全因素和安全主题的概率分布，构建以安全概率为安全维的数据空间子空间。每一个基本安全指标数据库按安全维度构建数据空间，每一个基本安全指标数据空间按安全主题的安全维度构建整体的安全主题数据空间，最终按多价值链各环节安全维度构建整体的全生命周期安全数据空间。

在数据管理环节，全生命周期数据空间的构建需要多个服务器和多个工作站的共同参与，在用户、数据集、服务三个主体参与下，构建多价值链数据安全全生命周期数据空间。

在数据应用环节，数据空间中的安全数据可以供使用者进行预测、决策以及优化模型的构建，利用智能算法和模型进行数据的模拟仿真，结果可供制造业进行数据安全的查阅、监督、分析和评估，从而提高安全决策水平。

2.5 制造业多价值链协同数据空间体系管理方法及关键技术

2.5.1 制造业多价值链协同数据空间中多源异构数据的采集整合方法

数据采集整合是制造业多价值链数据空间的基础。制造业数据采集由于自动化设备种类繁多，厂家和数据接口各异，导致数据采集是制造业信息化发展的一大痛点。制造业中的数据来源众多，主要来源于互联网、物联网和与制造业相关的企业，从而形成涵盖生产链、供应链、营销链、服务链等多价值链协同数据空间。数据空间中的数据类型多样，不仅包括结构化数据，还包括大量的非结构化数据和半结构化数据，如生产日志、邮件、视频或音频、网状的社交关系数据、互联网数据等[29]。

为实现制造业多价值链协同数据空间中对海量多源异构数据进行实时、准确的采集，以便后续对数据的处理和分析，传统的数据采集方法已不再适用，因此，本书首先提出了全过程多价值链协同多源异构数据采集整合方法，按前后顺序分别为多源异构数据的采集整合、多源异构数据统一存储、多源异构数据的安全管理。具体的多源异构数据的采集整合方法如图 2-12 所示，其逻辑顺序呈现为自下往上的递进过程。

针对数据空间中多价值链协同多源异构数据采集整合，利用应用神经网络、统计分析、小波变换、机器学习等算法，构建针对多价值链异域、异源、异构多数据采集工具集成协作模型，同时设计能够随数据源动态变化进行重组、调整和更新的自学习数据集采集整合模型，适配异域、异源、异构数据，支撑数据分析服务；建立数据与自学习数据集、价值挖掘的映射、关联与索引模型，建立各个数据集之间的连接，以提升数据集价值集聚。

针对多价值链协同多源异构数据统一存储,构建基于数据价值的指标体系,利用数据价值感知算法,度量数据资源中的价值量,根据价值量对数据按照热数据、普通数据、冷数据等维度进行分级处理。同时建立深度神经网络去冗余模型,确定不同来源数据的可信度和权重,采用张量分解等方法进行数据填补和去冗余,实现数据的交叉验证、筛选和有效存储。

针对多价值链协同多源异构数据安全管理,可使用一种基于区块链的多价值链全过程数据访问安全控制机制,定义基于属性的访问控制模型,利用区块链技术设计数据访问控制架构,保证访问控制信息的不可篡改性、可审计性和可验证性[30]。采用基于智能合约的访问控制方法实现对数据资源的访问控制。同时设计一种责任追溯安全管理机制,依托区块链技术[31],通过身份认证、访问审计、区块编码、时间痕迹等方法,对责任进行分析认定,保护制造企业生产正常权益。

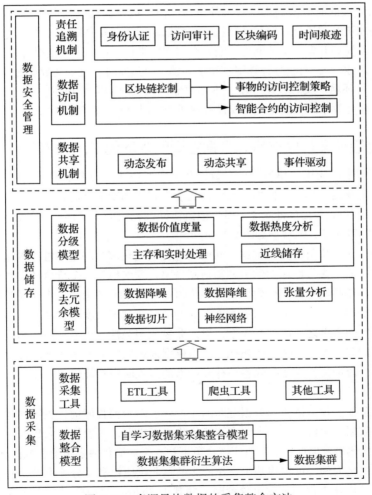

图 2-12　多源异构数据的采集整合方法

2.5.2 制造业多价值链协同数据空间数据处理关键技术

传统的数据处理主要是针对结构化数据展开,首先是利用关系型数据库对结构化数据进行存储,在此基础上进行聚类等数据分析,这对于少量结构化的数据处理是高效的,但是随着数据量的增多、数据类型的丰富多样,以及数据的多源异构性、数据实时处理的需要,这一处理流程不再适用[32]。

而在数据空间中的数据处理中,对于采集到的不同的数据集,可能存在不同的结构和模式,如文件、视频、音频、电子邮件等,表现为数据的多源异构性。对多源异构的数据集,需要做进一步集成处理或整合处理,将来自不同数据集的数据收集、整理、清洗、转换后,生成一个新的数据集,从而提高数据质量,为后续查询和分析处理结果质量提供保障。

实时数据处理是进行数据分析的基础。随着时间流逝,数据所蕴含的价值也在下降,所以对数据处理的时效性提出了很大的挑战。由制造业数据空间采集的大量实时数据,需要在云端或边缘端进行存储和计算。云计算把握整体,有海量的计算能力、存储能力、应用开发以及模型开发训练的能力,能够在周期性维护、业务决策支撑等领域发挥特长,但却缺少实时性[33];而边缘计算则专注于局部,聚焦实时、短周期数据的分析,能很好实现实时运行环境、实时模型环境、本地存储以及实时响应等功能[34]。两者各有所长,相互协同,能有效帮助工业企业实现设备现场的实时分析、应用和控制。

2.5.3 制造业多价值链协同数据空间的智能优化决策模型

数据空间中所应用的模型相比大数据智能模型往往更为复杂,影响因素更为全面,并且涉及了企业运营的方方面面,能够为企业带来更加精细化的管理。本节针对制造业从供应、营销和服务三方面整合了多价值链协同数据空间下的诸多智能优化决策模型,以提高决策的科学性,该模型如图 2-13 所示。

针对制造业多价值链协同数据空间的供应智能优化决策问题,可以构建多价值链大数据下的物资需求多尺度深度学习和知识图谱整合预测模型,多价值链大数据下在线分级联盟原料和备品库存协同优化模型和多价值链大数据下动态柔性供应联盟设计与利益共享优化评价模型。以物资需求预测模型为例,可通过多尺度分解从不同的时间维度来分析需求与影响因素之间的关联关系,引入非参数相关性分析需求与影响因素的分解尺度分量之间的关联关系,建立卷积神经网络模型来提取影响因素的不同尺度之间的隐含特征,建立长短期记忆模型接收卷积神经网络的多维时空特征输入,以对未来需求进行预测。

针对制造业多价值链协同数据空间的生产调度与营销智能优化决策问题,可以构建多价值链大数据下价值联盟生产调度智能优化决策模型,多价值链大数据下价值联盟物流调度智能优化决策模型和动态供应链竞争下核心企业演化博弈报价智能优化决策模型。以报价智能优化为例,可构建基于合作博弈的企业供应链利益分配模型,通过价值链分析和强化学习优化本供应链的报价策略,并基于 Sharply 值分配模型来实现制造及其协作企业的群体利益和个体利益最大化。

针对制造业多价值链协同数据空间的服务智能优化决策问题,可以构建基于价值链大数据的产品故障预测预警模型和质量追溯模型。在供应、营销和服务各自的阶段中可能涉及的优化问题及推荐模型如图 2-13 所示。以产品故障预测预警模型为例,可通过深度学习模型来深入分析历史故障样本中的故障特征、历史产品状态以及产品基本信息之间的关联关系,通过数据驱动挖掘产品故障背后的机理,并定量分析产品基本特征与故障之间的关联关系,构建基于半监督学习的预警模型。

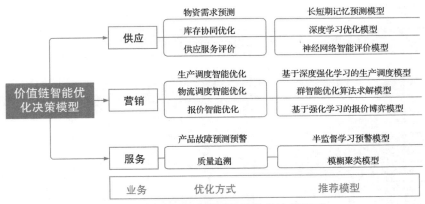

图 2-13　多价值链协同智能优化决策模型

2.5.4　制造业多价值链协同数据空间知识发掘方法

数据挖掘技术[35]通过快速获取、分析、处理海量的制造业流程数据和多样化的生产数据,从中提取有价值的信息,是帮助制造企业制定生产、管理决策的辅助手段。它针对不同关键生产指标,通过采用数据分析的方法,如描述统计分析、机器学习、关联规则挖掘[36]、运筹与优化、专家知识库与专家系统、概率推理、分类与聚类[37]等,有效实现设备运行监控与性能对比分析、企业生产流程的优化、设备故障诊断与健康管理等问题,助力工业企业实现包括生产设备、制造流程以及各种生产管理指标的实时监控、预警报警和优化改进。

在制造业多价值链协同数据空间中,数据具有更为明显的复杂性和冗余性,对于知识服务的要求也更高。为满足多价值链协同知识发掘需求,本书提出从知识提取、知识融合、知识推理演化及知识图谱构建四个方面展开体系化的应用。面向多价值链协同数据知识提取,首先要统一多价值链协同异构数据的模型标准和描述规范,进而基于有监督方法、无监督方法和半监督方法,应用复杂数据信息抽取的鲁棒语义模型,以解决复杂知识的垂直孤岛和价值密度稀疏的问题,实现自动化语义化数据治理和知识获取。面向多源、多模态的知识融合,主要应用深度学习、表征学习、Bert 技术和自然语言处理等技术,实现跨模态、跨层次和跨域的内外知识融合;依据知识粒度和语义的对齐方法,提出多源异构知识融合机制,以解决实体、属性、关系、概念描述的不一致问题;同时应用多模态知识协同表征学习模型，实现多模态知识在特征层和语义层的融合，为知识的扩展、互补、更新和纠正提供解决方案。面向多源知识推理，可通过深度学习和智能算法的多角度知识推理方法，挖掘深层知识网络拓扑信息，同时基于知识融合技术，从数据层和应用层实现知识的动态生成和演化。最后，基于概率评估、模糊评估和图模型等方法，形成包括知识综合评估策略，形成高质量结构化、网络化的全维语义知识体系，并根据本体化知识表达框架，采用自上而下的方式构建多价值链协同活动全过程知识图谱，为复杂知识可视化智能交互和个性化智慧服务奠定基础。多价值链协同知识发掘方法如图 2-14 所示。

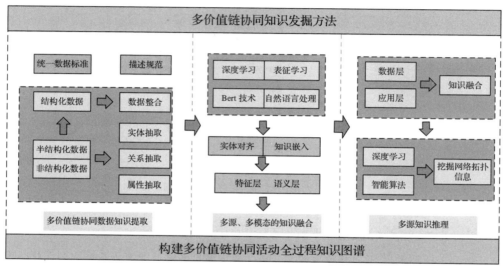

图 2-14 多价值链协同知识发掘方法

2.5.5 制造业多价值链协同数据空间管理方法

作为制造业多价值链协同数据空间体系架构中数据管理模块的重要内容，本节将具体介绍多价值链协同数据空间管理方法。包括面向数据协同和应用驱动的管理引擎模型、基于底层接口库的数据中枢智能筛选模型和高维数据集聚协同智能管理系统的构成。

首先，为实现多价值链协同数据空间管理引擎内部程序监控、底层服务应用程序交互、独立可协调管理、完整事务处理、并发控制和数据恢复等管理功能，本书基于制造业多价值链数据流、信息流及业务流特征，提出包含数据集成、数据中枢、数据输出和数据演化四大引擎的多价值链协同数据空间管理引擎模型；部署数据层、引擎接口层、数据服务维护层三层空间管理引擎结构。

其次，为配合数据集成、数据中枢、数据演化和数据输出四大管理引擎模型，分别采用区块链和数据映射理论[38]、语义本体和路径优化理论、智能协同技术和多任务聚类理论、知识图谱和动态自适应理论[39]，并融合数据集成、数据更新、数据监控等引擎数据集成机制，构成基于底层接口库的数据中枢智能筛选模型。

最后，在数据层、引擎接口层、数据服务维护层三大空间管理引擎的基础上，采用分布式多自主体智能系统设计方法，按照数据层、接口层、智能服务层三层空间管理系统结构，构建包含一个管理引擎中心和数据对象管理平台、数据集管理平台、数据智慧服务平台的高维数据集聚协同智能管理系统。多价值链协同数据空间管理方法及管理系统的构建过程如图 2-15 所示。

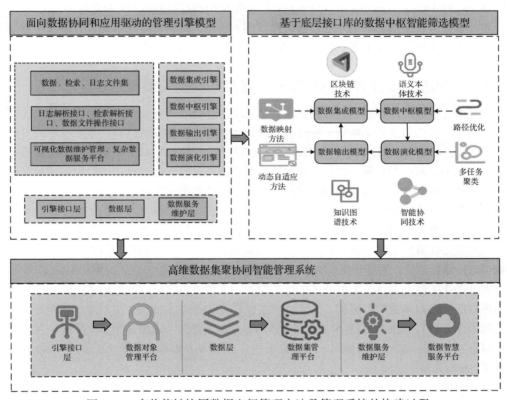

图 2-15　多价值链协同数据空间管理方法及管理系统的构建过程

2.5.6　制造业多价值链协同数据空间数据应用关键技术

企业能够对经营全过程产生的多价值链协同数据采集整合并导入数据空间，以帮助企业做出智能精准决策，同时数据空间也可以为企业提供个性化智慧服务，有效做到协同知识挖掘，从而提高企业采购、制造、物流、营销和服务等管理水平，在制造企业节约成本、提高效率、优化流程、评价绩效、竞价定价、增收节支、智能管理等多方面挖掘多价值链协同潜力，提高企业生产效率和经济效益。

数据可视化[40]是数据应用的重要组成部分。如今，随着数据在无数的研究和实践领域呈现爆发式增长，维度逐渐丰富，关联关系日益复杂，传统的文字或表格的展示很难全面有效地突出数据中蕴含的信息和规律，而可视化却能很好地帮助人们在探索数据的过程中全面和清晰地认知数据。可视化是对数据分析结果的展示，通过可视化，把数据转化为直观的图形图像，根据需要挖掘数据背后的规律或者通过异常值快速洞察存在的问题，提高制造业各业务流程的效率。利用符号表达技术、数据渲染技术、数据交互技术、数据表达模型技术对从多个数据源提取到的多种类型数据进行可视化处理，并且支持实时数据的可视化和交互式的可视化分析。常见的可视化处理和管理工具有 Tableau Desktop、QlikView、Datawatch、Platfora 等。数据应用通过数据展示画布进行可视化展示，应用仪表盘、折线图、地图、计数器、柱状图、饼图、表格、箱线图等，方便构建设备后服务监控管理、产线优化、企业管理增效（安全生产等）等场景。

2.5.7 制造业多价值链协同数据空间数据安全关键技术

随着大数据、云计算、人工智能等新技术的加入以及制造业数字化转型的深入，制造业信息数据为制造业生产效率和经济效益创造新的上升空间的同时，也面临新的安全风险隐患。特别是在《中华人民共和国数据安全法》即将施行的大背景下，制造业是关乎国计民生的基础型行业，如果企业的核心数据遭到泄露可能会直接威胁到国家数据安全，造成不可估量、无法挽回的严重损失，如何保护数据安全使之不被窃取、不被篡改或破坏越来越受到人们的重视。

数据加密技术是一种限制对网络上传输数据的访问权的技术，是数据安全的核心技术，尤其是在数据大量增多的时代[41]。采用数据实时加密技术对计算机正在运行的涉密数据进行智能识别，对客户终端文件、应用系统文件、服务器文件实行保护、设定权限，有效地解决了制造企业员工有意或无意的泄密、文件外发泄密、网络病毒、硬件设备损坏导致的泄密等多重泄密困扰。加密技术主要有 DLP 终端加密（主要适用于企业终端数据的安全管理），数据库加密网关（主要适用于数据库内的"入库加密、出库解密"以及拦截非法 SQL）、CASB 代理网关（侧重于企业应用服务器端的数据安全防护，如 HR、社保、OA 等）。

数据脱敏技术[42]是指从原始环境向目标环境进行敏感数据交换的过程中，通过一定方法消除原始环境数据中的敏感信息，并保留目标环境业务所需的数据特征或内容的数据处理过程。数据脱敏既能够保障数据中的数据敏感不被泄漏又能保证数据可用性的特性，使得数据脱敏技术成为解决数据安全与数据经济发展的重要工具。主要的数据脱敏技术包括动态脱敏技术、静态脱敏技术、隐私保护技术等。

通过多种数据安全技术的组合应用，保障了多价值链协同数据空间的数字信息在整个生命周期中不受未经授权的访问、损坏或盗窃。

2.6 制造业多价值链协同数据空间适用范围

根据制造业多价值链协同数据空间的基本概念和特征，多价值链协同数据空间以制造企业为主体，是由制造和协作企业的多条协同价值链所产生的大量多源异构数据及关系组成的集合。因此，在当前智能制造升级和工业互联网背景下，制造业多价值链协同数据空间适用于有数字化转型需求的制造企业，与制造企业存在协作关系的供应商、经销商等企业，以及终端用户、多价值链协同数据空间管理第三方平台、能源企业、金融企业、政府机构等利益相关者。

2.6.1 制造企业

随着大数据、云计算、物联网、人工智能等新一代信息技术与制造业深度融合发展，制造企业数字化转型和智能制造升级进入新的阶段[43,44]。生产经营活动过程中产生的海量多源异构数据经过智能分析可以为制造业多价值链环节带来新价值。工业数据成了提升制造业生产力、竞争力、创新力的关键要素。作为新型生产要素，数据是制造企业重要的战略资源。大数据给制造业的数字化转型带来了机遇，同时也对数据空间的安全管理和高效利用提出了挑战。

为管理数据这一重要的战略资源，制造企业可以通过多价值链协同数据空间提供的服务，打通企业内部存在的"数据孤岛"，按照统一的数据标准和存储规则，将异域、异源、异构数据分门别类地进行储存和分析，并且通过海量多源异构数据分类、查询、更新、索引技术等，从数据中提取最有价值的信息，进而提高制造企业的生产经营效率。制造企业多价值链协同数据空间不仅可以按照标准统一的数据规则分门别类地存放与多条协同价值链相关的各种结构化数据、半结构化数据、非结构化数据，而且能够保证数据资产的安全性。多价值链协同数据空间是制造企业数据管理、分析和服务的基础。在多价值链协同数据空间的基础上，可以构建价值链活动数据生成、汇聚、存储、管理、分析、使用和销毁全过程的价值链协同数据体系架构，研究供应/营销/服务价值链活动全过程的数据建模、快速索引、关联表示、全链搜索、集成演化等方法，为智能制造提供支撑。

2.6.2 供应商

在制造业多价值链协同数据空间中，供应商主要是指向制造企业供应其各种所需资源的企业，包括提供原材料、设备、能源、劳务等。通过将供应商的业绩、价格、产品质量、客户满意度、交货准时性、售前售后服务等多维量化数据纳入制造企业数据空间，制造企业可以基于多元化的评价准则，实现供应商的客观评价和合理选择，以降低企业原材料采购成本，提高企业生产效率和产品质量。

2.6.3 经销商

经销商通过购买制造企业的产品或服务，拥有商品的所有权，进而获得经营利润。通过将经销商的信息采集存储到制造业多价值链协同数据空间，制造企业可以基于经销商产品销售信息分析市场需求，制定产品研发策略和生产计划，合理安排库存；基于经销商历史的合同、价格信息，评估经销商的销售能力，选择有潜力的经销商，并对经销商进行统一管理。通过数据空间提供的数据管理技术，制造企业可以实现与经销商、终端用户的高效协同，提高企业数字化管理能力，辅助企业关键决策，提高运营效率，全面提升企业核心竞争力。

2.6.4 终端用户

终端用户可以从制造企业数据空间中提取设备产品的生产过程数据、性能参数数据、工序及工艺数据等，并且利用第三方平台提供的设备产品质量评价模型对于制造企业产品的工艺和质量等进行专业评价，辅助产品选购。

通过采集终端用户设备产品使用过程中的信息，制造企业可以对于设备产品进行全生命周期的管理。用户可以通过第三方物联网平台向专家申请在线技术支持。技术专家通过分析在线采集数据向用户提供远程指导和技术支持，及时排除设备故障，并实现对于设备质量问题的追溯和售后保障服务。

2.6.5 多价值链协同数据空间管理第三方平台

在制造业多价值链协同数据空间中，要按照统一的数据标准和存储规则，将海量且复杂的制造业及其协作企业的多价值链协同数据分门别类地进行储存和分析，搭建制造业一切数据分析和服务的基础。基于数据空间构建的统一标准协议，第三方平台可以更方便地整合不同制造业的海量多源异构数据，实现制造业多价值链协同数据空间的安全管理，并且为制造企业提供数据管理服务。

通过新一代信息技术与制造业深化融合发展，多价值链协同数据空间管理第三方平台可以基于制造业供应、生产、营销、服务等多价值链活动环节产生的数据，提供协同生产制造、智慧招标采购、线上物流管理、设备状态检修、企业信用评价等服务。通过为制造企业提供数字化转型服务，多价值链协同数据空间管理第三方平台可以为中小型制造企业发展提供支撑。

2.6.6 能源企业

能源企业是指以能源开发生产、加工转换、输送配售和用能服务等为主营业务的企业。能源企业，例如综合能源系统运营商、微电网运营商、区域电网公司、新能源发电商等，在生产经营过程中需要各种能源电力设备数据空间信息的支持。同时，能源电力企业可以根据制造企业多价值链协同数据空间中的信息，了解制造企业能源电力需求、能源电力负荷曲线、能源电力负荷特性等情况，进行多种能源负荷预测和调度优化管理；为制造企业提供经济优质的供能方案及可靠的能源支持，保障制造企业生产所需的冷、热、电等能源供应，完成生产任务，取得更好的效益。

2.6.7 金融企业

金融企业可以通过分析制造企业数据空间中提供的生产经营数据和财务报表信息，

对于企业的信用进行评级,并针对性设计推出不同的金融产品。基于数据空间提供的数据服务,金融企业可以面向产业链上游供应商提供订单融资等服务,面向下游设备用户提供低成本融资服务,针对不同融资主体提供定制化金融服务。

2.6.8 政府机构

基于制造业多价值链协同数据空间设计理论,政府机构可以指导并推进中小型制造企业数字化转型,加快工业互联网建设,推动制造业数字化、网络化、智能化发展,构建覆盖全产业链、多价值链的制造和服务体系。基于制造业多价值链协同数据空间的安全管理服务,通过整合政府机构、科研机构、制造企业、数据管理服务平台等资源,汇聚脱敏的核心数据,建立健全工业大数据共享机制。通过对数据指标分门别类加以清洗、分析和可视化展示,反映工业企业实时经营状态,为政府提供工业经济动态监测、产业安全预测预警、发展趋势分析等信息,为政府科学决策提供支撑。

2.7 本章小结

本章对制造业多价值链协同数据空间进行了概述,首先介绍了制造业多价值链协同性,通过对制造业多价值链概念和协同性的介绍,分析了其中参与主体和运行机制以及整个制造业多价值链协同业务流程。针对数据空间的基本概念和数据管理系统的现状,介绍了制造业多价值链协同数据空间的概念和基本特征,对制造业多价值链协同数据空间进行定义。根据需求分析和相关原则,在本章中重点构建了制造业多价值链协同数据空间体系架构,构建了包含数据来源层、数据价值链层、数据输入层三个隶属于数据准备模块的层次,数据集成层、数据存储层、数据管理层三个隶属于数据管理模块的层次,知识服务层、数据分析层、应用输出层三个隶属于数据服务模块的层次,共三个模块九个层次的体系架构。除此之外,针对数据空间的九层架构介绍了数据空间安全管理方法、数据空间体系管理方法以及关键技术,包括多源异构数据的采集整合方法、数据处理关键技术、智能优化决策模型、知识发掘方法、数据空间管理方法数据应用关键技术及数据安全关键技术。最后提出制造业多价值链协同数据空间的适用范围,包括制造企业、供应商、经销商、终端用户、数据空间管理第三方平台、能源企业、金融企业以及政府机构。

第 3 章 ||

制造业多价值链协同数据全生命周期体系的数据处理方法

3.1 数据采集

McKinsey Global Institute 在《大数据：下一个创新、竞争和生产力的前沿》中针对社会对大数据的关注及应用需求，对海量数据的处理技术进行了介绍和总结[45]。随着制造业与工业信息化的融合，数据产生的速度越来越快，数据的体量也越来越大，现在数据已不仅仅是关系模型下纯粹的结构化数据，邮件、图片、音频、短视频乃至非结构化的文档都越来越常见。传统数据库建设方式为先设计数据库再进行软件开发和数据集成，但其难以适应新数据产生的节奏，而且各种松散关联的数据源很难用一个统一的数据模型去描述，也很难用单一的数据管理平台去存储和管理。而制造企业中数据来源多方面、结构各异，集成这些数据以打破"数据孤岛"、建立数据生态、降低企业成本、开发潜在价值是目前诸多企业迫在眉睫的任务。习近平总书记在十九大报告中指出，要推动互联网、大数据、人工智能和实体经济深度融合。在数据多样化与复杂化的 21 世纪，将大数据引入各个企业的应用不断增多。基于对不同来源、多种结构数据的综合研究的迫切需要[46]，多源异构数据这一概念随之产生，李黎等总结其主要包括两个特征：一是数据来源具有多源性；二是数据种类及形态具有复杂性，即异构性[47]。不同的数据源所在的操作系统、管理系统不同，数据的存储模式和逻辑结构不同，数据的产生时间、使用场所、代码协议等也不同，这造成了数据"多源"的特征[48]。

3.1.1 当前阶段数据采集面临的问题

（1）大数据开放流通困难

对数据与信息的采集和控制是大数据产业的基础，数据流通是促进数据市场发展的首要条件。对企业而言，一是对客户以及潜在客户的数据采集和管理零散，严重影响数据的流通使用和共享，很难对线上、线下等多个维度的个人数据进行汇总，因而投资信息发送、附加产品营销、潜在客户经营等增值业务难以实现，个人数据的经济社会价值也难以发挥。二是在数据采集时，采集的数据大多数为静态数据，缺乏实时性，远远不能满足和激发数据使用者的需求和兴趣。

（2）数据产权模糊隐私容易泄露

大数据时代数据产权模糊，由于数据产权的模糊性，也给用户权益的保护带来了困难，非法利用和出售个人数据以获利，侵犯用户知识产权、隐私权、知情权等行为时有发生。企业或组织内部出现信息泄露更有可能会使几乎所有的数据资产泄露，并且数据可能会在泄密后迅速传播，甚至会导致更严重的数据篡改和智能欺诈。目前，互联网上出现了大量的高新技术应用，如云计算、无线射频辨识系统和社交网络等，这也可能导致许多用户的隐私泄露。

（3）数据采集质量水平仍待提高

大数据的采集仍存在数据应用响应速度不足、数据系统不够集中、数据质量较低等多个问题。数据质量较低主要表现在采集的数据重复、数据错误、数据丢失以及数据格式不统一等方面，且大数据来源复杂，会存在小概率偏差，可能会导致大数据分析的结果有时不可信赖。数据信息大都分散于多个数据系统中，且不同系统标准不一致，导致现有的数据采集能力难以满足当前大数据分析处理要求，数据采集手段仍需进一步提高。

为了应对以上挑战，数据库专家提出了数据空间技术。数据空间是指某一实体拥有的所有信息以及从这些信息中抽象出来的一些关联数据的集合，这些信息主要包括各种类型数据和数据间关系，信息真实可能是弱模式甚至是无模式的。通过数据空间可以将数据统一进行管理，以 Best-Effort 的方式去提供查询服务，并通过不断地演化，提高本身的性能。数据空间的目标是管理用户所关心的所有数据（不局限于常见的结构化数据），提供多样化的数据应用功能，极大地减少数据处理的基础工作，降低处理信息的成本。

3.1.2 全生命周期体系相关概念

1. 数据空间数据的全生命周期流程

从数据的全生命周期流程来看，可以将制造业多价值链中数据划分为数据采集、数据空间构建和数据调取使用三个阶段，各个阶段的数据质量都面临着不同数据质量问题和挑战。

（1）数据采集

在数据的收集阶段，制造业数据的多样性决定了数据来源的复杂性，数据结构也随着数据的来源不同而各异。制造业在日常业务中创建了大量的数据源，包括供应链、服务链和营销链的多元异构数据，具有多模态、强关联和高通量的特征。要对从多个数据源采集的结构化和非结构化数据里进行有效的整合并保证数据质量，是一项异常艰巨的任务。由于不同数据源的数据之间可能存在冲突、不一致或者相互矛盾的现象，在如此大量的数据下，难以实现不同数据的检测和定位。在数据采集阶段保证数据定义的统一性为数据的收集提出了巨大的挑战，同时数据的变化速度很快，有的数据时效性较短，数据需要实时的收集，否则会影响数据分析结果。

（2）数据空间构建

数据空间相当于一个大的存储云平台，但与大数据存储不同，数据空间是针对某一个特定企业的数据关系合集。大数据是全行业的、广泛的、泛指的某一项业务合集，而数据空间具有较强的针对性，可以满足企业的日常需求。在数据空间中存储放置数据，不再是简单的单一数据结构，应该有专门的数据库技术和专用的数据存储设备进行存储，保证数据的有效性。对于结构化数据可以采用传统的数据框架，但是对于非结构化数据的存储，应该考虑到数据结构复杂、变化速度快的特点，这对传统的数据存储框架提出了挑战。数据空间的构建是实现高水平数据质量的保证，如果数据不能被一致、完整、有效地储存，数据质量将无从谈起。

（3）数据调取使用

在数据的使用阶段，由于涉及的授权使用人员较多，很多时候是同步地、持续地、多端口地对数据进行提取、分析和使用。同时由于授权人员的等级差异，被允许采集的数据是有差异的，这一点需要在数据提取的时候被设计体现。数据空间中的数据是大量的、变化速度快的，这对数据的处理速度也提出了一定的挑战。

本节主要针对数据采集阶段进行研究和论述。

2. 制造业多价值链协同概述

Porter 在《竞争优势》中阐述了价值链的概念，并指出每一个企业都要进行设计、生产、销售以及一些辅助活动等，而企业所进行的这些活动统统可以用价值链来阐述。此外他把企业的价值活动分为五个基本活动和四个辅助活动，基本活动分别为内部后勤、生产作业、外部后勤、市场销售、服务，基本活动能直接创造价值；辅助活动分别为企业基础设施、人力资源管理、技术开发、供应，辅助活动不直接创造价值。

价值链又包括产业价值链、产业链和供应链。

国内学者对产业价值链的定义并不统一。张琦、孙理军认为，产业价值链是指在产业关联系统中由一系列产前、产中、产后提供不同功能服务的价值型企业或单元组成的价值创造系统[49]。王延青认为，产业价值链是指某产业围绕产品或服务生产全过程的关联性企业的有机集合，是定义并追踪集合整体的价值创造、分配和传递全部过程，并进而分析其竞争优势的系统方法和有效工具[50]。对于产业链，其他国家更多的是使用"价值链"或"供应链"的提法。胡志菊和罗经德认为，产业链是由同一产业内或几个不同产业间具有的相关价值活动构成的价值链[51]。蒋国俊认为，产业链是由产业中具有较强竞争优势的主导企业与其他相关企业组成的战略联盟[52]。但就我国的产业链概念而言，产业链主要是指产业间基于投入产出等技术经济联系而形成的产业协作关系，如钢铁业与汽车产业形成的上下游协作关系，这与价值链强调利润创造有着明显的不同。

供应链则是国内外广泛涉及的一个重要概念。按管理咨询师 Booz 和 Hamilton 等的观点，供应链（supply chain，SC）是指由原材料及零部件供应商、制造商、批发商、零售商及运输商等关联性企业及最终消费者组成的涉及物流、信息流和资金流的企业网络系统，是将产品或服务提供给最终消费者的所有环节的企业所构成的上、下游产业一体化体系。通过供应链中企业的技术经济活动，把原材料及零部件经设计、生产、加工、物流配送等环节到达消费者手中，从而构成一个完整的供应链[53]。与价值链强调利润创造不同，供应链更多关注的是物流管理，侧重于围绕产品生产活动的关联性企业的原材料、零部件、中间产品和最终产品的流动与物流供应体系建设。

所谓制造业多价值链，是指面向制造企业及协作企业群形成的多条内外部产业价值链，包括制造内部价值链和供应、营销、服务等外部价值链。所谓协同，是指整体发展运行中，各个子系统相互协调与合作，促使无序现象向有序转化的过程。在制造业中，为了同样的目标，内部生产价值链与外部供应、营销、服务价值链共同配合，使得企业不断提高效益和效率，从而创造更多的价值。因此，制造业所存在的多条价值链，在良好的引导下，可以成为协同价值链。

制造业在向数字化和智慧化的发展进程中，高效协同的多价值链是其重要的支撑，通过资源整合和资源共享可以有效地进行优势互补。文献[54]提出随着信息技术的发展，现代服务业与制造业的协同作用、深度融合，可以提升生产效率，推动产业结构升级，是全球制造业发展的主流趋势。文献[55]认为制造企业的运营模式转换为"产品+服务"可以有效地促进企业的研发创新积极性，但制造业服务化率并非越高越好，二者呈倒U型关系，制造业的服务化应该遵循适当的区间。文献[56]构建了航空制造业的供应链的生态圈，提升企业研发、营销、采购、制造等产业链协同管理能力，有效地解决航空制造业在资源整合跨界协同方面的不足。文献[57]研究了大数据为制造企业带来的战略变化，大数据将从供应链管理、生产制造、市场营销和售后服务方面对制造企业进行成本优化和产品差异化。研究在大数据背景下的多价值链协同发展具有重要意义，将供应、营销和服务环节整合起来发挥作用，通过集聚效应和协同效应在制造业产业链和价值链的整合作用，促进价值链跃迁和横向与纵向拓展。

随着信息技术与制造业的深度融合，制造业正在利用大数据的优势抓紧升级转型，发展新的生产方式和商业模式。在更有利于制造企业精准化发展的数据空间中，只有整合企业内部和外部的资源，提升多条价值链的协同能力，才可以有效地打破企业运营过程中多条价值链存在的信息壁垒、资源利用效率低下和协调程度低的问题。将制造业内部的供应链、外部的营销链、服务链协同起来考虑，可以形成数据闭环，高效地利用数据空间中的数据。构建制造业供应链、营销链和服务链协同的数据空间（图 3-1），让数据更加具有专业性、关联性、流程性和持续性，使全产业链的信息整合，让整个生产经营和服务系统更加优化。

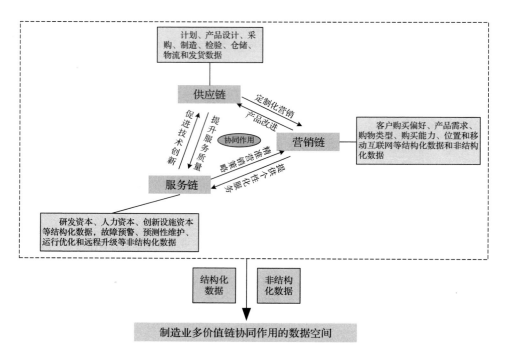

图 3-1　制造业多价值链协同数据空间

（1）供应链

制造业中，大数据、数据空间的应用，能促使生产、服务及管理等环节实现智能化发展，高质量的数据可以有效地使制造商在计划工单、排程、物料端口、生产制造、品质检验等流程中获益，从生产标准化产品到定制化产品，从而提升企业竞争优势。将数据空间应用于制造业领域，在产品加工的工艺环节，通过提取数据空间中对产品加工质量的相关数据，利用神经网络进行机理深度学习，确保更深层次、全面地描述产品生产的质量问题。通过对数据的收集分析，及时发现生产过程中影响效率的因素，也能够发现不同产品存在的不足，通过改进不足进一步提高产品的良品率。但是，制造业供应链数据之间的相互关联性也带来了一定的风险，比如返工和退货，因此，还需要更加紧密的协同联系营销和服务数据。

供应链收集的海量有效数据包括计划、产品设计、采购、制造、检验、仓储、物流、发货的全流程数据。通过这些数据与营销链和服务链数据的协同互动、数据互联，可以有效地实现制造全过程的数字化、规范化和透明化。

（2）营销链

在制造业营销链中，通过对数据空间的客户数据进行分析，可以有效地获取不同消费者和不同客户的消费行为以及消费特点，并预测消费者的消费行为，有效地监测竞争对手，了解竞争对手动态，有助于传播品牌，提升产品竞争能力，及时调整战略目标。同时通过对数据空间的数据进行建模分析，可精准定位市场，优化营销决策，提升产品质量，进而完成供应链的优化，实现供应与需求的互动。

随着技术和数据架构的演进，现在的数据已经延伸到更广泛的范围，在营销链中的有效数据除了客户购买偏好、产品需求、购物类型、购买能力等数据，还包括了消费者的位置数据以及一些反应消费行为的结构化移动互联网数据和非结构化移动互联网数据。

（3）服务链

制造业的服务化是服务经济时代制造业发展的重要趋势，为了获得更大的市场竞争优势，大量的制造企业逐渐从单纯的提供产品和设备向全生命周期管理及系统解决方案转变，服务要素在制造企业生产经营活动中的地位不断上升，制造业服务化趋势越来越明显。制造业的服务链对于产业结构的转型升级、技术创新有重要的影响，供应链、营销链和服务链的深度融合，可以将以知识资本为典型代表的服务要素嵌入生产制造环节，通过技术溢出渠道实现技术成果的传播和共享。

制造业服务链中不仅可收集多价值链数据空间中用来进行测算的数据，还可收集研发资本、人力资本、创新设施资本、新产品销售收入等结构化数据，以及大量的在线监测、故障预警、故障诊断与修复、预测性维护、运行优化和远程升级等非结构化数据。

3.1.3 数据采集方法概述

大数据采集能够通过射频识别（radio frequency identification，RFID）数据、传感器数据、社交网络数据和移动互联网数据获得各种类型的海量数据，是解决制造企业数据采集难的有效途径。由于有成千上万的用户同时进行并发访问和操作，因此，有必要采用专门针对大数据的数据采集方法，目前主要有系统日志采集、网络数据采集、数据库采集三种方式。常用的开源日志收集系统有 Flume、Scribe 等。网络数据采集主要是指通过网络爬虫或网站公开应用编程接口（application programming interface，API）等方式从网站上采集数据信息，一些企业会通过关系数据库（如 My SQL 和 Oracle）收集数据，这些更科学化的采集方法的运用也使企业可采集更多的可供挖掘的数据信息[58]。

针对不同类型生产制造业生产过程中的多源异构数据，需要采用不同的数据采集方法和工具。以电动汽车制造企业为例，使用射频识别（radio frequency identification，RFID）技术[59]对生产车间中的原材料、设备、产品信息等生产过程数据进行采集。另外，针对数据采集的新需求，相关研究也提出了许多与网络技术相结合的创新型数据采集方法，对于制造业生产过程中多源异构数据划分见表 3-1。

表 3-1 制造业生产过程中多源异构数据划分

数据名称	数据内容	数据来源	数据类型
设备属性	设备型号、生产日期、性能、编号等	设备运行维护系统	结构化
能耗数据	耗电量等数据	能耗管理系统	结构化
生产计划	人员安排、生产排班	制造执行管理系统	非结构化
运行信息	设备的电流、电压及温度等	生产监控系统	结构化
环境参数	温度、声音、热力、广电等工业传感器信息	生产监控系统	结构化
产品生产信息	产品的规模、尺寸等	生产监控系统	结构化

(续)

数据名称	数据内容	数据来源	数据类型
产品质量信息	产品优秀率、残次品率	产品质量检测系统	结构化
网络公开数据	电子商务平台中产品报价信息、搜索次数	公共服务网络	结构化
接口数据	接口处的数据类型：XML、JSON 格式	已建成的工业自动化或信息系统	半结构化
物料数据	产品生产的原材料的相关信息	生产供应系统	非结构化
知识数据	软著、专利、论文等	制造执行管理系统	非结构化
产品文档	产品图纸、测试数据、仿真数据等	制造执行管理系统	非结构化
生产监控图片	相机、监控器拍摄的图片	生产监控系统	非结构化
生产监控音频	声音及语音信息	生产监控系统	非结构化
生产监控视频	视频监控拍摄的视频	生产监控系统	非结构化

对于目前几种典型的数据采集场景，实际应用中根据其采集的数据类型及要求等，采用 Flume、RFID、传感器等不同的采集方法，这些方法具有不同的优势[60]。面对目前电动汽车制造企业数据量迅速增长以及数据类型日益复杂化的问题，传统数据采集方法难以满足更具实时性、更精确的采集要求。而粒子群算法具有简单、易实现、计算过程中需调整的参数较少的优点，可以实现电动汽车制造业上下游信息的数据集成与挖掘。

（1）粒子群算法

在粒子群算法中，每一个粒子即是算法的一个候选解，粒子的当前位置可以表示为 $x_i = (x_{i1}, x_{i2}, \cdots, x_{id})$，其飞行速度为 $v_i = (v_{i1}, v_{i2}, \cdots, v_{id})$，飞行历史中的最优位置为 $p_i = (p_{i1}, p_{i2}, \cdots, p_{id})$，速度按照式（3-1）更新，位置按照式（3-2）更新，具体如下：

$$v_{id}^{t+1} = wv_{id}^t + c_1 r_1 (p_{id}^t - x_{id}^t) + c_2 r_2 (p_{gd}^t - x_{id}^t) \tag{3-1}$$

$$x_{id}^{t+1} = x_{id}^t + v_{id}^{t+1} \tag{3-2}$$

$$w(t) = w_{\text{start}} - \frac{w_{\text{start}} - w_{\text{end}}}{t_{\text{mac}}} t \tag{3-3}$$

式中，w 为惯性权重，其值较大时适合对解空间进行大范围搜索，其值较小时适合进行局部搜索；c_1，c_2 为加速常数；r_1，r_2 为 [0,1] 之间的随机数；t 为当前迭代次数；w_{start} 为惯性权重的起始值；w_{end} 为惯性权重的终止值。

（2）上下游信息数据采集编码

对企业数据库中的用户需求信息数据属性进行转换，得到符合数据挖掘的数据模式。关联规则挖掘是在条件属性和结论属性之间进行的，对于粒子群算法编码，需完成将关联规则转化为粒子的过程。一条关联规则向量 S 的编码为 $S = (s_1, s_2, \cdots, s_m, s_{m+1}, s_{m+2}, \cdots, s_{m+n})$，向量的前 m 项对应 $C = (c_1, c_2, \cdots, c_m)$，向量的后 n 项对应 $D = (d_1, d_2, \cdots, d_m)$。其中，$s_i$ 为区间 $(1, J_i +1)$ 上均匀分布的随机数；J_i 为 i 位对应属性的最大属性值；$\lfloor s_i \rfloor$ 表示 s_i 所对应属性值（$\lfloor * \rfloor$ 表示取下整数）。

每个粒子前件项对应于条件属性,后件项对应于结论属性。条件属性集中每个属性c_i及结论属性集中每个属性d_i都对应着粒子中的一个数据位,粒子为$m+n$维向量。

(3)适应度函数

适应度函数可用于评价粒子的优劣,以选出较优的候选解集。适应度的大小显示了粒子对于目标函数的适合程度,是用以评价粒子优劣的唯一标准。

为了得到支持度与置信度都较为满意的关联规则,本书采用对支持度与置信度分别设置阈值,并要求同时满足阈值的方法对挖掘出来的关联规则进行评价,即选用支持度与置信度函数作为候选解的适应度评价函数。

3.1.4 数据采集质量评估

在制造企业生产过程中,从前期的数据广泛采集到最后的建立制造业数据空间,并进行数据应用,一般分为:数据采集、数据空间构建和数据使用三个过程。而数据采集阶段的数据质量会直接影响数据空间构建和数据使用,且在后续的数据空间构建和数据使用中也会体现出采集到的数据的质量表现,因此构建一套数据采集质量评估模型是具有应用意义的。

1. 数据采集质量研究现状

制造业在生产、运营和管理中积累了大量的数据,这些数据背后存在许多有价值的信息,数字化转型是制造业创新驱动发展的必要途径[61]。越来越多的学者致力于制造业中大数据的挖掘分析,旨在改变制造业中数据量大、转换利用率低的问题。文献[62]对制造业的设计、生产、采购、销售和售后五个阶段分别建立大数据分析模型,有助于解决制造业各个流程的复杂预测和优化问题,但其实验未考虑多样化数据的质量,只是人工选取了高质量数据,模型缺乏一定的通用性。文献[63]针对工业物联网产生的海量时间序列数据进行分析挖掘,根据时序大数据的质量问题和特点,提出应该通过适宜的模型进行数据质量管理和数据质量清理。文献[64]提出在制造业中,数据分析、机器人技术、网络安全和工业物联网等先进技术已经被广泛应用,一个合适的管理系统可以有效地沉浸式管理和使用这些技术,而数据质量管理则是管理系统构建的基础。文献[65]研究大数据,工业4.0和网络物理系统之间的整合,为中小企业提供了一个动态环境,建立智能工厂,利用智能设备,这一切的挑战源于数据,包括数据完整性、数据质量、数据隐私等方面。因此,在制造业顺应信息技术发展的当下,想要对制造业领域的海量数据进行异构分析和智能利用,推动智能制造产业的转型,关注数据质量是必经之路。

想要发挥数据空间中的大量数据为企业带来的优势,通过有效地数据分析技术挖掘数据背后的价值[66],让数据不再是简单的累积而是价值的增值,高质量的数据则是这一切的基础和前提[67]。文献[68]从流程、技术和管理的角度对数据质量的挑战进行研究,并提出应对措施,保证大数据产生跨部门、跨行业、跨区域价值。文献[69]针对大数据的处理流程,从数据收集、数据预处理、数据存储等环节对大数据质量的影响因素进行分析,从数据真实性、数据完整性、数据一致性等维度构建大数据质量影响模型。

文献 [70] 介绍了中国科学院的数据质量框架以及相应的数据质量评价模型，并探索了基于 QFD 的科学数据质量评价方法的实践，其中数据的质量评价要素包括了有用性、准确性、易用性等，但随着数据资源的增长，数据质量的衍生问题也将更加广泛和未知。文献 [66] 将 Benford 法与异常值探测和数据挖掘技术结合起来，查找数据质量问题，并将其应用于保险行业数据质量的检测，可以有效地筛选和修正异常值。目前对数据质量已有大量的应用研究，但缺乏对制造业多价值链协同的数据空间数据质量的研究，对于制造企业而言，一切经营生产活动都是以大量数据为依托，一点微小的数据质量问题将会在数据利用的环节带来不可估量的影响，因此对于制造业数据空间的数据质量评价显得刻不容缓。

对数据质量的分析最重要的就是建立相应的评价指标体系，但目前对制造业数据空间数据质量的分析评价体系还不完善，无法满足标准化智能制造的发展要求，无法有效地发挥工业化和信息化的市场引领作用。因此本书针对制造业的多价值链协同效应，从数据全生命周期角度，构建数据空间数据质量的评价指标体系。

2. 指标体系构建

数据空间的数据由大量的结构化数据和非结构化数据构成，因为对数据质量的评价存在一定的困难，所以本书从定量和定性两个方面的指标来定义它。定量指标主要针对一些结构化数据，可以对评估指标进行量化处理，以分析数据的好坏；定性指标是对非结构化数据进行描述评价。

（1）数据采集阶段

1）完备性。数据的完备性可以从三个角度来看，包括架构的完备性、列的完备性和数据集的完备性。收集的数据需要从架构的实体和属性、列表的每一列到数据集都是完整的。完备性是用来衡量采集数据缺失程度的指标，它反映了时间维度和空间维度的数据质量指标。

2）可信性。由于制造企业的数据来源十分广泛，包括不同的设备终端、软件的使用日志，还有一些调研报告，因此需要对数据的来源仔细甄别，数据的真实可信是后期数据分析结果的基础。

3）准确性。准确性是指收集采集的数据应该能够反应基本现实，数据记录的信息是否存在异常或错误，并且有较高的精确度。准确性是用来衡量采集参量和真实数据之间偏离程度的指标。

4）一致性。一致性是指收集采集的数据是否存在逻辑和概念等属性方面的问题，也包括源系统之间数据是否一致，源数据与抽取的数据是否一致，各处理环节数据是否一致等。

5）时效性。时效性是指信息在一定的时间段内对决策具有价值的属性。数据的产生、发展到失去价值是有一定期限的，即数据的有效时间长度。从采集数据的时间到数据反馈给用户的时间差越小，数据的时效性就越高。

6）有效性。有效性是指在采集的数据中，满足一定有效性判别准则、符合接收条件的数据比例,即数据应该按照约定的要求被记录和使用,确保满足完备性和一致性规则。有效性指标可以用来衡量采集数据异常程度,可以反映时间维度和空间维度的数据质量指标。

7)合法性。合法性是指数据的收集采集过程应该遵守相关的法律法规,数据内容和数据定义遵守本行业主管部门要求的相关标准、惯例或规定。

(2)数据空间构建阶段

1)安全性。从数据空间的架构安全和数据安全两个方面来评估数据的安全性,数据空间应该引用多种机制来增强安全性,包括数据加密、身份验证、授权和日志机制等。

2)保密性。保密性是指在数据空间中未经授权的数据不能被访问和泄露,主要包括数据使用者的身份认证、鉴权、访问控制和数据加密等方面的技术。

3)完整性。在数据空间中,需要保证数据本身的完整性和在存储传输过程中的完整性,防止被恶意篡改和破坏。

4)可用性。可用性指标是指数据空间中的数据在需要的时候可以被授权用户访问,不因人为或自然的原因而不可访问。

5)统一性。统一性指标是指数据空间中的数据要对不同的调取用户保持一致,数据不应存在偏差和遗漏,在存储和访问上保持一致性,保证数据最终一致。

6)差异性。差异性指标是指对于不同等级的调取用户,数据空间所提供的数据安全保密等级不同,从数据大小到数据详细等级都有差异。

(3)数据调取与使用阶段

1)可访问性。对用户进行授权后,采集数据的通道是有效的,用户应该可以有效地访问数据空间,并采集所属等级的所有准确数据,包括对数据形式和数据内容的可访问性。

2)相关性。被授权用户在调取数据的时候,需要的是相关的、可以利用的数据。需要考察被调取数据是否满足用户的需求。

3)及时性。及时性是指用户调用提取的数据应该是当前的最新数据,不存在数据滞后和数据过时的问题。收集采集的数据应该在满足数据应用所需要的时间内或者规定的时间内提供至目的地,及时性指标是用来衡量数据在经历收集采集和数据空间处理两个阶段后,传输至用户所需地址之前时延的指标。若数据的及时性不能满足,会导致对数据进行分析得出的结论失去参考意义。

4)无误性。收集到的数据是否正确,对后续的建模分析有重要意义。数据是否无误,是由它所代表的每一个数据单元所决定的,不仅是一个零件参数,更是消费的满意度记录和位置信息。

5)可追踪性。数据的可追踪性是指数据在调取与使用阶段应该对数据的采集来源、数据的访问踪迹和数据的变更踪迹进行审计。比如对于任何一个在销售链中的产品,都能追溯到它的每一个零件的设计图纸、采购物流和制造流程。

6)可理解性。可理解性是指数据使用者在数据空间中调用的数据应该能被用户阅读和解释,以及用适当的数值、语言、符号、图表等方式来表达。

基于以上，可得到基于数据全生命周期的制造业多价值链数据空间数据质量评价指标体系，见表 3-2。

表 3-2 数据质量评价指标体系

数据全生命周期流程	评价指标
数据收集	完备性
	可信性
	准确性
	一致性
	时效性
	有效性
	合法性
数据空间构建	安全性
	保密性
	完整性
	可用性
	统一性
	差异性
数据使用	可访问性
	相关性
	及时性
	无误性
	可追踪性
	可理解性

3. AHP-TOPSIS 数据质量评价模型

（1）层次分析法（analytic hierarchy process，AHP）确定指标权重

1）为了采集各个指标的权重，首先把每一层的指标重要性进行两两比较。判断矩阵为

$$\boldsymbol{B} = \begin{bmatrix} b_{11} & b_{12} & \cdots & b_{1m} \\ b_{21} & b_{22} & \cdots & b_{2m} \\ \vdots & \vdots & & \vdots \\ b_{n1} & b_{n2} & \cdots & b_{nm} \end{bmatrix} \quad (3-4)$$

式中，b_{nm} 为评判指标的相对重要性比值。

2）为了使判断矩阵元素分配更合理，需要通过一致性检验。

$$CR = \frac{CI}{RI} \quad (3-5)$$

$$CI = \frac{|\lambda_{max} - m|}{m - 1} \quad (3-6)$$

式中，$\lambda_{\max}$ 为判断矩阵 $\boldsymbol{B}$ 的最大特征值；RI 为随机一致性指标；m 为判断矩阵的阶数。

3）对各个指标权重进行计算。

$$W_i = \frac{\sum_{j=1}^{n} b_{ij}}{\sum_{i=1}^{n}\sum_{j=1}^{n} b_{ij}} \qquad (3\text{-}7)$$

（2）TOPSIS 法

具体计算步骤如下：

1）构建判断矩阵。

$$\boldsymbol{X} = (x_{ij})_{mn},\ i=1,2,\cdots,m,\ j=1,2,\cdots,n \qquad (3\text{-}8)$$

2）构建无量纲化评价矩阵。

$$\boldsymbol{R} = (r_{ij})_{mn},\ i=1,2,\cdots,m,\ j=1,2,\cdots,n \qquad (3\text{-}9)$$

3）构建加权规范化评价矩阵。

$$\boldsymbol{C} = (c_{ij})_{mn} = (w_{ij}r_{ij})_{mn},\ i=1,2,\cdots,m,\ j=1,2,\cdots,n \qquad (3\text{-}10)$$

4）确定正理想点和负理想点。

$$\begin{cases} C_j^+ = \max\{c_{1j}, c_{2j}, \cdots, c_{mj}\} \\ C_j^- = \min\{c_{1j}, c_{2j}, \cdots, c_{mj}\} \end{cases} \qquad (3\text{-}11)$$

式中，C_j^+ 为正理想点；C_j^- 为负理想点。

5）计算综合测度距离。

$$D_j^+ = \sqrt{\sum_{i=1}^{m}(c_{ij} - C_j^+)} \qquad (3\text{-}12)$$

$$D_j^- = \sqrt{\sum_{i=1}^{m}(c_{ij} - C_j^-)} \qquad (3\text{-}13)$$

6）计算贴近度。

$$E = \frac{D_j^-}{(D_j^+ + D_j^-)} \qquad (3\text{-}14)$$

E 越小表示评价对象与负理想解相距越近，与正理想解相距越远，即评价对象越差。

3.1.5　基于数据空间的数据采集延伸

数据采集主要是对大量原始数据进行准确且实时的采集，为数据处理和集成阶段提供原始数据源。数据处理和集成阶段主要实现数据的数据库存储、数据清洗、数据转换、数据降维以及构建海量关联数据库,为数据空间的构建提供数据源。在制造业多价值链协同数据全生命周期的数据处理中,数据采集阶段并不仅仅包括单纯的数据采集,还包括数据处理和数据集成,通过对采集的数据进行处理和集成,输入数据空间中作为数据源,进行后一步的数据空间构造。本节将简单介绍数据处理和数据集成。

1. 数据处理

（1）数据清洗

制造企业存在数据量大、定时性强、数据不完整和处理数据成本高的问题,为了保证能够有效完成数据清洗,提出了一种基于时序相似度测量的数据清理方法,用于检测异常数据,实现数据清洗。具体步骤为:首先,用近似符号聚合算法对制造企业数据点数据进行时间序列离散和符号化;其次,利用欧氏距离算法计算符号序列之间的相似度;再次,根据相似序列拟合的曲线,对数据完成异常数据的识别、纠正以及缺失数据的填充;最后,对清洗后的数据进行融合。

1）数据离散和符号化。首先,进行归一化处理,如式（3-15）所示;其次,通过主成分分析（principal component analysis，PCA）对归一化序列 C 进行降维,如式（3-16）所示;最后,将时间序列集合转化为字符串集合 $\hat{C}_j$，如式（3-17）所示。

$$C_i = \frac{x_i - u(x)}{\delta}, i = 1, 2, \cdots, n \tag{3-15}$$

$$\begin{cases} \bar{C}_i = \frac{1}{t} \sum_{t=(i-1)+1}^{n} c_j \\ j = t(i-1) \end{cases} \tag{3-16}$$

$$\hat{C}_j = P_j \quad \text{iif} \quad \beta_{j-1} \leq \hat{C}_j \leq \beta_j \tag{3-17}$$

式中，u 为原始时间序列的平均值；δ 为标准差；$\bar{C}_i$ 为原始时间序列向量的 N 个片段中第 i 个片段内的均值；$t = n/N$ 为压缩率；$\frac{1}{t}$ 为各分段的间隔长度；iif 为当且仅当。

N 维时间序列 $\bar{C}_i$ 的第 j 个元素介于 β_{j-1} 与 β_j 之间。

2）异常值识别。采用一种改进的最大阈值方法来确定数据值是否属于异常数据,该方法采用更精确的相似时间序列加权平均值进行计算,具体如式（3-18）、式（3-19）所示,若 $\hat{x}_k$ 不满足式（3-19），则为异常值。

$$\delta_k = \max(A - \hat{x}_k) \tag{3-18}$$

$$\begin{cases} x_k > \hat{x}_k - \delta_k \\ x_k < \hat{x}_k + \delta_k \end{cases} \tag{3-19}$$

3）多源异构信息融合。清洗后的数据与相邻数据序列进行交换和融合,如式（3-20）所示。

$$\begin{cases} \boldsymbol{M}_{k/k}^{i} = (\boldsymbol{P}_{k/k}^{i})^{-1} \\ \boldsymbol{A}_{k/k}^{i} = \boldsymbol{M}_{k/k}^{i} \hat{x}_{k/k}^{i} \end{cases} \quad (3\text{-}20)$$

式中，$\boldsymbol{P}_{k/k}^{i}$ 为时刻 k 的后验估计协方差矩阵；$\hat{x}_{k/k}^{i}$ 为时刻 k 的状态估计值。

（2）数据删除

根据数据处理的不同角度，删除法可分为以下 4 种：

1）删除观测样本。

2）删除变量。当某个变量缺失值较多且对研究目标影响不大时，可以将整个变量整体删除。

3）使用完整原始数据分析。当数据存在较多缺失而其原始数据完整时，可以使用原始数据替代现有数据进行分析。

4）改变权重。当删除缺失数据会改变数据结构时，通过对完整数据按照不同的权重进行加工，可以降低删除数据带来的偏差。

（3）数据插补

在条件允许的情况下，找到缺失值的替代值进行插补，尽可能还原真实数据是更好的方法。常见的方法有均值插补、回归插补、二阶插补、热平台、冷平台等单一变量插补。

1）均值法是通过计算缺失值所在变量中的所有非缺失观测值的均值，使用均值来代替缺失值的插补方法。

2）均值法不能利用相关变量信息，因此会存在一定偏差，而回归模型是将需要的插补变量作为因变量，其他相关变量作为自变量，通过建立回归模型预测出因变量的值对缺失变量进行插补。

3）热平台插补是指在非缺失数据集中找到一个与缺失值所在样本相似的样本（匹配样本），利用其中的观测值对缺失值进行插补。

4）在实际操作中，尤其当变量数量很多时，通常很难找到与需要插补样本完全相同的样本，此时可以按照某些变量将数据分层，在层中对缺失值使用均值插补，即采取冷平台插补法。

2. 数据集成

早期的数据集成领域研究主要集中在针对给定的数据源以及数据集，如何识别出描述相同属性，相同实体的数据表、数据列与数据元组之间关联起来是早期数据集成领域的研究重点。Rahm 等人对关联关系的挖掘方法进行了较为全面的介绍与总结[71]。Berlin 等人基于贝叶斯模型对数据之间的关联关系进行评估，再将最优的概率模型作为最终的数据集成模式[72]。Nottelmann 等人提出了面向异构数据集成场景下的自动数据集成方法[73]。

早期数据集成工作的主要目标在于进一步提升数据集成的准确率，包括提出更加灵活的集成模式、引入人工监督等，而对数据源的规模、查询效率的讨论则相对比较有限。

随着大数据时代的到来，数据集成算法从传统的注重准确率、基于限定数据模式开始向对算法效率和处理更加复杂的数据类型转变。其中较为有代表性的文献包括由 Sarma 等人提出的基于 pay-as-you-go 框架的数据集成方法，该方法主要为了解决传统数据集成算法普遍复杂度较高而导致的效率低下的问题[74]。其核心思想是：先对数据进行快速集成，形成初步的数据集成模式，随后再不断优化集成模式，随着时间的推移，逐渐演化成高质量的数据集成结果。随着多维数据、半结构化数据和非结构化数据（Web页面、视频、音频、图片等）越来越多，企业面临的数据管理问题愈加严重。如何集成这些多源异构的数据显得尤为困难，人们开始考虑迁移到其他数据库，许多学者提出过多种数据存储架构，包括数据仓库[75]、数据空间[76]、数据中台[77]，但效果并不理想。

由此可见，建立多元异构的数据集成架构，以容纳复杂的、不同数据结构的数据的必要性已经开始显现。

为支撑制造业多价值链协同数据空间，传统的数据集成架构方法已不再适用，因此，本书提出了全过程多价值链协同多源异构数据集成架构方法，将集成后的多源异构数据归入数据仓库中，按照数据空间体系架构规划的总体原则，并考虑到制造业多价值链协同数据空间体系需求，建立数据采集、数据管理和数据服务共三个层次的体系架构，此架构将作为奠定数据空间应用于制造业中的理论基础，数据集成总体架构如图3-2所示。

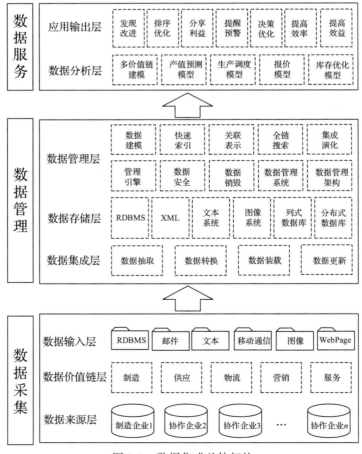

图 3-2　数据集成总体架构

（1）数据采集

数据采集模块包括数据来源层、数据价值链层和数据输入层。其中，数据来源层是此架构的基础。数据来源层指构成数据空间最初的数据来源，包括该电力制造企业及其所有的协作企业，能够提供各类数据信息；数据价值链层指制造企业所拥有的所有价值流组成的价值链，主要包括制造价值链、供应价值链、物流价值链、营销价值链和服务价值链等；数据输入层指数据的最初表现形式，即企业所提供的 RDBMS、邮件、文本、移动通信、图像和 WebPage 等形式的数据。

（2）数据管理

数据管理模块包括数据集成层、数据存储层和数据管理层。这三个层次作为原始数据与最终应用之间的桥梁，对于数据的有效贯通有重要作用。数据集成层是把不同来源、格式、特点性质的数据在逻辑上或物理上有机地集中，从而为企业提供全面的数据共享，主要解决数据的分布性和异构性的问题。主要包括数据抽取、数据转换、数据装载、数据更新等处理过程。数据存储层的意义在于将数据有效的收集和留存，通过对多源异构数据标准化的处理，实现海量数据储存的流程化与可实施化。在数据空间中，数据储存的形式也具有很大的兼容性，包括关系数据库管理系统、可标记扩展语言、文本系统、图像系统、列式数据库及分布式数据库等多种储存方式。数据管理层的工作内容包括进行数据建模、快速索引、关联表示、数据管理系统、数据销毁、数据安全等。数据管理人员要具备企业经营管理的基本理论知识，并熟悉各种数据库软件的操作，有较强的数据处理分析能力和数据库管理能力。只有充分履行数据管理职责，才能发挥数据的作用，为企业的管理决策提供有价值的指导。

（3）数据服务

数据服务模块包括数据分析层和应用输出层。数据分析层建立在对知识服务需求准确抓取的基础上，针对制造业主要关心的产供销问题，提出了多价值链建模、产值预测模型、生产调度模型、报价模型、库存优化模型等多个智能计算模型。应用输出层是整个架构的最高层，可以依据数据分析的结果对企业经营的各个方面提供决策支持。

3.2 数据存储

数据库技术是信息化时代数据存储的主要方式之一，在过去近半个世纪中为推动工业、制造业相关企业数据管理的发展做出了巨大贡献。随着数字化技术、互联网、移动手机、物联网技术的发展，当前的互联网日益成为一个巨大的信息共享平台，数据管理呈现出大数据的特点。首先，第一个特点是海量，全球的数据量正在以指数级的速度迅猛增长，其次，另一个特点是多样化，今天人们所面临的数据已不再是关系模型下纯粹的结构化数据，更多的是非结构化数据，如图片、音频、视频、文档等非结构化数据大量涌入工业、制造业以及人们的生活中来。可以说，当前人的生活以及制造业的发展都被数据空间所包围。

随着工业科技的不断发展，为了满足人们更高级的需求，制造业的产品加工流程越来越细化，围绕着工业制造进行全球资源整合的概念越来越成为主流，当前的制造业全球化加工特征日益明显，制造业从原来简单的供应链变为网状的供应链以及和若干环节联盟结合在一起的供应链，并且演化成为依托市场和互联网信息的多价值链交错相连的供应链，在这其中伴随的数据空间也因为供应链上的主体数据空间进行交织，结构化数据伴随着非结构化数据的情形在制造业中的各个环节随处可见，需要进行集成管理，这成为当前新制造业供应链信息管理的新问题。

3.2.1 制造业数据空间中的数据分类存储

伴随着复杂供应链的数据空间，围绕制造业进行数据分析的过程，必然需要依靠场景和业务处理或接触到很多的数据。和传统数据存储相比，可以将这些数据根据结构分类分为三种：结构化数据、非结构化数据和半结构化数据。

（1）结构化数据

结构化数据一般是指可以传统使用关系型数据库表示和存储的数据，可以利用关系对数据进行存储，也就是直观意义上的二维表结构表达实现的数据。在关系中，数据以行为单位，用行表示一个实体的信息，用列表示实体的属性，所有的属性具有共同的存储空间定义并存储在数据库中，关系数据库中存储的多是数字、符号所组成的数据类型。关系数据库利用键值记录数据的定位和区分。

（2）非结构化数据

非结构化数据很难用固定结构进行存储，有别于结构化数据，非结构化数据难以通过数字、符号的进行直接存储，如果转为流数据利用关系数据库进行存储，则存在效率较低的情况。随着互联网、物联网技术以及移动技术的发展，制造业中相关货品、零件、加工图纸等具有特定格式的办公文档、文本、图片、XML、HTML、各类报表、图像、音频、视频信息等都属于非结构化数据。对于这类数据，一般需要直接整体进行存储，并且使用高效的非结构化数据进行存储。

（3）半结构化数据

半结构化数据是结构化数据和非结构化数据利用标记语言进行关联的数据模型，需要利用标记语言中的标记符号用来分隔语义元素，并且表明数据的结构和内容。因此半结构化数据是一种自描述的结构。简而言之，半结构化数据就是介于结构化数据和非结构化数据之间的数据。例如，HTML 文档、JSON（Java Script 对象表示法）、XML 和一些 NoSQL 数据库等就属于半结构化数据。

针对上述数据，构建出适合这些数据的数据空间抽象架构如图 3-3 所示，对于结构化数据，将其利用一般的常用结构化的数据库进行存储，对于非结构化数据，利用非结构化数据进行存储。在实际应用场景中，通过利用产品或者制造业中的统一编码规制对关键产品环节进行编码提取转换，从而形成围绕该产品的数据空间。

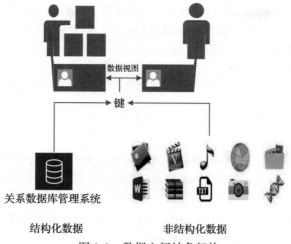

图 3-3　数据空间抽象架构

3.2.2　数据空间中的数据处理流程

在数据收集的过程中，由于从多个数据源头进行提取数据，难免会出现数据缺失、数据异常以及数据统计口径、单位等尺度不同的现象，因此在数据抽取时需要对原始数据进行某些相关的预处理工作。对这些情况进行转换，利用映射规则生成数值反映到数据空间视图中，这样做既不会修改数据库中的原始数据，同样也不会使得数据空间视图中出现原始数据中出现的问题，使得围绕相关数据提取的工作更加简单。

数据空间中的数据是为制造业中发现相关知识、进行相关业务流程再造发现而准备的，而其中的知识挖掘更是深度挖掘数据空间中数据的深度价值、进行制造业更高效更快速的流程再造的重要工作。尤其是在数据空间的架构下，制造业的知识挖掘需要的数据质量有严格的要求，经相关资料统计，知识挖掘过程中的数据预处理工作是非常重要的，一般应该占整个数据挖掘准备工作的 80% 以上的工作量[78]。数据预处理主要包括数据清理、数据集成和数据归约三类工作。其中数据清理工作指的是对数据中的遗漏值和异常值进行清理，而数据集成工作指的是将数据空间中数据源的数据进行整合的映射合并操作，数据归约指的是将数据集合中用于知识挖掘的部分进行识别，缩小数据处理的范围。在制造业的数据空间中，对各类数据进行预处理的方法如下。

（1）数据清理

数据清理的工作主要对数据中存在的缺失值进行补充，对数据中的异常值和孤立点进行识别、纠正等工作，其中数据清理的基本方法有以下几种：

1）缺失值的处理。对于缺失值的处理较为常用的思路是利用最可能的取值来代替缺失值，目前常用的方法是利用回归、贝叶斯形式化方法工具或判定树归纳等进行缺失值的补充工作，此外利用全局的常量或者是中位数、平均值等替换进行缺失值的替换，或者利用中位数、平均值等替换方法也是较为常见的缺失值处理方法，本书利用的缺失值处理方法是：对某一个负荷周期内只缺失少量数据的情况时，如果是序列中间的某一项资料空缺，利用缺失项两端数据的平均值近似代替，如果是序列开始的一项数据缺失，则利用式（3-21）进行计算，并将结果近似代替。

$$l_t = l_{t-c} \times \frac{l_{t+1}}{l_{t+1-c}} \tag{3-21}$$

式中，l_{t-c} 为周期为 c 的同一时点的上一周期值；l_{t+1} 为下一时点值；l_{t+1-c} 为上一周期的下一个时点值。

2）噪声数据的处理。噪声数据是指测量的变量中出现了随机错误和偏差的现象，其中较为常见的一种情况是出现了严重偏离期望的孤立点，一般对噪声处理采用的技术包括以下几种：

①分箱：分箱处理的思想是将出现噪声数据的局部区域数据封装成箱，然后利用箱平滑值、箱中值以及箱边界值进行平滑处理。

②回归：回归的思想是利用合适的两个变量来进行一元线性回归拟合，利用拟合的数值消除噪声，此外也可以利用多元线性回归的拟合数值进行噪声数据的处理。

③人工排查和计算机生成：将噪声数据隔离后交予人工进行审核，通过人工的干预，利用计算机的相关技术生成替代值对噪声数据进行替代。

④聚类：利用聚类技术对数据进行聚类，如果数据中出现了噪声孤立点，则这些噪声孤立点将会被划分成一类，对这些数据进行排查，将确实能够提供数据信息的点保留，剩下的点利用分箱、回归、人工排查和计算机生成进行修正。

3）异常值处理。异常值是指监测变量出现明显不符合常理情况下的取值，对异常值的判定可以用以下方法：规定相关数据的理论最大值和理论最小值，当超出理论最大值和理论最小值规定的范围并且是非缺失值时，可以视为监测数值出现异常；除此情况外，当序列中某一项值 x_i 超出本周期序列均值和前一周期序列均值的 20% 时，同样将 x_i 视为异常值。对异常值的处理方法是取上一周期序列的序列均值 L_{t-1}，取本周期序列的序列均值 L_t，求出下一周期和本周期的序列均值 $\bar{x}_{t+1}, \bar{x}_t$，按式（3-22）对异常值 x_i 进行修正，从而使历史数据序列趋于平稳。

$$x_i = \begin{cases} \max(\bar{x}_t \times (1+20\%), \bar{x}_{t+1} \times (1+20\%)), x_i > \max(\bar{x}_t \times (1+20\%), \bar{x}_{t+1} \times (1+20\%)) \\ \min(\bar{x}_t \times (1-20\%), \bar{x}_{t+1} \times (1-20\%)), x_i < \min(\bar{x}_t \times (1-20\%), \bar{x}_{t+1} \times (1-20\%)) \end{cases} \tag{3-22}$$

（2）数据集成

数据集成是指将多个数据源中的数据进行汇合，并将汇合后的数据进行合并存在同一个数据库、数据表或者数据视图中，数据集成一般涉及以下三个问题：

1）模式集成。模式集成涉及的问题是实体识别，其目的是将多个数据源中的数据匹配进行模式的集成分析。

2）冗余数据剔除。冗余数据是指同一个属性或者相同意义的数据在多个数据库中出现，在数据集成时需要保持属性的唯一性，剔除重复或者多余的属性。

3）解决数据冲突。由于同一物体的同一属性在不同数据库中的编码不同，有可能造成语义上的歧义，目前尚无方法解决该问题。

（3）数据归约

数据归约指的是在尽量保证数据完整性的前提下尽可能利用约简技术将多余的属性进行剔除，使得数据量进一步简化，数据归约能够有效地提高知识挖掘中相关算法的速度、节约算法运行的时间以及减少算法所用的计算机内存等资源，保证知识挖掘更加有效的进行，并可以产生几乎相同的知识规则结果。常用的数据归约方法有主成分分析法以及粗糙集约简技术，其中粗糙集约简技术的主要优点是该技术不需要任何预备的或者额外的数据信息，并已经在知识挖掘中广泛采用，本书中选择的是粗糙集约简技术作为知识挖掘中的数据归约方法。

（4）数据特征化

很多非结构化数据的存储结构是以文件形式进行存在的，对于文本类的相关数据，可以利用分词、文本分类、聚类的方法进行特征提取，而对于图像、音频或视频的数据，可以利用流特征提取，或者图神经网络、视频识别等处理方法进行处理。本质上，特征化的工作是连续特征的数据进行离散化处理，数据离散化是知识挖掘中的一个极其关键的问题。离散化问题的核心工作是将连续取值的属性值划分为少数的区间来减少连续属性值的取值范围。目前关于数据离散化的方法主要采用两种策略：划分方法和归并方法，其中划分方法的思路是将属性的整个取值区间作为一个离散化的属性值，然后将这个离散的属性值继续划分成更小的区间，一直到满足某种条件结束；而归并方法的思路正好相反，开始将每个不同的属性值看成一个区间值，然后逐一合并成一个较大的区间，一直到满足某种条件结束。

3.3 数据分析及应用

针对制造业多价值链协同数据进行分析，按照数据分析流程，可以分为数据筛选、数据分类、数据集成、数据挖掘、数据降维、数据预测等；按照应用范围，制造业多价值链协同数据包含了影响因素识别、经营风险识别、产品需求预测、制造企业负荷预测等。

3.3.1 数据定性筛选方法

1. 解释结构模型

解释结构模型（interpretative structural modeling，ISM）通常用于分析复杂系统的结构模型问题。将 ISM 推广到模糊系统，就得到了经典推荐算法（factored item similarity models，FISM）。相较于 ISM，FISM 考虑了关联关系的强弱。具体计算步骤如下：

1）构建模糊关联矩阵。专家通过 1～9 标度法，为影响因素间的关联强度进行赋值，确定因素间的关联关系，得到模糊关联矩阵 $\boldsymbol{A} = (a_{ij})_{n \times n}$，其中，$a_{ij}$ 为因素间的关联强度。

2）构建模糊关联强度矩阵。根据式（3-23），建立模糊关联强度矩阵 $\boldsymbol{B} = (b_{ij})_{n \times n}$。

$$b_{ij} = \begin{cases} \dfrac{a_{ij}}{a_i + a_j - a_{ij}}, & i \neq j \\ 0, & i = j \end{cases} \quad (3\text{-}23)$$

式中，b_{ij} 为因素 i 对因素 j 的模糊关联强度；a_i 为模糊关联矩阵 A 第 i 行的和；a_j 为模糊关联矩阵 A 第 j 列的和；$i = 1, 2, \cdots, n$，$j = 1, 2, \cdots, n$。

3）选取阈值 λ，构建邻接矩阵。根据式（3-24），确定邻接矩阵 $M = (x_{ij})_{n \times n}$。

$$x_{ij} = \begin{cases} 1, & b_{ij} > \lambda \\ 0, & b_{ij} \leqslant \lambda \end{cases} \quad (3\text{-}24)$$

4）计算可达矩阵。当矩阵 M 满足式（3-25）时，M' 为 M 的可达矩阵。

$$(M + E)^1 \neq (M + E)^2 \neq \cdots \neq (M + E)^{K-1} = (M + E)^K = M' \quad (3\text{-}25)$$

式中，E 为单位矩阵。

5）层级要素划分。在可达矩阵 M' 的基础上，根据式（3-26）、式（3-27），求出前因集 $Q(S_j)$、可达集 $R(S_i)$ 和其交集 $Q(S_j) \cap R(S_i)$，得到层级划分。最终得到层次递阶结构有向图。

$$Q(S_j) = \{S_i \mid S_i \in S, S_{ij} = 1\} \quad (3\text{-}26)$$

$$R(S_i) = \{S_j \mid S_j \in S, S_{ij} = 1\} \quad (3\text{-}27)$$

式中，S 为元素集。

2. ANP 模型

网络分析法（analytic network process，ANP）模型是在层次分析法的基础上推广得出，是一种针对因素间具有依存性的复杂决策系统的科学决策方法。ANP 结构模型如图 3-4 所示。

1）未加权超矩阵 W。假设 ANP 控制层中的各元素为 $P_1, P_2, \cdots, P_n$；网络层元素集为 $N_1, N_2, \cdots, N_n$，其中 N_i 的元素为 $N_{i1}, N_{i2}, \cdots, N_{in}$（$i = 1, 2, \cdots, n$）。控制层元素 P_i（$i = 1, 2, \cdots, n$）为准则；N_{jk}（$k = 1, 2, \cdots, n$）为次准则。根据元素集 N_i 的元素对 N_{jk} 的影响程度得出判断矩阵。在一致性检验计算出特征向量，进行归一化处理为 $\left(\omega_{i1}^{(ik)}, \cdots, \omega_{i1}^{(ik)}\right)^{\mathrm{T}}$，得到矩阵 W_{ij}：

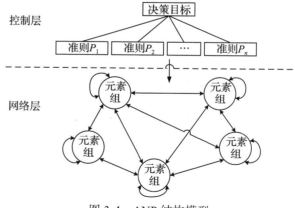

图 3-4 ANP 结构模型

$$W_{ij} = \begin{bmatrix} \omega_{i1}^{(j1)} & \omega_{i1}^{(j2)} & \cdots & \omega_{i1}^{(jn_j)} \\ \omega_{i2}^{(j1)} & \omega_{i2}^{(j2)} & \cdots & \omega_{i2}^{(jn_j)} \\ \vdots & \vdots & & \vdots \\ \omega_{in_i}^{(j1)} & \omega_{in_i}^{(j2)} & \cdots & \omega_{in_i}^{(jn_j)} \end{bmatrix} \quad (3\text{-}28)$$

式中，ω_{ij} 为列向量为 N_i 的元素，是 N_{i1}，N_{i2}，$\cdots$，N_{in_i} 对 N_j 中元素 N_{j1}，N_{j2}，$\cdots$，N_{jn_j} 重要程度的排序向量。若 N_i 对 N_j 的元素无影响，则 $\omega_{ij}=0$（$i=1,2,\cdots,n$；$j=1,2,\cdots,n$）。通过上述步骤，可以计算出 P_i 的未加权超矩阵 W。

2）加权超矩阵 $\overline{W}$。将元素组作为元素，在 P_i 下两两比较各组元素的重要性，得出加权矩阵 Z，加权超矩阵 $\overline{W}=\left(\overline{\omega_{ij}}\right)$，其中，$\overline{\omega_{ij}}=Z_{ij}\times\omega_{ij}$。

3）极限超矩阵 $\overline{W}^{\infty}$。

$$\overline{W}^{\infty} = \lim_{k\to\infty} \overline{W}^k \quad (3\text{-}29)$$

3. 应用

ANP 能够定量计算出相对重要性权重，但由于专家打分具有一定的主观性，判断矩阵不能够准确反映因素间的关系，因此可以将 FISM 计算得出的影响因素递阶结构有向图作为 ANP 网络结构关系输入，修正专家打分带来的主观误差，其结果更加客观合理，更切合实际。FISM-ANP 具体实现过程如图 3-5 所示。

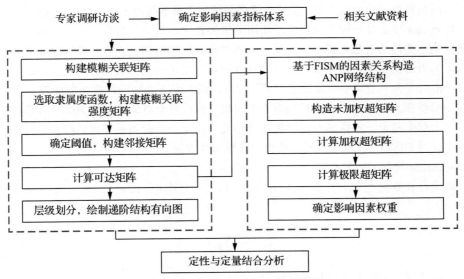

图 3-5　FISM-ANP 具体实现过程

FISM-ANP 模型在 FISM 定性分析的基础上扩展到定量分析，同时弥补了 ANP 主观决策的弊端，可以用来筛选电力制造业多价值链协同运作效率影响因素。

3.3.2 数据分类方法

1. ABC 分类法

ABC 分类法是将事物在价值、数量等方面的特征作为依据，进行划分和归类、区分重要和一般，以采取不同管理策略的一种方法[79]。ABC 分类法的思想实质上可以这样概括：多数的经济价值往往集中于少数产品，而多数产品仅仅占据少数经济价值，企业应该重视对前者的管理[80]。ABC 分类法的一般步骤如下：

1）数据获取。从企业资源计划（enterprise resource planning，ERP）管理系统中获取产品的种类、型号、销售额等数据。

2）分析计算。将从 ERP 管理系统中获取的数据进行分析、计算，继而计算各产品的销售量与销售累计量占总销售量的百分比、各产品销售额与累计销售额占总销售额的百分比。

3）确定分类标准。根据 ABC 分类法基本思想，把累计销售额为 60%～80% 的产品归为 A 类，把累计销售额为 20%～30% 的商品归为 B 类，其余归为 C 类。

4）制定 ABC 分类管理标准表。依据上一步的分类结果，制订 ABC 分类管理标准表，对 A、B、C 三类对象采取不同的管理策略。

2. K-means 聚类算法

聚类分析是数据挖掘中十分热门的一个研究方向，与其他学科的研究领域有着很大的交叉性[81]。可以通过使用聚类分析算法发现各种数据的隐含结构，对数据进行自动分类，进而获知数据的大致分布，能够在诸多领域为各种不同的企业提供决策支持[82]。

K-means 算法是一种得到最广泛使用的聚类算法，其主要思想是：首先通过计算得出各聚类子集内所有数据样本的均值，并将其作为该聚类的代表点，然后把每个数据点归入最邻近的类别中，使评价聚类性能的准则函数趋于最优，从而使同类别中的对象相似度（相似度为一个簇中对象的平均值）较高，而不同类之间的对象相似度较小[83]。算法的一般步骤为：在样本中随机抽取 k 个对象，假设每个对象的初始值等于该簇的平均值，对于剩余对象，根据其与各个簇的质心的距离逐个分配到最邻近的簇，然后重新计算各个簇的平均值，不断重复此过程直至准则函数收敛。

K-means 算法的一般步骤如下：

假定存在数据点集 $D = \{x_1, x_2, \cdots, x_n\}$，以及 k 个簇 $C = \{C_1, C_2, \cdots, C_k\}$，每个簇的聚类中心：

$$\overline{X}_i = \frac{1}{n_{C_i}} \sum_{X \in C_i} X \qquad (3\text{-}30)$$

式中，n_{C_i} 为第 i 个簇中数据点的个数。

构建准则函数：

$$E = \sum_{i=1}^{i} \sum_{X \in C_i} \left| X - \overline{X}_i \right|^2 \qquad (3\text{-}31)$$

1）为数据点集中的每一个数据点随机分配 k 个簇各自的聚类中心 $\overline{X}_i(1 < i \leqslant k)$。

2）计算每个数据点与每个聚类中心 $\overline{X}_i$ 的距离 $d_i = |\overline{X}_i - X_j|(1 < i \leqslant k)$，将这些数据点根据最小距离原则分配至最邻近聚类。

3）依据已经划分的数据点重新计算每个聚类的聚类中心 $\overline{X}_i$。

4）循环步骤2）、步骤3），直到准则函数 E 的数值保持不变。

5）分类完成，得到 k 个聚类。

3. 应用

基于 K-means 聚类算法和 ABC 分类法的电力制造业产品细分建模。在对库存产品进行分类时，首先为每一个类选择一个聚类中心，依据 ABC 分类方法将库存产品数据分为三个簇，其中 A 类库存产品是指价值 80% 销售额占据 20% 数量的产品型号，假设该类产品的销售额为 M，库存数量为 N，则定义 A 类产品的平均销售额作为 A 类产品的中心：

$$C = \frac{0.8 \times M}{0.2 \times N} \tag{3-32}$$

定义 φ 为评价函数：

$$\varphi = \frac{Q(i)}{C} \tag{3-33}$$

式中，$Q(i)$ 为型号 i 产品的销售额。

在 K-means 算法中，选取合适的评价函数非常重要，因此在本书所构建的模型中将评价函数的选取与 ABC 分类法相关联，通过设置合适的评价函数来衡量库存产品 i 的销售额与本类产品销售额的聚类中心间的距离。规定若 $\varphi < 0.8$，则表示该产品的销售额与聚类中心距离过远，并将该产品进行次一级分类评价，反之则将该产品归入当前类别。

将 K-means 算法中的评价函数引入分类算法，解决了 ABC 分类法对于分类边界判断模棱两可的问题。假设 A 类产品的销售额占比为 80%，若仓库中存在产品 m，库存占比为 65%，则产品 m 库存占比与销售额占比之和未达到 80%，根据 ABC 分类法的理论，产品 m 属于 A 类。但假定产品 m 的销售额很少，那么将产品 m 归入 A 类是不合理的。因为在模型中引入评价函数，显然会使 φ 的值变小，从而产品 m 不应该归入 A 类。这种改进方法避免了传统方法的边界分类的不准确性，使得分类边界更加清晰，加强了对库存产品分类的灵活性和准确性。

基于 K-means 算法的 ABC 分类法的步骤如下：

1）根据各型号环网柜比例和基于 ABC 分类法得出的分类，计算各类库存环网柜的聚类中心 C_i；

2）for 每种商品 x；

3）计算评价函数 $\varphi = \frac{Q(i)}{C}$；

4）if $\varphi > R$，则将 x 归入当前类别；

5）在当前品类产品销量比例的基础上，增加环网柜 x 占总销量的比例；
6）else 转换为 ABC 中的下一类别，循环步骤 4）～步骤 6）；
7）结束判断；
8）结束循环；
9）计算新的聚类中心 C_i；
10）循环步骤 2）～步骤 9），直至聚类中心 C_i 保持不变。

其中，$C_i = \dfrac{0.8 \times M}{0.2 \times N}$；$M$ 为某类环网柜的总销售额；N 为某类环网柜的总库存数量；$Q(i)$ 为环网柜 i 的销售额；R 为当前类别环网柜评分比例。

通过在计算机中运行上述算法，可以获得环网柜分类信息表，在表中可以直观观察到各类别库存环网柜的销售额在总销售额中占多大比例。根据嵌套聚类算法计算后的环网柜分类结果，库存中心可以针对不同类别的库存环网柜产品采取不同的库存管理策略。比如对于 A 类环网柜，采购需求量较为巨大，必须保证这些型号的环网柜在多个仓库中的储存量，不允许出现缺货的情况；对于 B 类环网柜，可以采取适当控制的策略，应该在可能的范畴内尽量减少库存；对于 C 类中的各型号环网柜产品，只需采用经济批量即可。

3.3.3　数据集成方法

1. 多价值链协同的相关影响因素挖掘

想要集成相关影响因素的数据，必须首先分析关键影响因素，并进行数据挖掘。通过灰色关联法，可以筛选相关性高的因素，为数据集成打好基础。想要挖掘多价值链协同的相关影响因素，首先针对企业外部的供应价值链进行分析，梳理供应价值链相关影响因素，基于外部价值链构建的指标体系见表 3-3。

表 3-3　基于外部价值链构建的指标体系

一级指标	二级指标	三级指标
外部价值链指标	供应商指标	供货及时率
		供应商产品质量合格率
		供应商数量
	顾客指标	顾客满意度
		顾客保持率
		顾客获得率
	竞争者指标	市场占有率
		竞争者规模
		产销率
	价值链协同指标	信息有效性
		信息共享率
		价值链节点企业忠诚度
		利益分配合理性

（1）供应商指标

供应商所提供原材料及产品质量的好坏、价格的高低、到货是否及时以及对企业提供的应付账款账期的长短对企业生产研发以及资金的运用有关键性的影响，如果这些事项没有做好，就会降低竞争力，使企业获取利润能力不足。供应商指标包括供货及时率、供应商产品质量合格率、供应商数量。

（2）顾客指标

价值链中对顾客的定义有两种：一种是价值链各节点之间互为顾客；另一种是作为整个价值链在价值系统中所面对的顾客，就是价值链作为整体为顾客提供产品与服务，这就是我们通常说的价值链顾客。整体价值链可以为顾客在价值系统中进行一系列的产品买卖交易活动提供服务。所以我们了解顾客的需求以及评价顾客需求满意度是价值链管理的核心。顾客指标包括顾客满意度、顾客保持率、顾客获得率。

（3）竞争者指标

分析横向价值链的竞争企业，从而找到公司自身的缺陷与不足，可以帮助公司制定具有竞争优势的发展战略。竞争能力指标包括市场占有率、竞争者规模、产销率。

（4）价值链协同指标

价值链协同指标包括信息有效性、信息共享率、价值链节点企业忠诚度、利益分配合理性。

然后利用灰色关联模型对上述影响因素进行相关性分析：

1）确定分析数列。确定反映系统行为特征的参考数列和影响系统行为的比较数列。反映系统行为特征的数据序列，称为参考数列。影响系统行为的因素组成的数据序列，称为比较数列。

设母序列为 $Y=\{Y(k)|k=1,2,\cdots,n\}$；设子序列为 $X_i=\{X_i(k)|k=1,2,\cdots,n\}$，$i=1,2,\cdots,m$。

2）变量的无量纲化。由于系统中各因素中的数列可能量纲不同，不便于比较或在比较时难以得到正确结论。因此在进行灰色关联度分析时，一般要进行数据的无量纲化处理。

$$x_i(k)=\frac{X_i(k)}{X_i(1)}, k=1,2,\cdots,n; i=0,1,2,\cdots,m \quad (3\text{-}34)$$

式中，$x_i(k)$ 为无量纲化处理后的子序列；$X_i(1)$ 为各个子序列的初相。

3）计算关联系数。$x_0(k)$ 与 $x_i(k)$ 的关联系数为

$$\zeta_i(k)=\frac{\min\limits_i\min\limits_k|y(k)-x_i(k)|+\rho\max\limits_i\max\limits_k|y(k)-x_i(k)|}{|y(k)-x_i(k)|+\rho\max\limits_i\max\limits_k|y(k)-x_i(k)|}$$

记 $\Delta_i(k)=|y(k)-x_i(k)|$，则

$$\zeta_i(k)=\frac{\min\limits_i\min\limits_k\Delta_i(k)+\rho\max\limits_i\max\limits_k\Delta_i(k)}{\Delta_i(k)+\rho\max\limits_i\max\limits_k\Delta_i(k)} \quad (3\text{-}35)$$

式中，$\rho \in (0, \infty)$ 称为分辨系数。ρ 越小，分辨力越大，一般 ρ 的取值范围为（0,1），具体取值视情况而定。当 $\rho \leq 0.5463$ 时，分辨力最好，通常取 $\rho = 0.5$。

4）计算关联度。因为关联系数是比较数列在各个时刻（即曲线中的各个点）的关联程度值，所以它的数不止一个，而信息过于分散不便于进行整体性比较。因此有必要将各个时刻的关联系数集中为一个值，即求平均值，作为比较数列与参考数列间关联程度的数量表示，关联度 r_i 公式如下：

$$r_i = \frac{1}{n} \sum_{k=1}^{n} \xi_i(k), k = 1, 2, \cdots, n \tag{3-36}$$

5）关联度排序。关联度按照大小排序，如果 $r_1 < r_2$，则参考数列 y 与比较数列 x_2 更相似。

在算出序列 $X_i(k)$ 与序列 $Y(k)$ 的关联系数后，计算各个关联系数的平均值，平均值 r_i 就称为 $Y(k)$ 与 $X_i(k)$ 的关联度。

对外部供应价值链的影响因素进行相关性分析后，对产业价值链和内部价值链采用相同的方法进行处理，得出按相关性排序的影响多价值链协同的关键因素序列。

2. 关键数据集聚类

经过关联度排序后，得出按重要性排序的影响因素序列，然后采用 K-means 方法挖掘关键因素的数据：输入样本集 $D = \{\boldsymbol{x}_1, \boldsymbol{x}_2, \cdots, \boldsymbol{x}_m\}$，聚类的簇树 k，最大迭代次数 N，输出簇划分 $C = \{C_1, C_2, \cdots, C_k\}$。

1）从样本集 D 中随机选择 k 个样本作为初始的 k 个质心向量：$\{\boldsymbol{\mu}_1, \boldsymbol{\mu}_2, \cdots, \boldsymbol{\mu}_k\}$。

2）对于 $n = 1, 2, \cdots, N$，有

①将簇划分 C 初始化为 $C_t = \varnothing$，$t = 1, 2, \cdots, k$；

②对于 $i = 1, 2, \cdots, m$，计算样本 $\boldsymbol{x}_i$ 和各个质心向量 $\boldsymbol{\mu}_j (j = 1, 2, \cdots, k)$ 的距离：$d_{ij} = \|\boldsymbol{x}_i - \boldsymbol{\mu}_j\| \times 22$，将 $\boldsymbol{x}_i$ 标记为最小的 d_{ij} 所对应的类别 λ_i，此时更新 $C_{\lambda_i} = C_{\lambda_i} \cup \{\boldsymbol{x}_i\}$；

③对于 $j = 1, 2, \cdots, k$，对 C_j 中所有的样本点重新计算新的质心向量 $\boldsymbol{\mu}_j = 1/|C_j| \sum \boldsymbol{x}$；

④如果所有的 k 个质心向量都没有发生变化，则转到步骤 3）。

3）输出簇划分 $C = \{C_1, C_2, \cdots, C_k\}$。

3. 数据清洗

（1）删除法

根据数据处理的不同角度，删除法可分为以下 4 种：

1）删除观测样本。

2）删除变量：当某个变量缺失值较多且对研究目标影响不大时，可以将整个变量整体删除。

3）使用完整原始数据分析：当数据存在较多缺失而其原始数据完整时，可以使用原始数据替代现有数据进行分析。

4）改变权重：当删除缺失数据会改变数据结构时，通过对完整数据按照不同的权重进行加工，可以降低删除数据带来的偏差。

（2）插补法

在条件允许的情况下，找到缺失值的替代值进行插补，尽可能还原真实数据是更好的方法。常见的方法有均值插补、回归插补、二阶插补、热平台、冷平台等单一变量插补。

1）均值插补是通过计算缺失值所在变量所有非缺失观测值的均值，使用均值来代替缺失值的插补方法。

2）均值插补不能利用相关变量信息，因此会存在一定偏差，而回归模型是将需要插补的变量作为因变量，其他相关变量作为自变量，通过建立回归模型预测出因变量的值对缺失变量进行插补。

3）热平台插补是指在非缺失数据集中找到一个与缺失值所在样本相似的样本（匹配样本），利用其中的观测值对缺失值进行插补。

4）在实际操作中，尤其当变量数量很多时，通常很难找到与需要插补样本完全相同的样本，此时可以按照某些变量将数据分层，在层中对缺失值使用均值插补，即采取冷平台插补法。

由于本书涉及的数据空间数据体量大，具有多源异构等特征，因此结合删除法与插补法对关键因素数据集进行数据清洗。

4. 多源异构数据采集整合和架构方法

数据抽取、转换和加载（extraction-trans formation loading，ETL）是数据抽取、转换、装载的过程，是构建数据仓库的重要一环，用户从数据源抽取所需的数据，经过数据清洗，最终按照预先定义好的数据仓库模型，将数据加载到数据仓库中去。具体地说，ETL 包括三个主要的环节，一是数据抽取，将数据从不同的操作平台或者数据库等那些最初的业务系统中读取出来，是所有工作的前提；二是数据转换，是对抽取得到的数据，在预先定义好的转换规则下进行转换的过程，包括字段的合并与拆分、排序、赋缺省值以及数据的聚合等操作；三是数据装载，负责将转换完成的数据装载到数据仓库中。ETL 概念模型图如图 3-6 所示。

图 3-6　ETL 概念模型图

ETL 是建立数据仓库的必要步骤，而数据仓库的建立是为了满足大多数遗留下来的异构的系统、应用、商务流程以及数据源构成的应用环境所需，以实现"数据集中化、业务综合化、管理扁平化、决策科学化"的目的。

为支撑制造业多价值链协同数据空间，传统的数据采集方法已不再适用，因此，本书首先提出了全过程多价值链协同多源异构数据采集整合方法，按前后顺序分别为多源异构数据汇聚、多源异构数据存储、多源异构数据管理。具体的多源异构数据的采集整合过程、所使用的工具及机制如图 3-7 所示，其逻辑顺序呈现为自下往上的递进过程。

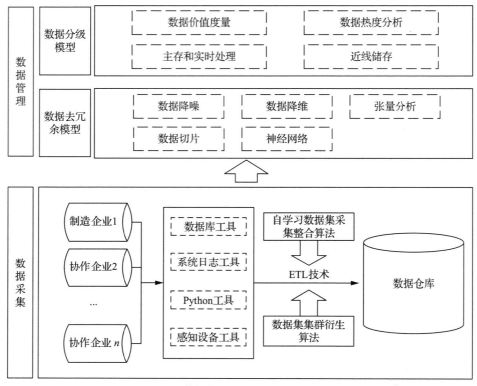

图 3-7　数据集成的数据采集整合方法

5. 应用

本书提及的数据空间是主体数据空间，是所有与主体相关的数据及其关系的集合，且主体对象能够控制和使用数据空间中的所有相关数据，具有明显的主体相关性和可控性。主体、数据集、服务是数据空间的三个特征要素。主体是指数据空间的所有者，可以是一个人或一个群组，也可以是一个企业。数据集是与主体相关的所有可控数据的集合，其中既包括对象，也包括对象之间的关系。主体通过服务对数据空间进行管理，例如数据分类、查询、更新、索引等，都需要通过数据空间提供的服务完成。由此可见，数据空间是一种不同于传统数据管理的新的数据管理理念，是一种面向主体的数据管理技术。

数据空间提供的数据集成服务是数据优先，不同于关系型数据库的模式优先。其中的数据模式可以是不严格或者不完整的，在对数据源的使用和对数据资源的处理过程中使数据模式不断完善，符合数据的应用需求。然而，数据空间描述和操作异构数据模式的技术还不成熟。数据空间中允许无严格数据模式数据共存，模式的不确定性导致数据集成同样不准确。以下为数据空间的数据集成与传统的数据集成的区别，我们以数据库为例，数据空间集成与数据库集成比较见表 3-4。

表 3-4 数据空间集成与数据库集成比较

项目	数据空间	数据库
集成核心	实体对象	业务需求
集成方式	pay-as-you-go	pay-before-you-go
集成模式	数据优先，淡化模式	模式优先
集成数据	异构数据，分布式存储	模式数据，单一数据源
集成对象	数据及数据的关联关系	数据

数据空间指的是某一实体拥有的所有信息以及从这些信息中抽象出来的一些关联数据的集合，在逻辑上是一张图，其构建过程为 pay-as-you-go 的方式，不像传统数据集成时 pay-before-you-go 的构建方式，也不像数据空间弱化多源异构数据的数据关系。数据空间是以图结构的形式集成多源异构数据，降低数据存储空间，保障源数据可寻，不受数据格式影响，打破多源数据之间的壁垒，构建数据生态。

而制造业多价值链协同数据空间则是将数据空间概念应用于当前制造业，由制造企业主体和协作企业的多条协同价值链所产生的大量多源异构数据及关系组成的集合。与多条协同价值链相关的各种结构化数据、半结构化数据、非结构化数据，将按照标准统一的数据规则，分门别类存放到制造企业的数据空间中，成为制造业一切数据分析和服务的基础，在此基础上，可以构建价值链活动数据生成、汇聚、存储、管理、分析、使用和销毁全过程的价值链协同数据体系架构，研究供应/营销/服务价值链活动全过程的数据建模、快速索引、关联表示、全链搜索、集成演化等方法，为智能制造提供支撑。

3.3.4 数据挖掘方法

1. 文本挖掘方法

（1）大数据爬虫技术

大数据爬虫技术实际上是一个自动提取网页的程序，它为搜索引擎从万维网上下载网页，是搜索引擎的重要组成。主要分为通用网络爬虫、聚焦网络爬虫两种类型[84]。爬虫可以从一个或若干初始网页的统一资源定位符（universal resource locator，URL）开始，获得初始网页上的 URL，在抓取网页的过程中，不断从当前页面上抽取新的 URL 放入队列，直到满足系统的一定停止条件。

可以利用 Scrapy 爬虫技术对电力制造业经营风险相关的新闻和信息进行爬虫处理。Python 中的 Scrapy 框架为大数据爬虫提供了完整的技术方案，它将爬虫分为了五个模块，分别是：Scrapy 引擎、调度器、爬虫、下载器和数据队列[85]。其中，Scrapy 引擎相当于一个中枢站，负责其他四个组件之间的通信，是整个爬虫过程的调度中心。调度器是对 URL 进行初步处理的空间，可以去除重复的 URL，并将符合条件的、可以进行爬虫的 URL 放入调度器中，以便下一步发送给爬虫程序。爬虫程序是 Scrapy 编写的负责处理特定网站的程序，网站数据通过调度器进入爬虫程序中，经过几个次序处理数据，最终存入本地数据库。下载器是负责下载引擎发来的所有请求的组件，通过将获取的请求交还给引擎，并统一交给爬虫程序来处理。除此之外，Scrapy 框架中还存在着一些中间组件，它们是介于各部分之间用来实现扩展、下载、发送请求等的组件。Scrapy 爬虫架构原理图[86]如图 3-8 所示。

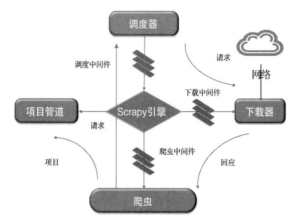

图 3-8　Scrapy 爬虫架构原理图

（2）基于潜在狄利克雷分布的主题生成（latent dirichlet allocation，LDA）模型

文本挖掘是指从大规模文本库中抽取隐含的、有效、新颖、有价值的知识，并且利用这些知识更好地组织信息的过程[87]。然而单纯的文本挖掘无法找出文本的潜在关系和分类，因此在当前越来越复杂的网络信息中，要想识别出真正有用的信息，则需要用到主题模型[88]。

因此，本书针对电力制造业的经营风险识别，采用基于潜在狄利克雷分布的主题生成模型（LDA），对新闻报道进行主题和关键词挖掘。

LDA 模型的核心思想是将所有数据来源看作相关主题的混合概率分布，同时将其中的各个主题看作在单词上的概率分布，当有 d 篇文档、t 个主题和 w 个单词时，在一篇文档中的第 i 个单词的概率可以表示为

$$(wi) = \sum_{j=1}^{T} P(wi|zi=j) \, P(zi=j) \qquad (3\text{-}37)$$

式中，$P(zi=j)$ 为从文档中取出一个单词属于主题 j 的概率；$\sum_{j=1}^{T} P(wi|zi=j)$ 为取出单词属于主题 j 时该单词为 i 的概率。$P(zi=j)$ 为文档在主题上的一个多项分布，记作 $\theta_j^d P(zi=j)$；$P(wi|zi=j)$ 为主题在单词上的一个多项分布，记作 $\omega_{jw} P(wi|zi=j)$，如果 θ 和 ω 分别服从参数 α 和 β 的狄利克雷分布，便得到了 LDA 模型。

2. 数据挖掘方法

（1）套索（least absolute shrinkage and selection operator，LASSO）算法

为了去除特征序列数据中存在的噪声，降低特征序列数据的冗余性和相关性，对得到的特征序列数据进行降维。Tibshirani 在 1996 年提出了 LASSO 算法，其数据降维思路为：通过加入约束条件压缩模型的回归系数，将影响较小甚至无影响的自变量系数压缩至 0，从而消除多重共线性的影响，同时实现降维的目的，最终得到更为精简的模型。使用 LASSO 算法的数据应满足 $\sum_{i=1}^{n} y_i = 0$，$\sum_{i=1}^{n} x_{ij} = 0$，$\sum_{i=1}^{n} x_{ij}^2 = 1$，其中 $j=1,2,\cdots,p$，即中心标准化处理。

设线性模型为

$$y = \alpha + \beta_1 x_1 + \beta_2 x_2 + \cdots + \beta_p x_p + \varepsilon \qquad (3-38)$$

式中，α 为常数项；$\beta_1, \beta_2, \cdots, \beta_p$ 为回归系数；ε 为随机扰动项。

α 和 β 的 LASSO 估计定义为

$$(\hat{\alpha}, \hat{\beta}) = \arg\min \left\{ \sum_{i=1}^{n} \left(y_i - \alpha - \sum_{j=1}^{p} \beta_j x_{ij} \right)^2 \right\} \qquad (3-39)$$

并服从 $\sum_{j=1}^{p} |\beta_j| \leq s$，其中，$s \geq 0$ 是调和参数。$\widehat{\beta_j^0}$ 表示 β_j 最小二乘的解，$s_0 = \sum_{j=1}^{p} \left|\widehat{\beta_j^0}\right|$。当 $s \geq s_0$ 时，LASSO 估计即最小二乘估计，式（3-39）的最优解即最小二乘解，此时所有的自变量均被选入模型中；当 $s < s_0$ 时，回归系数的 LASSO 估计绝对值小于其最小二乘估计绝对值，随着 s 的减小，部分自变量的回归系数会压缩至趋近于 0，甚至等于 0，将等于 0 的自变量剔除，以实现变量选择。此外，调和参数 s 的估计方法主要有交叉验证法和广义交叉验证法。

1）交叉验证法。设模型 $Y = \eta(X) + \varepsilon$，其中 $E(\varepsilon) = 0$，且 $\text{var}(\varepsilon) = \sigma^2$，则估计 $\hat{\eta}(X)$ 的均方误差可以定义为

$$\text{MSE} = E\{(\hat{\eta}(X) - \eta(X))\}^2 \qquad (3-40)$$

期望值的大小由 X 和 Y 的联合分布决定，并且 $\hat{\eta}(X)$ 是固定的。相似的还有以 $\hat{\eta}(X)$ 的预测误差表示：

$$\text{PE} = E\{Y - \hat{\eta}(X)\}^2 = \text{MSE} + \sigma^2 \qquad (3-41)$$

其中，估计 LASSO 路径的预测误差是通过 Efron 和 Tibshirani 的五折交叉验证法，定义标准化参数 $t = s / \sum \beta_j^0$，$t \in [0,1]$ 来估计预测误差，选定 $\hat{t}$ 使式（3-38）的值最小。

2）广义交叉验证法。将约束条件 $\sum_{j=1}^{p} |\beta_j| \leq s$ 替换为 $\sum \beta_j^2 / |\beta|_j$，相当于在残差平方和里加入了一个拉格朗日惩罚项 $\lambda \sum \beta_j^2 / |\beta|_j$，$\lambda$ 的取值取决于 s。将 $\hat{\beta}$ 的约束路径作为岭

回归的估计值,则有

$$\hat{\beta} = (X^T X + \lambda W^{-1})^{-1} X^T y \quad (3\text{-}42)$$

式中,$W = \mathrm{diag}(|\hat{\beta}|)$,$W^{-1}$ 为广义逆。

因此,在约束条件 $\hat{\beta}$ 中,有效参数的数量接近

$$p(s) = \mathrm{tr}\{X(X^T X + \lambda W^{-1})^{-1} X^T\} \quad (3\text{-}43)$$

令 rss(s) 为约束条件 GCV(s) 下的残差平方和,得到广义交叉验证的统计量,并寻找 s 使 GCV(s) 达到最小值。

$$\mathrm{GCV}(s) = \frac{1}{n} \frac{\mathrm{rss}(s)}{\{1 - p(s)/n\}^2} \quad (3\text{-}44)$$

(2)堆叠稀疏自动编码器(stacked sparse automatic encoder,SSAE)算法

堆栈式自编码器的训练方法是逐层无监督预训练法。堆栈式稀疏自编码网络结构如图 3-9 所示。

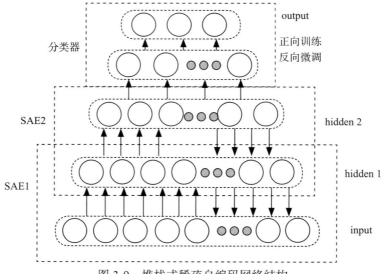

图 3-9 堆栈式稀疏自编码网络结构

自编码器按自身工作原理先训练第一层网络数据网络,使第一层的输入与输出尽可能相等,所得到的单元作为第一层特征,同时作为第二层的输入,通过这样的分层训练,得到最终的深层特征。每一层编码器都是对原始数据的重构,而多个自编码器的堆叠能对数据进行高维特征的提取,从而达到关键特征提取的目的。

选择两层稀疏自编码组成的网络对数据进行训练和特征优化,然后将特征数据输入预测模型中进行预测。其具体公式如下:

$$Z_i = \left[Z_1^{(1)}(X), Z_2^{(1)}(X), \cdots, Z_{n_1}^{(i)}(X) \right]$$
$$= \left[\sum_{i=1}^{n_0} \omega_{1i}^{(1)} x_i, \sum_{i=1}^{n_0} \omega_{2i}^{(1)} x_i, \cdots, \sum_{i=1}^{n_0} \omega_{n_1 i}^{(1)} x_i \right] \quad (3\text{-}45)$$

$$H_1 = \left[h_1^{(1)}(X), h_2^{(1)}(X), \cdots, h_{n_1}^{(1)}(X) \right]$$
$$= \left[f\left(Z_1^{(1)}(X)\right), f\left(Z_2^{(1)}(X)\right), \cdots, f\left(Z_{n_1}^{(1)}(X)\right) \right] \quad (3\text{-}46)$$
$$= \left[f\left(\sum_{i=1}^{n_0} \omega_{1i}^{(1)} x_i\right), f\left(\sum_{i=1}^{n_0} \omega_{2i}^{(1)} x_i\right), \cdots, f\left(\sum_{i=1}^{n_0} \omega_{n_1 i}^{(1)} x_i\right) \right]$$

$$H_2 = \begin{bmatrix} f\left(\sum_{j=1}^{n_1} \omega_{1j}^{(2)} f\left(\sum_{i=1}^{n_0} \omega_{1i}^{(1)} x_i\right)\right), f\left(\sum_{j=1}^{n_1} \omega_{2j}^{(2)} f\left(\sum_{i=1}^{n_0} \omega_{2i}^{(1)} x_i\right)\right), \cdots, \\ f\left(\sum_{j=1}^{n_1} \omega_{n_2 j}^{(2)} f\left(\sum_{i=1}^{n_0} \omega_{n_1 i}^{(1)} x_i\right)\right) \end{bmatrix} \quad (3\text{-}47)$$

$$H_k = \begin{bmatrix} f\left(\sum_{l=1}^{n_{k-1}} \omega_{1l}^{(k)} \cdots f\left(\sum_{j=1}^{n_1} \omega_{1j}^{(2)} f\left(\sum_{i=1}^{n_0} \omega_{1i}^{(1)} x_i\right)\right)\right), \\ f\left(\sum_{l=1}^{n_{k-1}} \omega_{2l}^{(k)} \cdots f\left(\sum_{j=1}^{n_1} \omega_{2j}^{(2)} f\left(\sum_{i=1}^{n_0} \omega_{2i}^{(1)} x_i\right)\right)\right), \cdots, \\ f\left(\sum_{l=1}^{n_{k-1}} \omega_{n_{k-1} l}^{(k)} \cdots f\left(\sum_{j=1}^{n_1} \omega_{n_2 j}^{(2)} f\left(\sum_{i=1}^{n_0} \omega_{n_1 i}^{(1)} x_i\right)\right)\right) \end{bmatrix} \quad (3\text{-}48)$$

式中，n_i 为第 i 层的隐藏单元数，n_0 代表输入层单元数，Z 是隐藏层的加权和输入，H 是隐藏层的单元值。可以看出，每一层的自编码器都是前面一层特征的更高维非线性表示。

当隐藏层单元的数量超过输入单元时，我们可以学习到一组超完备基向量来表示输入向量，与此同时加入一个稀疏性约束，使得大部分神经元是处于抑制状态。具体的做法是在损失函数里加入稀疏性惩罚性。其具体公式如下：

$$J_{\text{sparse}}(\boldsymbol{W}, \boldsymbol{b}) = J(\boldsymbol{W}, \boldsymbol{b}) + \beta \sum_{j=1}^{s} \text{KL}\left(\rho \| \hat{\rho}_j\right) \quad (3\text{-}49)$$

$$\sum_{j=1}^{s} \text{KL}\left(\rho \| \hat{\rho}_j\right) = \rho \log \frac{\rho}{\hat{\rho}_j} + (1-\rho) \log \frac{1-\rho}{1-\hat{\rho}_j} \quad (3\text{-}50)$$

$$\hat{\rho}_j = \frac{1}{m} \sum_{i=1}^{m} a_i(x_i) \quad (3\text{-}51)$$

式中，J 为损失函数；$(\boldsymbol{W}, \boldsymbol{b})$ 为网络的权重和偏置项；$\sum_{j=1}^{s} \text{KL}\left(\rho \| \hat{\rho}_j\right)$ 为稀疏惩罚项；β 为

控制惩罚项的权重；$\hat{\rho}_j$ 为隐藏单元 j 在训练集上的平均激活函数；$a_i(x_i)$ 为表示在输入为 x 的情况下，隐藏单元 j 的激活值；ρ 为稀疏参数；m 为训练集的样本数量；s 为该隐藏层单元数量。

3. 应用

（1）文本挖掘方法应用场景

从全生命周期安全数据空间的角度考虑，通过大数据爬虫技术及文本挖掘方法，能够从网络信息中识别电力制造业多价值链风险因素，并构建相关数据空间体系，为电力制造企业识别风险、控制风险、及时止损等提供理论依据。主要应用场景为：

1）构建电力制造业经营风险数据空间体系，将数据空间理论运用于电力制造业风险分析之中，考虑不同风险因素的安全维度，有助于企业有效实现数据安全。

2）从多价值链角度分析电力制造业经营风险，从企业内部和外部双向识别风险因素，有助于企业在全生命周期视角下掌控风险、合理决策。

3）采用大数据爬虫及文本挖掘技术对电力制造业经营风险进行提取和识别，以网络信息作为研究样本，避免了主观性的影响，客观地提取文本信息并进行分析。最终构建的风险体系能够更加客观地反映实际制造业情况，具有实际意义。

（2）数据挖掘方法应用场景

电力装备制造企业多价值链聚集了多个制造企业、配件供应商、配件经销商、服务商组成的企业联盟。这些企业数量不断增多且分散在全国各地，要实现多链企业群面向业务的服务协作，必须解决企业之间的数据共享和有效利用的问题。因此，将以云平台为基础的多价值链协同数据空间作为研究对象，研究支撑多链协同的高维数据分析与挖掘技术具有重要意义。

大多数传统研究都是基于各个影响因素自身的承载信息量进行预测，为了提高预测方法的适用性和准确性，我们应该考虑数据的关联性。其实在用户购买设备之前，各影响因素如成本、折扣等会有一个变化的过程，如折扣的增加、成本的降低等，我们需要挖掘的是这些规律性的特征变化，通过深度学习将数据蕴含的关联性特征挖掘出来。本书使用栈式稀疏自编码器对去除异常值的进销存数据特征进行提取，得到深层稀疏特征，并利用 LASSO 算法对该特征进行降维压缩。通过计算特征重要性进行特征选择，丢弃重要性较低的特征进而实现数据降维的目的。

整个模型的训练过程分为以下几步：

步骤 1：输入变点法和 LOF 组合算法去噪后的数据序列，开始降维降噪处理。

步骤 2：设定基本参数，建立栈式稀疏自编码器模型。

步骤 3：将前一个自动编码器的层输出作为下一个自动编码器的输入。

步骤 4：将自动编码器的输出数据作为 LASSO 算法的输入数据，微调整个深度神经网络，实现降维降噪。

步骤 5：利用预处理后的数据建立预测模型对比分析，用于预测产品销量。

算法流程图如图 3-10 所示。

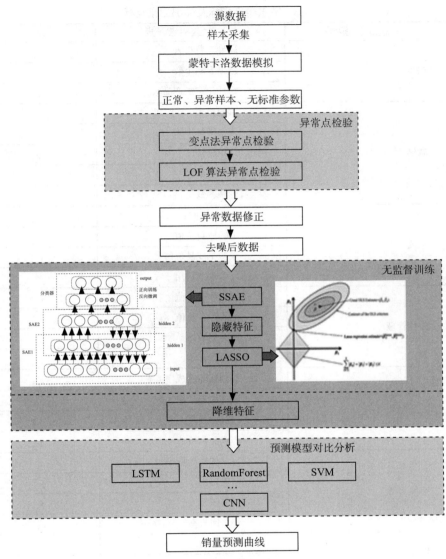

图 3-10　算法流程图

3.3.5　数据降维方法

1. HDS-VAR 模型

假设制造业具有节点特征指标及外部因素指标共 36 个，见表 3-5，探究各指标之间的动态相关性。

表 3-5　节点特征指标及外部因素指标

一级指标	二级指标	编号
研发	研发经费投入	y_{t1}
	新增专利个数	y_{t2}
	个性化定制产品数量	y_{t3}
营销	营销费用	y_{t4}
	营销网络扩张	y_{t5}
	订单总价值	y_{t6}
	新顾客数量	y_{t7}
	老顾客数量	y_{t8}
采购	采购费用	y_{t9}
	采购原料价值	y_{t10}
	采购半成品价值	y_{t11}
	外委加工费用	y_{t12}
库存管理	期初库存价值	y_{t13}
	期末库存价值	y_{t14}
	库存周转率	y_{t15}
	安全库存率	y_{t16}
生产制造	计划作业完成率	y_{t17}
	生产线运转率	y_{t18}
	产品合格率	y_{t19}
	产成品总价值	y_{t20}
销售出货	订单按时出货率	y_{t21}
	销售费用	y_{t22}
	销售收入	y_{t23}
	资金回收率	y_{t24}
物流	物流费用	y_{t25}
	物流准点率	y_{t26}
安装	安装费用	y_{t27}
	设备调试费用	y_{t28}
故障与技术支持	技术支持及时响应率	y_{t29}
	产品故障发生次数	y_{t30}
	故障解决率	y_{t31}
无形价值	员工满意度	y_{t32}
	顾客满意度	y_{t33}

（续）

一级指标	二级指标	编号
无形价值	股东满意度	y_{t34}
	供应商满意度	y_{t35}
外部因素	产品市场需求量	x_{t1}

本书试图从数据驱动的角度研究各环节节点特征指标能否用于预测企业未来经营情况，并分析存在相关关系的具体环节。因此，构建向量自回归模型如下：

$$Y_t = \alpha + \Phi_1 Y_{t-1} + \cdots + \Phi_d Y_{t-d} + X_t \beta + U_t \tag{3-52}$$

式中，Y_t 为时序变量第 t 期观测的 $m \times 1$ 维向量，m 为特征指标个数；X_t 为影响 Y_t 的其他解释变量，如第 t 期的市场需求水平等外部因素；$U_t \sim \text{IID}(0, \Omega)$ 为模型的扰动项及其分布，Ω 为协方差矩阵，可用于刻画时序变量之间的同期相关；α 为待估参数，$m \times 1$ 维截距项；$\Phi_1, \Phi_2, \cdots, \Phi_d$ 为用于刻画 Granger 因果关系的未知参数矩阵。

将其转化为线性回归形式如下：

$$\begin{cases} y_{ti} = \alpha_i + \sum_{j=1}^{d}\sum_{k=1}^{m} y_{t-j,k}\varphi_{j,ik} + x_{ti}\beta + u_{ti} \\ t = 1, 2, \cdots, T; \quad i = 1, 2, \cdots, m \end{cases} \tag{3-53}$$

式中，y_{ti} 为 Y_t 的第 i 个元素；$\varphi_{j,ik}$ 为未知参数矩阵 Φ_j 的第 i 行第 k 列元素，也即上述关系式中被解释变量 y_{ti} 依赖于在险价值（value at risk，VAR）模型的 m 个时序变量中 $1 \sim d$ 阶滞后的影响以及外部变量 x_{ti} 的影响。

在此基础上，为有效减少高维参数带来的模型估计偏差，本书引入具有一致性与 Oracle 渐进性质的 L_1 惩罚函数来进行参数降维，进而构建一个高维稀疏向量自回归模型（HDS-VAR 模型），其中，HDS 为多媒体指挥调度系统（hitachi data systems），将参数求解问题转化为下述最优化问题：

$$\begin{aligned}\hat{\theta} = \underset{\theta \in \Theta}{\arg\min} &\left\{ \sum_{i=1}^{m}\sum_{t=d+1}^{T}\left[y_{ti} - \left(\alpha_i + \sum_{j=1}^{d}\sum_{k=1}^{m} y_{t-j,k}\varphi_{j,ik} + x_t\beta\right) \right]^2 + \right. \\ &\left. \lambda\left[\sum_{j=1}^{m}\left(|\alpha_i| + \sum_{j=1}^{d}\sum_{k=1}^{m}|\varphi_{j,ik}|\right) + \sum_{l=1}^{p}|\beta_l| \right] \right\} \end{aligned} \tag{3-54}$$

式中，参数 θ 包含未知参数 α、φ、β，Θ 是参数 θ 可能取值的向量空间。

L_1 惩罚函数能够有效提炼模型的稀疏特征，通过将不重要的变量对应参数自动估计为零以实现变量选择，从而降低 HDS-VAR 模型的预测误差，解决装备制造企业制造 – 服务价值链各节点环节特征数据信息之间的相关关系问题。

2. 应用场景

当前，产业价值链协同发展问题在一定程度上已成为制约我国制造业转型升级步伐的一大阻碍，也是我国现代化产业体系建设亟待解决的问题。在全球化背景及数字化转型下，产业价值链中囊括了产业链中企业间相互协同、相互制约以共创价值的所有活动，包括对内的企业基本活动和辅助活动与对外的企业价值链与供应商价值链、购买方价值链共同组成的价值体系。随着产业互联网和数字化转型的深入发展，企业价值创造的主要来源将由企业内部转移到外部，从制造领域逐步转移到消费领域和上下游企业协同创造价值。因而，我国不仅要发挥传统产业的潜在优势，更为重要的是要以发展先进制造业为核心，通过制造价值链与服务价值链间的协同发展带动产业链升级，以实现与全球价值链之间的动态链接。为了理解和探寻价值链协同背后的作用机理，相关研究不可避免地会存在各种表现形式的高维问题。

高维问题的本质特征在于模型包含的未知参数（或解释变量）个数多，甚至大于样本数量。面对高维、超高维统计问题时，传统低维分析框架下的多元统计方法在统计准确性、计算复杂度、模型解释力方面有明显不足。另外，高维模型中还会存在伪相关性以及噪音积累问题，导致模型的过度拟合和解释变量的错误识别。因此，需要通过建立更精简的高维稀疏模型，对高维问题中不重要的部分进行剔除，即进行有效的降维处理，进而剖析数据表象蕴含的深层信息。

3.3.6 数据预测方法

1. 1D-CNN-LSTM 模型

（1）1D-CNN 模型

CNN 是一种包含卷积计算且具有深度结构的前馈神经网络，其基本结构由输入层、卷积层、池化层、全连接层及输出层构成[89]。相比传统神经网络模型，卷积神经网络（convolutional neural networks，CNN）引入感受野机制，具有局部感受野、权值共享和池化的特点，减少了神经元连接数目和训练参数，从而降低网络模型复杂度，减少过拟合，获得较好的泛化能力[90]。CNN 模型具有强大的特征识别和提取能力，可以应用在时间序列数据分类上，有效地预测时间序列数据的走势[91]。时间序列预测一般使用 1D-CNN 模型，其卷积和池化仅在一维尺度上进行，卷积核在时间序列数据上进行窗口平移，提取局部序列段与权重进行点乘得到卷积层，进而进行池化下采样得到池化层，多次反复卷积和池化，提取时间序列数据的关键特征，使得预测性能得到优化。1D-CNN 模型的基本结构图如图 3-11 所示。

1）卷积层。卷积层通过卷积核与输入数据的卷积运算获取数据潜在的特征。其中，卷积核即为滤波器，过滤不重要的信息，抓取数据中潜在的重要特征。卷积运算实现了人体的感受野机制，通过局部连接的方式克服了传统神经网络中全连接方式导致的维度灾难，减少了计算量，大幅降低了神经网络模型的训练难度[92]。卷积运算公式如下：

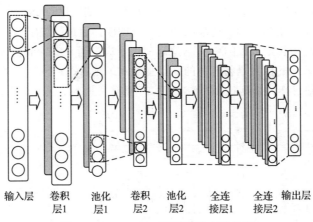

图 3-11　1D-CNN 模型的基本结构图

$$\boldsymbol{x}_i^l = f\left(\boldsymbol{k}_i^l \times \boldsymbol{x}_i^{l-1} + \boldsymbol{b}_i^l\right) \tag{3-55}$$

式中，$\boldsymbol{x}_i^l$ 为第 l 层的第 i 个输入特征量；$\boldsymbol{k}_i^l$ 为第 l 层的第 i 个卷积核的权重矩阵；$\boldsymbol{x}_i^{l-1}$ 为第 l 层的输出特征；$\boldsymbol{b}_i^l$ 为第 l 层的第 i 个偏置项；f 为激活函数。

在现有的研究中，常用的激活函数有 S 型生长曲线函数（sigmoid function, sigmoid）、双曲正切函数（hyperbolic tangent function, Tanh）、线性整流函数（rectified linear unit, ReLU）、带泄露修正线性整流函数（leaky rectified linear unit, Leaky ReLU）等[93]。其中，ReLU 函数计算高效，收敛速度比 Sigmoid 和 Tanh 更快，而且不会出现梯度饱和情况，可以防止梯度消失，但同时也存在神经元"坏死"的缺点。Leaky ReLU 函数的提出有效缓解了 ReLU 函数容易出现"死亡神经元"的问题。因此，本书选用 Leaky ReLU 函数作为激活函数。

2）池化层。除了卷积层，CNN 也经常使用池化层来缩减输入特征的大小。池化主要通过减少网络的参数来减小计算量，提高计算速度，同时提高所提取特征的鲁棒性，防止过拟合。池化操作方法一般包括最大池化、平均池化[94]，公式分别如式（3-56）和式（3-57）所示。

$$\boldsymbol{y}_i^{l+1}(j) = \max_{k \in D_j}\left\{\boldsymbol{x}_i^l(k)\right\} \tag{3-56}$$

$$\boldsymbol{y}_i^{l+1}(j) = \operatorname*{mean}_{k \in D_j}\left\{\boldsymbol{x}_i^l(k)\right\} \tag{3-57}$$

式中，$\boldsymbol{y}_i^{l+1}(j)$ 为池化处理后第 $l+1$ 层的第 i 个特征矩阵中的值；$\boldsymbol{x}_i^l(k)$ 为第 l 层的第 i 个特征矩阵在池化范围内的值；D_j 为池化范围。

（2）长短期记忆网络（long short-term memory，LSTM）模型

循环神经网络（recurrent neural networks，RNN）主要用来处理序列数据，在预测领域得到了大量的应用。但随着时间序列长度的增加，由于梯度消失或梯度爆炸问题的存

在，传统的 RNN 会产生长跨度依赖问题，难以保持长期记忆。LSTM 是 RNN 的一种改进模型，其神经单元由输入门、遗忘门和输出门构成，通过门决定以往信息和即时信息的记忆程度，解决了长期依赖问题[95]。遗忘门用于决定遗弃多少细胞状态中的过去信息和当前信息；输入门的作用是将有用的新信息加入细胞状态；输出门的作用是从当前状态中选择重要的信息作为细胞状态的输出。LSTM 模型基本结构图如图 3-12 所示。

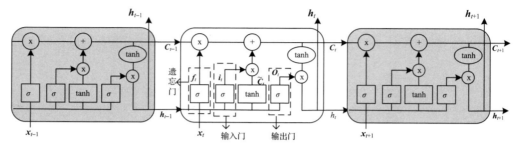

图 3-12 LSTM 模型基本结构图

遗忘门、输入门和输出门的计算公式如下：

$$\boldsymbol{f}_t = \sigma\left(\boldsymbol{W}_f \cdot [\boldsymbol{h}_{t-1}, \boldsymbol{x}_t] + \boldsymbol{b}_f\right) \quad (3\text{-}58)$$

$$\boldsymbol{i}_t = \sigma\left(\boldsymbol{W}_i \cdot [\boldsymbol{h}_{t-1}, \boldsymbol{x}_t] + \boldsymbol{b}_i\right) \quad (3\text{-}59)$$

$$\tilde{\boldsymbol{C}}_t = \tanh\left(\boldsymbol{W}_c \cdot [\boldsymbol{h}_{t-1}, \boldsymbol{x}_t] + \boldsymbol{b}_c\right) \quad (3\text{-}60)$$

$$\boldsymbol{C}_t = \boldsymbol{f}_t * \boldsymbol{C}_{t-1} + \boldsymbol{i}_t * \tilde{\boldsymbol{C}}_t \quad (3\text{-}61)$$

$$\boldsymbol{O}_t = \sigma\left(\boldsymbol{W}_o \cdot [\boldsymbol{h}_{t-1}, \boldsymbol{x}_t] + \boldsymbol{b}_o\right) \quad (3\text{-}62)$$

$$\boldsymbol{h}_t = \boldsymbol{O}_t * \tanh\left(\boldsymbol{C}_t\right) \quad (3\text{-}63)$$

式中，$\boldsymbol{W}_f$ 为遗忘门的权重矩阵；$\boldsymbol{W}_i$ 为输入门的权重矩阵；$\boldsymbol{W}_C$ 为细胞状态的权重矩阵；$\boldsymbol{W}_o$ 为输出门的权重矩阵；$\boldsymbol{b}_f$ 为遗忘门的偏置项；$\boldsymbol{b}_i$ 为输入门的偏置项；$\boldsymbol{b}_C$ 为细胞状态的偏置项；$\boldsymbol{b}_o$ 为输出门的偏置项。

2. KPCA-PSO-SVM 模型

（1）核主成分分析（kernel principal component analysis，KPCA）模型

PCA 模型是对数据做线性降维的传统降维算法，而对具有非线性关系的数据做特征提取时，却无法充分保留数据的特征信息。KPCA 模型在其基础上结合核函数，将数据映射至高维空间中做数据压缩。KPCA 模型能在充分保留数据特征信息的基础上做数据压缩[96]。现对 KPCA 模型的结构与形式做简要描述。

设有一组 n 维数据 $\boldsymbol{U} = [\boldsymbol{d}_1, \boldsymbol{d}_2, \cdots, \boldsymbol{d}_n]$，用满足 Mercer 条件的非线性核函数 ϕ 对 $\boldsymbol{U}$ 进行高维映射后得到 $\boldsymbol{Q}$：

$$Q = [\phi(d_1), \phi(d_2), \cdots, \phi(d_n)] \qquad (3\text{-}64)$$

计算映射后的样本协方差矩阵 C 及对应的特征值 λ_C 与特征向量 p_C：

$$C = \frac{1}{n} \sum_{w=1}^{n} \phi(d_w) \phi^{\mathrm{T}}(d_w) \qquad (3\text{-}65)$$

结合 Mercer 定理可将式（3-65）转化为式（3-66）求取特征值问题：

$$H_{PH} = \lambda_H P_H \qquad (3\text{-}66)$$

$$H = Q^{\mathrm{T}} Q \qquad (3\text{-}67)$$

式中，H 为 $n \times n$ 阶核矩阵；$P_H = [p_{h1}, p_{h2}, \cdots, p_{hn}]$ 为 H 矩阵的特征向量；$\lambda_H = [\lambda_{h1}, \lambda_{h2}, \cdots, \lambda_{hn}]$，$\lambda_{h1} \geq \lambda_{h2} \geq \cdots \geq \lambda_{hn}$ 为对应 P_H 的特征值。

依据累计贡献率 ξ，选取前 x 个特征值之和 r_x，使得 $r_x \geq \xi$，选取前 x 个特征向量构成 X 维度空间，使得样本进行投影。则 r_x 的计算式为

$$r_x = \frac{\sum_{w=1}^{x} \lambda_{Hw}}{\sum_{w=1}^{N} \lambda_{Hw}} \qquad (3\text{-}68)$$

（2）SVM 模型

用 SVM 模型来估计回归函数，其基本思想就是通过一个非线性映射，把输入空间的数据映射到一个高维特征空间中去，然后在此空间中做线性回归。SVM 模型简单介绍如下所示[97,98]：

定义给定数据 x_i，y_i 分别为输入变量与输出变量，$\{x_i \in \mathbf{R}, y_i \in \mathbf{R} | i=1,2,\cdots,n\}$，$y = f(x)$，则估计函数可以被表示为

$$y = f(x) = w^{\mathrm{T}} \phi(x) + b \qquad (3\text{-}69)$$

式中，$\phi(x)$ 为从输入空间到高维空间的非线性映射；w^{T} 为权重向量；b 为偏置向量。

不敏感损失函数 ε 可以定义为

$$L(x, y, f)_\varepsilon = |y - f(x)|_\varepsilon = \max(0, |y - f(x)| - \varepsilon) \qquad (3\text{-}70)$$

系数 w 和 b 通过最小化风险泛函数得到

$$\frac{1}{2} \|w\|^2 + C \sum_{i=1}^{n} L_\varepsilon(x_i, y_i, f) \qquad (3\text{-}71)$$

式中，$\frac{1}{2}\|w\|^2$ 为模型复杂项；$C \sum_{i=1}^{n} L_\varepsilon(x_i, y_i, f)$ 为由 ε 确定的经验误差项；C 为调整模型复杂项与经验误差项的惩罚系数。

为了求解 w^{T} 与 b，引入松弛变量 ξ_1 与 ξ_2，则可以得原问题为

$$\min s = \frac{1}{2}\|\boldsymbol{w}\|^2 + c\sum_{i=1}^{n}\left(\xi_1 + \xi_2^*\right).$$
$$\text{s.t. } y_i - \left[\boldsymbol{w}\phi(\boldsymbol{x}) + \boldsymbol{b}\right] \leqslant \varepsilon + \xi_1$$
$$\left[\boldsymbol{w}\phi(\boldsymbol{x}) + \boldsymbol{b}\right] - y_i \leqslant \varepsilon + \xi_2^*$$
$$\xi_1 \xi_2^* \geqslant 0, i = 1, 2, \cdots, N \tag{3-72}$$

由于特征空间向量的维度非常高,直接求解式(3-72)有很大的困难,因此支持向量机(support vector machine,SVM)模型通过引入点积核函数 $k(x_i, y_i)$ 和利用 Wolfe 对偶技巧巧妙地避开了这些问题,将上述问题转化为如下的对偶问题:

$$\max Q\left(\partial_i, \partial_i^*\right) = \sum_{i=1}^{N}(\partial_i^* - \partial_i) y_i - \varepsilon \sum_{i=1}^{N}(\partial_i^* + \partial_i) - \frac{1}{2}\sum_{i,j=1}^{N}(\partial_i^* - \partial_i)(\partial_j^* - \partial_j) K(x_i, x_j)$$
$$\text{s.t. } \sum_{i=1}^{n}(\partial_i^* - \partial_i) = 0, \ 0 \leqslant \partial_1, \partial_1^* \leqslant c \tag{3-73}$$

式中,$K(x_i, x_j) = \phi(x_i) \cdot \phi(x_j)$,考虑到 KKT 条件满足 $\partial_i \partial_i^* = 0$。

最后测试样本对应的回归函数表示为

$$y = f(\boldsymbol{x}) = \sum_{i=1}^{N}\left(\partial_i - \partial_i^*\right) K(\boldsymbol{x}, x_i) + \boldsymbol{b} \tag{3-74}$$

(3)粒子群优化(particle swarm optimization,PSO)算法

粒子群优化算法的原理认为,约束空间中待解决问题的潜在最优解都可以看成一个个"粒子(particle)",每个粒子有自己的三个重要参数——位置、速度和适应度,三个参数使每个粒子都具有其独一无二的个体性。粒子的速度更新、位置更新是粒子群优化算法的关键所在[99]。这一过程可以通过下面的式(3-75)和式(3-76)描述。

速度更新公式为

$$V_{id}^{k+1} = \omega V_{id}^k + c_1 r_1 \left(P_{id}^k - X_{id}^k\right) + c_2 r_2 \left(P_{gd}^k - X_{gd}^k\right) \tag{3-75}$$

位置更新公式为

$$X_{id}^{k+1} = X_{id}^k + V_{id}^{k+1} \tag{3-76}$$

式中,$i \in \{1,2,3,\cdots,n\}$,$g \in \{1,2,3,\cdots,m\}$,$k \leqslant L$,i 表示为第 i 个粒子;k 为第 k 次迭代;L 为迭代次数上限;V_{id}^k 为第 i 个粒子的第 d 个维度在第 k 次迭代时的速度;X_{id}^k 为第 i 个粒子的第 d 个维度在第 k 次迭代时的位置;P_{id}^k 为第 i 个粒子的第 d 维度在第 k 次迭代时的局部最优值;P_{gd}^k 为第 g 个粒子的第 d 个维度在第 k 次迭代时的全局最优值;ω 为粒子运动惯性权重系数;c_1 为个体学习因子;c_2 为社会学习因子;r_1,r_2 为随机速度扰动因子,服从 0~1 之间均匀分布的随机数。

3. K-means 聚类 -LSTM 模型

K-means 聚类已在 3.3.2 节中说明。LSTM 模型已在本节第一部分说明。

4. 应用

（1）1D-CNN-LSTM 模型

近年来，制造企业在注重供应价值链建设，强化自身竞争优势的同时，也开始重视多价值链协同，通过与产品生产销售中的服务价值链、营销价值链等协同性管理提高整体的运作效率。其中，多价值链协同对于制造企业产品需求预测意义重大。相比单一供应链，多价值链协同能够获取更为全面的相关数据，帮助制造企业进行更准确的产品需求预测。

1D-CNN 模型可以快速挖掘时间序列数据中隐藏的特征，但无法学习到时间序列数据中的长依赖特性；LSTM 模型具有较好的长期记忆能力，但对时间序列数据隐藏信息的挖掘不如 1D-CNN 模型。因此，可以结合 1D-CNN 模型和 LSTM 模型两种模型，首先更好的挖掘出时间序列数据深层次的隐藏特征，再进行时间序列预测，聚合两种模型的优势以提高预测精度。1D-CNN-LSTM 组合模型的预测流程图如图 3-13 所示。

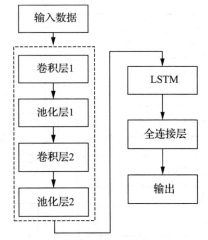

图 3-13　1D-CNN-LSTM 组合模型的预测流程图

如图 3-13 所示，1D-CNN-LSTM 组合模型及具体实现步骤如下：

步骤 1：获取原始数据，将数据预处理后输入 1D-CNN 模型。

步骤 2：输入数据在 1D-CNN 模型中进行两次卷积和池化操作，提取数据特征。

步骤 3：将 1D-CNN 模型处理后得到的特征数据集输入 LSTM 模型中，进行时间序列预测。

步骤 4：利用全连接层对 LSTM 模型的输出数据进一步处理，最后输出预测结果。

（2）KPCA-PSO-SVM 模型

从企业角度出发对环网柜的需求进行预测，可以为企业的生产计划、经营决策提供建议。因此，可以从制造业多价值链出发，充分挖掘供应链、生产链、营销链的有效信息，作为需求预测的输入变量。考虑到涉及的因素过多，可以通过 KPCA 进行数据降维，采用粒子群（PSO）优化的支持向量机对 A 环网柜制造企业的需求进行预测。

KPCA-PSO-SVM 的整体思路如图 3-14 所示。

1）结合专家知识图谱法，挖掘制造业多价值链的数据，初步形成输入指标体系。
2）进行数据清洗、模糊处理及标准化。
3）采用 PSO 对 SVM 的参数进行优化和预测。
4）精度比较，不满足要求则返回上一步。

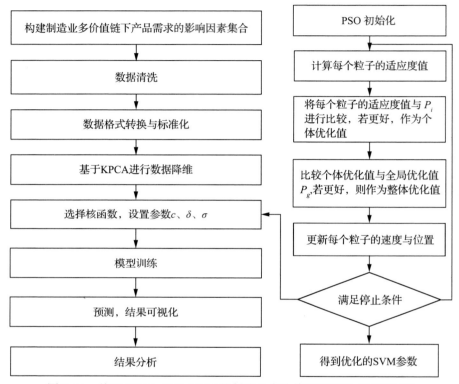

图 3-14　基于 KPCA-PSO-SVM 的制造业多价值链产品需求预测框架

（3）K-means 聚类 -LSTM

通过 K-means 聚类的方法，能够识别筛选出全年中某电力制造企业受灾害天气影响的日子，首先对全年 24h 数据进行预处理，得到异常值处理后的完整数据集，对其进行聚类分析。通过聚类分析的结果来判定不同类别负荷特性和所属相似日类别，其中平常日的负荷特性相对平稳，且变化不大；节假日负荷特性变化相对具有一定的规律性，而受灾害天气影响的日子的负荷特性，则呈现杂乱无章的变化状态。通过对比不同相似日的负荷特性，我们可以得到受灾害天气影响的负荷数据，并对其进行整理分析。考虑到传统机器学习对时间序列数据预测的不完善性，可以采用深度学习方法，运用 LSTM 模型对该日负荷数据进行预测，同时将收集到的灾害天气日的天气数据作为输入因素，结合日负荷数据本身的趋势变化规律，进行预测分析，得到预测结果，并进行误差分析。考虑天气因素的 LSTM 预测模型构建如图 3-15 所示。

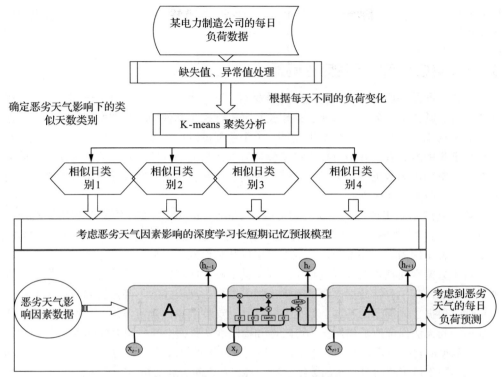

图 3-15 考虑天气因素的 LSTM 预测模型构建

3.4 数据安全

数据空间技术不仅可以满足主体对象对多元、大量、不确定性数据的需求,同时作为一种数据管理策略解决了对异构、分散数据的收集、利用与共享[100]。数据空间中存储的数据既包括数字型结构化数据,也包括图片、音频、视频和文档等非结构化数据,这些数据都服务于主体对象,是与主体相关的数据及其关系的合集。数据空间不同于传统的数据管理系统,强调更多是数据处理的快速响应以及高速运算,数据的覆盖面更加广阔、数据利用功能更加多样、数据相关性更强,与此同时带来的数据安全问题影响着正常的生活生产。新形势下,数据安全的治理是一把"双刃剑",既可以促进海量数据的高效利用,也带来了许多风险和挑战[101-104],因此数据的安全治理需要从技术方面、体系构建、精准协同治理等多个角度考虑[105,106]。

在数据的全生命周期中,数据的采集、存储、处理、传输、交换和销毁各个环节都面临一定的风险安全[107],基于数据的全生命周期制定数据安全管理模式可以有效规避风险。风险管理模式的制定主要从风险识别、评价、预警和控制四个方面进行,每一个阶段制定与主体需求相关的管理方法,由于数据空间数据的动态性以及不确定性,整个风险评估过程动态循环[108]，需要多个部门协同管理，提出有效的规避措施，不断降低数据安全风险。

3.4.1 数据空间的不确定性问题

数据空间是将所有与主体相关的数据及其关系集合在一起的具有主体相关性和可控性的集合，其主体对象可以对所有的相关数据进行控制和使用。数据空间由主体、数据集和服务构成。一个人、一个组织或者一个企业都可以作为数据空间的主体，也是所有可控数据集的所有者，其中可控数据集包括与主体相关的对象及其之间的关系。主体通过对数据空间内的数据进行分类、储存、查询、更新、索引等服务进行管理，是一种面向主体的新型数据管理技术。

数据空间不同于传统的先行支付（pay-before-you-go）的建设模式，利用现收现付（pay-as-you-go）[109]模式对已有数据进行不断演化的模式设计，建立网状数据模型，同时根据主体的不同需求，要不断改变数据源中的数据模式，形成分布式"共存"的数据结构。由于数据空间技术在运行过程中不同于其他技术的特征，不可避免地为数据空间带来不确定性，其中包括数据来源的不确定性、数据管理模式的不确定性和数据服务的不确定性。根据主体需要的不同，数据空间将自动支持数据源进行增加、修改和删除，使得数据空间无法保证所汇集数据的可靠性和稳定性。数据空间采用 DSMS 集中管理和技术进行数据源自我管理，对部分数据进行控制使其管理模式具有不完全性[110]。数据空间的对象不同于传统的简单静态的数据合集，其相互之间关联结构复杂多样并且动态变化，给数据的分类、储存造成一定的困难，同时数据空间通常利用关键字进行搜索查询服务，数据之间的映射关系本身存在着很大的不确定性，因此进行数据查询、更新、索引等服务时也具有安全性问题[111]。

3.4.2 数据安全风险预测方法

对于电力设备制造企业来说，多价值链可以概括生产经营过程中为共同提高自身价值，从生产、供应、营销和服务等多方面以合作形式展开的一系列增值活动。其中，多价值链主要指生产价值链、供应价值链、营销价值链和服务价值链。以生产过程作为核心业务的核心价值流，构成了企业内部的核心价值链，而供应、营销和服务作为辅助，构成了企业外部的次要价值链。

在构建多价值链数据安全风险预测模型的过程中，首先采用蒙特卡洛方法对多价值链各环节数据安全风险因素进行概率分析，蒙特卡洛方法的本质是通过从总体样本中抽取相应的随机数进行研究，根据样本的统计学特征了解概率分布，生成该概率分布下的随机数样本并计算随机概率[112]。该方法的步骤可总结为：

步骤 1：确定目标主体与其影响因素，汇总原有数据；

步骤 2：利用公式求出各影响因素的平均值及标准差，根据计算结果得出概率分布；

步骤 3：根据上述中的结果确定概率密度函数；

步骤4：适当地从已知分布的原有数据中抽样，按照给定的概率分布生成大量的随机数；

步骤5：根据随机数和总体样本求解随机数概率。

根据上述方法的步骤进行基于蒙特卡洛的风险因素概率模型的构建，具体如下：

1）确定电力设备制造企业数据空间数据安全风险与其风险影响因素，将数据安全作为因变量，设为 Y，风险因素则为 $x_1, x_2, \cdots, x_m$，其函数关系设为 $Y = g(x_1, x_2, \cdots, x_m)$；将原有数据进行汇总，可得

$$\begin{cases} Y_1 = g(x_{11}, x_{12}, \cdots, x_{1n}) \\ Y_2 = g(x_{21}, x_{22}, \cdots, x_{2n}) \\ \vdots \\ Y_m = g(x_{m1}, x_{m2}, \cdots, x_{mn}) \end{cases} \quad (3\text{-}77)$$

2）利用下列公式求出各风险因素的平均值 $\hat{X}_m$ 及标准差 σ_m，并确定概率分布类型。

$$\hat{X}_m = \frac{1}{n}\sum_{i=1}^{n} x_{mi}, \quad \sigma_m = \sqrt{\frac{1}{n-1}\sum_{i=1}^{n}(x_{mi} - \hat{x}_m)^2} \quad (3\text{-}78)$$

3）确定函数中每一个风险因素变量 x_i 的概率密度函数 $f(x_i)$ 和累积概率分布函数 $F(x_i)$。

4）利用下列公式，对函数中的每一风险因素变量 x_i，生成许多均匀分布的随机数 $F(x_{ij})$，并与原有数据进行合并分析。

$$F(x_{ij}) = \int_{-\infty}^{x_{ij}} f(x_{ij}) \mathrm{d}x_i \quad (3\text{-}79)$$

式中，i 为风险因素变量个数，$i = 1, 2, \cdots, m$；j 为模拟次数，$j = 1, 2, \cdots, n$。

5）利用下列公式求风险因素随机数概率。

$$P(x_{ij}) = \frac{a}{b} = \frac{x_{ij}出现的次数}{随机数总数} \quad (3\text{-}80)$$

3.4.3 数据安全风险治理方法

风险治理是根据风险发生的规律对风险进行管理控制的一门科学，是指风险治理单位通过风险识别、风险评估、风险预警以及风险控制等流程，对可能存在的风险因素实施有效控制和妥善处理损失的过程。对于数据空间的数据全生命周期过程中的风险治理同样也可以从这四个方面进行。

1. 风险识别

风险识别通常作为风险治理的第一步，是风险治理的基础。风险识别主要从风险感知与分析两个方面进行：对事情发展的全过程进行梳理，全方位感知风险可能发生的场

景并对客观可能存在的风险进行总结,为风险识别奠定基础;之后进一步分析感知到的风险,深度挖掘导致风险事故发生的条件因素,为数据安全的风险评估、风险预警以及风险治理提供有利的条件。基于数据全生命周期的风险指标识别如图 3-16 所示。

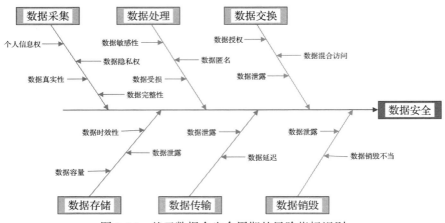

图 3-16　基于数据全生命周期的风险指标识别

数据的全生命周期主要包括数据采集、数据存储、数据处理、数据传输、数据交换和数据销毁六个过程。数据采集既包括在数据空间内部机构系统生成的数据,也包括数据空间组织机构以外采集的数据,因此在数据采集过程中,需要对个人隐私信息的信息权进行确认,也要对数据的隐私进行保护,保证获取数据的真实性和完整性;对收集的数据进行物理方式存储时,要确保数据在使用期间的时效性,要注意数据存储的空间大小,避免数据存储容量过小造成数据泄露风险;在数据空间内部进行数据处理时,要根据数据之间的敏感程度,确定合适的数据处理方法,同时数据进行匿名处理时也会有数据受损的风险;对处理的数据进行数据空间内部传输时,数据也会产生泄露和时间延迟风险;当数据空间的不同主体需要进行数据交换时,数据的授权和不同数据主体的混合访问对数据安全造成影响,也要注意数据交换过程的泄露风险;数据销毁是指对数据空间中不再利用的数据通过相应的操作手段进行处理,使数据彻底消失的过程,因此会产生数据销毁方式不当以及数据泄露危险。

2. 风险评估

随着数字化转型的推进,制造业等各类企业的数据管理将会面临更大的风险,复杂多样的风险将会给产业密集型的企业数据空间数据管理的风险评估带来很大的不确定性。本小节根据以往的研究方法,提出一种新的数据安全风险评估方法,将定性方法和定量方法相结合,综合评估出数据安全风险的程度。对于定性风险,风险程度的大小无法由数字衡量,所以采用李克特五级量表和问卷调查法相结合的方式来评估定性风险的风险程度,对于可以进行量化的风险指标,采取问卷调查的方法对风险程度调查后进行评估。

对数据全生命周期过程中的风险进行识别后,根据图 3-17 所示的基于数据全生命周期的数据安全风险评估模型对各风险指标进行评估。

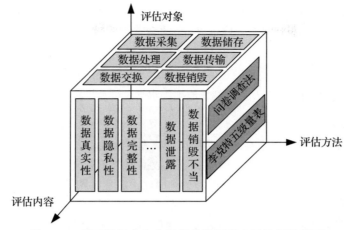

图 3-17　基于数据全生命周期的数据安全风险评估模型

为了进一步评估数据空间全生命周期数据安全风险指标的风险程度，本小节采用问卷调查和李克特五级量表结合的方式识别数据安全的关键风险指标，评估各个风险指标的风险量。主要方法步骤为：

1）对多位相关领域的专家发放问卷进行调查。分别从风险发生可能性（P）、风险造成损失水平（L）和风险可控性（C）三个评估指标对定性风险指标和定量风险指标进行评估。对于定性风险指标，采用李克特五级量表描述。该量表由三个评估指标的多组陈述组成，每一组陈述有 1～5 等级，分别对应"非常不同意"、"不同意"、"不一定"、"同意"、"非常同意"五种回答，评估指标的分数与每个被调查者的态度总分对应。

2）对量表进行信度分析和效度分析。计算样本的克朗巴哈系数（Cronbach's α），并对样本进行结构效度的分析。

①信度指标计算公式为

$$\text{Cronbach's } \alpha = \frac{K}{K-1}\left(1-\frac{\sum_{i=1}^{K}\sigma_{Y_i}^2}{\sigma_X^2}\right) \quad (3\text{-}81)$$

式中，K 为样本数量；σ_X^2 为总样本的方差；$\sigma_{Y_i}^2$ 为观测样本的方差。

通常 Cronbach's α 系数的值在 0 和 1 之间。如果 α 系数不超过 0.6，一般认为内部一致信度不足；达到 0.7～0.8 时表示量表具有相当的信度，达到 0.8～0.9 时说明量表信度非常好。

②进行问卷量表的结构效度分析。首先进行 KMO（kaiser-meyer olkin）检验和 Bartlett's 球状检验，当 KMO 检验系数大于 0.5、Bartlett's 球状检验的 χ^2 统计值的显著性概率小于 0.05 时，问卷才有结构效度。因此问卷的条目适合进行主成分分析，采用最大方差正交旋转法保留负荷绝对值大于 0.6 的条目。

3）从三个评估指标共同描述数据安全风险量。根据上一小节对风险指标的识别，对各个定量风险指标打分,同时根据问卷的信度和效度分析对定性指标的结果进行汇总,并计算各统计量。利用公式计算风险量 R,计算公式为

$$R = P \times \frac{L}{C} \tag{3-82}$$

式中,P 为风险发生可能性;L 为风险造成损失水平;C 为风险可控制性。

3. 风险预警

数据管理过程中数据安全会对企业的可持续发展造成重大的影响,数据空间的主体需要在数据全生命周期过程中建立快速有效的数据安全风险预警体系,使得数据管理系统可以正常运行、处理发生重大偏差的问题。因此,清楚地界定数据安全风险预警等级、建立合理的预警指标体系是处理危机的重要基础。

数据空间数据安全风险不同于其数据安全的风险,其主要特征在于数据空间具有面向对象性、授权共享性以及数据资产性。面对数据安全风险的发生,相关管理人员必须要在第一时间、第一现场准确有效地评估风险的危害程度,确定风险的级别,并及时启动相应的应急预案,因此,掌握风险等级界定的特点十分必要。主要具有以下特点:

1)及时性。数据空间中往往会储存大量相关联的数据,当风险发生时,如不采取及时有效的措施,必定会造成损失的进一步恶化和发展。因此,数据安全风险等级界定的特性就是及时性,需要风险应对人员能够在第一时间做出风险等级的有效识别,从而迅速制定应对方案。

2)并发性。随着数字化进程的日益发展,企业对数据处理过程的依赖性越来越高,数据安全在保障企业安全稳定运行中占据非常重要的地位。数据安全风险的发生可能会导致企业形象受损、企业财务状况泄露等一系列坍塌式灾害的发生,这就要求在风险等级界定时要考虑其他并发事件造成的影响。

3)动态性。随着企业生产活动的进行,数据安全风险可能会增加,其影响程度和影响范围也会随之改变,有关并发时间信息也在不断变化,因此,在对数据安全风险状态进行界定时,要综合考虑当前阶段影响数据安全的全部风险指标状态,并能够对风险等级做出进一步的判断。

根据对已经识别的数据安全风险和计算得出的风险量大小,对数据安全风险预警等级进行划分,具体标准见表 3-6。

表 3-6 数据安全风险等级划分

风险量阈值	风险等级	风险程度
60 以下	1	一般(NR)
60～70	2	轻度(LR)
70～80	3	中度(MR)
80～90	4	严重(SR)
90～100	5	非常严重(HR)

4. 风险控制

数据安全风险控制是指根据风险识别、评估度量的结果，针对目前可能存在的风险提出对应的管理措施，并制定合理的实施计划。总的来说，风险识别、度量后的风险目前一般会存在风险超出主体接受水平和风险在主体接受范围内这两种情况。

对于这两种不同的风险情况，风险治理部门会制定不同的应对措施。当数据安全风险超出了企业数据空间主体的接受水平时，若整体风险超出可接受水平很高时，由于无论采取何种应对措施也无法完全避免风险所带来的损失，此时应当立即停止数据的使用或者物理上对数据进行彻底销毁；若整体风险超出可接受水平不多时，采取一般的风险应对措施效果不佳，此时应该根据风险出现的特点，设置临时风险治理应对小组，采取特殊的方法对数据安全问题进行修复。当数据安全风险在企业数据空间主体的接受范围内时，由于通过采取相应措施能够避免或消减风险损失，所以应该制定并落实各种各样的风险应对措施，从而避免或消减风险所带来的损失。

根据以上原则，基于数据安全风险的识别和评估度量，将数据空间中数据全生命周期会遇到的风险指标进行等级评定，并设定特定的范围区间，给出相应的应对措施。

3.4.4 数据安全风险治理体系

1. 数据安全风险治理系统

在制造业多价值链数据空间中，所有与主体相关的数据都是动态变化的，都是服务于价值链的。因此，数据安全风险的管理模式也要不同于传统的风险治理系统。本小节基于戴明环（PDCA 循环）模型阐述制造业多价值链数据安全风险治理系统，计划阶段对风险进行识别，明确各个生命周期的风险指标；执行阶段对风险进行评估，利用问卷调查以及李克特五级量表法进行等级评估；检查阶段对风险进行预警，对计算的风险量进行预警；最后改进阶段对预警后的风险实施合理的控制办法。对风险实施改进之后，要对所识别风险进行新一轮的风险评估，以此来确定风险是否消除，整个环节循环发生，有效应对制造业多价值链数据空间数据的动态变化，基于 PDCA 循环的数据安全风险管理系统流程如图 3-18 所示。

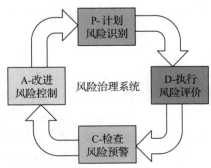

图 3-18　基于 PDCA 循环的数据安全风险管理系统流程

在数据的全生命周期,每一个环节都包括一个数据安全风险治理的 PDCA 循环。整个数据周期中,自上而下的循环风险治理系统可以保证数据空间中主体所需数据的安全性,同时,动态的循环变化给数据空间安全协同治理奠定基础。

2. 协同治理体系的构建

高效的数据安全协同治理系统需要统一明确的管理策略、紧密衔接的业务流程、协调一致的组织架构以及全面科学的评估考核。因此,企业需要建立数据安全风险治理组织机构,多部门协同工作,密切联系,共同对风险进行控制。首先,设置数据安全风险治理领导小组为主要管理机构,对整个组织机构起到管理的作用。同时设置企业应急办公室,处理企业应急突发状况;其次,数据安全风险治理小组直接管理数据安全风险指挥机构,对其发出的指令进行管理;最后,根据指挥机构的指令,由风险应对办公室进行协调沟通,财务部、人资部、物资部以及发展部等执行部门进行有效的风险应对。数据安全风险管理组织机构结构如图 3-19 所示。

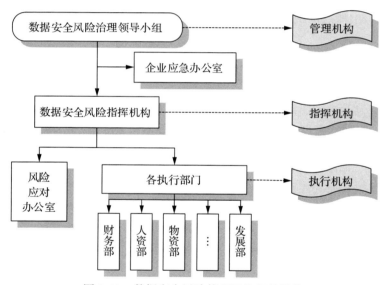

图 3-19 数据安全风险管理组织机构结构

3.5 本章小结

本章节从数据采集、数据存储、数据分析及应用、数据安全四个方面详细介绍了制造业多价值链协同数据全生命周期体系的数据处理方法。数据采集方面,基于数据空间协同多价值链的全生命周期流程介绍了数据采集方法、数据采集质量评估方法以及数据采集延伸出的数据处理和数据集成手段。数据存储方面,考虑到数据空间中的多源异构数据,分别设计结构化数据、半结构化数据和非结构化数据的存储方法以及在此基础上相关数据的处理流程。数据分析及应用方面，梳理了数据定性筛选、分类、挖掘、降维以及预测的全面数据分析方法，并介绍了不同数据分析方法在电力设备制造企业中的应用场景。数据安全方面，首先概述了数据空间的不确定性，接着提出数据安全风险的预测方法，在风险预测的基础上设计了"风险识别 – 风险评估 – 风险预警 – 风险控制"的风险治理方法。最后提炼出基于 PDCA 循环的数据安全风险治理系统和企业中数据安全风险治理组织机构的组建办法。

现代制造企业挖掘数据潜在价值、高效利用数据的前提条件是能够对海量数据进行有效的筛选处理。本章节全面介绍了制造业在多价值链协同数据全生命周期过程中的数据处理方法，是制造企业后续有效利用数据进行管理决策、优化决策、知识挖掘的重要基础。

第 4 章

制造业多价值链协同数据空间的关键支撑方法

4.1 数据建模

广义上，数据建模是对现实世界各类数据的抽象组织，确定数据库需管辖的范围、数据的组织形式等直至转化成现实的数据库。将经过系统分析后抽象出来的概念模型转化为物理模型后，在 Python 或 Matlab 等工具上建立数据库实体以及各实体之间关系的过程。

狭义上，数据建模是一种基于数据空间，即新兴的数据储存和管理技术，高效利用制造业多价值链协同的过程中企业所产生的大量异域、异源、异构数据进行复杂多维度分布式数据分析、数据快速索引、关联表示、全链搜索、集成演化、知识关联、知识图谱、深度学习、迁移学习及自然语言处理等，以及面向制造业多价值链协同数据集管理、数据对象管理、数据服务和知识服务等多源异构数据空间管理需求的过程。

数据建模有助于完成制定数据标准、规范和协议，完成设计汇聚、整合、存储方式，在分层、分域、分布与协同、融合、全局一体化的高维时空内，设计价值链活动数据生成、汇聚、存储、管理、分析、使用和销毁全过程的价值链协同数据体系架构，解决多价值链协同数据体系架构基础设计问题；有助于建立多尺度深度学习需求预测、在线协同优化、不确定性离散调度优化、动态供应链竞争演化博弈、自学习与特征识别的质量追溯等智能优化决策模型，解决多价值链协同高维时空数据智能优化决策问题；有助于完成设计支持多价值链协同数据空间的知识服务引擎架构、智能知识发掘、动态知识服务等核心技术，从而解决多价值链协同知识的服务引擎构建问题；有助于研究分布式集群引擎数据存储和管理、面向事务处理的动态快速索引、引擎数据自动扩展和可视化等方法，建立面向数据协同和应用驱动的管理引擎模型、基于底层接口库的数据中枢智能筛选模型、高维数据集聚协同智能管理系统模型。

本书采用数据建模的狭义定义，基于数据空间高效利用制造业多价值链协同的过程中企业所产生的大量异域、异源、异构数据进行模型构建，包括多模态数据融合电力设备识别建模、基于 DS-MVC 架构的生产决策建模、多价值链协同的经营风险预测建模、考虑多能时空耦合的 IES 多元负荷预测建模、基于 Gabor-LSTM-XGboost 两阶段预测建模、基于 SSA-ELM 的产品销量智能预测建模等，以此助力制造企业精准地制定企业运营战略，持续高效、稳定助推制造企业高质量发展。

4.1.1 多模态数据融合电力设备识别建模

1. 文本特征提取

本书使用的是 Transformer 编码器进行文本特征提取。由于它可以很好地解决序列到序列问题，因此广泛用于自然语言处理领域中。它主要由多头自注意力子层和全连接前馈神经网络组成。

首先使用一个线性层，将 word embedding 通过一个矩阵转换成另外三个不同维度 [query（Q）、key（K）和 value（V）] 的矩阵，并且这个矩阵是可学习的，是可以通过梯度下降算法不断更新线性层的参数，然后按式（4-1）计算出注意力向量。

$$\text{Attention}(\boldsymbol{Q},\boldsymbol{K},\boldsymbol{V}) = \text{Soft max}\left(\frac{\boldsymbol{Q}\boldsymbol{K}^{\text{T}}}{\sqrt{d_k}}\right)\boldsymbol{V} \quad (4-1)$$

这里把注意力机制描述成查询 (query，Q) 和键值对 (key-value，K-V) 之间的映射关系。其中 query 和 key 的输入维度都是 d_k 维，value 是 d_v 维，先计算矩阵 Q 和 K 的点积，除以 $\sqrt{d_k}$ 防止数值过大，再使用 softmax 归一化将结果变成权重，获得每个 word embedding 相对于其他 word embedding 的概率，最后乘以 V 得到向量值。

上述操作并行处理 h 次，再将计算得到的 h 个注意力向量串联拼接，并映射到原输入空间中，最后将得到的注意力向量作为输出，这样能够获得更多的语义特征。由于每个缩放点积单元的输入 K、Q 和 V 在进行计算时的权重不同，就能够获取来自文本不同空间的语义特征，计算式如下：

$$\text{MutiHead}(\boldsymbol{Q},\boldsymbol{K},\boldsymbol{V}) = \text{Concat}(\text{head}_1,\cdots,\text{head}_i,\cdots\text{head}_h)\boldsymbol{W}^0 \quad (4-2)$$

$$\text{head}_i = \text{Attention}(\boldsymbol{Q}\boldsymbol{W}_i^Q,\boldsymbol{K}\boldsymbol{W}_i^K,\boldsymbol{V}\boldsymbol{W}_i^V) \quad (4-3)$$

式中，Concat 是矩阵拼接函数；head_i 是第 i 个 head 的输出结果，h 是 head 的个数；$\boldsymbol{W}^0$ 是输出的映射参数矩阵；$\boldsymbol{W}_i^Q, \boldsymbol{W}_i^K, \boldsymbol{W}_i^V$ 分别为 Q, K, V 在第 i 个 head 上的映射参数矩阵。

以上是作为核心组成部分的多头自注意力子层的主要内容。

前馈网络层是 Transformer 编码器的另一个子层。它主要内容为通过对多头自注意力子层的输出结果使用 ReLu 激活函数做两次线性转换，再通过一次残差网络和 layernorm

层归一化调整特征值作为 Transformer 编码器的最终输出值。

因为 Transformer 是端到端进行训练的,所以并不会改变特征的样式,最终就得到了电力数据的文本特征。

2. 图像特征提取

VIT(vision transformer)是由 Google 在 2020 年提出的直接将 Transformer 应用在图像分类的模型。VIT 直接把图像分成固定大小的 patchs,然后通过线性变换得到 patch embedding,这类似于 NLP 的 words 和 word embedding,由于 Transformer 的输入就是 a sequence of token embeddings,所以将图像的 patch embedding 送入 Transformer 后就能够进行特征提取从而分类。基于此,本书选择标准的 VIT 模型作为图像特征提取的基础方法。

为了利用预训练模型(pretrain on imagenet-22k),可以先采用一个卷积将原始图像 $F \in R^3 \times H \times W$ 分解成 $\frac{H}{16} \times \frac{W}{16} \times C$ 的大小,并展成一维的序列 $F \in N \times C$。这样,就用"token"的标记来表示每个 $\frac{H}{16} \times \frac{W}{16}$ 的特征,N 等于"token"的数量;然后采用随机生成的可学习的 token-embedding 作为位置编码嵌入;紧接着,将原图送入 Transformer 层进行学习。

3. 多模态数据融合电力设备识别模型

对于融合后特征的识别亦是多模态融合识别的关键。如前面所述,训练一个 Transformer 模型通常需要大规模的数据集,当数据集过小时,会出现过拟合的风险。而 SVM 是基于统计学习理论和结构风险最小化原理的,具有比较好的泛化能力并且能解决小样本问题,它能够将向量从低维空间映射至高维空间,利用核函数解决分类问题。

最小二乘支持向量机(least squares support vector machines,LSSVM)是在 SVM 的基础上,采用误差的二次平方项代替 SVM 中的不敏感损失函数,将不等式约束改成等式约束,把二次规划问题转化为求解线性方程组问题,从而大大方便了拉格朗日(Lagrange)乘子 α 的求解,提高了求解速度和收敛精度。其原理如下。

给定一个训练集 $(\bm{x}_i, \bm{y}_i)(i=1,2,3,\cdots,l)$,其中 $\bm{x}_i \in \mathbf{R}^n$,$\bm{y}_i \in \mathbf{R}^n$ 分别为样本输入和样本输出,l 为样本数量,通过非线性变化,将 x 映射到高维空间:

$$f(\bm{x}) = \bm{\omega}^\mathrm{T} \varphi(\bm{x}) + \bm{b} \tag{4-4}$$

式中,$\bm{\omega} = [\omega_1, \omega_2, \cdots, \omega_n]$ 为权向量,$\bm{b}$ 为偏置,$\varphi(\bm{x})$ 为空间转换函数。

最小二乘法支持向量机的目标函数定义如下:

$$\min_{\bm{\omega}, \bm{b}, \bm{e}} = J(\bm{\omega}, \bm{e}) = \frac{1}{2} \bm{\omega}^\mathrm{T} \bm{\omega} + \frac{\gamma}{2} \sum_{i=1}^{n} e_i^2 \tag{4-5}$$

$$\text{s.t.} \ \bm{y}_i = \bm{\omega}^\mathrm{T} \varphi(\bm{x}_i) + \bm{b} + \bm{e}_i (i=1,2,\cdots,n) \tag{4-6}$$

式中,J 为损失函数,γ 为正则化参数,e_i 为误差。

构造拉格朗日函数如下：

$$L(\boldsymbol{\omega},\boldsymbol{b},\boldsymbol{e},\boldsymbol{\alpha})=J(\boldsymbol{\omega},\boldsymbol{e})-\sum_{i=1}^{n}\alpha_i[\boldsymbol{\omega}^{\mathrm{T}}\varphi(\boldsymbol{x}_i)+\boldsymbol{b}+\boldsymbol{e}_i-\boldsymbol{y}_i] \quad (4\text{-}7)$$

式中，α_i 为拉格朗日乘子。

将 L 分别对 $\boldsymbol{\omega},\boldsymbol{b},\boldsymbol{e}_i,\alpha_i$ 求偏导数，并令各个偏导数为 0，最后得到 LSSVM 数学模型。

$$f(\boldsymbol{x})=\sum_{i=1}^{n}\alpha_i k(\boldsymbol{x},\boldsymbol{x}_i)+\boldsymbol{b} \quad (4\text{-}8)$$

式中，$k(\boldsymbol{x},\boldsymbol{x}_i)$ 为核函数，是解决非线性分类、回归问题的关键。通过核函数将非线性问题映射到高维特征空间，在高维特征空间内便可进行线性划分。

近年来，Transformer 在自然语言处理领域已经取得了巨大的进展，而在计算机视觉领域的 VIT 模型也取得了长足的进步。因此，本书使用了不同于以前多模态所使用的基于 CNN 的特征提取方法，而是提出了一种 fully Transformer 的模型来提取特征，并取得了最优结果。模型流程图如图 4-1 所示。

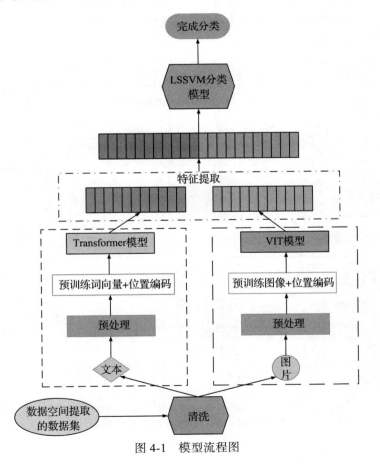

图 4-1　模型流程图

4.1.2 基于 DS-MVC 架构的生产决策建模

本书基于 DS-MVC 架构进行制造企业生产决策分析，利用多价值链协同关系，通过随机森林算法（RF）筛选重构外部价值链综合影响因素，利用 BAS-CNN 进行生产决策分析，从而构建三阶段（RF-BAS-CNN）生产决策分析模型。其中，DS（dataspace）为数据空间；MVC（multi value collaboration）为多价值链协同；BAS（beetle antennae search）为天牛须优化算法；RF（randorn forest）为随机森林算法。

首先，本书分析生产、供应、营销及服务各价值链之间的相互关系和外部价值链对内部价值链的影响，确定制造企业生产决策的价值链角度分析对象。其次，采用随机森林算法对制造企业外部价值链进行影响因素的筛选和重构，得到外部价值链综合影响因素。接下来对构建的外部价值链综合影响因素指标和内部价值链生产决策指标进行数据累计平滑处理，形成生产决策分析模型的输入变量和输出变量。然后，利用 BAS-CNN 构建基于 DS-MVC 架构的生产决策分析模型，并将累计生产订单数量和累计生产存货数量作为输出变量，将累计综合供应指标、累计综合营销指标及累计综合服务指标作为模型输入变量进行分析。最后，将模型输出结果与实际生产订单数量和生产存货数量进行对比分析，判断该生产决策分析模型构建的有效性。基于 DS-MVC 架构的生产决策分析模型技术路线图如图 4-2 所示。

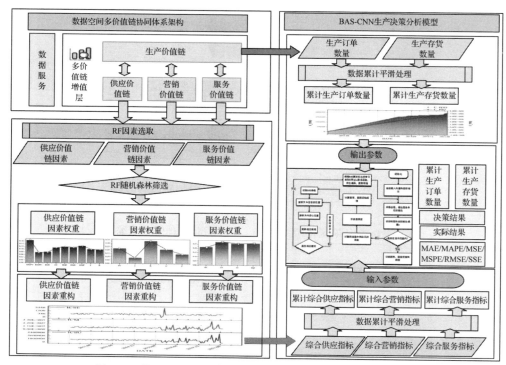

图 4-2 基于 DS-MVC 架构的生产决策分析模型技术路线图

4.1.3 多价值链协同的经营风险预测建模

对于电力设备制造企业来说，多价值链可以概括生产经营过程中为共同提高自身价值，从生产、供应、营销和服务等多方面以合作形式展开的一系列增值活动。其中，多价值链主要指生产价值链、供应价值链、营销价值链和服务价值链。以生产过程作为核心业务的核心价值流，构成了企业内部的核心价值链，而供应、营销和服务作为辅助，构成了企业外部的次要价值链。

在构建多价值链风险概率模型的过程中，本书首先采用蒙特卡洛方法对多价值链各环节风险因素进行概率分析，蒙特卡洛方法的本质是通过从总体样本中抽取相应的随机数进行研究，根据样本的统计学特征了解概率分布，生成该概率分布下的随机数样本并计算随机概率。该方法的步骤总结如下：

步骤 1：确定目标主体与其影响因素，汇总原有数据。
步骤 2：利用公式求出各影响因素的平均值及标准差，根据计算结果得出概率分布。
步骤 3：根据上述的结果确定概率密度函数。
步骤 4：适当从已知分布的原有数据中抽样，按照给定的概率分布生成大量的随机数。
步骤 5：根据随机数和总体样本求解随机数概率。

根据上述步骤进行基于蒙特卡洛的风险因素概率模型的构建，具体如下。

1）确定电力设备制造企业经营风险与其风险影响因素，将经营风险作为因变量，设为 Y，风险因素则为 $x_1, x_2, \cdots, x_m$，其函数关系设为 $Y=g(x_1,x_2,\cdots,x_m)$；将原有数据进行汇总，可得：

$$Y_1 = g(x_{11}, x_{12}, \cdots, x_{1n})$$
$$Y_2 = g(x_{21}, x_{22}, \cdots, x_{2n})$$
$$\vdots$$
$$Y_m = g(x_{m1}, x_{m2}, \cdots, x_{mn})$$

（4-9）

2）利用式（4-10）求出各风险因素的平均值 $\bar{X}_m$ 及标准差 σ_m，并确定概率分布类型。

$$\bar{X}_m = \frac{1}{n}\sum_{i=1}^{n} x_{mi},\ \sigma_m = \sqrt{\frac{1}{n-1}\sum_{i=1}^{n}(x_{mi}-\bar{x}_m)^2}$$

（4-10）

3）确定函数中每一个风险因素变量 x_i 的概率密度函数 $f(x_i)$ 和累积概率分布函数 $F(x_i)$。

4）利用式（4-11），对函数中的每一风险因素变量 x_i，生成许多均匀分布的随机数 $F(x_{ij})$，并与原有数据进行合并分析。

$$F(x_{ij}) = \int_{-\infty}^{x_{ij}} f(x_{ij}) \mathrm{d}x_i$$

（4-11）

式中，i 为风险因素变量个数，$i=1,2,\cdots,m$；j 为模拟次数，$j=1,2,\cdots,n$。

5）利用式（4-12）求风险因素随机数概率。

$$P(x_{ij}) = \frac{a}{b} = \frac{x_{ij} \times 出现的次数}{随机数总数} \tag{4-12}$$

根据以上得到的风险因素概率，本书将经营杠杆系数作为电力设备制造企业的经营风险评判依据进行经营风险预测。经营杠杆系数是息税前利润的变化率与产销量变化率之间的比值。在同一产销量水平下，经营杠杆系数越大，说明利润的变化率越大，相应的经营风险就会越大。本书通过随机森林算法筛选重构多价值链综合影响因素，利用 BAS 优化的 CNN 进行风险概率预测，从而构建三阶段 RF-BAS-CNN 企业经营风险预测模型。

1. 对经营风险因素进行重构分析

采用随机森林算法对制造企业外部价值链的供应、营销、服务及生产环节经营风险因素进行重构分析，得到多价值链综合风险因素随机概率，具体流程如下：

根据数据特征建立不同影响因素的随机森林模型 $\{T_n(x)\}_{n=1}^{ntree}$，其中袋外数据记为 OOB_n 对应第 n 棵回归树 T_n。

$$OOB_n = \begin{bmatrix} x_{11} \cdots & x_{1j} \cdots & x_{1p} \\ \vdots & \vdots & \vdots \\ x_{k1} \cdots & x_{kj} \cdots & x_{kp} \end{bmatrix}, 1 \leqslant j \leqslant p \tag{4-13}$$

根据 T_n 对 OOB_n 进行预测，得到相应的误差值为

$$MSE_n = \frac{\sum_{1}^{k}(y_i - \hat{y}_i)^2}{k} \tag{4-14}$$

式中，y_i 为 OOB_n 中响应变量的第 i 个实测量；$\hat{y}_i$ 为 OOB_n 中响应变量的第 i 个预测值。当原始模型的数据量 N 足够大时 $k \approx 0.368N$。

整个随机森林的预测均方误差为

$$[MSE_1 \cdots MSE_n \cdots MSE_{ntree}] \tag{4-15}$$

对不同样本进行预测误差的计算，得到如下预测均方误差矩阵。

$$\begin{bmatrix} MSE_{11} \cdots & MSE_{1n} \cdots & MSE_{1ntree} \\ \vdots & \vdots & \vdots \\ MSE_{j1} \cdots & MSE_{jn} \cdots & MSE_{jntree} \\ \vdots & \vdots & \vdots \\ MSE_{p1} \cdots & MSE_{pn} \cdots & MSE_{pntree} \end{bmatrix} \tag{4-16}$$

用 $[MSE_1 \cdots MSE_n \cdots MSE_{ntree}]$ 与上述矩阵的第 $[MSE_1 \cdots MSE_n \cdots MSE_{ntree}]$ 行向量相减，得到平均值以后再除以标准误差，得到自变量 X_i 的重要性评分（increase of mean squared error，IncMSE），即

$$IncMSE_i = \frac{\left(\sum_{n=1}^{ntree} \frac{MSE_n - MSE_{in}}{ntree}\right)}{std}, 1 \leqslant i \leqslant p \tag{4-17}$$

$$\text{std} = \sqrt{\frac{1}{k}\sum_{1}^{k}(t_i - \overline{y})^2} \qquad (4\text{-}18)$$

式中，t_i 为第 i 个实测值；$\overline{y}$ 为响应变量的均值。

将以上得到的重要性评分与蒙特卡洛计算得到的风险随机概率进行加权累积，得到多价值链综合风险因素随机概率。

$$P_i = \sum_{i=1}^{n} P(x) \times \text{IncMSE}_i \qquad (4\text{-}19)$$

2. 构建经营风险预测模型

利用 BAS 优化的 CNN 构建电力设备制造企业经营风险预测模型，并将经营杠杆系数作为输出变量，多价值链各环节风险因素作为模型输入变量进行分析。

其中，CNN 是用于特征提取表达的深度学习模型，可实现从输入到输出的功能映射，由输入层、卷积层、池化层、扁平化全连接层和输出层组成。卷积层通过权值共享的卷积核与输入数据对应的感受野区域进行卷积计算，从而提取输入特征。

卷积的计算公式为

$$V_j^l = \sigma(\sum V_s^{l-1} \times K_{sj}^l + b_j^l) \qquad (4\text{-}20)$$

式（4-20）中，规定输入层为 $l-1$ 层，V_s^{l-1} 用于表示输入层的第 s 个特征，输出层为第 l 层，V_j^l 用于表示输出层第 j 个特征，K_{sj}^l 用于表示卷积核的元素，b_j^l 为偏置项，σ 为激活函数。

本书采用了一种新的激活函数 SPReLu，其数学形式为

$$f(x_i) = \begin{cases} x_i, & x_i > 0 \\ a(\ln(e^{xi} + 1) - \ln 2), & x_i \leq 0 \end{cases} \qquad (4\text{-}21)$$

式中，a 为随机参数，根据模型实时训练发生变化，最终收敛为适宜的常数。

该函数具有以下特性，当 $x \geq 0$ 时，保留了 Re-Lu 的线性特点，输出结果与输入数据保持不变；当 $x<0$ 时，将 Softplus 函数的曲线下移 ln2 个单位，取负半轴曲线并乘以参数 a。

参数 a 有效地控制了函数的饱和范围，它可以通过反向传播进行训练，并与其他层同时进行优化。某一层 a_i 的梯度为

$$\frac{\partial f(x_i)}{\partial a_i} = \begin{cases} 0, & x_i > 0 \\ \ln(e^{xi} + 1) - \ln 2, & x_i \leq 0 \end{cases} \qquad (4\text{-}22)$$

更新梯度时采用动量法：

$$\Delta a_i = \mu \Delta a_i + \alpha \frac{\partial \varepsilon}{\partial a_i} \qquad (4\text{-}23)$$

式中，μ 为动量系数，α 是学习率。

3. 进行模型训练

本书利用 BAS 对 CNN 中的学习率 α 进行优化。BAS 是一种生物启发式智能优化算法，模仿自然界中天牛觅食行为，天牛根据两只触角所感知的食物气味浓度差，通过迭代最终找到食物的位置。在本书的 BAS-CNN 模型中，初始学习率按照常用神经网络模式设置为 0.01，由于根据传统神经网络经验选择的学习率，存在不是最优值的可能性，因此本书对学习率进行重新规划。迭代次数小于 10000 时，利用 BAS 算法在区间（0.0001，0.01）寻找最优的高学习率，找到全局近似最优解；然后再从（0.0001，0.01]中使用 BAS 算法寻找最优的低学习率以获得全局最优解。本书将 CNN 的学习率设置为搜索空间，寻找使得拟合效果最优的学习率参数值，并将其代入模型训练过程中，以完成模型训练。

BAS-CNN 预测模型流程如下：

步骤 1：初始化卷积神经网络权值。

步骤 2：将输入数据经隐含层向前传播从而得到输出值。

步骤 3：计算输出值与目标值之间的误差。

步骤 4：当误差大于预期值时，计算网络层中神经元的误差大小，求得误差梯度；当误差等于或小于预期值时，结束训练。

步骤 5：根据误差更新初始权值，优化学习率和激活函数，返回到步骤 2。

4. 完成构建

通过构建的多价值链协同的三阶段经营风险预测模型，我们将随机森林算法得到的多价值链综合风险因素随机概率作为预测模型输入变量，将能够代表电力设备经营风险水平的经营杠杆系数作为预测模型输出变量，最终构建三阶段 RF-BAS-CNN 多价值链协同的三阶段经营风险预测模型。

4.1.4　考虑多能时空耦合的 IES 多元负荷预测建模

本书提出的混合的模型结构如图 4-3 和图 4-4 所示，主要分为数据准备与耦合分析模块、影响因素筛选模块、预测与评价模块。

1）数据准备与耦合分析模块：首先从数据空间中提取数据并进行预处理。其次，基于数据驱动方法分析冷、热、电负荷之间的动态多能量耦合关系。

2）影响因素筛选模块：在选取影响因素后，预测模型的输入为冷、热、电负荷历史数据；外部影响因素包括温度、平均风速、大气压力、太阳辐射、降水、露点、光伏发电等；以及关于时间特征的信息，包括月、日、小时和假期信息（记工作日为 0，普通休息日为 1，重大假日为 2[113]）。

3）预测与评价模块：该模块包括 CNN 层、BiGRU 层、Attention 层和多任务损失函数优化层。

CNN 层：采用 CNN 层提取反映多元负荷复杂动态变化的高维特征，充分挖掘数据之间的相互关系。采用卷积操作扩大视野突出重要信息，经过池化处理进行特征降维，最后由全连接层将特征转换为一维结构，完成特征向量的提取。

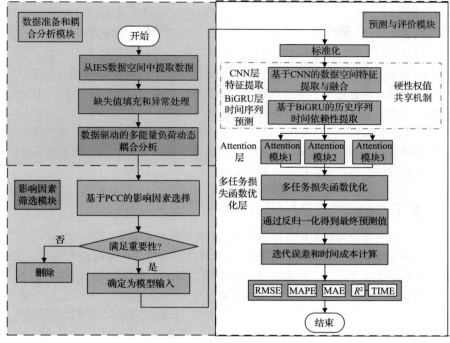

图 4-3　模型预测框架图

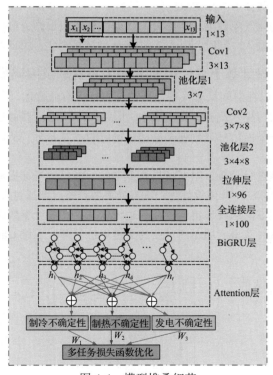

图 4-4　模型堆叠细节

BiGRU 层：采用 BiGRU 网络对 CNN 层所提特征的动态变化进行建模学习，学习电、冷、热各负荷之间的时间变化规律。为了学习多元特征之间的耦合关系，本书设置硬性权值共享机制，通过共享网络参数学习共享特征。

Attention 层：Attention 机制赋予 BiGRU 隐含状态不同的概率权重，分别关注冷、热、电相关的重要信息影响。本书设置了多任务的注意力层，通过设置 3 个 Attention 模块，分别关注冷、热、电三个负荷预测任务。

多任务损失函数优化层：为了达到冷、热、电整体预测效果最优，本书摒弃了传统的人为主观确定冷、热、电各部分误差比重的方法，提出考虑同方差的不确定性的多任务损失函数的方法，以达到多任务预测效果最优。

4.1.5 基于 Gabor-LSTM-XGboost 两阶段预测建模

本书设计一种融合多源异构数据的短期电力负荷两阶段预测方法。

第一阶段：设计基于 Gabor 的云图特征提取及编码模型。云图由天空和云层构成，二者具有不同的大小和尺寸，分布于不同的空间位置。因此，从多个尺度、多个层次进行云图特征提取，有助于增强云图关键特征的完备性和鉴别能力。另外，云的纹理具有平整与起伏、粗糙与平滑、规则与杂乱等多种情况，云图纹理特征展现出不同的方向性。由于 Gabor 具有强大的尺度和方向信息获取能力，因此能够有效提取云图天空背景和云层对象的复杂纹理变化特征。

第二阶段：建立融合多源异构数据的 LSTM-XGBoost 预测模型。将第一阶段得到的云图特征数据、结构化气象数据、历史负荷数据、日类型数据进行拼接，将拼接得到的数据集作为 LSTM 的输入。同时，引入 XGBoost 增加正则化，保证模型训练不过拟合。

1. 第一阶段：设计基于 Gabor 的云图特征提取及编码模型

Gabor 滤波器可以在空间尺度实现局部纹理特征的有效提取，其实质是以高斯函数为窗函数进行短时的傅里叶变换。在空域中，二维 Gabor 滤波器通过由高斯包络调制的正弦平面波，对二维平面信息进行频率局部、定向的计算分析，从而实现图像纹理信息的提取。

通过对云图特点进行分析，本书将具有多方向、多尺度特征提取能力的 Gabor 滤波器作为云图特征提取算法。具体设计为：①方向参数调整，即通过设定不同的方向参数，提取并获得云层不同方向的纹理走向特征和边缘信息；②尺度参数调整，即通过设定不同的尺度参数，提取并获得云层不同尺度的关键局部特征。二维 Gabor 滤波器核函数的复数形式为

$$G(x,y) = \frac{\|\bar{k}\|^2}{\sigma^2} \exp\left(-\frac{\|\bar{k}\|^2 (x^2+y^2)}{\sigma^2}\right) \cdot \left[\exp\left(i\bar{k}\begin{pmatrix} x \\ y \end{pmatrix}\right) - \exp\left(-\frac{\sigma^2}{2}\right)\right] \quad (4\text{-}24)$$

$$\bar{k} = \begin{pmatrix} k_\nu \cos\varphi_\mu \\ k_\nu \sin\varphi_\mu \end{pmatrix} \quad (4\text{-}25)$$

式中，(x,y) 为给定位置坐标，$\sigma=0.5$，$k_v=k_{\max}/f^v=2^{-\frac{v+2}{2}}\pi$ 为 Gabor 滤波器中心频率，$\varphi_\mu=\frac{\mu\pi}{8}$ 为不同方向滤波器的相角。

针对云图提取的研究表明，选择 8 个方向、5 个尺度的 Gabor 滤波器组，能够提取获得最优的云图特征。设定云图的方向取值为 $\mu\in\{0,1,2,3,4,5,6,7\}$，尺度取值为 $v\in\{0,1,2,3,4\}$，$k_{\max}=\frac{\pi}{2}$。

假设云图图像为 $I(x,y)$，将 Gabor 滤波器形成的 8 个方向、5 个尺度的滤波器组记为 $G_{\mu,v}(x,y)$，则 $I(x,y)$ 和 Gabor 函数 $G_{\mu,v}$ 进行卷积为

$$O_{\mu,v}(z)=I(z)*G_{\mu,v}(x,y) \qquad (4\text{-}26)$$

式中，$O_{\mu,v}(z)$ 为卷积结果，$*$ 为卷积算子，$z=(x,y)$。

幅值信息反映了云图图像能量谱，采用卷积图像幅值响应作为输出特征：

$$C=\sqrt{\text{real}(O_{\mu,v}(z))^2+\text{imag}(O_{\mu,v}(z))^2} \qquad (4\text{-}27)$$

式中，$\text{real}(O_{\mu,v}(z))$ 和 $\text{imag}(O_{\mu,v}(z))$ 分别为 Gabor 函数和云图卷积运算结果的实部和虚部。

单幅经过 Gabor 滤波器 5 个尺度、8 个方向的特征提取，云图扩增到 40 幅特征图，扩增图存在冗余信息，直接融合结构化气象数据，会产生巨大的计算工作量与复杂度，考虑 Gabor 特征的二次提取。

对云图中每个像素点的 Gabor 特征值进行编码运算，获得每个像素点 5 个尺度和 8 个方向的幅值。每个像素点的矩阵形式为

$$\boldsymbol{M}_{\text{pixel}}=\begin{bmatrix}c_{11}&c_{12}&\cdots&c_{18}\\c_{21}&c_{22}&\cdots&c_{28}\\\vdots&\vdots&&\vdots\\c_{51}&c_{52}&\cdots&c_{58}\end{bmatrix} \qquad (4\text{-}28)$$

式中，c_{ij} 表示第 i 个尺度、第 j 个方向的幅值。为进一步增强 Gabor 方向纹理特征的显著性，对 $\boldsymbol{M}_{\text{pixel}}$ 的幅值在 8 个不同方向执行标准化处理操作，并沿在同一方向不同尺度进行最大值抑制运算。

$$c_{ij}=\begin{cases}c_{ij},c_{ij}=\max_{i=1,2,\cdots,5}(c_{ij})\\0,\text{其他}\end{cases} \qquad (4\text{-}29)$$

通过式（4-29）的操作，可以获得不同尺度下 Gabor 幅值反馈的最大值，从而确定不同尺度下单个像素点的关键最优特征。

设每幅云图包含 N 个像素点，对所有像素点都进行非极大值抑制运算，得到 N 个幅值矩阵，然后对所有幅值矩阵计算平均值，得矩阵

$$\bar{M}_{\text{pixel}} = \frac{1}{N}\sum_{i=1}^{N} M_{\text{pixel}}^{i} = \begin{bmatrix} \bar{c}_{11} & \bar{c}_{12} & \cdots & \bar{c}_{18} \\ \bar{c}_{21} & \bar{c}_{22} & \cdots & \bar{c}_{28} \\ \vdots & \vdots & & \vdots \\ \bar{c}_{51} & \bar{c}_{52} & \cdots & \bar{c}_{58} \end{bmatrix} \quad (4\text{-}30)$$

式中 M_{pixel}^{i} 是第 i 个像素点计算得到的幅值，$\bar{M}_{\text{pixel}}$ 是图像中所有像素点幅值的平均值。采用的均值操作能够有效消除式（4-30）操作误判而产生的噪声影响，可以进一步提升图像编码特征的鲁棒性。

假设云图图像总共包含 $D_1 \times D_2$ 个像素点，经过 Gabor 过滤器 5 个尺度、8 个方向的卷积操作变换，可以获取到 40 幅 $D_1 \times D_2$ 分辨率的 Gabor 特征图，此时的特征维数为 $D_1 \times D_2 \times 5 \times 8$。单幅云图经特征编码后，最终输出编码特征的维数降为 5×8。经过上述的计算操作，云图特征得到大幅压缩。

将云图 Gabor 特征图的平均幅值矩阵 $\bar{M}_{\text{pixel}}$ 转化为向量形式：

$$V = [\bar{c}_{11}, \bar{c}_{12}, \cdots, \bar{c}_{58}] \quad (4\text{-}31)$$

2. 第二阶段：建立融合多源异构数据的 LSTM-XGBoost 预测模型

（1）模型数据输入

本书考虑的短期负荷预测的主要数据输入包括气象因素、日期类型和历史负荷。气象数据对于短期电力负荷的影响主要体现在预测时刻的气象状况以及演变趋势。日期类型也是影响短期电力负荷的重要因素，负荷曲线在不同的日期类型具有不同的形态。例如，工业企业的用电负荷曲线在周内（工作日）、周末和节假日（非工作日）会有较大的差异。此外，大量的研究表明，历史负荷变化也对当前负荷具有重要影响。综上，本书将气象因素、日期因素、历史负荷因素作为模型的数据输入；具体而言，将结构化气象数据、第一阶段处理后的非结构化气象数据、历史负荷、日期类型数据等进行样本拼接，形成预测模型的输入，具体描述见表 4-1。

表 4-1 预测模型影响因素

影响因素	特征	描述
气象因素	温度、风速、湿度、降雨量	天气预报获取数据
	云图 Gabor 特征图编码	第一阶段模型处理
日期因素	日类型	工作日/非工作日
历史负荷因素	历史负荷数据	预测时刻前 5 个数据 前 3 天同一时刻的负荷数据

（2）LSTM 模型原理

LSTM 模型在 RNN 模型基础上增加控制门，主要的类型为三类：遗忘门（forget gate）、输入门（input gate）、输出门（output gate），LSTM 模型结构如图 4-5 所示。

遗忘门以一定的概率忘记部分信息，将当前序列和上一序列的隐藏状态作为输入，并利用激活函数进行映射，得到对应的输出为

$$f_t = \sigma(W_f h_{t-1} + U_f x_t + b_f) \quad (4\text{-}32)$$

式中，σ 为激活函数，W_f 为隐藏层到门的权重，U_f 为输入层到门的权重，b_f 为偏执向量。

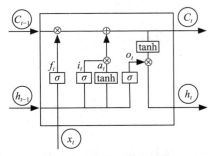

图 4-5　LSTM 模型结构

输入门的主要功能是处理神经网络的输入信息，通常可以采用 Sigmoid 和 tanh 两种激活函数，如式（4-33）和式（4-34）所示。

$$i_t = \sigma(W_i h_{t-1} + U_i x_t + b_i) \quad (4\text{-}33)$$

$$a_t = \tanh(W_a h_{t-1} + U_a x_t + b_a) \quad (4\text{-}34)$$

更新神经元信息由两步组成：第一步是将 C_{t-1} 与遗忘门函数进行乘积运算；第二步是 Sigmoid 激活函数的输出 i_t 和 tanh 激活函数的输出 a_t 进行乘积运算，表达式为

$$C_t = C_{t-1} f_t + i_t a_t \quad (4\text{-}35)$$

输出门控制得到神经网络的输出为

$$h_t = o_t \tanh(C_t) \quad (4\text{-}36)$$

（3）XGBoost 模型原理

本书设定 XGBoost 算法的目标函数为

$$L(\phi) = \sum_i l(y_i, \hat{y}_i) + \sum_k \Omega(f_k) \quad (4\text{-}37)$$

式中，$\Omega(f_k)$ 如式（4-38）所示。

$$\Omega(f_k) = \gamma T + \frac{1}{2}\lambda \|\omega\|^2 \quad (4\text{-}38)$$

$\hat{y}_i$ 为模型的输出，y_i 为样本数据集的真实值，T 表示叶子数，f_k 为第 k 个基分类器，ω 表示叶子节点的权重值，γ 为函数的惩罚项。根据泰勒定理，对式（4-37）展开

$$L^{(t)} = \sum_{i=1}^n \left[g_i f_t(x_i) + \frac{1}{2} h_t f_t^2(x_i) \right] + \Omega(f_t) \quad (4\text{-}39)$$

式中，g_i、h_i、$\Omega(f_t)$ 可以表达为

$$g_i = \partial_{\hat{y}^{(t-1)}} l(y_i, \hat{y}_i^{(t-1)}) \tag{4-40}$$

$$h_i = \partial^2_{\hat{y}^{(t-1)}} l(y_i, \hat{y}_i^{(t-1)}) \tag{4-41}$$

$$\Omega(f_t) = \gamma T + \frac{1}{2}\lambda \sum_{j=1}^{T} \omega_j^2 \tag{4-42}$$

得到叶子节点权重公式为

$$\omega_j^* = \frac{G_j}{H_j + \lambda}$$

式中，G_j、H_j 分别表示一阶导数和二阶导数在叶子节点 i 的值。将 $\omega_j = \frac{G_j}{H_j + \lambda}$ 代入式（4-42），可以得到目标函数的最优解为

$$L^* = -\frac{1}{2}\sum_{j=1}^{T} \frac{G_j^2}{H_j + \lambda} + \gamma T \tag{4-43}$$

（4）模型预测误差

本书采用平均绝对百分比误差 y_{MAPE} 和根均方误差 y_{RMSE} 两种误差评价指标对预测模型的优劣进行评估。上述两者的计算值越小，就表示负荷预测结果越准确。

$$y_{\text{MAPE}} = \frac{1}{n}\sum_{i=1}^{n}\left|\frac{y_{\text{real}}(i) - y_{\text{fore}}(i)}{y_{\text{real}}(i)}\right| \tag{4-44}$$

$$y_{\text{RMSE}} = \sqrt{\frac{1}{n}\sum_{i=1}^{n}(y_{\text{real}}(i) - y_{\text{fore}}(i))^2} \tag{4-45}$$

式中，n 为预测结果的总个数；$y_{\text{real}}(i)$、$y_{\text{fore}}(i)$ 为第 i 个时刻负荷的实际值和预测值。

4.1.6 基于 SSA-ELM 的产品销量智能预测建模

产品销量预测是典型的时间序列分析问题，常用的预测方法有经典预测方法、机器学习、深度学习等。一方面，产品销量的影响因素较多，而经典预测方法较为简单，预测精度较低。另一方面，由于环网柜的销售并不是每天都发生，因此本书以周为周期进行数据采集，这种情况下数据点较少，不足以支撑复杂的深度学习模型训练。基于此，提出采用 SSA-ELM 模型进行产品销量预测。极限学习机（extreme learning machines，ELM）模型计算速度快、有良好的泛化能力，对非线性序列规律有自主学习的特点，Huang 等人通过大量实验也证明了 ELM 模型在计算准确率和速度上都优于支持向量机（support vector machines，SVM）和 BP 神经网络。麻雀搜索算法（sparrow search algorithm，SSA）全局搜索能力较好，在一定程度上避免陷入局部最优的问题，应用

SSA 对 ELM 的参数进行优化可以大大提升预测精度。

1. 极限学习机

ELM 模型是 Huang 等人提出的一种单隐层前馈神经网络的改进算法,只需设置隐含神经元个数就可以得到最优解,具有良好的泛化性能和极快的学习能力。ELM 的结构图如图 4-6 所示。

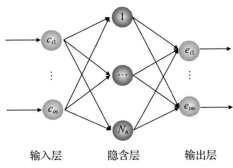

图 4-6　ELM 的结构图

对于含有 N 个训练样本的数据集 (X_i,Y_i),且隐含层节点为 L,其单层前馈神经网络数据模型为

$$Y_i = \sum_{i=1}^{L} \beta_i F(\boldsymbol{\omega}_j \cdot \boldsymbol{x}_i + \boldsymbol{b}_j) \tag{4-46}$$

写成矩阵形式为

$$\boldsymbol{Y} = \boldsymbol{H}\boldsymbol{\beta} \tag{4-47}$$

式中,β_i 表示隐含层第 j 个神经元的输出权重,$F(\cdot)$ 是激活函数,$\boldsymbol{\omega}_j$ 表示输入层到隐含层的第 j 个神经元的输入权重,$\boldsymbol{b}_j$ 表示隐含层第 j 个神经元的偏置,$\boldsymbol{\omega}_j$ 和 $\boldsymbol{b}_j$ 在 ELM 中随机产生,所以只需求解 β。

$$\beta = \boldsymbol{H}^+\boldsymbol{Y} \tag{4-48}$$

式中,$\boldsymbol{H}^+$ 为 $\boldsymbol{H}$ 的 Moore-Penrose 广义逆矩阵。

2. 麻雀搜索算法优化极限学习机

参数对于模型的预测精度有很大影响,优化效率低将导致模型的不完善和预测能力差。而由 Xue 等人于 2020 年提出的麻雀搜索算法(sparrow search algorithm,SSA),具有收敛速度快、稳定性好等优点,其灵感来源于麻雀种群的觅食和反捕食行为。所以本书引入 SSA 模型用于 ELM 模型的参数优化。

SSA 中有三种麻雀:发现者、加入者、侦察者。发现者负责寻找食物丰富的区域;加入者利用发现者寻找食物;侦察者负责在捕食者出现时发出警告信号。在每次迭代中,发现者的位置更新如下:

$$X_{i,j}^{t+1} = \begin{cases} X_{i,j}^t \cdot \exp\left(-\dfrac{i}{\alpha \cdot T_{\max}}\right), & R_2 < ST \\ X_{i,j}^t + Q \cdot L, & R_2 \geq ST \end{cases} \quad (4\text{-}49)$$

式中，$X_{i,j}^{t+1}$ 表示第 t 次迭代时第 i 个麻雀在第 j 个超参数处的位置。α 是（0，1]之间的随机数。Q 是服从正态分布的随机数。L 是元素为 1 的 d 维列矩阵。

加入者位置更新如下：

$$X_{i,j}^{t+1} = \begin{cases} Q \cdot \exp\left(\dfrac{X_w^t - X_{i,j}^t}{i^2}\right), & i > \dfrac{n}{2} \\ X_b^{t+1} + |X_{i,j}^t - X_b^{t+1}| \cdot A^+ \cdot L, & i \leq \dfrac{n}{2} \end{cases} \quad (4\text{-}50)$$

式中，X_b^{t+1} 是第 t 次迭代中发现者的最佳位置。

SSA 优化 ELM 参数的步骤如下：
1）初始化相关参数。
2）计算麻雀种群个体适应度。
3）得到当前最佳位置、最差位置和最差适应度。
4）根据式（4-49）、式（4-50）更新发现者、加入者、侦察者的位置，并更新适应度。
5）判断终止条件，若满足则输出当前最优个体和适应度。
6）利用输出的最优参数计算输出权值矩阵 $\boldsymbol{H}$。

4.2 混合存储

制造企业中的日常生产活动会产生大量多源异构数据，这些数据主要包括供应数据、生产数据、营销数据和服务数据。供应数据包括供应商信息、原材料供应信息等；生产数据包括原材料信息、库存信息、物料结构信息、产品信息、批次信息等；营销数据包括各区域的销量、利润、销售额等信息；服务数据包括客户信息、售后信息、故障信息等。

全价值链信息数据量大、种类多、来源多样，为了能够集成全价值链数据构建数据空间，需要研究多源、多模态数据混合存储技术，设计面向多源数据的集成存储方案、面向数据时效性的分级存储方案和面向多模态数据的多元存储方案。

4.2.1 面向多源数据的集成存储

制造企业的生产经营活动产生的数据常常孤立地分布在供应链、生产链、营销链和服务链等异质链条上，这些数据存在不完整、不一致的问题。因此，建立一个统一、稳定、可以反映历史变化的多价值链协同数据空间是当前制造企业数字化转型中的关键任务。ETL（extract-transform-load）将来自不同系统的多源异构数据转化为同构数据，能够大大提高数据挖掘模式的质量，降低实际挖掘所需要的时间。数据治理平台基于多维数据库对 ETL 过程得到的数据进行集成存储，有助于实现高效、准确的数据分析工作。

ETL 处理流程包括数据抽取、数据转换、数据清洗和数据加载。数据抽取是从不同的网络、不同的操作平台、不同的数据库、不同的应用中抽取数据的过程，抽取数据源包括企业 ERP、CRM 等系统。由于不同系统的数据格式存在差异，所以需要定义数据接口对每个源文件的每个字段进行说明。数据转换是对抽取的数据进行过滤、合并、解码和翻译的过程，旨在将抽取的数据转换为可用的有效数据，包括字段名称统一标识、字段范围规定、重复值消除、数据合并、聚合数据汇总等操作。数据清洗旨在消除数据中存在的不一致问题，根据定义的规则对不完整数据、错误数据、冲突数据予以更正或删除，保证后续分析的正确性。数据加载是通过刷新或更新的方式将转换后的数据写入数据治理平台中，刷新是对目标数据进行重写，而更新是将数据更新日志写入数据平台。

制造企业各系统中的数据主要是支持日常经营生产过程的操作型数据，而经由 ETL 加载到数据治理平台中的数据主要是支持分析挖掘工作的面向主题的多维数据。多维数据库是一种用于存储、查询和分析多维数据的数据库系统，不同于传统关系型数据库，多维数据库通常基于星型模型和雪花模型等复杂的多维数据模型进行数据存储，可以快速地查询和聚合多维数据，提高查询效率和分析速度。

4.2.2 面向数据时效性的分级存储

在多价值链协同运营场景中，系统源源不断地接收来自各价值链产生的大量数据，这些数据可以根据产生的时间划分为实时数据和历史数据。历史数据的数据量巨大，但系统对于历史数据的访问频率较低，对于其响应时间也并无过高要求；而对于访问频率较高的实时数据，虽然需要在较短的时间内响应，但数据量较小。而计算机中的存储结构也有着类似的层级关系，计算机外部存储器容量大但响应较慢，难以支持处理器的运算；而内部存储器响应速度快，但由于成本较高，容量相比外存大大减小。因此本书结合计算机中的存储层级结构，对多价值链数据进行实时数据与历史数据的划分，并根据该划分实现分级存储，从而提高数据存取的效率，也进一步为索引、搜索和关联奠定基础。

实时数据作为最近时间段内产生的数据，属于热点数据，具有极高的时效价值，经常被运用到各种实时场景分析中。内存是计算机的重要部件，也称内存储器或主存储器，用于暂时存放中央处理器中的运算数据以及与硬盘等外部存储器交换的数据，因为内存的读写频率比磁盘更高，与磁盘相比对其进行数据操作的时间更短。目前，除了传统的将数据存储在外存的数据库外，企业也常使用基于内存的数据结构存储系统。在内存中存取数据比从外存中存取效率高，并且支持多种类型的数据结构，更符合实时数据的存储和查询要求。同时，在该类数据库的使用中可以设置键的过期时间，便于淘汰随时间推移的过时数据。因此，对于实时产生的流数据，将其存储在内存数据库中，并构建相应的网格索引和属性索引，可以更好地支持各种实时查询。

实时的订单数据由经纬度、时间和其他属性（如货物类型、订单号等）组成。在基于内存的数据库中，采用集合来存储实时订单数据，集合的键为订单号加时间段，集合的值为此时间段内该订单的物流信息序列，具体处理步骤为：①时间段的划分与归并，即将某一固定时间段内的数据归入同一个时间段，使同一批次的货物在同一时段内具有相同的键。②键的组成，即用时间段转成的时间戳与订单号组成键。③值的组成，即用数据库中支持的有序集合来存储订单物流信息序列，集合中存入的是每条订单数据的时间戳、经纬度坐标及其他属性，如订单类型、订单号等。在有序集合中以采样时间戳作为分数进行排序，值为其他信息拼接而成的字符串。

此外，对于制造业产生的多源结构化与半结构化的历史数据，考虑到由于淘汰实时数据引起的频繁的插入操作以及长时间积累的巨大数据量，采用分布式非关系型数据库 Redis 进行存储，因为非关系型数据库在分布式架构上扩展简单、读写速度快且存储成本低。Redis 数据库中的数据常以"键–值"二元组的形式进行存储，其中键由行键、列族、列和时间戳组成，应用系统凭借键值就可以访问对应的数据。

4.2.3　面向多模态数据的多元存储

制造企业的生产与经营活动不仅会产生结构化数据，也会产生大量的非结构化数据，如维修工单、产品图像等，这些数据包含许多有价值的信息。因此，数据存储平台针对这些结构化、半结构化与非结构化的多模态数据，研究面向多模态数据的公共访问平台，以实现面向多模态数据的管理与分析处理。数据空间是一种以数据为导向、可扩展的大数据存储与处理基础设施，面向任意来源、规模、类型的数据，通过与各类外部异构数据源的交互集成，支持各类企业级应用。数据空间以原始状态存储分布在供应、生产、营销、服务链上的多模态数据，保持了原始数据的全部信息，保证了数据的真实性和可溯源性。此外，数据空间是专为低成本数据存储而设计，能够大幅度降低企业成本。同时，数据空间中的数据易于访问、更改且支持快速更新，可以实时摄取数据流并对数据做出反应，避免了从数据源中提取数据的时滞问题，提高了数据访问的实时性。

数据空间借助数据治理方法存储和管理大规模的多模态数据，拥有一套高效管理的方法和标准，包括元数据管理、数据生命周期管理、数据质量管理及数据安全管理等，用以确保数据质量。元数据是描述数据的数据，用于定义数据的结构、内容、联系等，包括技术元数据、操作元数据和业务元数据。元数据管理为数据空间在数据生命周期管理、数据质量管理及数据安全管理方面奠定了基础，能够解决数据冗余、数据沼泽等问题。数据生命周期管理是基于自动化规则在数据全生命周期中对数据进行有效管理和控制，旨在确保数据的安全性、完整性、可用性和合规性。数据质量管理对采集、存储、共享、维护、应用、消亡等生命周期中的各个阶段里可能引发的各类数据质量问题进行识别、度量、监控、预警，确保数据质量和数据治理的可靠性。数据安全管理是从数据安全、网络安全、访问安全、软件安全等角度保证数据空间安全性的措施。

4.3 快速索引

数据库技术是常用的企业数据存储管理技术，数据库可以在数据量增大的同时尽量保证数据操作的速度，这依赖于数据库中的索引机制。索引是对数据库表中一列或多列的值进行排序的一种结构，相当于一本书中的目录，使用索引可快速访问数据库表中的特定信息。索引的本质是在数据库中维护指向数据表中指定列中数据值的指针，然后根据指定的排序顺序对这些指针排序。数据库使用索引可以比普通数据库查询语句更快速地访问数据库表中的特定信息。大部分索引如 B+ 树、红黑树等都采用二叉树结构，这种结构可以降低查询某一条记录时的平均时间复杂度，在记录数量庞大时，索引的作用尤为明显。

考虑到制造业多价值链协同数据空间中数据量、数据来源和数据类型的特点，主要从多源数据、多时空数据、多模态数据三个方面进行数据索引的需求分析和设计。首先，对于不同价值链的内外部多源数据索引构建速度慢的问题，采用了多源数据预融合的方法生成中间融合信息，实现索引的快速构建；其次，鉴于制造企业销售、物流环节中产生的多时空数据的重要性和高频访问特性，研究构建了时空与属性索引，以加快该类数据的检索速度；最后，针对制造业产品的图文多模态信息，基于语义向量技术构建跨模态数据索引，实现在图文数据上语义层级的检索。综合利用以上三部分技术实现对制造业多价值链协同数据空间的快速索引构建，以模糊查询的形式为用户提供简便、快速的查询入口，为后续的关联表示、多链搜索和集成演化奠定基础。存储与索引整体框架图如图 4-7 所示。

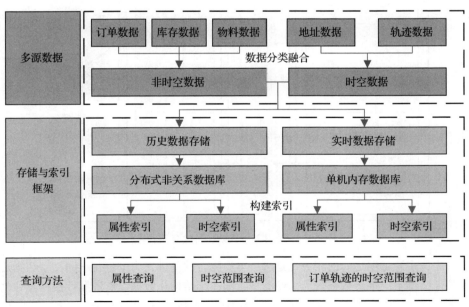

图 4-7 存储与索引整体框架图

4.3.1 多源数据索引的构建

在不同价值链所涉及的各类业务中，除了当前业务产生的数据外，还包括与之关联的其他价值链业务产生的数据。大部分的常用查询需要涉及商品供应、生产、销售过程中产生的跨源数据表的连接。如果不预先对数据进行融合，则需要在构建索引或完成查询和分析时，通过连接其他价值链中的多个数据表进行查询以获得结果，导致大量的资源的损耗，同时增加了系统的实时响应时间。为此，本书以产品订单为中心，将其与不同来源、不同价值链的数据进行融合，并将融合结果进行结构化保存，既便于索引的快速构建和后续数据写入，也为下游的多价值链数据的分析和挖掘提供输入数据。

数据融合旨在将预处理后的物流轨迹等实时数据与系统生产销售平台的订单数据按照需求进行融合，以产生多属性的订单轨迹，即由时间戳、地理信息、订单号等订单信息共同组成。

如图 4-8 所示，在多源数据融合流程中，将不同平台的多源数据融合分为 4 个阶段。第一阶段是数据转化图的过程，不同的属性都可以转化成一张图，利用图来构建学习特征，即利用节点和边来表达数据间的复杂关系。第二阶段是单通道内的特征学习阶段，主要是将节点进行降维表示，同时对降维后的数据进行聚合。第三阶段是对齐不同通道数据，即将一个通道内的表示向其他通道投影，构建统一的表示空间。第四阶段输出融合后的最终信息。

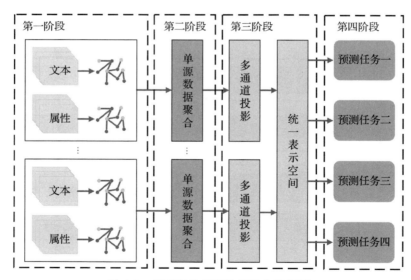

图 4-8 基于图的多源数据融合流程图

首先，多源数据之间的相关性是进行多源融合的基础，为了量化不同类型数据之间的相关性，将不同平台数据分为 3 种类型，即连续结构化数据、离散属性数据及非结构化数据。对这三种类型分别构建图，每一类构建一张图，并将每个平台视为一个通道。

对于连续结构化数据，如时间属性，可以很好地衡量不同数据之间的相似性，时间越接近的数据相似度通常会高一些。因此，基于时间远近来度量数据之间的相似程度，采用热力核函数对时间进行图构建，相似性度量方法如式 4-51 所示。

$$\sim(D_i, D_j) = \exp\left(-\frac{\Delta t^2}{\sigma^2}\right) \quad （4-51）$$

式中，D_i 是文本 i 的标记符号，σ 为文档集合的时间方差，Δt 为两个文档之间的时间差，时间单位是天或秒。

对于离散属性数据，例如订单是否属于同一个用户，利用用户的信息进行图构建，属于同一用户的两条数据之间的边权值为 1。

对于文本这种非结构化的信息，节点之间的连接强度表示数据之间的相关性。在文本中，不同数据之间的边可以基于文本的相似性来构建，文本间相似度度量方法如式（4-52）所示。

$$\sim(D_i, D_j) = \frac{W_i - W_j}{W_i \bigcup W_j} \quad （4-52）$$

式中，W_i 是文档 i 的集合。由于文本可能涉及非常多的计算量，可以考虑使用分布式算法来计算边权重。

构建好不同属性的图之后，采用图注意机制来提取节点的特征，通过相邻节点的内积来衡量节点间的相似性，计算方法如式（4-53）和式（4-54）所示。

$$a_{ij} = \text{softmax}(e_{ij}) \quad （4-53）$$

$$\vec{h_i'} = \sigma\left(\sum a_{ij} W \vec{h_i'}\right) \quad （4-54）$$

式中，$\vec{h_i'}$ 为第一层网络输出，a_{ij} 为每个节点与其相邻节点计算内积得到的权重，e_{ij} 为节点之间的相似度。

最后，对于同源数据的不同通道的表示通常具有相似的语义，建立不同通道之间的统一语义空间映射，利用多通道数据的相似性来进行多源数据融合，最终实现索引的快速构建和数据的分析挖掘。

4.3.2 时空数据索引的构建

时空数据是制造企业销售管理数据的重要组成部分，许多销售物流数据管理平台都为物流中的时空数据设计特有的管理策略，比如京东的城市时空数据引擎、菜鸟的时空分析管理平台等。目前对于时空数据索引和查询的研究可以分为单机系统和分布式系统两类。时空数据可以分为实时时空数据和历史时空数据，由于实时时空数据需要高频的更新操作，而历史时空数据在多数情况下查询操作更多，因此对这两类数据采用不同的索引构建方法。对于实时时空数据，由于其在生产销售与物流过程中需要实时更新，因此要求索引也可以随着数据的变化同步更新。因此，对此类数据采用了网格索引，在每次更新时只需要修改某一网格范围内的数据，以减少时间开销。

实时时空数据索引的具体构建步骤如下：

1）网格划分。订单物流轨迹数据分布在全国各地，需要查询的数据范围覆盖大部分省份。将经度范围设置 73°E ~ 135°E，纬度范围为 3°N ~ 53°N。这里综合考虑设置网格索引粒度为 0.1°，采用经度、纬度对网格编码，以每个网格中最小经纬度坐标编码，横坐标表示东经（用 E 表示），纵坐标表示北纬（用 N 表示）。

2）键的组成。索引键中的时间段也按照 1h 间隔划分，所以键由网格编号加时间段转换后的时间戳构成。

3）值的组成。值是一个有序集合，集合内存入的是所对应网格在该时间段内所有轨迹点的订单号，每个订单号所对应的分数值为每条轨迹数据的采样时间。

此外，对于实时时空数据的属性索引同样也需考虑更新的问题，因此对于属性索引也增加其所属的时间段，以便于当其所对应数据过期时，同时删除其对应的属性索引。具体步骤为：①时间段划分与归并，与存储模块中一样，将 1h 内接收到的数据归入同一个时间段，使同一属性在同一时段内具有相同的键；②键的组成，属性索引的键主要由属性值和时间段转成的时间戳组成。

对于历史时空数据，考虑到其巨大的数据量以及需要进行的频率极高的插入操作，采用分布式非关系型数据库进行存储并进行时空索引的构建，根据地理位置的经度与维度进行划分，并利用编码系统对该地理位置进行编码表示，其编码过程如下：

1）转换经纬度。将地球纬度区间 [−90°,90°] 和经度区间 [−180°,180°] 不断进行左右划分，如果给定坐标属于二分的右区间范围，则标记为 1，否则标记为 0，针对不同的编码层级，分别得到经度和纬度的二进制编码。

2）将经度依次放在偶数位上，将纬度依次放在奇数位上组成一维的二进制编码。

3）利用 Base32 编码技术将二进制编码转换为由数字和字母组成的字符串。而对于三维数据，则在地理位置编码的基础上进行时间维度的扩展，并基于地理位置编码和时间维度的扩展生成历史时空索引。同时，根据属性的重要性与访问频率也对订单号等字段构建了属性索引，以实现对历史数据多角度的查询与索引。

通过上述对实时时空数据和历史时空数据索引的构建，通过对多价值链数据进行分类，并按照不同数据存储结构的物理特性进行数据关键属性索引的构建，同时对两种数据分别创建时空索引，最终实现在分布式与单机系统中快速的属性查询和时空范围查询。

4.3.3　跨模态数据索引的构建

万物互联时代信息来源广泛、形式多样，数据从单一模态向多种模态转变。常规的数据索引也只对某属性字段或字段组合进行排序，无法根据不同模态数据的语义信息进行快速的检索。如何高效整合并管理多模态数据，在不同模态的数据间进行跨模态检索，是当前制造企业面临的一大挑战。目前，支持识图搜图和图文互搜的软件很多，但大多是基于图文数据内容的特征描述进行匹配，需要人工对图像的内容进行描述并分类，这种方法并不适合数据量庞大的企业使用。此外，在有效管理多模态数据的同时，有针对地研究并构建多模态数据索引也极为重要。在数据量较为庞大时,对数据维护统一的索引可以大幅度加快数据的查询速度。对于企业中的海量多模态数据,对跨模态数据进行面向属性或语义的快速检索至关重要,直接顺序检索耗费较多时间与计算机硬件资源。

跨模态数据索引面向制造企业不同价值链产生的多模态数据,利用深度学习技术对不同模态的数据进行特征提取,研究基于语义向量的跨模态数据索引构建技术,采用正向索引与倒排索引相结合的方法,实现面向属性和语义的索引构建。其中,正向索引面向数据库中的属性值进行构建,在常用于检索的图文属性字段构建索引,以加快针对此类属性字段搜索的速度;倒排索引面向多模态数据的语义信息,其基于对多模态数据的统一空间内的语义映射,进而基于单模态数据的语义信息对包含相似语义的同模态与跨模态数据进行检索,基于语义信息的多模态数据存储与检索框架如图4-9所示。

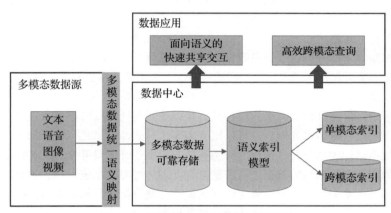

图4-9 多模态数据存储与检索框架

对面向属性值的正向索引构建方法进行研究,对图文属性信息、编号、语义向量等数值数据以固定长度字段的形式进行存储,索引数组中每个元素都包含相应的图文属性信息、特征向量等数值属性并将其作为数组的固定字段存储。

针对高维向量过多带来的向量间距离计算复杂度过高的问题,研究基于聚类的高维向量相似度度量算法,首先对多模态数据进行特征提取,然后通过聚类算法对特征向量分类,形成多个簇中心,最后在每个分类中建立特征向量连通图,并根据不同分类中心及相关数据属性建立各自的倒排索引表。利用倒排索引表对具有相似语义的跨模态数据进行维护,实现对语义相似的跨模态数据的快速检索,进而通过正向索引与倒排索引实现对语义信息与特定属性查询的混合检索,同时为基于关键词的模糊与精确查询的实现提供基础。

4.4 关联表示

制造业全价值链活动过程中产生的海量多源异构数据之间存在诸多联系,关联表示的目的是将这些有潜在联系的数据进行连接和融合。经过融合的复合数据有更高的价值,分别对其进行类别分析、组内数据分析、组间数据分析，从多个角度和多个层面挖掘数据间的相关性与相似性，完成全价值链数据的关联性分析。

全价值链活动中的多源异构数据占据了绝大多数，但是仅仅考虑多源异构数据是不够的，所以在原先对多源数据关联性分析的基础上，考虑了复合数据之间的关联性，同时对复合数据的关联性进行了详尽的分析。下面分别从多源异构数据的关联性分析和多源融合数据的相似性度量两个维度对关联表示进行详细阐述，主要采用 Apriori 算法、分类算法、相似性度量算法等作为关联分析的主要方法。

4.4.1　多源异构数据的关联性分析

所谓关联分析，就是要找出数据之间的联系。对于简单的数据，很容易想到给数据分类找出相似的数据，进而找到数据间存在的联系，这对于复合数据本质是不变的，但是分类操作会更麻烦。

当数据空间中的数据被整合到数据检索存储系统后，数据引擎对提取的数据进行预处理和数据清洗，保证来源不同的数据的一致性。采集到数据引擎处理过的数据信息后，如何选择信息进行关联操作是关键的一步，对具有相同特征的数据进行关联操作是有效的，所以可以对信息进行分类操作找出具有相似或者相同特征的数据。例如，对产品信息表数据，经过数据引擎处理后，可以用分类算法对产品信息进行分类操作，找出有相似特征的数据进行关联分析。常用的分类算法有聚类、朴素贝叶斯、支持向量机等。分类算法处理后对有关联性的数据进行数据融合处理，再对数据进行可视化处理，用户通过检索服务最后拿到数据。而对复合数据来说，关联分析就是从低维数据分析算法上升到高维数据分析算法，数据的特征数量会显著增加，对高维数据的分类直接计算距离计算成本较高。一个容易想到的解决办法就是降维，将高维空间变成低维子空间，那么融合数据的关联性分析就转化成多源数据关联性分析。

对于数据中存在的潜在关联性，可能无法从表面特征对数据进行分类，例如库存产品和售后服务点，由于服务点距离问题影响了产品的库存量，很难直接找出这两个实体之间的特征关系。可以通过关联规则算法（Apriori 算法）对数据进行关联分析。Apriori 算法是常用的挖掘数据关联性的算法，通过数据空间提供的数据计算数据的支持度、置信度及频繁 K 项集。Apriori 算法通过找到满足置信度的 K 项频繁集，生成关联规则。Apriori 算法采用迭代的思想，先计算出候选 1 项集的支持度，通过剪枝过滤掉低于支持度阈值的候选项集，从而得到频繁 1 项集。对频繁 1 项集进行自然连接得到候选 2 项集，同样过滤出支持度大于阈值的候选项集作为频繁 2 项集。重复以上迭代过程直到无法找到频繁的 $K+1$ 项集为止，对应的频繁项集的集合就是算法的输出结果。找到频繁 K 项集后就需要生成关联规则，只需要将每个频繁项集拆分成两个非空子集，使用这两个子集就可以构成关联规则。针对每个关联规则，分别去计算置信度，保留符合最小置信度的关联规则。

4.4.2 多源融合数据的相似性度量

只从单价值链或单一数据源进行分析决策容易造成误判，原因是片面的数据无法给出用户想要的全面结果。除此之外，数据融合还可以带来新价值、新规律。数据融合将数据空间中潜在联系的数据融合到一起并展示给用户，可以综合多个层次、多个维度的数据来供用户进行分析和决策。数据融合有三种方式，从交互程度上来讲可以分为数据组合、数据整合和数据聚合三个层次，由低到高逐步实现数据之间的深度交互。

层级一：数据组合由各方面数据的简单组合形成。该数据融合的数据属性本质没有改变，如物料清单数据、交易数据和通信数据的简单拼装。层级二：数据整合是由多方的数据共同存在才能够实现产品价值，例如根据营业利润、营业外收入和营业外支出可以计算商品的利润。层级三：数据聚合由双方数据聚合孵化产生新产品、新模式。

宏观上数据融合是包括了以上所说的三个层次，但是对不同的数据格式来说数据融合算法是截然不同的，下面分别从结构化和非结构化两个方向说明数据融合的具体实现方法。

1. 结构化数据融合

上面所说的数据融合层级更多的是针对数据自身的内容而言，数据融合方式针对数据格式和数据特征。对不同的数据和场景通常选择不同的融合方式，下面介绍几种常用的数据融合方式。

前端融合将多个独立的数据集融合成一个单一的特征向量，然后输入机器学习分类器中。由于多模态数据的前端融合往往无法充分利用多个模态数据间的互补性，且前端融合的原始数据通常包含大量的冗余信息。因此，多模态前端融合方法常常与特征提取方法相结合以剔除冗余信息，如主成分分析（PCA）、最大相关最小冗余算法（mRMR）、自动解码器（autoencoders）等。

后端融合则是将不同模态数据分别训练好的分类器输出打分(决策)进行融合。这样做的好处是，融合模型的错误来自不同的分类器，而来自不同分类器的错误往往互不相关、互不影响，不会造成错误的进一步累加。常见的后端融合方式包括最大值融合（max-fusion）、平均值融合（averaged-fusion）、贝叶斯规则融合（Bayes'rule based）和集成学习（ensemble learning）等。其中集成学习作为后端融合方式的典型代表，被广泛应用于通信、计算机视觉、语音识别等研究领域。

中间融合是指将不同的模态数据先转化为高维特征表达，再于模型的中间层进行融合。以神经网络为例，中间融合首先利用神经网络将原始数据转化成高维特征表达，然后获取不同模态数据在高维空间上的共性，其一大优势是可以灵活选择融合的位置。

2. 非结构化数据融合

相对于结构化数据，文本、图片、音频等非结构化数据很难直接找到它们的特征进行融合，通常采用数据特征融合算法。在多价值链数据空间中，大量图像数据是在企业生产和经营过程中形成的重要数据资源，单一对比图像只能进行孤立的事件分析，但综合多个图像特征进行融合能够得到更普适性的规律。目前，根据图像融合的层次，可将图像融合算法分为像素级图像融合、特征级图像融合和决策级图像融合。

像素级图像融合处理主要是在图像的像素级上对图像数据进行运算和处理，属于图像融合的基础层次，优势是可以保留更多源图像的原始数据。与其他融合级别相比，它具有更多的细节和更准确的目标空间位置。融合前，融合源图像需要经过严格的点对点图像校正、降噪、配准等图像预处理，否则会对融合效果造成严重的影响。像素级图像融合方法主要包括主成分分析（PCA）、脉冲耦合神经网络（PCNN）等算法。特征级图像融合属于中级融合。这种方法根据每个传感器已有的成像特性，提取每幅图像的主要特征信息，如边缘、纹理等，主要包括模糊聚类、支持向量聚类等算法。决策级图像融合属于最高级别的融合。与特征级图像融合相比，它对源图像的处理是在提取图像的目标特征后，继续进行特征识别、决策分类等处理，然后与各源图像的决策信息进行联合推理，得到推理结果。主要包括支持向量机、神经网络等算法。决策级图像融合是一种先进的图像融合技术。同时对数据质量要求高，算法复杂度极高。图像融合过程如图 4-10 所示。

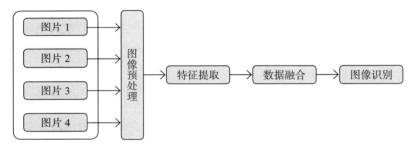

图 4-10　图像融合过程

融合后的数据无论是在结构上还是内容上都会比较复杂，那么传统的关联规则算法效果就不太适用。基于多源融合数据的相似性度量算法可以针对融合数据提出更加有效的解决方案。比如产品的性能与产品的不同部分用料的关系，很难直观地度量这个关系紧密程度，那么就需要通过量化对比不同用料对产品性能的影响。度量算法首先可以对数据进行属性分类，常见的属性分类有：标称属性、二元属性、序数属性、混合类型属性；然后对不同属性分别进行度量；最后求出期望。

标称属性通常都是特征，如性别、年龄、学历等。这种度量用两个对象匹配的属性数 m 除以总的属性数 n。

$$\text{sim}(O_1, O_2) = \frac{m}{n} \tag{4-55}$$

二元属性可以考虑对称和非对称两种形式，如果是对称形式，对象的属性都是同等重要的，用具有相同属性值的个数除以总的属性数 n。

$$\text{sim}(O_1, O_2) = \frac{m_1 + m_2}{n} \tag{4-56}$$

如果是非对称的，只需要考虑最后和度量结果相关的属性。

$$\mathrm{sim}(O_1,O_2) = \frac{m_1}{n} \qquad (4\text{-}57)$$

当然，如果两个集合的思想和上面的做法是一致的，只不过把二元属性看成二元集合，从而可以度量两个集合的相似度。式（4-58）也叫 Jaccard 系数。

$$\mathrm{sim}(U,V) = \frac{U \cap V}{U \cup V} \qquad (4\text{-}58)$$

对于数值属性，数值相似性度量与距离度量本质上是同一件事情。如果两组数据之间的距离越大，那么相似性越小；反正，如果相似性越大，那么距离越小。对于普通的样本数据度量，可以用样本的数据矩阵来表示。

$$\boldsymbol{X} = \begin{pmatrix} X_{11} & X_{12} & \cdots & X_{1p} \\ \vdots & \vdots & & \vdots \\ X_{n1} & X_{n2} & \cdots & X_{np} \end{pmatrix} \qquad (4\text{-}59)$$

式中，n 代表数据个数，p 代表维数，

$$\boldsymbol{X}_i = (X_{i1}, X_{i2}, \cdots, X_{ip})^{\mathrm{T}} \qquad (4\text{-}60)$$

向量 $\boldsymbol{X}_i$ 表示的是第 i 组的数据。对于任意的相似性度量算法，本质就是通过不同的公式去研究多组数据之间的距离。

常用的距离度量方法有欧氏距离、平方欧氏距离、马氏距离、曼哈顿距离、切比雪夫距离和相对熵等。那么基于多源数据融合相似性度量，只需要将目标多源数据特征提取出来，进行融合，根据融合后的数据通过度量算法计算距离。对于简单的数据融合可以直接采用马氏距离作为基础去计算其相似度，马氏距离是基于样本分布的一种距离，其物理意义是在规范化的主成分空间中的欧氏距离。所谓规范化的主成分空间是利用主成分分析对一些数据进行主成分分解，再对所有主成分分解轴做归一化，形成新的坐标轴，而由这些坐标轴形成的空间就是规范化的主成分空间。

很多情况下数据的真实分布是未知的，想要精确度量数据的相似度是很难的，这种情况下考虑用 KL 散度算法去近似估计的概率分布和数据整体真实的概率分布的相似度。KL 散度又称相对熵，描述两个概率分布 P 与 Q 的差异，用 $D_{\mathrm{KL}}(P\|Q)$ 表示，散度越小，说明概率 Q 与概率 P 之间越接近，那么估计的概率分布与真实的概率分布也就越接近。最后对算法进行优化处理，通过不断改变预估分布的参数，可以得到不同的 KL 散度的值。在某个变化范围内，KL 散度取到最小值的时候，对应的参数即最优参数。

序数属性指的是，属性本身表示了一次序。其中，x 为整数型的属性值，m 为这个属性总共有多少种可能的属性。

$$y = \frac{x-1}{m-1} \qquad (4\text{-}61)$$

如果数据中有很多不同的属性，则需考虑多属性混合的情况。这里面 $\mathrm{sim}(O_{1i}, O_{2i})$ 代

表的是 O_1,O_2 对象关于属性 i 的相似度，而参数 δ_i 是个比较特殊的量。如果 O_1,O_2 中有一个对象不具有属性 i 或者对应的属性值都是 0，则 $\delta_i = 0$，否则 $\delta_i = 1$。

$$\text{sim}(O_1,O_2) = 1 - \frac{\sum_{i=1}^{m} \delta_i \cdot (1-\text{sim}(O_{1i},O_{2i}))}{\sum_{i=1}^{m} \delta_i} = \frac{\sum_{i=1}^{m} \delta_i \cdot \text{sim}(O_{1i},O_{2i})}{\sum_{i=1}^{m} \delta_i} \quad (4\text{-}62)$$

4.4.3　BOM 表的多价值链关联表示

在应用一系列算法对多源异构数据之间的关联与融合数据之间的相似度进行分析后，如何将挖掘到的逻辑关系以结构化的形式进行表示与存储是关联表示中的最后一个问题。BOM（bill of materials）表是一个描述产品结构的文件，生产部门使用 BOM 表来决定零件或最终产品的制作方法和领取的物料清单，帮助公司确定最终产品的成本和成本维护。BOM 表是几乎所有管理系统的基础，与企业的各个部门都存在联系，直接影响系统的处理性能和使用效果，同时也是多价值链协同数据空间重要的逻辑存储核心。

BOM 表中数据的关联性取决于存储的物理结构，通常来说，BOM 表使用一种数据类型实现存储，对于 BOM 表的关联性分析，只需要通过界面获取对应的数据集，找到对应的数据特征对数据关联性做出判断。BOM 表中如果存在非结构化数据，可以采用 4.4.2 节提到的非结构化数据特征提取方法，使用关联规则挖掘算法或者分类算法就能很好地完成其关联性分析。

4.5　全链搜索

在面向制造企业的多价值链协同数据空间中，将来自供应链、生产链、营销链、服务链的供应商类信息、设计类信息、生产类信息、销售类信息、售后类信息进行整合和汇总后会形成一条全价值链。全链搜索是对用户输入的关键词进行跨链、跨系统的全局搜索，实现多源数据交互。一方面，当用户获取某个产品在不同价值链的数据时，无须逐个系统进行查找，优化对不同系统检索结果的筛选过程并避免大量重复的检索结果，提升用户效率。另一方面，当用户不清楚自己想要的信息的位置时，输入关键词即可获得关于该信息在不同系统中的全部搜索结果，从而为用户提供更加灵活便捷的查找手段。针对数据空间中多价值链数据量大、来源广泛、种类多的特点，研究并构建了基于 MapReduce 的数据检索框架，运用中间件技术实现基于元数据的跨链检索，研究基于语义融合和多重相似性学习方法实现跨模态检索。

4.5.1　构建数据检索框架

由于智能制造企业的业务与数据结构庞杂，大量的业务数据使得平台在构建数据检索框架时需要考虑大数据处理能力，以应对企业业务数据量快速膨胀的问题。分布式计算编程框架 MapReduce 是 Hadoop 处理大数据任务的核心，能够对大数据进行分布式并行计算，具有计算效率高、负载均衡易控制的特点。因此，基于 MapReduce 构建多源多模态大数据检索模型能够有效提高对多源多模态大数据的检索性能。

MapReduce 包括对任务进行分解 (map) 和对结果进行汇总 (reduce)，其核心思想是"分而治之"。MapReduce 的工作过程分为 MapTask 与 ReduceTask 两阶段，首先将复杂的大数据处理任务切分为若干子任务，缩小单次任务执行的复杂度，再把切割后的任务调度给 MapTask，MapTask 执行输出的结果由 ReduceTask 完成汇总。

在接收检索任务后，集群中的主节点会按照 HDFS 配置对检索数据进行划分，划分后的数据子集调度至各 Map，此阶段不需要在 MapReduce 中部署算法。Map 收到分片（Split）输入数据后，将数据映射成形式 <key, value>，并在该阶段部署目标评价函数，通过不断迭代计算完成多源多模态数据高维特征至低维空间的转换。将 Map 过程中产生的结果输入 Reduce，由 Reduce 完成汇总得到最终的检索结果。

由于直接采用 MapReduce 实现复杂查询效率较低，现有基于 Hadoop 构建的一套数据仓库分析系统 Hive。它提供了丰富的 SQL 查询方式来分析存储在 Hadoop 分布式文件系统中的数据：可以将结构化的数据文件映射为一张数据库表，并提供完整的 SQL 查询功能；可以将 SQL 语句转换为 MapReduce 任务运行，通过自己的 SQL 查询分析需要的内容，这套 SQL 简称 Hive SQL，使不熟悉 MapReduce 的用户可以很方便地利用 SQL 语言查询、汇总和分析数据。而 MapReduce 开发人员可以把自己写的 mapper 和 reducer 作为插件来支持 hive 做更复杂的数据分析。它与关系型数据库的 SQL 略有不同，但支持了绝大多数的语句如 DDL、DML 以及常见的聚合函数、连接查询、条件查询。它还提供了一系列的工具进行数据提取转化加载，用来存储、查询和分析存储在 Hadoop 中的大规模数据集，并支持 UDF（user-defined function）、UDAF（user-defined aggregate function）和 UDTF（user-defined table-generating function），也可以实现对 map 和 reduce 函数的定制，为数据操作提供了良好的伸缩性和可扩展性。

全链搜索下基于分布式技术的数据检索框架图如图 4-11 所示。

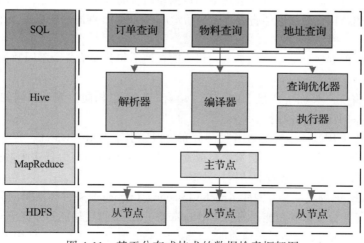

图 4-11 基于分布式技术的数据检索框架图

4.5.2 跨链检索技术

全链中存储的数据来自不同的平台和系统，缺乏统一的接口来实现跨链集成式检索。为此，需要研究在统一检索界面下并发查询多个数据源的方法，对检索结果进行优化和一致性处理，从而实现同时对多源数据资源一站式透明化访问，显著提高用户检索效率。

跨链检索主要包括三个步骤：首先，对检索请求进行处理，在不同用户输入各自的检索条件后，将这些条件转换为适合各个数据库的检索命令，然后多链并行查找；其次，根据数据源本身的接口类型采取不同的访问方法，同时为了提高查找效率，可以利用构建好的多源数据索引、多时空数据索引和跨模态数据索引；最后，对返回结果进行去重、排序后以标准、统一的格式呈献给用户。

在检索过程中，为了提高检索的速度，同时对检索结果的准确度提供可靠的保障，跨链检索引入元数据。检索条件中除了包含必要关键字之外，描述该关键字的元数据信息也需要直接指明。元数据是一种关于数据的数据，作用是对数据属性信息进行描述，主要是对数据中包含的内容信息以及具有的特色进行重点的描述，跨链检索通过读取描述信息达到数据检索的最终目的。提高检索的准确度也是引入元数据的主要目标之一。

元数据在检索请求的过程中，由于跨链检索的资源对象可能分布在不同的地理位置，使用不同的操作平台，把这些资源集中到一个本地数据库是不现实的，所以通常都会偏向于借助一种中间形式来实现检索，而不是直接采用不同数据库语言检索各数据库。需要将系统输入的检索请求转化为各个异构资源库对应的资源库检索指令，最后通过元数据包装检索结果返回到平台，供用户查看及浏览。

将标准化输入的检索式转换成不同数据库对应的检索式的详细的步骤如下：

步骤1：用户输入检索的请求条件后，检索表达式将会拼接检索条件中检索词之间存在的逻辑关系或者位置关系等，然后拼接起来的检索表达式将会形成检索命令式，该检索命令式能够被计算机识别和执行。

步骤2：将不同检索命令式进行不同数据库语言的处理，其中包括结构化数据库语言处理以及非结构化数据库语言处理，最后形成多个 SQL 查询语句以及多个 NOSQL 查询语句。

步骤3：根据底层数据库的类型，将不同查询语句分发给各个不同数据库进行结果的检索。

由此可将统一界面上所显示的标准"语言"与意思相同但表示不同的各数据库的"语言"进行一个正确的映射表示。

跨链检索采用基于上述原理开发的分布式搜索引擎 Elasticsearch，它采用分布式的实时数据存储，每个字段可以被索引与搜索。Elasticsearch 可以胜任多个数据源的扩展，并支持 PB 级别的结构化或者非结构化数据。

Elasticsearch 的底层是开源库 Apache Lucene。Lucene 是一种高性能、全功能的搜索引擎库。为了充分发挥其功能，需要使用 Java 将 Lucene 直接集成到数据空间平台中。

为了解决 Lucene 使用时的烦琐性，Elasticsearch 便应运而生。它使用 Java 编写，内部采用 Lucene 做索引与搜索，其目标是使跨链检索变得更简单。Elasticsearch 对 Lucene 做了一层封装，其提供了一套简单一致的 API 来辅助实现存储和检索。

4.5.3 跨模态检索技术

除了常见的数值型数据外，智能制造企业在采购、生产、营销、服务活动过程中积累了大量的图像、文本等多模态数据，在不同模态的数据间进行跨模态的检索使得检索不再受单一模态的限制，检索结果更加丰富多样，信息更加全面。目前，跨模态检索的挑战主要集中在如何处理不同模态空间中的数据并对其内容进行相似性度量方面，即如何解决"异构鸿沟"。常见的方法是基于公共子空间的表示学习方法，试图寻求一个函数，将不同模态空间中的数据映射到公共子空间中进行模态对齐，再通过欧氏距离、余弦距离等度量方式比较特征之间的相似性，最终按相似性大小排序得到检索结果。

根据特征表示进行划分，现有的公共子空间方法主要可以划分为两大类：一是基于实值表示学习的方法，二是基于二进制值表示学习的方法，也称哈希方法。由于哈希方法采用二进制编码来提高计算效率，但部分信息在编码过程中丢失，导致检索精度有所下降。基于实值表示学习的方法主要可以划分为无监督学习方法和有监督学习方法，无监督学习方法的主要代表是典型相关分析 (CCA) 和基于核函数方法的 KCCA 模型，这类方法在学习跨模态数据的公共表示时，仅仅利用了模态数据间共存的信息，没有充分利用多媒体内容中丰富的标签信息。相比而言，有监督学习方法可以充分利用类别标签信息，通过区分不同样本的语义类别，使得相同类别的样本特征尽可能相互靠近，不同类别的样本特征尽可能相互远离，进而增强公共子空间特征表示的语义可区分性。然而有监督学习方法在进行特征融合时，缺少考虑融合特征和单模态特征间的关系。

跨模态检索主要采用一种基于语义融合和多重相似性学习的方法（context fusion and multi-similarty learning，CFMSL），将此前关联分析得到的融合后的多源异构数据投影到公共子空间中，在计算相似性时，除了考虑不同模态特征在公共子空间的相似性外，还考虑单模态特征与融合特征在公共子空间的相似性，进一步挖掘不同模态间的相似性信息。此外，在利用先前建立好的跨模态数据索引的同时，通过决策融合的方式综合考虑单模态特征和融合模态特征的相似性，并对相似性列表进行重排序，进一步提升跨模态检索的性能。跨模态检索模型如图 4-12 所示。

CFMSL 的网络模型主要由两部分构成，前半部分是一个双分支子网络，用于提取原始图像和原始文本的特征，后半部分由样本对相似性打分模块组成。不同于一般的公共子空间方法（只将多个单模态特征分别投射到公共子空间中），跨模态检索还引入融合网络，对不同模态特征进行融合，得到语义融合特征投射到公共子空间中，进行单模态和融合模态之间相似性的学习。最后，基于决策融合策略，通过样本对相似性打分模块，综合考虑单模态特征和融合模态特征的相似性关系，计算得到不同模态样本对的相似性得分，用于后续检索结果的排序。

模态融合时按照融合时机可以分为早期融合方法、晚期融合方法和混合融合方法。早期融合方法也称特征融合方法，可以用于捕获特征之间的关系，缓解不同模态中数据不一致的问题。晚期融合方法也称决策融合方法，该方法主要是通过融合多个不同的训练模型输出结果，缓解过拟合问题。混合融合方法则结合了早期融合方法和晚期融合方法的优点，但增加了融合方法的复杂性。

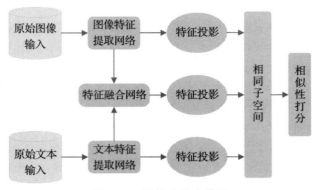

图 4-12　跨模态检索模型

4.6　集成演化

制造企业各价值链的日常生产活动会产生大量的业务数据，有效利用这些数据有助于实现制造业的数字生态治理，提高企业竞争力。集成演化旨在汇聚孤立分布在供应链、生产链、营销链和服务链等异质链条上的结构化数据和非结构化数据，使用数据挖掘方法提取数据中蕴含的有价值信息，利用数据可视化方法展示数据的时空演化情况并对未来趋势进行预测，达到为决策人员提供业务决策支持的目的。

集成演化包括面向历史数据的分析挖掘和面向未来趋势的演化预测，辅助制造企业精准制定企业发展方向，提高企业适应市场的能力。面向历史数据的分析挖掘方法包括供应商画像及供应商评级、销售信息时空分布规律和故障原因及处置措施建模，它们不仅可以为特定业务场景提供决策支持，还可以结合在一起为用户提供更加完整、深入的多链集成分析。例如结合销售信息时空分布规律和故障原因及处置措施建模技术，可以得到各区域中各类故障的分布情况并针对性地改进产品。面向未来趋势的演化预测方法，从区域销量预测和产品故障预警出发构建预测模型，一方面为用户制定生产和销售计划提供数据预测支持，优化企业库存管理；另一方面向用户预警一定时间内可能发生故障的产品，提高客户的满意度。

4.6.1　面向历史数据的分析挖掘

面向历史数据的分析挖掘旨在发现多链数据中的有价值信息，通过先进的可视化手段将挖掘得到的信息提供给决策人员，为制造企业业务决策提供支持。面向历史数据的分析挖掘包括供应商画像及供应商评级、销售信息时空分布规律和故障原因及处置措施建模，供应商画像及供应商评级是从多角度刻画供应商的服务能力，与生产物料和故障产品集成之后能够为用户提供方便、快捷、准确的多价值链供应溯源服务。销售信息时空分布规律是从不同维度评估企业销售情况，直观地为用户提供各区域、各时段的销售规律并预测销量数据。故障原因及处置措施建模是从大量非结构化的维修工单中抽取故障产品、故障表现、故障原因和故障处置措施，并对它们之间的关系建模，从而方便产品故障维修和故障统计。

（1）供应商画像及评级技术研究

供应商画像是设定多维度的供应商信息标签，抽取分散化、碎片化的供应商信息并按照标签描述归类，使供应商具体化、形象化。供应商评级是根据供应商实时画像动态地对供应商进行级别分类。供应商是供应链的重要组成部分，从多角度完整地构建供应商画像并对其进行准确的评级有助于提升企业的供应商管理水平，进而降低企业成本、提高产品质量、保证供应稳定。此外，供应商画像和供应商评级可以和产品生产、故障维修等主题相结合，实现供应商溯源，为用户提供更加丰富的信息。例如，在生产业务中，当用户对某一产品的原材料供应商感兴趣时，可以通过指定原材料直接查询到相关供应商画像；在故障维修业务中，用户也可以查看故障产品相关原材料的供应商信息。供应商画像及供应商评级流程图如图 4-13 所示。

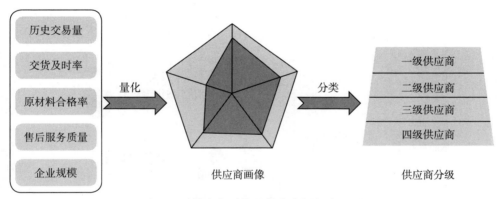

图 4-13　供应商画像及供应商评级流程图

供应商画像的构建从历史交易量、交货及时率、原材料合格率、售后服务质量、企业规模 5 个维度出发，对供应商各方面的能力进行量化，并采用雷达图的形式对供应商画像进行可视化，以直观、准确地反映供应商各方面的能力水平。为了实时地衡量供应商质量，需要维护供应商信息数据库，根据采购情况及供应商自身状态实时地更新供应商信息。供应商评级是使用决策树算法 CART（classification and regression trees）在供应商画像的基础上将供应商划分为 4 个级别，企业可以适当扩大与高级别供应商的合作范围，并逐步淘汰低级别供应商。决策树是用于分类的树形结构，CART 算法在构建决策树时从根节点出发，在每个节点处依据基尼指数将数据集分成两个子集，直到样本集内所有样本属于同一类别或者满足约束条件。基尼指数是衡量一个数据集纯度（即所有样本属于同一类别的程度）的指标，基尼指数越小，数据集纯度越高。在划分数据集时选择划分后基尼指数最小的特征进行分裂，数据集 D 的基尼指数定义如下：

$$\mathrm{Gini}(D) = 1 - \sum_{i=1}^{m} p_i^2$$

式中，m 是类别数量，p_i 是随机选择一个样本属于第 i 类的概率。数据集 D 分裂成两个数据子集 D_1 和 D_2 后的综合基尼指数定义如下：

$$\mathrm{Gini}_A(D) = \frac{|D_1|}{|D|}\mathrm{Gini}(D_1) + \frac{|D_2|}{|D|}\mathrm{Gini}(D_2)$$

供应商评级根据实时供应商画像动态调整，供应商数据库中维护供应商实时信息，每次查询供应商评级都是基于最新供应商信息进行分类。

（2）销售信息时空分布规律

销售信息时空分布规律从时间和空间两个维度以季度为单位评估各区域的销量、销售额和利润演化规律，旨在帮助企业深入了解销售状况、市场趋势和客户需求，并为销售趋势预测提供多维度的细粒度数据支持。销售信息时空分布规律挖掘流程图如图 4-14 所示。

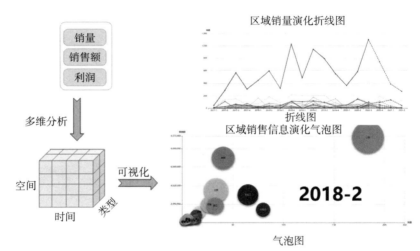

图 4-14　销售信息时空分布规律挖掘流程图

销售数据是典型的多维数据，多维分析方法能够全面且细致地从中刻画销售信息时空分布规律。维是一种高层次的类型划分，每个维度代表了数据中的一类属性，例如时间维包含年、季度等属性。多维分析通过切块、切片、旋转、聚合、钻取等操作揭示数据之间的关系和演化趋势，切块和切片是在一部分维上选定值后，观察数据在其他维的分布；旋转通过重新排列维来变换视角；聚合是高层次的数据汇总，突出数据整体与部分的关系；钻取包括上卷、下钻、钻过、钻透，是从更细节的层次评估数据。

从类型维、时间维、空间维呈现销售数据有助于多维度多尺度地展现销量、销售额和利润的时空分布演化规律，类型维包括销量、利润、销售额，用于标识要观察的指标；时间维细分为年份与季度，用于支持不同粒度的演化趋势分析；空间维是从各省市与直辖市的视角考察销售数据的区域分布信息。在多维分析得到的销售信息时空分布规律基础上，折线图、动态地图和动态气泡图等视觉元素能够为用户提供更加直观的数据模式。折线图以每条折线代表一个地区，包含长时间跨度上各个时间刻度的销售数据，适合于从整体上展示销售数据随时间的演化趋势。动态地图通过颜色深浅等特征表示各区域的销售规模，一方面更加突出空间信息，能够从更大尺度上观察多个临近区域组成的整体空间的销售情况；另一方面按照时间发展动态地更新销售地图，并且还能够细致地凸显区域销售变化。动态气泡图更加关注销量、利润、销售额的联系与对比，使用气泡代表地区，以横坐标、纵坐标和气泡大小分别代表销量、利润和销售额，不仅能够观察各指标自身的演化规律，还能够直观地发现各销售指标演化趋势的相关性。

（3）故障原因及处置措施建模

维修工单中一般包含客户对故障的主观描述和维修人员提供的故障原因及处置措施，这些信息涵盖了故障产品、故障表现、故障原因和故障处置措施，能够为后续故障维修提供经验支持，此外，在这些信息基础上得到的区域故障率等统计信息有助于企业针对性地改进产品制造工艺。故障原因及处置措施建模基于深度学习方法，从大量非结构化和半结构化的维修工单中抽取故障产品、故障表现、故障原因和故障处置措施，并对它们之间的关系建模，旨在帮助产品故障维修和故障统计。

维修工单的内容不是结构化的，因此难以通过固有的规则从中准确抽取故障产品等目标信息。相较于传统方法，端到端的深度学习方法基于学习策略自动提取特征，具有对复杂任务的拟合能力和优秀的泛化性能，适合于处理非结构化和半结构化的文本内容。具体来说，首先对部分故障工单进行序列标注，即人工在工单内容序列中标注故障产品、故障表现、故障原因和故障处置措施相关词语的位置和类型（类型是故障产品、故障表现、故障原因和故障处置措施之一）。其次，基于长短期记忆神经网络构建故障信息抽取模型，并在人工标注的训练数据上优化模型，使模型能够准确抽取出目标信息。最后应用模型从未标注的维修工单中抽取故障产品、故障表现、故障原因和故障处置措施信息以及它们之间的关联，并将结果存入企业知识库中。

长短期记忆神经网络是循环神经网络的一种，循环神经网络中某一时刻的输出不仅和该时刻的输入有关，还受到之前输入的影响，适合处理文本等序列数据。长短期记忆神经网络进一步通过门机制控制特征在序列上下文中的记忆和遗忘，从而有效利用长序列中存在的长期依赖信息，缓解了长序列训练过程中梯度消失和梯度爆炸问题。具体来说，当数据输入网络之后，信息在序列中依次传递下去，前后两个单元之间有单元状态和隐藏状态两条数据通路，遗忘门根据当前输入和上一单元传递的隐藏状态决定是否保留上一单元的单元状态，输入门结合前一单元的单元状态和当前输入更新当前单元内容，输出门将当前单元的单元状态和隐藏状态传递到后继单元中。

4.6.2 面向未来趋势的演化预测

在多价值链协同数据空间中，基于企业经营活动产生的实时数据和历史记录的预测服务有助于优化企业采购计划、生产计划与销售计划，提高制造企业管理水平和营销水平。面向未来趋势的演化预测包括区域销量预测和产品故障预警，区域销量预测是在多维分析得到的销售信息时空分布规律基础上进一步预测未来数个季度各区域的销量，用以帮助企业制定生产和销售计划；产品故障预警综合多方面的信息对一定时间内可能发生故障的产品进行预警，用以提高客户的满意度。

（1）区域销量预测

区域销量预测是在销售信息时空分布规律基础上通过数学模型预测未来一段时间内的销售额，准确的销量预测有助于企业合理规划生产、采购、库存等活动，最大化资源利用效率。销量预测算法示意图如图 4-15 所示。

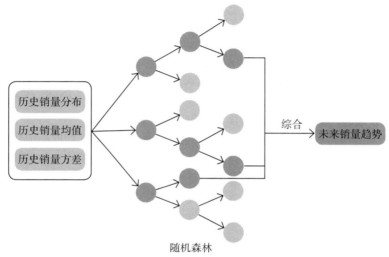

图 4-15　销量预测算法示意图

产品销量具有非平稳、非线性和高噪声的复杂特性，基于传统统计分析方法的预测结果常常表现得不如人意。随机森林算法是一种集成学习算法，能够有效处理多维度、多变量的数据，其预测结果是多个决策树的集成，因此具有较好的鲁棒性和稳定性。具体来说，以每个地区过去一段时间季度销量和其衍生的均值及方差等统计特征作为输入，预测未来数个季度各地区及整体的销量。一方面，随机森林算法中用来训练每棵决策树的数据都源自对全部训练数据的随机采样，每棵决策树都不完全相同，综合所有决策树预测结果可以消除单棵决策树的不稳定性。另一方面，在选择分裂特征时，并不是直接选择最优划分属性进行分裂，而是先随机地从所有特征中随机选择一个候选特征子集合，然后再从这些候选特征中选择最优划分属性。训练数据和特征选择的随机性能够显著降低过拟合的风险，增强模型的泛化能力。

（2）产品故障预警

产品故障预警是通过历史故障信息和当下实时数据等影响因素预测产品发生故障事件的概率。产品故障概率和产品原材料供应商、产品使用地区、产品使用时长、同批次产品故障情况、产品使用环境等一系列因素相关，关联规则挖掘算法能够生成各影响因素及其组合发生后一段时间内产品出现故障的概率,实现产品故障预警。故障预警算法示意图如图 4-16 所示。

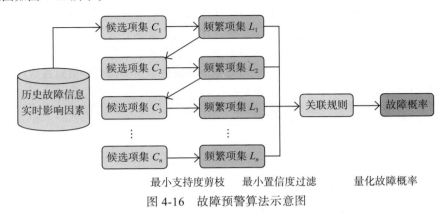

图 4-16 故障预警算法示意图

Apriori 算法是经典的关联规则挖掘算法,该算法以逐层搜索的迭代方法挖掘数据库中的频繁模式并形成规则,然后基于实时采集的环境参数和产品信息量化一段时间内产品发生故障的概率。考虑到产品在不同时间跨度内发生故障的概率存在差异,为了向用户提供细致的预警服务,需要从多个时间尺度挖掘影响因素到故障事件的关联规则。具体来说,分别以 1 天、1 周和 1 个月的时间跨度预测产品故障的概率,将采集得到的数据按时间划分为多条记录,根据每条记录后多个时间跨度内的故障情况向记录中添加相关故障信息,然后挖掘各影响因素到故障事件的关联规则。随后,可以通过邮件、短信或 APP 通知等渠道向用户发送预警信息,提示用户注意风险并有重点地检修产品。

4.7 本章小结

数据建模、混合存储、快速索引、关联表示、全链搜索和集成演化是构建制造业多价值链协同数据空间的关键支撑方法,有助于提高企业的数字化水平,实现全价值链数据的协同治理与价值信息的挖掘。本书基于制造企业北京清畅电力技术股份有限公司的供应链、生产链、营销链、服务链数据,使用大数据治理工具建立数据平台,进而在数据平台的基础上构建软件系统,提供数据建模、混合存储、快速索引、关联表示、全链搜索和集成演化 6 个方向的服务。

基于数据空间的数据建模,可以高效利用制造业多价值链协同的过程中企业产生的大量的异域、异源、异构数据进行复杂多维度分布式数据分析。混合存储设计面向多源数据的集成存储方案、面向数据时效性的分级存储方案和面向多模态数据的多元存储方案,提供高效的数据管理和访问服务。快速索引从多源数据、时空数据、多模态数据角度构建多链多源多模态数据的存储与索引,实现复杂数据的快速检索,并以模糊查询的形式为用户提供简便的查询入口,为其他服务提供基础。关联表示针对制造业全价值链活动过程中产生的海量多源异构数据进行数据融合和数据关联,实现产品物料母件与子件的有效关联，并提供关联信息的可视化查询。全链搜索从设计、销售、工艺、生产、出厂、售后 6 大主题出发，针对用户输入关键词在制造业多价值链协同数据空间中搜索相关信息，并借助快速索引与关联表示方法实现信息的快速搜索与深度搜索。集成演化通过数据空间等技术集成孤立分布在供应链、生产链、营销链和服务链等异质链条上的结构化数据与非结构化数据，进而使用数据挖掘方法分析集成数据的时空演化趋势并预测其未来演化趋势，并使用可视化方法对数据集成信息以及演化趋势信息进行展示，为制造企业的业务决策提供有价值的信息支持。

第 5 章

制造业多价值链协同数据空间的知识发掘和服务方法

5.1 知识发掘与图谱构建

5.1.1 制造业多价值链协同的命名实体识别方法

随着制造业相关技术的不断发展，制造领域的基础设备和生产模式得到了大量的改善，越来越多的智能算法应用到了制造业产品生产和运维中。知识图谱构建是自然语言处理技术在工业化应用的典型代表，制造业多价值链协同数据空间知识图谱架构图如图 5-1 所示。其中涉及实体识别的包括正则表达式预处理、中文分词、词向量表示与实体特征抽取等主要步骤。词向量表示和实体特征抽取是整个任务的核心问题。近年来有大量的研究围绕这两个核心问题展开。词向量表示最常用的词向量表示模型是词嵌入模型和基于双向编码器的预训练模型。实体特征抽取的目的是将文本中的标签信息特征通过网络的形式提取并且转化为对应的标签。

词嵌入模型是传统的语言建模的方法，通过结构特征转化向量的形式，给下游任务提供语义信息特征。目前的词嵌入模型一般将单词转化为特定的向量维度，存储在指定的文件中，直接将向量文件应用到下游任务中。

独热（One-Hot）词表示是最早被提出的词嵌入的方法。随着信息的增长，独热表示法已经无法满足目前文本词表示的需求。在传统的语义表示模型中，基于奇异值分解的方法与潜在语义分析的方法也作为传统的词向量表示模型进行应用。

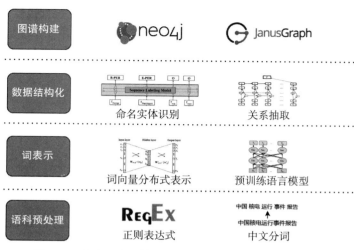

图 5-1　制造业多价值链协同数据空间知识图谱架构图

Bengio 提出了神经概率语言模型,通过分布式表示的方法将文本向量从高维空间向低维空间进行转化。Word2Vec[114]模型由 Mikolov 在 2013 年被提出,该模型提出了一个新的分布式的词嵌入表示,其中包含了两个不同的模型,连续词袋(continuous bag-Of-word, CBOW)模型与 Skip-gram 模型。CBOW 模型通过上下文关系识别语义相近的词,映射到向量空间中的相近位置,能较好地提取高频词的语义特征。而 Skip-Gram 模型与 CBOW 模型相反,通过某个特定词推测上下文的词向量,对单词间距更加敏感,单词间距与单词间的权重呈负相关关系,能够更好地提取低频词的语义特征。

双向上下文语言模型[115]是最早的双向编码器语言模型(embedding from language model,ELMo),在 2018 年由华盛顿大学与 ALLEN AI 团队联合提出。利用 BiLSTM 的特性,输入正向与反向的语言序列,分别训练两个单向的语言模型,再利用特征融合的方法将两个方向的模型集成为一个统一的向量输出,生成对应的词表示向量。但是 ELMo 模型也有明显的缺点,只能获取语言序列中的单项特征,前向特征与后向特征相互独立。BERT[116]针对 ELMo 的上下文特征无法双向通信的问题,利用基于 Transformer 的模型,设计了遮盖语言模型,并使用下句预测任务来训练语言模型。由于使用了大量语料进行无监督学习的训练,BERT 能够通过迁移学习的方式,将下游任务的特征通过微调的方式,直接应用于下游的其他任务。

实体抽取模型利用词向量模型所抽取的表示信息,通过特征提取的模型进行标签的识别。在 2015 年,Huang[117]提出了长短期记忆神经网络的序列标注模型,使用了长短期记忆神经网络作为特征抽取器,条件随机场作为解码器,实现了序列标注任务。在此基础上,Huang 对比了长短期记忆神经网络,双向长短期记忆神经网络分别结合了条件随机场,构造了四个不同的基于神经网络的模型,通过实验验证了 BiLSTM-CRF 模型具有最好的效果。Huang 还通过实验验证了 BiLSTM 网络能将语句中的前向与后向的文本特征信息进行提取,利用这些信息在条件随机场中进行序列关系的构建,在句子级别的任务上取得了较好的效果。2016 年，Ma[118] 利用卷积神经网络提取字符级别特征，将字符级特征与词级别的特征进行融合，将不同网络输出的上下文语义特征进行标签特征的提取。

在制造业领域的应用中，命名实体识别的最大难点在于对专业领域词特征的学习。而且在制造业的应用场景中，实体嵌套的情况也非常常见，需要将传统的平面命名实体识别方法转化为嵌套命名实体识别的方法。在这一章节中，我们提出的针对制造业领域的命名实体识别方法，设计了一种简化的预训练语言模型，能够结合通用领域模型，用于辅助专业领域的词向量表示的提取与修正，在特征提取器中使用了基于 LSTM 网络与注意力机制的特征提取模型，并利用多任务学习的方法，设计了新的滑动窗口机制，动态平衡了实体边界与实体类别两项子任务之间的权重特征，制造业多价值链协同数据空间实体抽取模块架构图如图 5-2 所示。

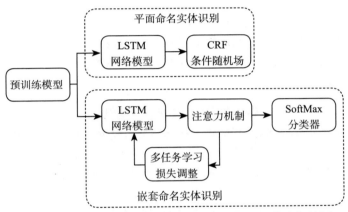

图 5-2　制造业多价值链协同数据空间实体抽取模块架构图

在最近的研究[119]中，中文 NLP 任务被分为字符级模型与分词级模型，字符级模型因为更低的 OOV（out-of-vocabulary），基于分词的模型在特征空间中的表示比基于字符的模型更加稀疏，字符级模型在 NLP 任务上的表现通常比分词级模型的表现更好，因此被更多的应用到各个模型中。本方法也采用了字符级模型，将语料库与数据集中的语句拆分成字符序列，与其他的字符级大规模预训练模型的预处理方式相似。与分词级模型不同，中文的字符序列中能够抽取语句内部的上下文语义信息，这些信息能够更有效地辅助下游的实体标签特征抽取，使得抽取模型更加的准确。

本章节中提出的框架构造了基于长短期记忆神经网络结构的双向语言模型。能够通过无监督的方式学习特定领域语料中的语义特征[120]，并为该领域的下游任务提供更加准确的领域内语义特征向量表示的支持。该语言模型包含了前向网络和后向网络，网络以字符节点为最小信息单元，模型将传入的中文字符串进行字符级的切分，在字符间插入空格，将序列传入前向网络中，从最开始的字符传入，每个模型包含了一个字符的隐藏特征信息，模型将每个字符前后空格位置的信息拼接作为特征向量。后向网络的结构与前向网络相似，网络节点的传播方向与前向网络相反。

拆分后的中文字符序列可表示为 $(x_0, x_1, \cdots, x_T)$，将其进一步简写成 $X_{0;T}$。同样地，将需要字符级语言模型预测的分布式表示可以表达为 $P(x_t | x_0, x_1, \cdots, x_{t-1})$，这个公式同样可以简写为 $P(X_{0;T})$。这个中文字符序列的分布式表示可以分解为字符分布的乘积。

前向 LSTM 模型的输出 h_t 可以通过前向概率 $P^f(x_t | X_{0;T})$ 在 LSTM 网络中进行表示。

$$P^f(x_t | X_{0;T}) \approx \prod_{t=0}^{T} P^f(x_t | \boldsymbol{h}_t; \theta) \tag{5-1}$$

式中，h_t 是前向 LSTM 模型输出的中文字符特征，P^f 表示前向 LSTM 模型计算的分布概率，上标 f 表示前向网络。

在特殊情况下，LSTM 的细胞单元会通过附加量 c_t 进行递归表示，其定义如下所示。

$$\boldsymbol{h}(x_{0;t-1}) = \boldsymbol{f}_h(x_{t-1}, \boldsymbol{h}_{t-1}; \theta) \tag{5-2}$$

$$\boldsymbol{c}(x_{0;t-1}) = \boldsymbol{f}_c(x_{t-1}, \boldsymbol{h}_{t-1}; \theta) \tag{5-3}$$

式中，θ 表示模型的所有参数，当模型初始化时，$\boldsymbol{h}_0$ 和 $\boldsymbol{c}_0$ 被赋为 $\boldsymbol{0}$。

Softmax 层的输入特征是从 LSTM 网络的 h_t 中无偏置的结果。Softmax 层的字符的最大似然表示公式如下：

$$\boldsymbol{P}(x_t | \boldsymbol{h}_t; \boldsymbol{V}) = \text{softmax}(\boldsymbol{V}\boldsymbol{h}_t + \boldsymbol{b}) \tag{5-4}$$

式中，V 和 b 分别表示 Softmax 层的最大似然结果的权重和偏置项，是模型层数 θ 的一部分，$P(x_t | \boldsymbol{h}_t; V)$ 表示了中文字符序列中第 t 个字符的条件概率的分布式表示。

后向 LSTM 网络的训练也与前向网络一样，通过将前向网络翻转的形式进行表示。

$$P^b(x_t | X_{t+1;T}) \approx \prod_{t=0}^{T} P^b(x_t | \boldsymbol{h}_t; \theta) \tag{5-5}$$

$$\boldsymbol{h}(x_{0;t+1}) = \boldsymbol{b}_h(x_{t+1}, \boldsymbol{h}_{t+1}, \boldsymbol{c}_{t+1}; \theta) \tag{5-6}$$

$$\boldsymbol{c}(x_{0;t+1}) = \boldsymbol{f}_c(x_{t+1}, \boldsymbol{h}_{t+1}, \boldsymbol{c}_{t+1}; \theta) \tag{5-7}$$

$$\boldsymbol{P}(x_t | \boldsymbol{h}_t; \boldsymbol{V}) = \text{softmax}(\boldsymbol{V}\boldsymbol{h}_t + \boldsymbol{b}) \tag{5-8}$$

式中，b 是后向 LSTM 网络的上标，表示该后向 LSTM 网络中的符号。

在这个语言模型中，制造业平面命名实体抽取网络结构图如图 5-3 所示，该网络抽取每个字符后的隐藏特征信息，而后向网络抽取每个字符前的特征作为对应字符的特征表示。通过将前向网络和后向网络中分别提取的特征信息通过以下的方式转化为中文序列的分布式表示。

$$\boldsymbol{F}_i = \begin{bmatrix} \boldsymbol{F}_i^f \\ \boldsymbol{F}_i^b \end{bmatrix} \tag{5-9}$$

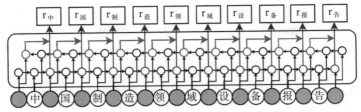

图 5-3 制造业平面命名实体抽取网络结构图

式中，F_i^f 和 F_i^b 分别表示中文序列中的第 i 个字符的前向 LSTM 网络与后向 LSTM 网络的特征向量。F_i 表示双向语言模型通过双向 LSTM 网络拼接获得的最终词向量表示。

此外，预训练语言模型输出的特征向量可能与其他的预训练语言模型或静态词嵌入方法一起使用，我们也通过实验验证了在堆叠的方式下，将 BERT 与我们所提出的模型进行拼接能够提升性能。

我们将预训练的语言模型与 BERT 模型，用词向量堆叠表示，公式为如下所示。

$$E_i = \begin{bmatrix} F_i \\ B_i \end{bmatrix} \quad (5\text{-}10)$$

式中，E_i 表示第 i 个字符的词嵌入层的最终向量表示，F_i 表示双向预训练语言模型的词嵌入表示，B_i 表示 BERT 输出的词向量表示。E_i 的向量作为下游实体识别与关系抽取的初始向量。

在实体标签特征抽取网络中，我们采用了 BiLSTM 模型作为特征抽取的网络架构，CRF 作为平面命名实体识别的解码结构。BiLSTM 网络从上游的预训练网络中获取特征向量。该网络输出一个包含实体标签的上下文特征的矩阵，用于 CRF 的标签解码，BiLSTM 的网络结构表示如下：

$$\vec{h}_t = \text{LSTM}(z_i, \vec{h}_{t-1}; \vec{\theta}) \quad (5\text{-}11)$$

$$\overleftarrow{h}_t = \text{LSTM}(z_i, \overleftarrow{h}_{t+1}; \overleftarrow{\theta}) \quad (5\text{-}12)$$

$$h_t = \vec{h}_t + \overleftarrow{h}_t \quad (5\text{-}13)$$

式中，$\vec{h}_t$ 与 $\overleftarrow{h}_t$ 分别表示 LSTM 网络从中文文本序列中提取的包含了上下文语义信息的特征向量；z_i 表示从领域特定的双向预训练语言模型获得的词嵌入特征向量；$\vec{h}_t$ 和 $\overleftarrow{h}_t$ 分别表示了 BiLSTM 提取出来的两个方向的特征向量，最终的特征结果用 h_t 进行表示。

在本章节中解码器选择了条件随机场，这是一种分布概率模型在序列标注与序列分析上的应用。这个标签模型采用了前向的特征标签关系，采用 CRF 作为解码器的序列标注模型能够比其他同类模型获得更好的效果，CRF 层的条件分布概率可表示为以下形式：

$$P(y|x) = \frac{\exp\left(\sum_i (W_{\text{CRF}}^{l_i} h_i + b_{\text{CRF}}^{(l_{i-1}-l_i)})\right)}{\sum_{y'} \exp\left(\sum_i (W_{\text{CRF}}^{l'_i} h_i + b_{\text{CRF}}^{(l'_{i-1}-l'_i)})\right)} \quad (5\text{-}14)$$

式中，y' 表示了中文序列中某个字符对应的实体标签，$b_{\text{CRF}}^{(l_{i-1},l_i)}$ 表示从 l_{i-1} 到 l_i 的偏置，$W_{\text{CRF}}^{l_i}$ 是在训练期间更新的权重参数，其最大似然可用式（5-15）进行表示。

$$L(W_{\text{CRF}}^{l_i}, b_{\text{CRF}}^{(l_{i-1},l_i)}) = \sum_i \log P(y|x) \quad (5\text{-}15)$$

在解码的过程中，条件概率最大的结果就是 CRF 模型在序列上解码的结果，这个模型能够用维特比算法进行计算。

$$y^* = \arg\max_{y \in y(x)} P(y|x) \quad (5\text{-}16)$$

式中，$P(y|x)$ 表示最大条件概率，y^* 表示 CRF 解码后的标签序列。

在平面命名实体识别的基础上，本章节还设计了嵌套命名实体识别的方法。嵌套命名实体识别通过多任务学习与参数共享机制来提高嵌套实体的识别效果。将命名实体识别转化为两个互相独立的子任务：实体边界检测子任务与实体分类子任务。利用多任务学习的软参数共享的形式共享特征并对不同的子任务进行平衡，实现嵌套实体识别的最优性能。

在数据处理时，将训练用的 BIO 标签转化为 BIEO 标签，B 表示实体起始字符，I 表示实体内部字符，E 表示实体尾尾字符。

软参数共享的特征提取器包含了 BiLSTM 网络与注意力机制。其中，BiLSTM 网络部分的结构与平面命名实体识别相同，公式表达如下：

$$\vec{s}_i = \text{LSTM}(z_i, \vec{s}_{i-1}; \vec{\theta}) \quad (5\text{-}17)$$

$$\overleftarrow{s}_i = \text{LSTM}(z_i, \overleftarrow{s}_{i+1}; \overleftarrow{\theta}) \quad (5\text{-}18)$$

$$s_L = [\vec{s}_i; \overleftarrow{s}_i] \quad (5\text{-}19)$$

式中，$\vec{s}_i$ 和 $\overleftarrow{s}_i$ 分别表示文本序列的在软参数共享 LSTM 网络中的隐藏层状态，z_i 表示领域双向预训练语言模型输出的包含文本上下文特征的向量，s_L 表示软参数共享层 LSTM 部分输出的特征向量。

软参数共享层的特征提取器第二部分是注意力机制，对于一个需要标注的文本序列，选择了自注意力机制强化文本序列内部特征的关联，因此，软参数共享层可以用式（5-20）进行表达。

$$s_i = \text{soft}\max\left(\frac{Q \cdot K^T}{\sqrt{\dim_k}}\right) V (Q = K = V = s_L) \quad (5\text{-}20)$$

式中，s_i 表示软参数共享层的最终输出特征，自注意力在计算过程中将注意力机制的 Q、K、V 三个特征均使用同一个输入。

通过 LSTM 网络和注意力机制，得到软参数共享层的特征，并将其放入第一个子任务，实体边界识别任务中包含了 ReLU 激活函数与 Softmax 分类器，将含标签信息的特征转化为边界标签序列，转化形式如式（5-21）~式（5-22）所示。

$$\boldsymbol{a}_i^b = \boldsymbol{U}^b \boldsymbol{s}_i + \boldsymbol{b}^b \tag{5-21}$$

$$\boldsymbol{d}_i^b = \text{softmax}(\boldsymbol{a}_i^b) \tag{5-22}$$

式中，上标 b 表示实体边界识别任务，$\boldsymbol{U}^b$ 和 $\boldsymbol{b}^b$ 都是激活函数中的可训练参数，$\boldsymbol{s}_i$ 是软参数共享层的输出向量，$\boldsymbol{a}_i^b$ 表示实体边界检测激活函数输出，$\boldsymbol{d}_i^b$ 是 softmax 层输出的第 i 个字符的实体边界的标签。

实体边界标签序列表示形式与平面命名实体识别的表示相同，可以表示为（$b_0, b_1, \cdots, b_T$），也可缩略表示为 $B_{0:T}$。而对于其中的实体类型可表示从第 i 个字符起始，结束于第 j 个字符实体的类型 C_{ij}。

实体分类任务也由一个 ReLU 激活函数与一个 softmax 分类器构成，与实体边界识别任务的区别主要在于，由实体边界识别任务找到的实体区域传入的是一个从第 $i \sim j$ 字符特征向量组成的特征矩阵，需要通过均值处理，处理的方式如式（5-23）所示。

$$\boldsymbol{R}_{i,j} = \left[\frac{1}{j-i+1}\sum_{k=i}^{j} \boldsymbol{s}_k\right] \tag{5-23}$$

式中，$\boldsymbol{s}_k$ 表示软参数共享层输出的第 k 个字符的特征向量，$\boldsymbol{R}_{i,j}$ 表示第 $i \sim j$ 个字符间的软参数共享层输出的特征矩阵。

ReLU 函数与 softmax 分类器部分的表示与实体边界检测的表示基本相同，如式（5-24）~（式 5-25）所示：

$$\boldsymbol{a}_{i,j}^c = \boldsymbol{U}^c \boldsymbol{R}_{i,j} + \boldsymbol{b}^c \tag{5-24}$$

$$\boldsymbol{d}_{i,j}^c = \text{softmax}(\boldsymbol{a}_{i,j}^c) \tag{5-25}$$

式中，实体分类任务用上标 c 表示，$\boldsymbol{U}^c$ 和 $\boldsymbol{b}^c$ 表示实体分类任务中激活函数的可训练参数，$\boldsymbol{a}_{i,j}^c$ 表示实体分类任务中激活函数的输出结果，$\boldsymbol{d}_{i,j}^c$ 表示该文本序列中的区域是第 $i \sim j$ 字符所对应的实体类别。

在多任务学习的平衡上，通过两个训练任务的损失去控制两个任务的平衡，在训练阶段，实体边界识别损失和实体分类损失表示如下：

$$L^b = -\sum (\widehat{\boldsymbol{d}}_i^b) \log(\boldsymbol{d}_i^b) \tag{5-26}$$

$$L^c = -\sum (\widehat{\boldsymbol{d}}_{i,j}^c) \log(\boldsymbol{d}_{i,j}^c) \tag{5-27}$$

式中，L^b 与 L^c 分别表示实体边界识别和实体分类的损失，$\widehat{\boldsymbol{d}}_i^b$ 与 $\widehat{\boldsymbol{d}}_{i,j}^c$ 表示真实的实体边界与实体分类标签的分布，在模型的训练阶段，两个模型处于不平衡的阶段，这对多任务学习的学习效果存在负面影响。因此，本章节中加入了权重滑动平衡策略来促使多任务学习模型中的两个子任务在每轮迭代之后都处于一个平衡的状态，其平衡策略表示如下：

$$W_t = \frac{\sum_{i=1}^{t} L_i^{\mathrm{b}}}{\sum_{i=1}^{t} L_i^{\mathrm{b}} + \sum_{i=1}^{t} L_i^{\mathrm{c}}} \tag{5-28}$$

$$L = W_t \sum_{i=1}^{t} L_i^{\mathrm{b}} + (1 - W_t) \sum_{i=1}^{t} L_i^{\mathrm{c}} \tag{5-29}$$

式中，L 表示多任务学习的加权损失，W_t 表示权重平衡值，L_i^{b} 表示实体边界识别任务在第 i 批训练数据上的损失，同理，L_i^{c} 表示实体分类任务在第 i 批训练数据上的损失，通过前 i 批训练数据的损失和来对多任务学习的两个任务进行动态平衡。

5.1.2 制造业多价值链协同的关系抽取方法

制造业领域直接采集到的应用数据是无标签的数据，而传统的深度学习方法需要大量的带标签数据进行有监督学习。在 2009 年，提出了一种新的关系抽取方法[121]，通过预定义关系类别，以远程监督的方法将关系知识库与非结构化文本进行数据的自动对齐，完成大量有监督训练数据的构造。利用远程监督的关系抽取方法能够减少深度学习模型对数据依赖的劣势，增强深度学习模型在关系抽取上的表现，该方法也与工业场景更加贴合。因此，本章节中提出了一种基于制造业多价值链协同场景下的远程监督关系抽取方法，结合领域内双向预训练语言模型，实现了制造业领域实体关系的自动化抽取框架。

在常见的远程监督关系抽取模型中，以下的问题十分常见。

1）远程监督的数据来源于数据库中预定义的实体与关系，而语句中同时存在实体词时关系不准确，导致模型的训练数据中容易包含较多的噪声，需要通过一定方法降低噪音对模型与数据的影响。

2）远程监督方法在数据集构造的时候，通常需要借助上游的命名实体识别等自然语言处理任务，容易在进行数据定义的时候产生误差传播的问题。

针对以上两个远程监督关系抽取上的常见问题，本章节在进行制造业多价值链协同数据预处理时，通过三元置信度[122]对同时存在知识库中实体关系对的训练语句进行筛选。

首先通过文本字符串匹配的方法，利用知识库中的信息，匹配出同时存在关系三元组中头实体与尾实体的节点的句子，将语句放入利用领域语料训练的双向预训练语言模型中，获取语句的向量表示，假设该语句中有 n 个字符，那么该语句的向量表示为 $(x_0, x_1, \cdots, x_n)$，其中匹配到头实体部分对应的特征向量 $\boldsymbol{h}$ 与尾实体部分对应的特征向量 $\boldsymbol{t}$ 分别表示为 $\boldsymbol{h} = (x_1^h, x_2^h, \cdots, x_j^h)$ 和 $\boldsymbol{t} = (x_1^t, x_2^t, \cdots, x_k^e)$，参考词嵌入方法中的向量拼接计算规则，两个不同词之间的关系可以转化为相似的坐标关系，即对于两个三元组 (h_1, r_1, t_1) 与 (h_2, r_2, t_2)，在关系 r_1 与关系 r_2 相同时，在同一向量空间中，关系 r_1 与关系 r_2 对应的特征向量相同或者相似。在实体关系 r 的向量无法直接获取时，实体间的关系 r 可以通过头实体 $\boldsymbol{h}$ 与尾实体 $\boldsymbol{t}$ 在同一向量空间中的差值计算得到。

利用能量函数算法，计算获得头实体 $\boldsymbol{h}$ 与尾实体 $\boldsymbol{t}$ 之间构成关系 r 的概率 p 进行验证，概率 p 可以通过式（5-30）获得。

$$p(\boldsymbol{h},\boldsymbol{r},\boldsymbol{t}) = \frac{1}{1+e^{-\lambda(\delta_r - |h+r-t|)}} \quad (5\text{-}30)$$

式中，δ_r 是与关系特征 r 相关的阈值，当 $\delta_r = |h+r-t|$ 时，概率值为 0.5，λ 是用于处理平滑的超参数，是一个可训练的模型参数。

对于训练造成的误差传播问题，本章节中所采用的词注意力与关系注意力的记忆网络[123]能够缓解此类问题。将制造业文本输入通过双向语言模型得到的特征向量输入模型中，通过词注意力模块，计算句中每个实体词的重要性，其公式表示如下：

$$h = \sum_{i=1}^{j} w_i x_i^h \quad (5\text{-}31)$$

式中，w_i 作为权重输入模型中，在同一语句中，每一个词对应权重之和为 1，可用公式表示为

$$\sum_{i=1}^{j} w_i = 1$$

再将实体对之间的关系转为向量，输入实体对的验证中。

$$r_j^* = \sum_{i=1}^{k} a_{ij} r_i \quad (5\text{-}32)$$

式中，a_{ij} 是实体关系 r_i 与 r_j 之间的特征相似度。因此，关系特征可以计算置信度，o_i 表示置信度指标，W_i 为每一组关系的权重特征，b_i 是关系权重的偏置项，通过公式表示为

$$o_i = W_i r_i^* + b_i = |h+r-t| \quad (5\text{-}33)$$

因此，训练模型的损失可以用能量函数进行表示为

$$L = -\sum_{i=1}^{k} y_i \log(p_i) + (1-y_i)\log(1-p_i) \quad (5\text{-}34)$$

5.1.3 基于分割嵌入的开放知识图谱推理补全

1. 背景介绍

开放知识图谱（OpenKG）链接预测对于在问题回答和文本理解等应用程序中使用开放知识图谱非常重要。基于制造业多价值链数据空间构建的图谱许多为开放知识图谱。开放知识图谱中的名词短语（NPs）和关系短语没有被规范化，这使得开放知识图谱的链接预测具有很高的挑战性。现有解决这个问题的方法将规范化信息注入知识图嵌入模型中。然而，这些方法仍然不能充分利用名词短语的语义。首先，两个不同的名词短语，即使是指同一个实体，也可以携带不同版本的信息，这已经被以前的方法忽略了。其次，开放知识图谱中名词短语的邻域信息尚未被利用，其中包含了丰富的链路预测信息。基

于这些观察结果，我们提出了开放知识图谱分段嵌入（OKGSE）方法。具体来说，为了充分捕获属于同一聚类的名词短语的差异，我们学习了名词短语聚类和名词短语的单独嵌入部分。同时，我们通过将图上下文整合到语义匹配得分函数中来利用邻域信息。

开放知识图谱由（名词短语、关系短语、名词短语）三元组组成。由于开放信息提取（OpenIE）工具的有效性，开放知识图谱可以很容易地从一个特定领域的语料库中构建出来。然而，开放知识图谱通常是稀疏的，而且远不完整。因此，预测缺失链接的任务，即链接预测，对于在回答、文本理解等应用中使用开放知识图谱非常重要。

许多知识图嵌入（KGE）模型已经被提出用于本体论上的知识图谱链路预测。典型的方法是 TransE[124]、DistMulti[125] 等。相反，开放知识图谱的链接预测并没有得到太多的关注。与本体知识图谱不同，开放知识图谱中的名词短语和关系短语不被规范化，即多个名词短语或关系短语可以分别指同一个真实世界的实体或关系。这在开放知识图谱链接预测中带来了重大的挑战。CaRe 是第一个解决这一问题的研究。它在注入规范化信息的同时学习嵌入的名词短语和关系短语。具体来说，规范化信息是由开放知识图谱规范化工具产生的，其中引用相同的真实世界实体的名词短语被分配到相同的名词短语集群。基于 CaRe，最先进的方法 OKGIT 利用来自 BERT 的隐式类型信息来改进开放知识图谱链路预测。

尽管以前的方法进行了改进，但名词短语的语义尚未得到充分利用。一方面，同一名词短语集群内的名词短语可以携带关于同一实体的不同版本的信息，这被现有的方法忽略了。布罗舍特等人提到了类似的发现，但他们没有提出解决这个问题。图 5-4 描述了相同集群中携带不同信息的名词短语。由样例可知，学习同一集群内名词短语的不同语义对于链路预测是非常重要的。

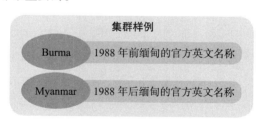

图 5-4　名词短语集群样例

另一方面，以往的方法没有利用包含丰富的名词短语的邻居信息，如图 5-5 所示。

基于这些观察结果，我们提出了 OKGSE，一种具有分段嵌入的开放知识图谱链路预测方法。具体来说，我们将每个 NP 的嵌入分割为两部分，并分别学习名词短语聚类和名词短语的两个分离部分。通过这种方式，OKGSE 捕获独特的信息，每个名词短语充分利用规范化信息。同时，我们在最终的得分函数中集成了图上下文，以利用名词短语的邻居信息。我们首先提出将图上下文直接整合到积分函数中，并将图上下文设计为语义匹配项，使其与积分函数兼容。大量的实验表明，OKGSE 可以有效地利用同一名词短语集群内的名词短语的不同语义，并且在四个基准测试上优于现有的最先进的方法。

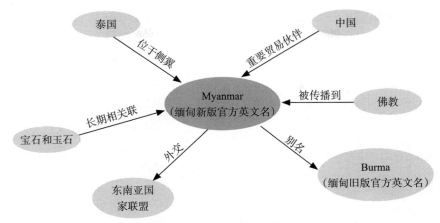

图 5-5 名词短语邻居信息

基于分割嵌入的开放知识图谱链路预测方法 OKGSE 的贡献可以总结为：①所提出的方法 OKGSE，可以学习名词短语的分段嵌入。我们注意到同一簇内不同名词短语所携带的信息的差异性。据我们所知，这是填补这一空白的第一个方法。②我们将图上下文纳入评分函数，通过将图上下文作为语义匹配项来充分利用邻域信息。③通过大量的实验，我们观察到 OKGSE 改进了最先进的开放知识图谱链接预测任务，同时有效地利用了同一集群内名词短语的不同语义。

2. 模型方法

OKGSE 体系结构如图 5-6 所示，它由嵌入学习模块、图上下文模块和类型兼容性模块三个组成部分组成。首先，在嵌入学习模块中，我们学习名词短语的分割嵌入和关系短语的 GRU 编码器。我们将 N 名词短语嵌入分为两部分，分别学习名词短语集群和名词短语自身的信息。然后在学习到的嵌入上计算 ConvE 分数。其次，在图上下文模块中，我们设计了图上下文得分，从主体名词短语 – 关系短语对与对象名词短语的邻居信息之间的匹配度来衡量三元组的合理性。再次，在类型兼容性模块中，我们利用了隐式类型信息。类型得分是为了衡量研究对象名词短语 – 关系短语对和研究对象名词短语之间的类型兼容性。最后，将上述三个分数结合在一起，以衡量三重测试的合理性。

3. 实验验证

数据集：我们使用的四个数据集的统计数据汇总在表 5-1 中。所有这四个数据集都是由 OpenIE 工具 ReVerb[126] 构建的英语开放知识图谱的子集。ReVerb20K 数据集是在通过结合两个较小的数据集而生成的。在文献 [127] 中提出了 ReVerb45K 数据集。最后两个数据集 ReVerb20KF 和 ReVerb45KF 分别是通过过滤掉 ReVerb20K 和 ReVerb45K 中的多标记名词短语来创建的。

我们实验的基线是 ConvE、CaRe、CaRew、BERT 初始化和 OKGIT。OKGSE 和基线的总体结果见表 5-2 ～表 5-5，其中粗体数字表示 OKGSE 的结果超过了最先进的水平。我们还报告了没有图上下文微调（OKGSE w/o GC）的 OKGSE 的结果。我们的数据集设置与在 OKGIT 中设置的相同,并且在 OKGIT 中的实验还包括了基线。因此,我们直接使用来自 OKGIT 的基线结果。我们不能用图上下文来微调 ReVerb45K 数据集,而且只有预训练的结果已经超过了最先进的水平。因此,我们只报告 ReVerb45K 的没有图上下文的结果。

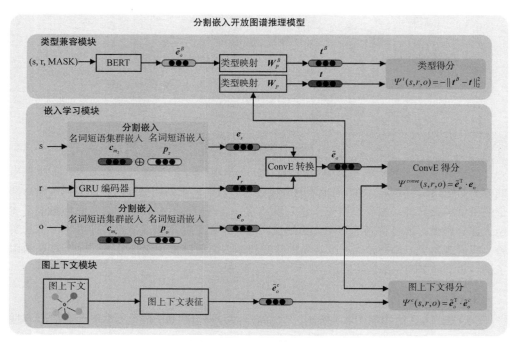

图 5-6　OKGSE 体系结构

表 5-1　数据集统计数据

数据集	名词短语数量	关系短语数量	正确集群数量	训练数据量	验证数据量	测试数据量
ReVerb20K	11064	11057	10897	15498	1549	2324
ReVerb45K	27007	21622	18626	35969	3597	5394
ReVerb20KF	3524	6076	3406	6685	1015	1517
ReVerb45KF	9400	11249	6749	14775	1781	2650

表 5-2　ReVerb20K 数据集上的主要实验结果

模型	MRR(%)	MR	Hits@1 (%)	Hits@3(%)	Hits@10(%)
ConvE	26.2	2177.0	20.2	29.1	36.3
CaRe	30.6	851.1	24.4	33.1	41.7
OKGIT	31.6	837.0	24.8	35.0	44.2
OKGSE w/o GC	35.5	467.7	27.6	38.9	49.5
OKGSE	37.2	487.3	29.1	40.8	52.4

表 5-3　ReVerb45K 数据集上的主要实验结果

模型	MRR(%)	MR	Hits@1 (%)	Hits@3(%)	Hits@10(%)
ConvE	18.4	6625.0	13.3	20.6	28.3
CaRe	32.0	1276.8	25.3	35.0	44.6
OKGIT	33.2	773.9	26.1	36.3	46.4
OKGSE w/o GC	34.2	771.1	27.4	37.1	47.3
OKGSE	/	/	/	/	/

表 5-4　ReVerb20KF 数据集上的主要实验结果

模型	MRR(%)	MR	Hits@1 (%)	Hits@3(%)	Hits@10(%)
ConvE	22.3	836.6	16.1	25.5	33.4
CaRe	29.3	308.3	22.1	31.6	43.2
OKGIT	34.6	214.7	26.5	38.0	50.2
OKGSE w/o GC	37.4	251.1	29.3	40	53.5
OKGSE	38.2	254.9	29.8	41.2	55.1

表 5-5　ReVerb45KF 数据集上的主要实验结果

模型	MRR(%)	MR	Hits@1 (%)	Hits@3(%)	Hits@10(%)
ConvE	16.5	2398.1	10.9	18.9	27.6
CaRe	26.6	692.7	20.1	28.8	39.1
OKGIT	29.7	500.2	22.5	32.4	43.3
OKGSE w/o GC	31.3	258.5	22.5	34.4	48.7
OKGSE	28.7	267	19.4	32	47.4

表 5-2～表 5-5，OKGSE 在四个数据集的几乎所有指标上都取得了最好的性能。两个版本的 OKGSE 的性能在不同的数据集之间有所不同。除 ReVerb20K 外，没有图上下文的 OKGSE 在所有数据集上都显示了比基线显著的改进。见表 5-1，正确集群的数量接近于 ReVer20K 中的名词短语的数量，这意味着 ReVerb20K 中的规范化信息比 ReVerb45K 中更弱。在 OKGIT 中也发现了类似的现象。因此，同一集群内的名词短语之间的差异不那么明显，分割嵌入可以利用的不同信息也较少，导致了图上下文的 OKGSE 性能下降。

在除 ReVerb45KF 之外的所有数据集上，使用图上下文的微调获得了显著的改进。由于 ReVerb45KF 比 ReVerb20KF 的规模要大得多，因此我们推测 ReVerb45KF 中的图上下文不会更大。因此，使用图上下文的微调并不会为 ReVerb45KF 带来颗粒。但是，由于微调只在 OKGSE 完成预训练后才进行，我们考虑对插件模块进行微调，可以在不影响预训练模型的情况下丢弃。我们只能在图中获得收益时才能利用图上下文。因此，在 ReVerb45KF 上进行微调的 OKGSE 性能下降不是一个问题。

名词短语聚类嵌入的比例是使用分段嵌入的关键因素，并由超参数 α 控制。在图 5-7 中，我们给出了 OKGSE 在四个数据集上的 α 值的性能。为了排除图上下文的影响，只关注分割嵌入的分析，我们没有进行微调地报告结果。如图 5-7 所示，大多数数据集在 α 搜索范围的中间位置性能最好，这意味着 NP 聚类嵌入和 NP 唯一嵌入的重要性。

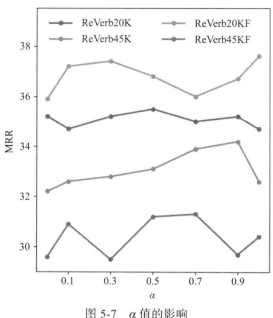

图 5-7　α 值的影响

对于 ReVerb20K 数据集，使用 $\alpha=1.0$ 可以获得最佳的结果。我们认为这是因为 ReVerb20K 中的规范化信息较弱，使得名词短语唯一嵌入所需利用的信息较少。因此，ReVerb20K 可以在没有 NP 唯一嵌入的情况下获得最佳的结果。

对于 ReVerb45K 数据集，随着 α 的增加，性能在 $\alpha=0.9$ 之前持续上升，但在 $\alpha=0.9$ 之后显著下降。我们认为这是因为 ReVerb45K 中的规范化信息更丰富，当 α 变大时，名词短语聚类嵌入学习到的信息更多。同时，随着规范化信息的丰富，同一聚类内名词短语之间的差异更加突出，使得名词短语唯一的嵌入更加不可忽略。因此，当 $\alpha=1.0$（当名词短语唯一嵌入被完全删除时）时，性能显著下降。

我们进一步研究分割嵌入，并通过对 ReVerb20K 和 ReVerb20KF 数据集的消融研究，讨论其利用名词短语语义的有效性。计算结果如图 5-8 和图 5-9 所示。我们报告了没有图形上下文微调（OKGSE w/o GC）的 OKGSE 的性能，重点是分割嵌入的分析。

对非单例集群中名词短语的有效性：在我们的模型中，分割嵌入是为了更好地学习名词短语的不同语义。因此，我们认为分割嵌入对非单例集群中的 NPs 的影响更大。我们在非单例集群中计算所有具有对象名词短语的训练样本的 MRR 度量。OKGIT 和 OKGSE w/o GC 的结果如图 5-9 所示，从中我们可以看出 OKGSE 的性能明显优于 OKGIT。这证明了在非单例集群中分割嵌入的有效性。

去掉类型信息条件下的有效性：为了消除类型信息的影响，我们删去 OKGSE 中的类型评分和类型损失。我们将这个版本的模型表示为 OKGSE w/o type, GC。我们比较了

OKGSE 的性能 w/o type、GC 和 CaRe 的性能。需要注意的是，没有类型信息的 OKGSE 和 CaRe 之间的唯一区别是它们注入规范化信息的方式。结果如图 5-9 所示，从中我们可以观察到，即使在没有类型信息的情况下，我们的模型在两个数据集上都取得了比 CaRe 更好的结果。这说明了分段嵌入对链路预测的有效性。

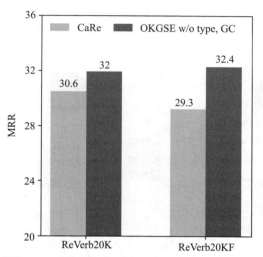

图 5-8　对非单例集群中的名词短语的有效性

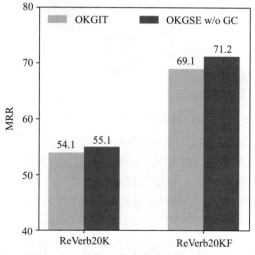

图 5-9　去掉类型信息条件下的有效性

5.1.4　制造业图谱构建与存储

我们采用使用最广泛的图数据库 Neo4j 来存储所构建的知识图。Neo4j 不仅是一个有用的图形可视化工具，而且是一个高性能的图形搜索引擎。利用面向图数据库的编程语言 Cypher 语言，我们可以实现对用 Neo4j 组织的知识图的高效查询。这为知识图上的高性能推理提供了良好的基础。

Neo4j 允许用户通过 D3 和 web 来可视化图形数据库。图 5-10 显示了制造业销售订单知识图谱片段。图中的实体和关系是从一个销售订单中抽取的，图中的知识包括了订单唯一编号、销售人员、销售设备。其中，菱形代表人员，正方形代表订单唯一编号，圆形代表销售的设备。如图 5-10 所示，我们可以清楚地发现不同订单之间信息的重叠和分离部分。

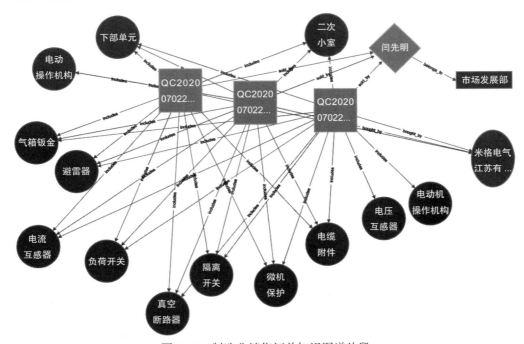

图 5-10　制造业销售订单知识图谱片段

知识图谱的可视化可以帮助工作人员直观地了解已有的信息，包括销售、采购、制造等多条价值链，从而帮助他们找到历史信息中所需要的知识，针对当前遇到的问题提出有效、合理的解决方案。此外，知识图谱的可视化为员工提供了辅助决策和分析参考。通过查看可视化的知识图谱，员工可以从局部和整体上掌握相关的多条价值链上的信息。

5.2　制造业多价值链协同数据空间知识引擎架构

5.2.1　系统架构设计

1. 研究背景

计算机支持的协同工作（CSCW）已经得到了广泛的应用和研究，其中一些工作集成了知识生成和知识推理，但目前的工作没有考虑如何挖掘生成的知识，即我们认为CSCW系统将直接或间接产生大量知识，但它们并未系统捕获或挖掘。因此，本书从知识挖掘和利用的角度出发，提出了一种在CSCW系统中挖掘和利用知识的方法。协同工作框架可弥合知识生产与利用之间的差距，这是其首次应用于制造业的多价值链领域。

2. 研究内容

基于知识挖掘的协同工作框架如图5-11所示，可以分为几个部分。人员方面，分为参谋和项目经理，项目经理负责创建项目。项目由工作流表示。工作流中会有很多任务需要完成，在完成这些任务的过程中，会利用知识挖掘技术对产生的知识进行挖掘，存储在数据库中，形成知识图谱。即知识以三元组的形式存在，在这个过程中挖掘的数据源可以是多种多样的，比如用户上传的文件、文章、评论、用户发布的表格、用户的浏览历史等。从这些数据中产生了很多知识。我们的框架将尝试捕获它并使用它来更好地为项目服务。具体来说，我们提供搜索、编辑、推送和建议四种服务，分别代表知识检索、知识编辑、智能推荐和工作安排建议，可以更好地利用现有知识服务于整个协作过程。

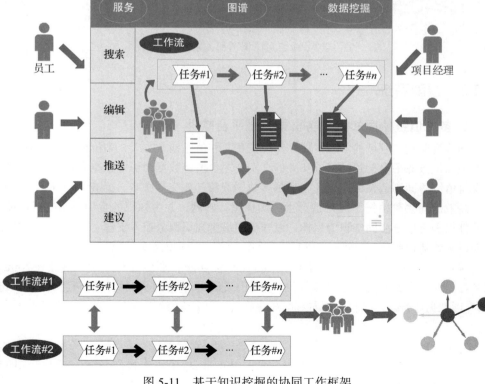

图 5-11　基于知识挖掘的协同工作框架

在知识挖掘方面，数据源可以分为非结构化数据和结构化数据。对于结构化数据，可以使用规则来提取，非结构化数据则需要知识挖掘技术，如文本、图片、语音等。本书主要讨论文本的知识挖掘技术，即从文本中提取有价值的三元组，主要包括命名实体识别和关系抽取两个过程，如图 5-12 所示。

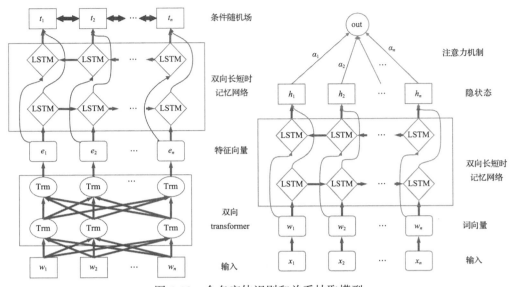

图 5-12　命名实体识别和关系抽取模型

5.2.2　原型系统

1. 多价值链协同知识服务引擎基础平台软件

随着智能制造领域的不断发展，围绕信息源和信息检索方式，多价值链协同知识服务作为知识服务平台构建的基础和关键，实现多价值链数据知识的积累和重用。为了应对多价值链协同制造领域产生的越来越多数据资源，如交易文本、标准文档等，需要有效、高效的对多价值链协同制造产生的知识进行管理，并为知识的重用复用进行反馈，本软件以多价值链协同知识为目标，以知识图谱为知识服务技术支撑，搭建多价值链协同知识服务基础平台，方便知识管理，为智能决策应用提供基础支持。

本系统采用 Python 语言并结合 JavaScript 和 Node.js 环境进行开发，搭载在 Nginx 服务器上实现负载均衡。本系统开发分为两个部分，前台网页模块开发和后台 Flask 与 neo4j 图数据库开发。结合了面向对象开发模式，为多价值链协同知识服务引擎提供技术支持。

（1）系统要求

目前支持的运行环境为：空间服务器需 Windows7 及以上操作系统，Node.js 14.15 及以上，IE 8 及以上；数据服务器需 Windows7 及以上操作系统，Neo4j Community Server 3.5.28，Nginx 1.20.2；客户机需 Windows7 及以上操作系统，IE 8 及以上。系统可运行在 Windows7 操作系统及以上。

（2）系统主页

多价值链协同知识服务引擎基础平台的系统登录页面如图 5-13 所示，输入用户名和密码后即可进入系统主界面，如图 5-14 所示。

作用：提供多价值链协同知识服务引擎基础平台系统的登录页面和主界面。

操作：启动 Nginx 并访问 localhost:8003 即可进入网站到登录页面，输入用户名和密码进入主界面，主页面的导航栏上会指示当前登录的用户名称和登出按钮，以及最近一次更新系统里所有数据的时间，该时间每 5min 刷新一次，并更新系统里所有数据，如图 5-13 所示。

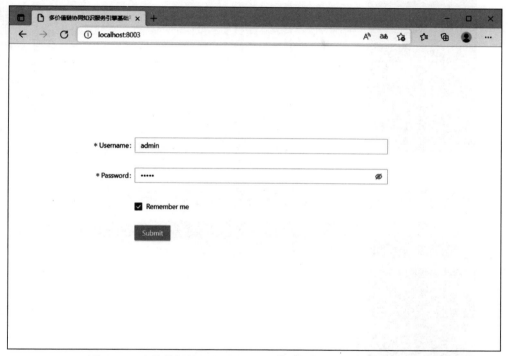

图 5-13　多价值链协同知识服务引擎基础平台的系统登录页面

（3）用户管理页面

多价值链协同知识服务引擎基础平台的用户管理界面如图 5-15 所示。

作用：提供多价值链协同知识服务引擎基础平台系统的用户管理界面。

操作：登录成功进入主页后自动打开用户管理界面。右侧界面上显示的是系统里已注册的用户信息，包括用户的用户名、注册时间和最后一次登录时间，每个用户信息可随意收起和展开，方便查看。

（4）用户知识图谱管理

多价值链协同知识服务引擎基础平台的用户知识图谱管理界面如图 5-16 所示。

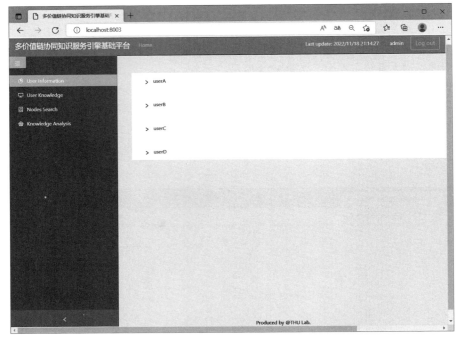

图 5-14 系统主界面

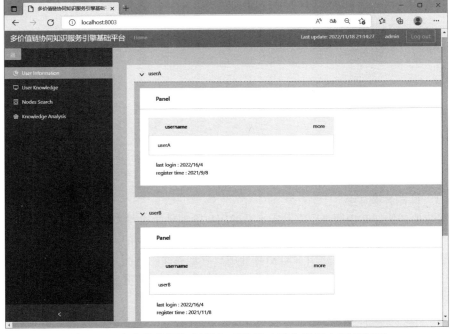

图 5-15 多价值协同知识服务引擎基础平台的用户管理界面

第 5 章 制造业多价值链协同数据空间的知识发掘和服务方法 ‖ 157

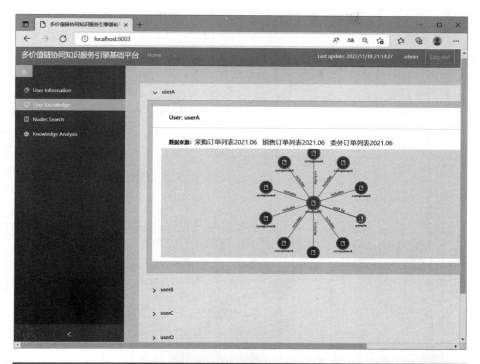

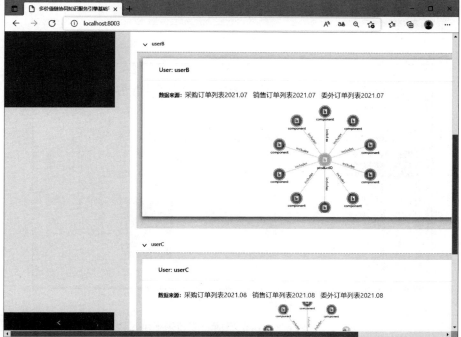

图 5-16 多价值链协同知识服务引擎基础平台的用户知识图谱管理界面

作用：提供多价值链协同知识服务引擎基础平台系统的用户知识图谱管理界面。

操作：点击"User Knowledge"菜单，进入用户图谱管理界面，点击每个用户的菜单即可显示该用户所拥有的图谱，如图 5-16 所示；点击节点可以选中，每个节点旁边显示的是节点标签与节点属性。选中一个节点会在该图谱显示区域的左上角展现该图谱的名字，右键可以进行扩展、收起、删除操作，分别对应着显示所有未显示的邻居节点、隐藏由点击扩展而显示出来的邻居节点、从数据库中删除节点三种操作，如图 5-17 ～图 5-20 所示。

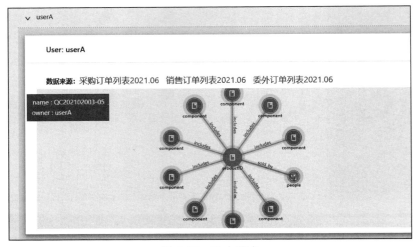

图 5-17 选中节点

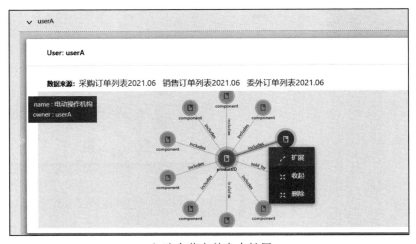

a）选中节点并点击扩展

图 5-18 点击扩展前后的结果显示

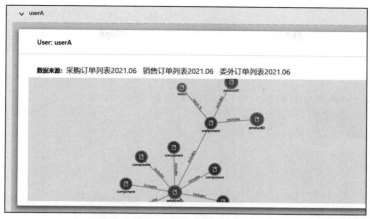

b) 扩展后的结果

图 5-18 点击扩展前后的结果显示（续）

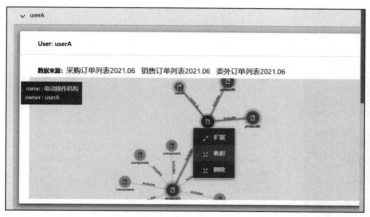

a) 选中节点并点击收起

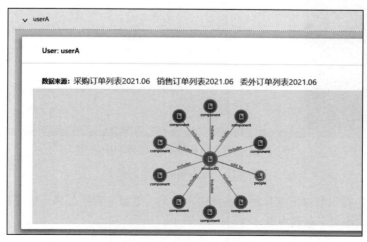

b) 收起后变成原始图谱的样子

图 5-19 点击收起前后的结果

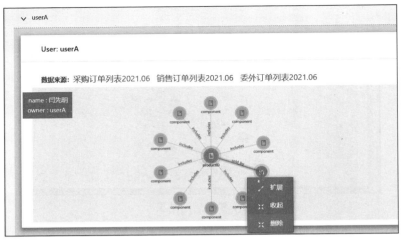

a）选中节点并点击删除

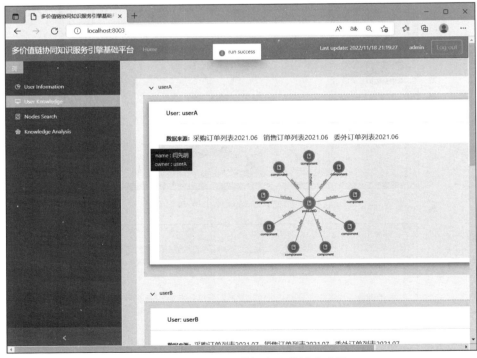

b）删除后该节点从数据库和前端中移除

图 5-20　点击删除前后的结果

此外，还提供数据下载功能，在图谱上方的"数据来源"处显示的是提取数据的原始文件，点击即可下载到本地，如图 5-21 所示。

第 5 章　制造业多价值链协同数据空间的知识发掘和服务方法 Ⅱ　161

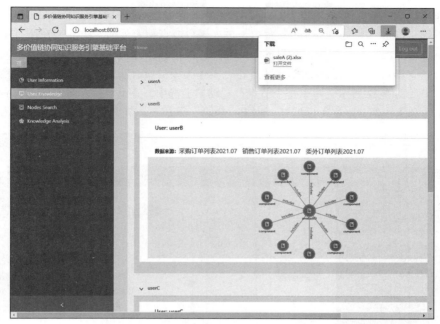

图 5-21　点击"采购订单列表 2021.07"后，数据被下载到本地

（5）用户节点搜索

多价值链协同知识服务引擎基础平台的用户节点搜索界面如图 5-22 所示。

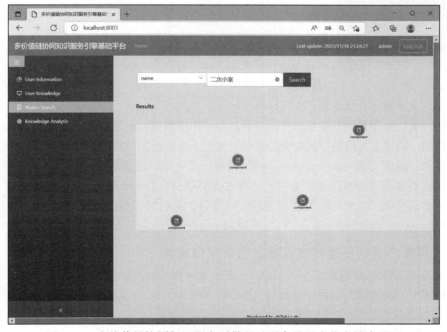

图 5-22　多价值链协同知识服务引擎基础平台的用户节点搜索界面

作用：提供多价值链协同知识服务引擎基础平台系统的用户节点搜索界面。

操作：点击"Nodes Search"菜单，进入用户节点搜索界面，里面会在所有用户的图谱里进行全面的节点搜索，在界面上侧输入栏处选择实体类型和输入实体名字，点击"Search"，即可显示包含该实体名字且符合实体类型的所有实体，输入"二次小室"的搜索结果如图 5-22 所示。对于每个节点可左键单击选中，左上角提示名字信息，右键唤起菜单，和上一部分一样可以展开、收起、删除，展开一个节点后如图 5-23 所示。

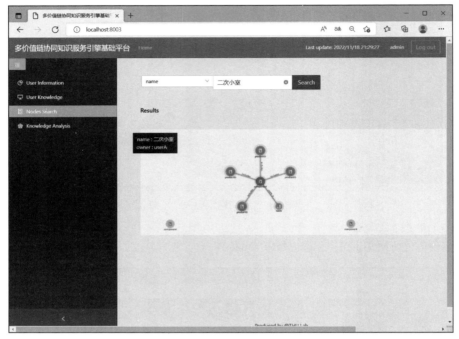

图 5-23　将其中一个节点展开结果

（6）用户图谱数据分析

多价值链协同知识服务引擎基础平台的用户图谱数据分析界面如图 5-24 所示。

作用：提供多价值链协同知识服务引擎基础平台系统的用户图谱数据分析界面。

操作：点击"Knowledge Analysis"菜单，进入用户图谱数据分析界面，左侧显示各个用户的图谱里的节点和关系的统计直方图结果，右侧显示对应用户图谱里的实体名字的频率词云图，方便用户查看图谱的统计信息，同时鼠标悬浮会显示交互信息，如图 5-24 所示。

2. 复杂产品制造领域知识管理服务平台软件

本系统采用 Python 语言并结合 JavaScript 和 Node.js 环境进行开发。本系统开发分为两个部分，前台网页模块开发和后台 neo4j 图数据库开发。结合了面向对象开发模式，为复杂产品制造领域知识管理服务提供技术支持。

第 5 章 制造业多价值链协同数据空间的知识发掘和服务方法 163

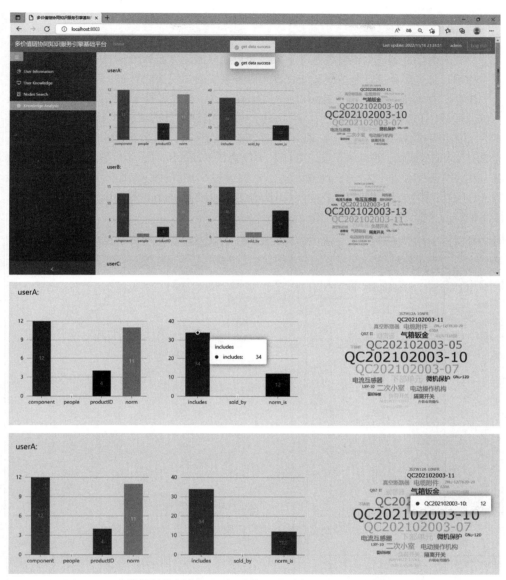

图 5-24 多价值链协同知识服务引擎基础平台的用户图谱数据分析界面

（1）系统要求

目前支持的运行环境为：空间服务器需 Windows7 及以上操作系统，Node.js 14.15 及以上，IE 8 及以上；数据服务器需 Windows7 及以上操作系统，Neo4j Community Server 3.5.28；客户机需 Windows7 及以上操作系统，IE 8 及以上。系统可运行在 Windows7 操作系统及以上。

（2）系统首页

作用：提供复杂产品制造领域知识管理系统的主界面。

操作：运行软件即自动打开浏览器并进入网站到主页。

（3）知识抽取演示平台

复杂产品制造领域知识管理服务平台的知识抽取演示界面如图 5-25 所示。

作用：提供复杂产品制造领域知识管理服务系统的知识抽取界面。

操作：在系统首页点击"Knowledge Extraction"菜单可打开网站到知识抽取界面，知识抽取界面包括命名实体识别、中文分词、三元组抽取等选项，进入后默认显示的是命名实体识别的界面，如图 5-25 所示，用户首先选择进行命名实体识别的模型，默认为 BERT-NER 模型，然后用户输入句子，可以选择 example 句子，最后用户点击 Run 按钮，在下方显示结果，如图 5-26 所示。点击侧边栏"Chinese word segmentation"选项进入中文分词的界面，如图 5-27 所示，点击侧边栏"Relation classification"选项进入关系抽取的界面，如图 5-28 所示。

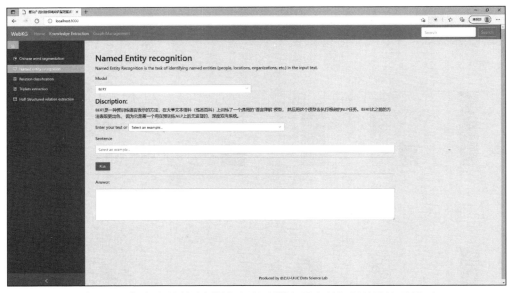

图 5-25　复杂产品制造领域知识管理服务平台的知识抽取演示界面

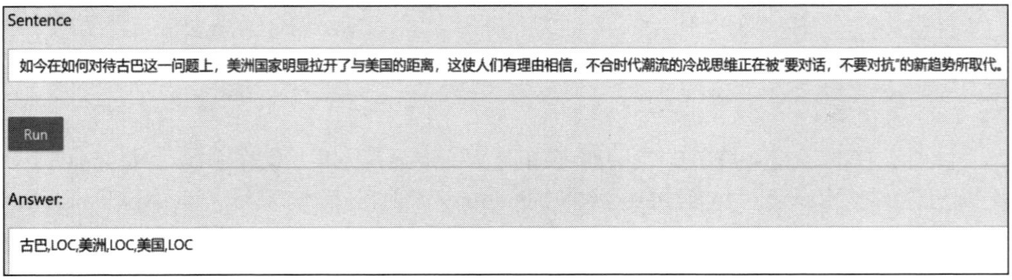

图 5-26　NER 结果展示

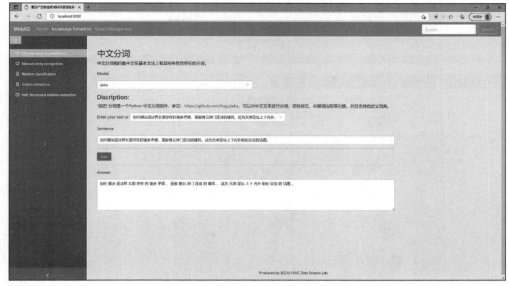

图 5-27　中文分词界面

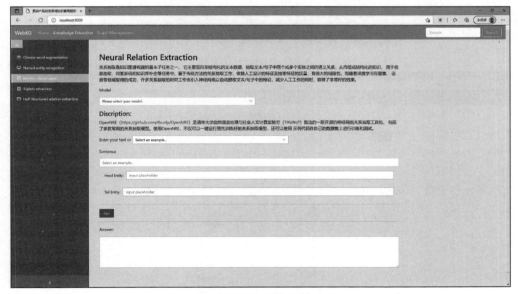

图 5-28　关系抽取界面

（4）图谱管理

复杂产品制造领域知识管理服务平台的图谱管理界面如图 5-29 所示。

作用：提供复杂产品制造领域知识管理服务系统的图谱管理界面。

操作：点击"Graph Management"菜单，进入图谱管理界面，点击"显示图谱"即可可视化图谱，如图 5-29 所示；在左侧输入栏处选择实体类型和输入实体名字，点击

"Search",即可显示包含该实体名字且符合实体类型的所有实体,结果如图 5-30 所示。点击节点可以选中,右键可以进行扩展、收起、删除操作,如图 5-31、图 5-32 所示。

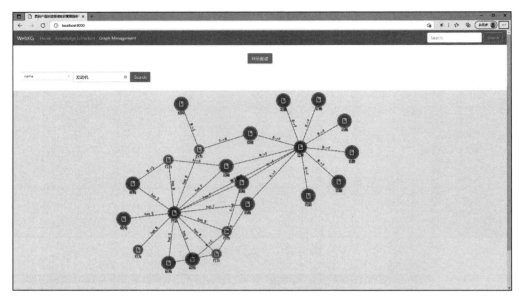

图 5-29　复杂产品制造领域知识管理服务平台的图谱管理界面

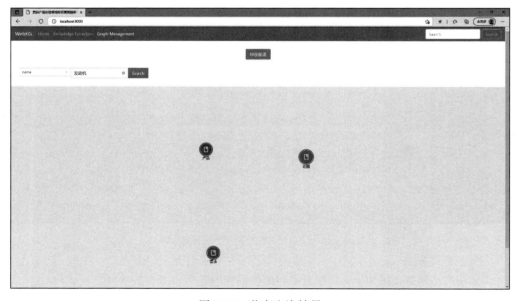

图 5-30　节点查询结果

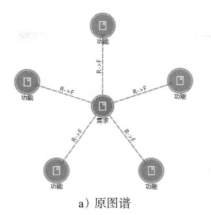

a)原图谱

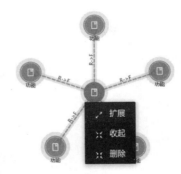

b)选中节点并点击扩展

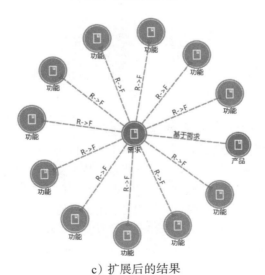

c)扩展后的结果

图 5-31　点击扩展前后的结果显示

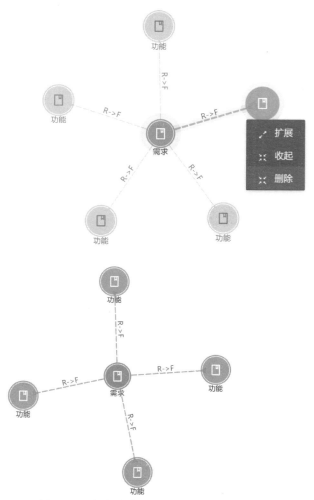

图 5-32 点击删除前后的结果

3. 复杂产品制造领域智能决策支持软件

在航天事业不断发展的过程中,现已积累了大量包括文档类资源和软件模型资源两大类在内的领域基础数据资源,比如:标准规范、技术文献、书籍情报、专家报告、测试数据、经验知识等。为了更好地利用这些数据资源,让其转化为越来越有价值的企业资产,需要对该部分的数据进行进一步分析与应用,以便实现广义经验反馈数据的深度挖掘和利用。本软件同时借鉴人工智能、机器学习技术,在已构建的领域知识图谱的基础上,实现经验反馈案例的精准检索、知识决策,促进经验反馈信息得到有效的利用,辅助航天制造过程中的知识决策。

本系统采用 Python 语言并结合 JavaScript 和 Node.js 环境进行开发。本系统开发分为两个部分，前台网页模块开发和后台 neo4j 图数据库开发。结合了面向对象开发模式，为复杂产品制造领域知识管理服务提供技术支持。

（1）系统要求

目前支持的运行环境为：空间服务器需 Windows7 及以上操作系统，Node.js 14.15 及以上，IE 8 及以上；数据服务器需 Windows7 及以上操作系统，Neo4j Community Server 3.5.28；客户机需 Windows7 及以上操作系统，IE 8 及以上。系统可运行在 Windows7 操作系统及以上。

（2）系统首页

作用：提供复杂产品制造领域智能决策支持系统的主界面。

操作：运行软件即自动打开浏览器并进入网站到主页。

（3）实体检索平台

复杂产品制造领域智能决策支持系统的实体检索界面如图 5-33 所示。

作用：提供复杂产品制造领域智能决策支持系统的实体检索界面。

操作：整个界面划分为两个板块：用户搜索框（位于上方）、结果返回框（位于下方）。图 5-33 所示为在搜索框输入"行为"然后点击"搜索答案"后的结果。用户搜索框用于系统获取用户的输入语句。结果返回框主要分为查询实体信息（位于左侧）、与输入信息相关的关联文件列表（位于右侧）两个部分，如图 5-33 所示。用户可以通过右侧的关联文件列表查看与输入信息相关联的文档，这些文档是左边栏中检索到的相应实体的出处。

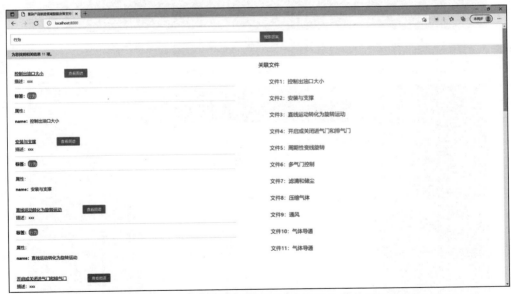

图 5-33　复杂产品制造领域智能决策支持系统的实体检索界面

（4）图谱可视化

复杂产品制造领域智能决策支持系统的图谱可视化界面如图 5-34 所示。

作用：提供复杂产品制造领域智能决策支持系统的图谱可视化界面。

操作：在搜索实体后，点击"查看图谱"按钮后会显示弹出框，展示相应的实体的知识图谱，如图 5-34 所示。对于显示的子图，每一个节点都可以单击选中后右键，会弹出两个选项：扩展和收起，如图 5-35 和图 5-36 所示，对于扩展，会将与其相邻但未展示出来的节点展示出来，对于收起，会将由它扩展得到的节点隐藏起来，如图 5-35 所示为选中"产品"节点，会在左上方显示这个节点的名称。

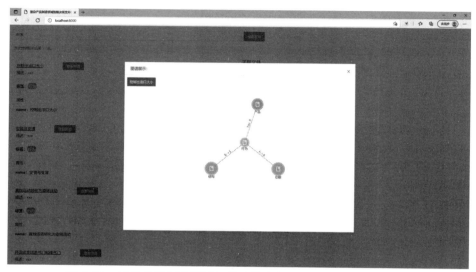

图 5-34　复杂产品制造领域智能决策支持系统的图谱可视化界面

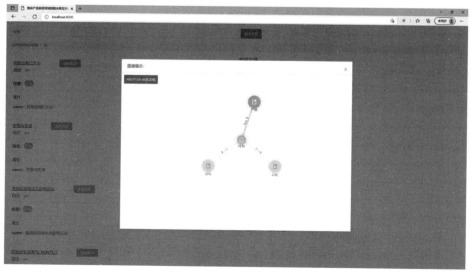

图 5-35　选中"产品"节点

右键后显示扩展与收起两个选项，如图 5-36 所示。

第 5 章 制造业多价值链协同数据空间的知识发掘和服务方法 ‖ 171

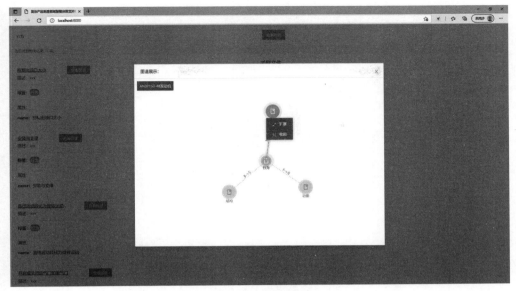

图 5-36 右键选项

对选中的"功能"节点进行展开操作，得到图 5-37 所示结果，其邻居节点都从后端的图数据库里检索并展示出来了，如图 5-37 所示。

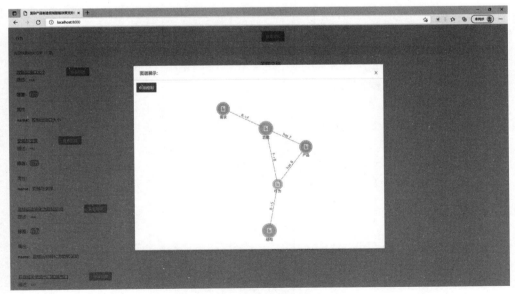

图 5-37 展开节点结果

还可以在扩展出来的节点上继续扩展，如选中扩展出来的"需求"节点，选中点击右键选项中的"扩展"，如图 5-38 所示。

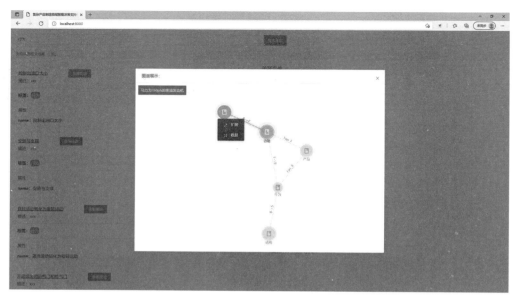

图 5-38　在扩展的节点上继续扩展

结果为将该节点周围的节点也展示出来,这里为找到若干个未展示的邻居节点,如图 5-39 所示。

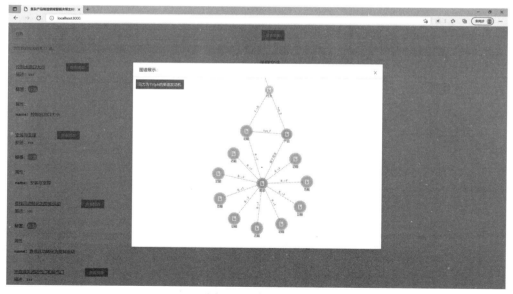

图 5-39　扩展结果

点击"收起"会迭代收起所有展开的节点,包括在该节点基础之上展开的节点继续展开得到的所有节点,如此迭代下去,图 5-40 是将最初的"功能"节点选中然后右键点击"收起",得到的是所有由它展开的节点,包括由它展开得到的"需求"节点所展开的众多其他节点都被收起了，即为最初的结果，如图 5-40 所示。

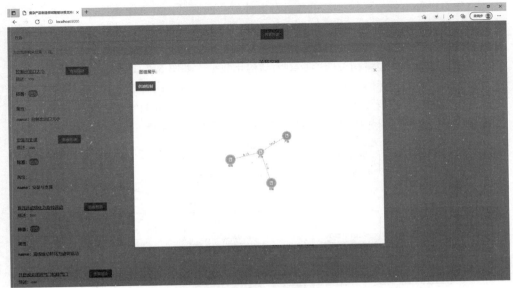

图 5-40　收起后的结果

5.3　基于知识图谱的制造业多价值链知识服务

制造业多价值链数据空间包含大量复杂的历史数据，如何从过去的解决方案中获得有效的经验知识是知识服务中极其重要的问题。知识重用能过够降低制造业生产制造过程中的重复性工作。高效地获取过往的历史经验知识是研究人员一直关注的问题。在后续的章节中，我们将从知识问答服务和知识检索服务两个方面来进行介绍。

5.3.1　知识问答

制造业各个环节的高效稳定运行离不开操作人员的纠正性处理和预见性维护，其中处理和维护包含了各方面的详细知识。因此，如何为操作人员提供准确的指导是一个长期存在的问题。本章节尝试在构建的多价值链协同知识服务引擎中完成面向复杂对象的知识服务，充分挖掘复杂数据中的相关知识，并实现面向复杂对象知识的语境推理算法。

事实上，制造业各环节中现有的数据库已经积累了数以百万计的机器运行异常的事件报告。报告一般包含一定的信息，包括事件的摘要、原因、影响、经验总结等。因此，考虑到提高事故处理的准确性和电厂运行的效率，如何将储存在报告中的有用处理知识进行整合，对相关事件的具体知识重用成为一个迫切需要解决的问题。在本节的方法介绍中，我们从实际操作人员的角度考虑如何高效地查询知识库，参考过往事件的处理方式，从而辅助当前事件的决策判断。

1. 数据介绍

首先，事件报告主要描述了设备运行事件的全面信息，由工作人员以非结构化的文本形式编写。一般情况下，事件报告都是按照一定的格式编写的，并且一个事件的不同方面的信息将写在报告的特定区域。利用基于规则的方法从各个事件报告中提取相关内容，通过信息抽取过程将相关内容重组为结构化数据。如图 5-41 所示，我们以电厂的事件报告为例，介绍上述结构化数据的基本定义。事件报告中的各部分详细信息被定义为实体，包括名称、摘要、原因、影响、纠正行动等。不同类型的实体之间也存在着不同的关系。我们把两个相邻的实体和它们之间的关系转换成三元组。

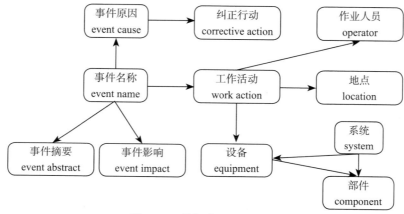

图 5-41 数据集的逻辑结构

与开放的领域知识库不同，在传统的制造领域知识库中，不仅包含短字符串实体，还包含长文本字段。传统的方法在实体链接过程中无法处理这类实体。图 5-42 是知识库中实体的一个典型例子，此实体的类别为事件名称。将文本检索技术应用到实体对齐过程中，有效地充分利用了长文本字段的信息，提高了知识库问答的准确性。

传统的 KBQA 主要关注开放领域，有很多开放数据集作为训练数据来优化模型。然而，在电厂等知识密集型产业领域，还没有一个完整的 KBQA 框架。

> 柴油机 200/700FL 等软管安装偏差超标导致柴油机安全可靠性降低
> The installation deviations of hoses such as diesel generators 200/700FL have caused the safety and reliability of diesel engines to decrease

图 5-42 实体样例

2. 方法介绍

我们聚焦于用户在当前状态下的实际需求，实现制造业多价值链的知识重用服务。

传统的关系抽取系统仍依赖于词汇资源等特征工程师,以及句子级分析依赖解析器等自然语言处理系统。近年来,研究人员考虑将自然语言样本对的相似度排序和深度学习技术的应用,为减少手工特征的数量提供了一种有效的方法。Zhou[128]等人提出了基于注意的双向长短期记忆网络来捕捉句子中最重要的语义信息。这些方法在同行中取得了显著的效果。随着人工智能技术的发展,知识库问答取得了长足的进步,并且已经成为当前信息检索方法中的主流研究方法之一。它着重于提取实体,围绕实体构造特征子图,并对特征子图进行排序,以获得最佳答案。换句话说,该方法的目标是检索查询中提到的实体,围绕该实体构造一个知识子图,然后对所有候选答案进行排序,以获得最佳答案。用户输入语句的内容通常是关于特定三元组中某个实体的问题,因此理解问题的关键是识别查询中的实体和关系,分别称为实体提取和关系提取。利用知识库问答的相关方法,在理解实际需求的基础上实现高效的知识搜索与推理。其中,知识库问答是根据用户提供的输入问句,从知识库中选择一个匹配的实体作为答案。问答框架主要有两个技术过程,如图 5-43 所示。首先,对输入问句进行处理,提取命名实体和关系的详细信息。然后,从知识库中选择最合适的实体,并相应地给用户答案。

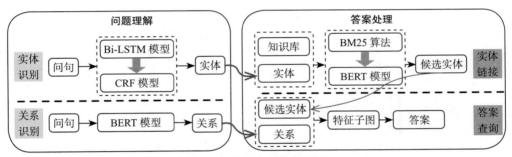

图 5-43　问答系统的框架

（1）问题理解

在第一个过程中,利用命名实体提取技术和关系提取技术对输入问句进行了分析[129]。在这个过程中,利用 BERT 模型[130]作为预训练语言模型,专门用于获取低维密集向量。更具体地,将问句以字符级的粒度输入 BERT 模型,返回包含语义特征的表示。

在命名实体识别过程中,模型结合了双向 LSTM 和 CRF 的双重优势,命名实体识别的神经网络结构如图 5-44 所示。双向 LSTM 模型利用存储单元捕获上下文语义信息,其中 LSTM 模型中的记忆细胞显示了捕捉长期依赖关系的能力,记忆细胞中具体的计算方式如下:

$$i_t = \sigma\left(W_{xi}x_t + W_{hi}h_{t-1} + W_{ci}c_{t-1} + b_i\right) \quad (5\text{-}35)$$

$$f_t = \sigma\left(W_{xf}x_t + W_{hf}h_{t-1} + W_{cf}c_{t-1} + b_f\right) \quad (5\text{-}36)$$

$$c_t = f_t \odot c_{t-1} + i_t \odot \tanh\left(W_{xc}x_t + W_{hc}h_{t-1} + b_c\right) \quad (5\text{-}37)$$

$$o_t = \sigma\left(W_{xo}x_t + W_{ho}h_{t-1} + W_{co}c_t + b_o\right) \quad (5\text{-}38)$$

$$h_t = o_t \odot \tanh(c_t) \quad (5\text{-}39)$$

式中，σ 是 Sigmoid 函数，$\odot$ 是点乘运算符，i、f、o、c 分别表示输入门、遗忘门、输出门和细胞向量。h 表示细胞单元输出的隐向量。具有不同下标的权重矩阵代表不同的含义，例如，W_{ho} 是从隐藏门到输出门的一个矩阵。我们使用链式条件随机场[131]共同进行标签决策，而不是独立建模。其中，将 CRF 集成到 NER 体系结构的主要原因是，CRF 能够捕获标签之间的依赖关系。对于用户的输入 $X = (x_1, x_2, \cdots, x_n)$ 和相应的预测结果 $z = (z_1, z_2, \cdots, z_n)$，模型计算预测结果的得分为

$$s(X, z) = \sum_{i=0}^{n} T_{z_i, z_{i+1}} + \sum_{i=0}^{n} y_{i, z_i} \quad (5\text{-}40)$$

式中，$T_{z_i, z_{i+1}}$ 表示从标签 z_i 转移到标签 z_{i+1} 的转移得分；y_{i, z_i} 表示发射得分，其含义为字符 x_i 被标记为 z_i 的概率得分。在模型预测和训练的过程中，我们只考虑相邻词语之间的交互，并使用动态编码的方式来获取最高得分为

$$Z^* = s(X, Z^*)$$

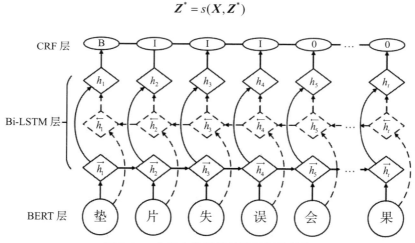

图 5-44 命名实体识别的神经网络结构

在关系提取过程中，将问句关系抽取任务看成句子分类任务，通过计算问句与候选关系之间的相似度来得到最后的问句关系。更形式化的定义为：给定一个句子 S 和一个具有不同句子关系的集合 Q，我们的目标是在 Q 中选择相似度最高的这个关系。句子关系提取本质上也是一个句子分类任务。我们利用 BERT 在各种句子分类任务中展示的优异性能，将用户输入的查询语句和预定义的实体关系当成两个单独的句子，并输入 BERT 模型中。利用 BERT 模型得到用户输入语句和实体关系之间的高维语义嵌入，使得用户输入语句和实体关系的语义相似对在向量空间中是接近的。其中，我们利用式（5-41）来计算两者之间的语义相似度。

$$\text{Similarity} = \frac{V_q \cdot V_r}{|V_q||V_r|} \quad (5\text{-}41)$$

式中，V_q 表示用户输入语句的嵌入向量，V_r 表示实体关系的嵌入向量。

（2）答案处理

在第二个答案选择过程中我们试图提供一个解决方案，使输入问句中的命名实体与知识库中的实体对齐。如前所述，事件报告中的实体由长文本字符串组成。我们的目标是充分利用长文本字符串的语义信息，提高输入问句中命名实体与知识库中实体匹配的准确性和精度。从特征匹配和语义相似度两个方面考虑，在知识库中选择最适合的匹配实体。

由于神经网络中存在大量的计算成本，将用户输入语句中的命名实体与知识库中的所有实体进行语义匹配是不现实的。因此，这个子任务的主要目的是降低复杂性。

我们将知识库中与某一事件相关的所有实体组合在一起，并将它们作为一个子段。我们使用开源工具 Jieba 将子段和用户输入语句分割成词段。我们的模型根据以下统计特征计算匹配得分：文档中术语出现的频率、集合中包含术语的文档数量、术语出现的文档频率等。其中，术语代表用户输入语句中的词段，文档代表子段中的词段，集合代表知识库。我们采用 BM25 公式，匹配得分计算公式如下：

$$\text{Score}(Q,d) = \sum_{i}^{n} \text{IDF}(q_i) \cdot \frac{f_i \cdot (k_1+1)}{f_i + k_1 \cdot \left(1-b+b\dfrac{dl}{avgdl}\right)} \quad (5\text{-}42)$$

$$\text{IDF}(q_i) = \log \frac{N - n(q_i) + 0.5}{n(q_i) + 0.5} \quad (5\text{-}43)$$

式中，d 表示文档，Q 表示用户输入语句，q_i 是术语。dl 表示文档 d 的长度，avgdl 表示所有文档的平均长度。N 是集合的文档数量，$n(q_i)$ 是包含 q_i 的文档数量，f_i 是文档 d 中术语 q_i 出现的频率。k_1 和 b 是超参数。

我们将每个实体视为单独的个体，并将这个子任务定义为自然语言处理的语义匹配。与查询关系提取类似，我们使用 BERT 模型分别对知识库中的候选实体和用户输入语句中的命名实体进行编码。然后计算两个嵌入向量之间的余弦相似度，选择匹配得分最高的实体作为命名实体对齐任务的结果。

基于知识库中的链接实体，构造与链接实体相连的实体和关系的特征子图。然后在子图中选择与所选实体和问题关系相关的路径，取候选三元组回答问题。

（3）模型性能

在知识库建设过程中，我们共收集了 28 个事件报告。知识库包含 626 个实体和 672 个关系。

深度神经网络的自然语言处理方法通常依赖于大型数据集。然而，数据集的构建需要大量的人力和物力，甚至单独构建每个领域的训练集是不现实的。面对这种状态，我们提出了以下两种方法来处理这些问题。首先，如前所述，我们使用预训练的语言编码器模型来集成大量的外部知识，这成为 NLP 的一个新趋势。

其次，在根据具体任务对预训练模型进行微调的基础上，通过对少量数据集的训练，将电厂的维修知识添加到模型中。在这种方法中，我们使用开放数据集 (NLPCC-

ICCPOL）和自己收集并标记的小数据集来完成知识库问答任务。我们使用预训练的 BERT 模型，并且在 BiLSTM 层和 CRF 层设置隐藏大小为 128。此外，我们使用的学习率为 0.00005，最大输入长度设置为 32。我们使用这个数据集对模型进行微调，以使其适应问答任务。该模型对命名实体的识别和关系提取的准确率分别为 98.5% 和 97.4%。最后，我们构建了一个包含 45 个例子的小数据集。经过训练，该模型对命名实体识别和关系提取的准确率分别为 90.8% 和 97.5%。

5.3.2 知识服务

复杂产品作为多价值链的一个产物，其设计过程复杂。研究表明，90% 的工业设计在本质上是变体设计的，多达 70% 的设计知识可以从过去的解决方案中获得，但在整个产品生命周期中，只有大约 28% 的设计知识被重复使用[132]。设计知识的重用服务能够降低设计中的重复性工作，知识检索服务系统作为实现知识重用的基本系统平台，旨在为设计提供历史设计数据和经验辅助，对提高创新设计过程中的知识重用率和产品设计效率具有重要意义。

在设计多价值链知识检索服务系统的研究中，Wang 等[133]针对产品设计的原理知识设计知识的检索推理框架。设计知识的本体表示为知识的检索提供革命性发展，从上层抽象为下层实例提供设计知识的分类与组织。涂建伟等[134]解析设计者的意图，结合"共指关系索引-检索本体-设计知识"映射结构，解决计算机辅助设计系统检索准确率低等问题。如面向本体的夹具设计知识检索服务系统、多维度语义本体，基于案例推理，这些系统主要由垂直专业人员开发，主要应用于型号参数类知识的检索，如尺寸、性能指标等。因此，检索系统的应用要求设计人员了解设计对象属性及期望目标知识，但在产品研发前期，设计人员往往事先对检索内容难以有清楚的认识。

在以往的研究资料中，关于基于知识图谱技术为支撑的设计知识检索服务系统的研究相对空白。在多价值链复杂产品设计领域中，知识检索服务系统多数采用基于设计对象和设计实例的相似性匹配和规则知识库搜索方式，这种知识检索服务系统更多以关键字和数值类的形式匹配，往往造成结果过多的情况，而用户的进一步信息筛选会导致知识的缺失或冗余，造成信息混乱。由于用户检索在宏观上会有大概知识需求方向，如"高强度的材料"，用户并不明确预期的目标是"合金钢"，但检索的目标是统一的或者类似的，而且以自然语言查询的文本类知识更符合实际的应用需求。因此为解决复杂的设计知识在知识匹配中效率低、精确度不足、检索结果冗余等问题，本节将介绍基于知识图谱和犹豫模糊理论的复杂产品设计知识检索系服务统，将知识图谱技术作为底层技术支撑，并作为知识检索服务系统的知识源。进一步地，采用犹豫模糊理论作为中文设计的事件类知识匹配算法，以全面提高知识检索的准确度。在此基础上构建原型系统，以产品设计知识为对象进行实例验证，达到构建系统化工具提供知识重用服务的目的。

产品设计知识的检索中，用户对查询目标的不确定性、用户查询对于检索系统的未知性，导致查询检索的模糊性。尤其对于句子的匹配，受限于词向量转化模型的词库以及语义分析工具当前的局限，进一步导致检索系统的模糊性。深度学习已在句子（短文本）对的相似判断中发挥其优势，但在产品设计等垂直领域中，收集足够的数据用于迭代训练模型参数难以实现。根据上述分析，将犹豫模糊决策应用于中文设计知识检索过程中，主要流程如图 5-45 所示。

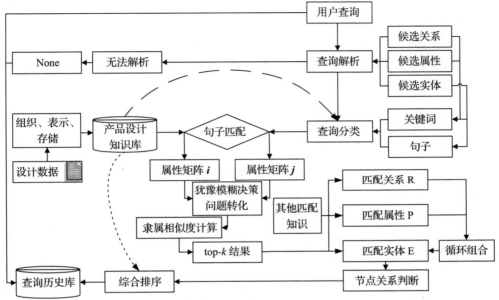

图 5-45 基于知识图谱和犹豫模糊理论的产品设计知识检索流程

1. 基于知识图谱的知识表示服务、存储服务与重用服务

为对历史设计案例中的设计知识进行组件划分、捕获与组织，知识表示模型是知识网络构建的基础，为捕获更多的设计过程知识，考虑设计师对更多设计知识的重用需求，创新性地引入认知发展理论，建立基于认知发展理论的知识表示模型（C-RFBS）。其中，f_x 表示正向的设计推理过程，f_x' 表示设计过程中的反向修正过程，对于 C-RFBS 模型的公式化描述如下：

（1）需求分析

需求分析作为整个设计阶段的关键，需要设计人员根据自身经验以及市场趋势等外部知识对用户需求进行推理分析，将需求分解为可由功能层实现的最小需求，并获取其中的设计信息，如产品的功能、用户期望的结构等作为已知结果。用户需求 R 可表示为

$$R = \{R_1, R_2, \cdots, R_n\} \tag{5-44}$$

（2）功能映射

需求分析后，获取期望产品的功能。由于功能与需求之间的映射依赖本次设计活动，因此功能及需求的分解粒度是多态的形式，需求与功能的映射关系包括一对一、一对多和多对一的情况，见式（5-45）。

$$R_i = \left\{\sum_{j=1}^{m} F_{i,j}\right\} \tag{5-45}$$

式中，$\sum_{j=1}^{m} F_{i,j}$ 表示第 i 个需求 R_i 的功能映射结果集合，j 表示功能集合中的第 j 个功能。

（3）功能分解

结合行为映射过程，对不能直接获取其行为映射的功能进行进一步分解为子功能集合，确保能够获取实现该功能的行为。同理，针对后续设计过程中的行为及结构有相同的分解过程。

$$F = \{F_1, F_2, \cdots, F_n\} \tag{5-46}$$

$$Be = \{Be_1, Be_2, \cdots, Be_n\} \tag{5-47}$$

$$S = \{S_1, S_2, \cdots, S_n\} \tag{5-48}$$

（4）行为映射

通过需求–功能映射及功能分解获取产品设计知识中的功能信息，并对应每个功能单元，获取实现各个功能的预期行为知识 Be。对应与产品结构的行为属性 Bs，并将行为信息的属性进行对比分析，判断设计方案的可行性。

$$F_i = \sum_{j=1}^{m} Be_{i,j} \tag{5-49}$$

式中，$\sum_{j=1}^{m} Be_{i,j}$ 表示第 i 个功能 F_i 的期望行为映射结果集合。

（5）结构求解

获取期望行为后，通过选择或设计合适的结构以实现预期行为 Be，实现产品的功能，满足用户需求。

$$Be_i = \left\{\sum_{j=1}^{m} S_{i,j}\right\} \tag{5-50}$$

式中，$\sum_{j=1}^{m} S_{i,j}$ 表示第 i 个期望行为 Be_i 的结构映射结果集合。

（6）认知过程中的同化

对于认知过程的公式化描述为

$$\{R, F, B, S\} + C = \text{new}\{R, F, B, S\} \tag{5-51}$$

认知过程知识多用于捕获设计过程中的驱动事件知识、行为事件知识和决策事件知识，以构建设计知识组件之间的关联。

设计知识的有效重用，对设计知识的存储提出更高的要求。设计知识的存储一方面要适应设计知识组件之间的复杂关系，另一方面能够赋予知识节点计算及推理的能力。

图形化存储的方式通过节点、属性和关系三大组件,将捕获的设计知识按照预订的关联路径存储。设计人员由用户需求、功能需求、结构需求及预期行为等产生知识需求,整理目标知识的可能信息,包括关键词、数值、行为等。其中,关键词包括实体名称、属性名称、属性值、关系名称,甚至事件节点的局部内容等,数值包括确切的值、范围值、模糊值,行为包括关系名称、属性名称、事件节点内容中包含的谓词。通过这些模糊的知识需求信息进行知识检索,对于已有自然语言的检索系统,主要包括以下两种形式:

1)数据以文件或关系数据库的形式存储,通过基于关键词、模板匹配、本体模型等查询形式,按照给定的查询规则,返回匹配分数最高的 top-k 个结果。

2)知识图谱以三元组 $<h, r, t>$ 的形式对知识进行存储,为知识的检索和推理服务提供关系路径,其不同于关系数据库构建的关系表,图数据库以双向关系连接实体,因此为查询实体的查询、拓展与推理提供更加灵活的解决方法。知识图谱以三元组的形式存储复杂设计数据作为设计知识检索服务系统的知识源。

2. 基于知识图谱的知识检索框架

结合设计知识表示模型以及知识检索的特性,设计如图 5-46 所示的知识检索框架。

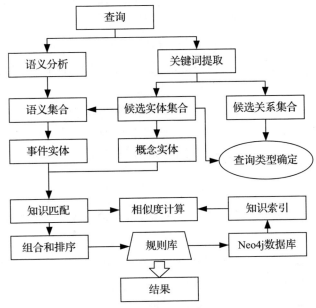

图 5-46　基于知识图谱的知识检索框架

用户查询主要以自然语言的形式,根据所示框架,分别展开关键词和句子的查询匹配。

(1)句子的模糊相似度

考虑实际检索过程中的模糊性和不确定性,将句子匹配转化为多属性决策过程。将

句子 S 作为研究对象，可将句子表示为 $S=\{W_1, W_2, \cdots, W_m\}$，对句子以及 W_i 进行语义分析，获取句子的属性矩阵：

$$D(p_{ij})_{m\times n} = \begin{array}{c} \\ W_1 \\ W_2 \\ \vdots \\ W_m \end{array} \begin{pmatrix} P_1 & P_2 & \cdots & P_n \\ p_{11} & p_{12} & \cdots & p_{1n} \\ p_{21} & p_{22} & \cdots & p_{2n} \\ \vdots & \vdots & & \vdots \\ p_{m1} & p_{m2} & \cdots & p_{mn} \end{pmatrix} \quad (5\text{-}52)$$

式中，p_{ij} ($i=1, 2, \cdots, m$；$j=1, 2, \cdots, n$) 表示词 W_i 对当前匹配属性 P_j 的相似度。

对于多属性的决策问题，一般单维度的决策计算生成二维决策矩阵，由于句子作为词的组合排列，导致属性值为多维度矩阵。本书首先定义句子的不同属性，判断不同句子之间的隶属相似度，将句子的相似度计算转化为隶属相似度矩阵的匹配。假设查询句子 m 矩阵为 M，其中 M 的纬度为 $l_m \times d$，其中 l_m 为句子 m 的分词数量，d 为句子属性个数。n 为待匹配句子，N 为 n 的属性矩阵，N 的维度为 $l_n \times d$，l_n 为句子 n 的分词数量。

对于知识检索服务系统来说，句子的相似度匹配是多对一的匹配过程，而且对于句子 N 的长度及内容是未知的，因此导致对应于 M 中某个位置的评估从数值和数量上具有不确定性。根据式（5-53）获取句子 m 和句子 n 的属性矩阵 M 和 N，将矩阵 M 作为理想矩阵，构建不同属性之间的隶属度计算公式为

$$h_A(x) = \{\langle x, h_A(x) \rangle | x \in X\} \quad (5\text{-}53)$$

式中，$h_A(x)$ 表示 x 属于集合 X 的可能程度。分别计算不同属性的隶属度函数，获取如下所示的相似度矩阵。

$$\text{similarity Matrix} = (s_{ij})_{l\times m} = \begin{array}{c} \\ w_1 \\ w_2 \\ \vdots \\ w_l \end{array} \begin{pmatrix} w_{m1} & w_{m2} & \cdots & w_{mm} \\ s_{11} & s_{12} & \cdots & s_{1n} \\ s_{21} & s_{22} & \cdots & s_{2m} \\ \vdots & \vdots & & \vdots \\ s_{l1} & s_{l2} & \cdots & s_{lm} \end{pmatrix} \quad (5\text{-}54)$$

式中，$s = \sum_{i=1}^{d} w_i h_A(x)$，因此 s_{ij} 表示当前查询 M 第 i 个词与待匹配句子 N 的第 j 个词的综合相似度。

在知识检索服务系统中，待匹配的句子为 N_i，其中 $i=1,2,\cdots,n$，n 为知识库中可存储的句子数。因此对于句子的决策维度为 $l \times m \times n$。相似矩阵如图 5-47 所示：

（2）句子属性构建

句子作为词的排列与组合，除词本身的信息外，还包括词与词之间，及词对句子的影响，考虑词本身的特性（词向量和词性）以及在句子中的特征 [句中位置、出现次数（词频）和语法结构信息（第一维度）] 作为句子的特征属性，如表 5-6 提供"叶片的设计要确保发动机的稳定性"的句子属性特征向量矩阵。

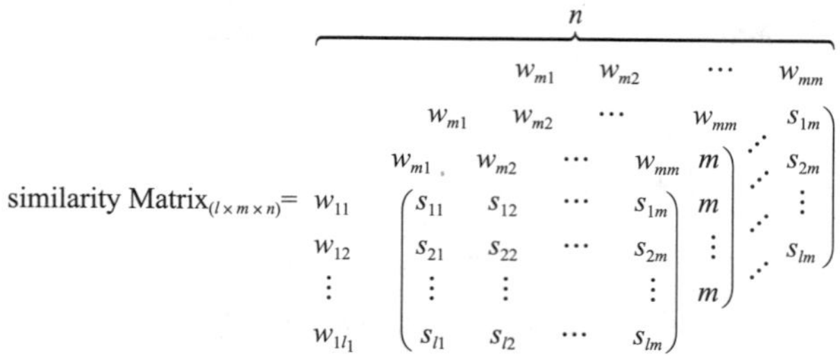

$$\text{similarity Matrix}_{(l \times m \times n)} = \begin{matrix} w_{11} \\ w_{12} \\ \vdots \\ w_{1l_1} \end{matrix} \begin{pmatrix} s_{11} & s_{12} & \cdots & s_{1m} \\ s_{21} & s_{22} & \cdots & s_{2m} \\ \vdots & \vdots & & \vdots \\ s_{l1} & s_{l2} & \cdots & s_{lm} \end{pmatrix}$$

图 5-47 相似矩阵

表 5-6 句子属性特征表

词条	词性	句中	语法结构
叶片	n	2	ATT
设计	v	1	SUB
要	v	1	ADV
确保	v	1	HED
发动机	n	2	ATT
稳定性	n	1	VOB

哈尔滨工业大学开发的 LTP 语言技术平台为中文的分词、语义角色分析、词性标注、依存句法分析及语义依存分析提供系统的技术体系。词性使用的 863 词性标注中的 n、v、a、d、m 等。LTP 中定义了 14 种依存句法关系,其中"HED"表示整个句子的核心。句法分析后得到的文本标注信息,剔除 CMP、POB、RAD、LAD 关系中的第二维度数据(影响句子的含义),保证被匹配的句子最大化包含有用信息。由于每个词都包含检索目标信息,句子相似度计算可以作为句子特征的决策分析过程,首先将查询 S_q 和事件知识(句子/短文本)S_k 表示为词的集合:

$$S_q = \{w_{q1}, w_{q2}, \cdots, w_{qn}\}, S_k = \{w_{k1}, w_{k2}, \cdots, w_{km}\}$$

式中,S_q 和 S_k 分别表示查询 Q 和长文本知识 K,w_{qn} 和 w_{km} 分别表示 Q 与 K 中的分词集合。

(3)基于隶属相似度的隶属度计算函数

根据句子的不同属性,当元素的隶属度为 {0,1},模糊度为 0;元素的隶属度为 0.5,模糊性最大。对于查询中的关键词采用 word2vec 模型进行词向量转化。进一步为判断当前词对句子的重要性,采用 Yan 等[135]获取词对句子的隶属度。设置阈值 θ,$0 \leqslant \theta \leqslant 1$,$w_i$ 的不确定函数 I_θ 定义为

$$I_\theta(w_i) = \{w_i\} \bigcup \{w_j \mid \text{sim}(w_i, w_j) \mid \geqslant \theta\} \quad (5-55)$$

式中,$\text{sim}(w_i, w_j)$ 是词 w_i 和 w_j 的相似程度。

$$\text{sim}(w_i, w_j) = \cos(w_1, w_2) \quad (5-56)$$

模糊包含函数 v 定义为

$$v(X,Y) = \frac{|X \cap Y|}{|X|} \tag{5-57}$$

综上，词对句子的隶属度函数为

$$h(w_j, s_i) = v(I_\theta(w_j), s_i) \tag{5-58}$$

通过式（5-55）~式（5-58）能够有效拓展词的语义，根据计算的词对句子的隶属度，衡量词对句子的影响。

针对表 5-6 中的属性特征，结合 Tian[136] 提出的隶属度计算公式，设置隶属度计算方式见式（5-59）~式（5-62）。

中文词的词性是固定的，但鉴于词向量的匹配，匹配到的词可能不具备相同的词性，因此属性词性的隶属度函数 h_{pos} 为

$$h_{\text{pos}}(Sq_n, Sk_{im}) = \{x \mid x \in \{0,1\}\} \tag{5-59}$$

式中，Sq_n 表示查询输入中的第 n 个词，Sk_{im} 表示第 i 条知识中的第 m 个词，对于中文词的词性在训练结果中是固定的，因此，如果两词的词性相同为 1，否则为 0。

因为查询和知识库中的句子不能保证其固定的格式，因此，将词在句子中的位置设置为词到句子中心词 HED 的最短距离。

$$h_{\text{count}} = e - \left(\frac{\text{count}_{Qn} - \text{count}_{kim}}{\sigma} \right)^2 \tag{5-60}$$

式中，count_{Qn} 表示 w_n 到中心词 HED 的最短距离，并且 $\text{count}_{Qn} \in [0.1, 0.4]$。

词的频率决定词对整个句子的影响程度，词频的隶属度函数采用文献 [136] 中的公式为

$$h_{\text{freq}} = \frac{1}{1 + \mu \mid \text{freq}_{qn} - \text{freq}_{kim} \mid} \tag{5-61}$$

语法结构分析词在句子中的作用，其隶属度函数为

$$h_{\text{sen}} = \{(s, \text{sen}(Sq_n, Sk_{im}))\} \tag{5-62}$$

式中，当查询词的结构相同时 $h_{\text{sen}}=1$；否则，$h_{\text{sen}}=0.5$。

通过上述对隶属度函数的确立，计算公式评判两个句子的相似程度。

$$\text{Sim}(S_q, Sk_i) = 1 - \sqrt[\lambda]{\frac{1}{5} \sum \left[\frac{1}{\text{len}(Sq)} \sum \mid M_{j\_Sk} - M_{j\_Sk_i} \mid^\lambda \right]} \tag{5-63}$$

考虑到词对句子的隶属度不同，因此不同词对句子的影响程度不同，因此修改（5-63）的相似度计算公式为

$$\text{Sim}(S_q, Sk_i) = 1 - \sqrt[\lambda]{\frac{1}{5} \sum \left[\frac{1}{\text{len}(Sq)} \sum \mid \alpha M_{j\_Sk} - M_{j\_Sk_i} \mid^\lambda \right]} \tag{5-64}$$

式中，α 表示词对查询的权重。通过词对句子的隶属度函数，可扩展词的语义范围。循环迭代知识库中的每条句子，按照表 5-7 所示的算法流程，计算句子的相似程度，返回匹配目标查询隶属度较高的句子。

表 5-7 句子相似度算法流程

句子相似度计算
查询 S_q 和待匹配句子集 S-set
设置词向量的 cosine 相似度阈值参数 θ，σ，μ，λ；
S_q 和 S-set 中相似度最高的相似度值和句子 S-set_i
步骤 1：整合查询到句子集合：$S_q + S\text{-set} = \{S_i | S\text{-}set_i + 1\}$。
步骤 2：根据集合 $\{S_i\}$ 建立单词的论域 U，并对所有的词基于 word2vec 进行词向量转化。
步骤 3：剔除表 5-6 中的非重要词汇，根据等式（5-60），计算 S_q 中每个词的隶属度，获取词隶属度集合。
步骤 4：根据步骤 3，同理循环 S-set_i 中的每个词。
步骤 5：通过词和句子的隶属度作为词的权重，调整相似度计算函数公式。
步骤 6：根据式（5-61）～式（5-64）循环 S_q 中的每一个词同 S-set_i 中的每一个词，当两个词的语义相似度大于 θ，计算隶属度，生成隶属度矩阵 Mj_SK_i。
步骤 7：根据隶属度矩阵 Mj_SK_i，按式（5-66）计算两个句子的相似度，返回句子相似度向量。
步骤 8：循环 S-set，求解与 S_q 匹配的最大相似度值并返回。

将输入的句子同样作为一个元素 $\{S_k+1\}$，按照句子属性表生成论域 U。当某个单词不能够匹配句子中的信息时，那么，此时集合为 $\{0, 0, 0, 0\}$，当完全匹配时，集合为 $\{1, 1, 1, 1\}$。

3. 实例验证

柴油发动机作为复杂产品，其整体的设计过程涵盖了多学科知识，是智能设计工作开展的前沿行业。由于设计需求的变动和创新发展的需求，知识的复用能够显著提升设计的整体效率。某企业在柴油发动机的长期设计研制活动中，积累大量的产品研制任务书、设计说明书等电子版文件，当前知识的查询主要通过基于关键词的方式对文档标题进行查找，后通过设计师人工进行内容的筛查，获取期望的目标知识。由于设计产品对象及电子文档的多样性和广泛性，仅针对产品部件研制任务书中可能存在的知识节点进行检索作为知识检索服务系统的验证。

（1）柴油机设计知识表示与存储服务

根据 C-RFBS 模型对柴油机设计知识进行组织和整理以便于知识的检索重用。因此基于专家经验和对知识的公式化，对设计知识进行 C，R，F，B，S 以及产品、任务名称等案例识别等知识组件的分类与整合，知识组织形式如图 5-48a 所示，并以 <h,r,t> 的形式转化为 csv 文件用于知识的存储与导入。

以 Neo4j 图数据库为底层知识源，对设计知识进行图形化存储，如图 5-48b 所示，图形化存储的形式一方面能更高效、低消耗地存储复杂结构数据，另一方面相对于关系型数据库，更便于设计知识检索服务系统的可视化展示。

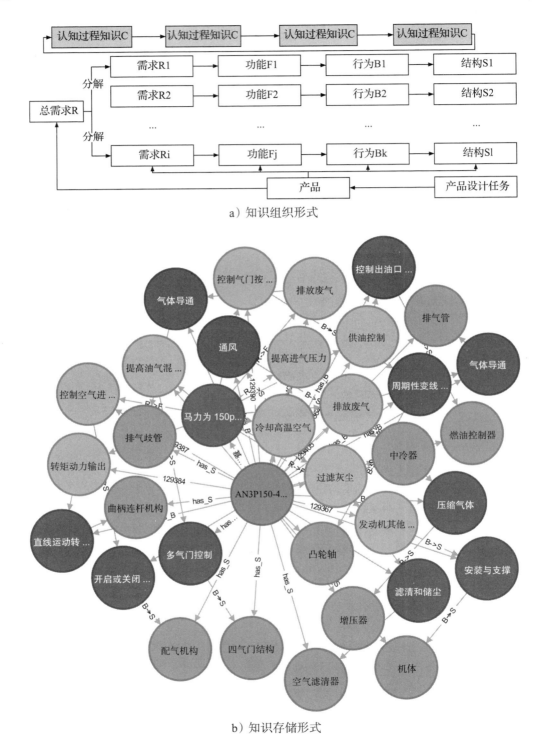

图 5-48 柴油机设计知识的 Neo4j 存储的图形化展示

（2）柴油机设计知识检索

基于柴油机设计知识图谱，考虑实际设计活动中常见的设计知识检索需求，展开如下两类设计知识检索的案例验证。

实例：进行文本类信息的查询。

通过检索页面的设计师输入获取期望知识描述，如当设计师输入"解决柴油机排气管开裂的措施"，通过查询分类模块，转化为实体集合{概念类实体：[柴油机，排气管]，事件类实体：[解决柴油机排气管开裂的措施]}，属性集合{None}和关系集合{None}。因此，该查询为"多实体"类。按照上文所提的知识检索流程及查询分类原则，表5-8展示为相似度分数排名前二的匹配结果。

表5-8 文本知识匹配及其相似度

待匹配实体	匹配实体	相似度（%）
柴油机	柴油机	100
排气管	排气管	100
	排气歧管	93
解决柴油机排气管开裂的措施	柴油机排气管出现开裂现象	83
	排气歧管出现裂纹	75

通过上述两个实体概念类实体"柴油机"、"排气管"和事件类实体"解决柴油机排气管开裂的措施"的匹配权重分析判断，事件类实体具有较高的权重。进一步，判断"排气管"和"柴油机排气管开裂"具有路径关系，并且在预订的路径距离4以内，因此，将以组合的形式返回知识，结果以本次设计案例的任务名称为标题，下次依次显示设计摘要、相关结构、驱动事件、行为事件和决策事件共同展示本次检索的结果，在右侧显示设计案例的图谱化知识用于知识的拓展查询。

该类查询类似于传统的设计知识检索服务系统，用于验证所提方法及系统应用的适应性。当设计师期望查询某参数及其参数值的设计案例以进行变型设计时，如"排量为2.5L，其马力达到128hp的柴油发动机"，10个柴油机设计案例中的"柴油发动机"实体的部分属性及属性值见表5-9。

表5-9 "柴油发动机"实体的部分属性及属性值

产品设计案例	排量 L	最大马力 hp	最大扭矩 N·m	额定转速 r/min
C1	2.29	95	245	3200
C2	2.29	110	280	3200
C3	2.499	116	290	3200
C4	2.499	125	325	3200
C5	2.499	131	290	3600
C6	2.977	136	325	3200
C7	2.977	150	360	3200
C8	2.977	150	400	3200
C9	3.767	150	500	2600
C10	3.767	140	450	2600

设置文本相似度阈值为 95，大于或等于预订阈值的产品案例将被检索到。首先解析查询为如下信息 {产品：柴油发电机}，{排量：< 2.5；马力：>128}，将排量与马力进行基于关键词的语义匹配，结果为 {质量：质量；马力：最大马力}。进一步采用改进欧几里得相似度匹配（百分制），结果见表 5-10。因此 C4 和 C5 根据相似度计算大小被匹配，返回并显示综合相似度最高的检索结果，如图 5-49 所示。

表 5-10 案例相似度计算结果

案例 C	相似度 S	案例 C	相似度 S
C1	76.67	C7	84.44
C2	87.27	C8	84.44
C3	91.51	C9	84.42
C4	97.88	C10	91.47
C5	97.88	C11	84.44
C6	94.33	C12	80.20

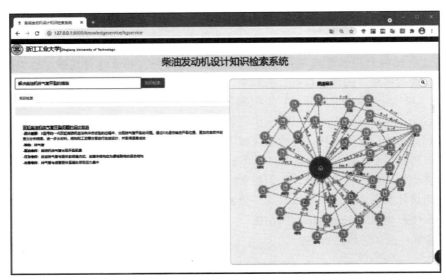

图 5-49 文本知识检索结果

通过上述两类案例的设计知识检索，基本上能够满足多价值链中设计师对文本类知识和数值类知识的检索需求，以实现历史案例设计知识辅助再设计活动。所提的方法和原型系统旨在降低用户的专业知识背景的需求，简化查询输入，在一定程度上提高知识检索的效率，而通过模糊语义检索的方式，能够提高系统对用户模糊输入的鲁棒性。进一步地，图谱展示的形式能够根据实时的需求，拓展知识节点，提高检索结果的质量，极大降低企业设计活动的成本，提高设计活动效率。

4. 总结

针对多价值链知识检索中知识组织质量和知识重用效率低等问题，本节介绍的方法利用知识图谱技术组织、维护和重用设计知识服务,将设计知识作为知识源构建知识图谱并运用到设计知识的检索过程中,构建历史产品设计案例知识库。针对句子在检索过程中匹配精确不足的问题,创新性地将模糊决策理论运用到中文句子的匹配中,并验证在检索精确度上有一定的提升效果。在上述技术和方法的基础上,搭建设计知识检索的原型系统,以柴油发动机设计为例,验证该系统的可行性及有效性。该系统旨在将历史设计知识进行高效率、高质量的重用,为设计师提供快速精准的目标知识,实现智能化设计,但对于设计师的意图分析、设计知识的智能化推理计算及系统效果评估等方面,仍有待进一步深入研究。

5.4 本章小结

本章介绍了制造业多价值链协同场景下知识挖掘和知识服务方法。本章从知识图谱构建和存储、制造业多价值链协同数据空间知识引擎架构和基于制造业多价值链协同知识图谱的知识服务三方面来介绍该主题。

知识图谱构建是自然语言处理领域在工业化应用的典型代表。随着制造业相关技术的不断发展,制造领域的基础设备和生产模式得到了大量的改善,越来越多的智能算法应用到了制造业产品生产和运维中。因此,本章分别介绍了基于人工智能算法的制造业命名实体抽取和关系抽取方法。基于制造业多价值链数据空间构建的图谱许多为开放知识图谱。开放知识图谱链接预测对于在问题回答和文本理解等应用程序中使用开放知识图谱非常重要。开放知识图谱中的名词短语和关系短语没有被规范化,这使得开放知识图谱的链接预测具有很高的挑战性。现有的解决这个问题的方法将规范化信息注入知识图嵌入模型中。然而,它们仍然不能充分利用名词短语的语义。因此,本章介绍了基于分割嵌入的知识图谱链路预测方法来解决该问题。此外,本章介绍了基于图数据库的知识图谱构建和存储。

在制造业多价值链协同领域,计算机支持的协同工作已经得到了广泛的应用和研究,其中一些工作集成了知识生成和知识推理,但目前的工作没有考虑如何挖掘生成的知识,即我们认为系统将直接或间接产生大量知识,但这些知识并未被很好地获取和挖掘。因此,本章介绍了协同驱动的数据空间知识引擎架构,可用于挖掘协同过程中的知识并对其进行重用。

制造业多价值链中的生产制造过程一般较为复杂,如何从过去的解决方案中获得有效的经验知识是知识服务中极其重要的问题。知识重用能够降低制造业生产制造过程中的重复性工作。因此,我们从知识问答服务和图谱检索服务两个方面介绍了基于图谱的知识服务。

第6章

制造业多价值链协同数据空间管理引擎设计与管理系统

6.1 制造业多价值链协同数据空间管理引擎设计方法

6.1.1 制造业多价值链协同数据空间管理引擎数据处理模块

1. 基于语义的数字资源聚合识别方法

互联网、大数据、人工智能等新一代信息技术的兴起,为我国制造企业实现弯道超车提供了重要机遇。然而,上述信息技术在制造企业融合应用过程中却存在数据体量较大、数据价值密度低、数据对象粒度大、数字资源边界模糊带来的数字资源聚合识别问题,阻碍了制造企业数字资源利用、数据资产建设、知识价值发现。因而,如何在有效整合制造企业数字资源基础上,发现数字资源之间的语义关联,基于语义有效聚合制造企业价值链协同数据和企业内部管理系统数据,发现多价值链协同数据空间语义网络中的关键知识节点和知识资源,支撑制造企业知识创新、智能决策,具有重要的理论价值和实践意义。

制造企业多价值链协同是指制造企业及产业集群协调企业内部及产业集群之间的多个制造、生产、营销、服务等基础经营活动[137]以及人事、财务、研发等辅助支持性活动,通过主体协同、数据协同、数据服务和知识服务协同创新耦合,实现信息价值、数据价值、知识价值、绿色价值创造和增值的过程。宏观上是各个节点企业基于相同战略目标实现整体最优,微观上是上下游企业基于价值网络围绕市场需求的快速响应,具体表现在战略协同、业务协同、信息协同、价值协同四个维度。既包括制造企业全链整体竞争力打造、共同战略相互协作维度的战略协同,企业研发、设计、供应、生产、营销、服务等生产经营活动过程的业务协同;还包括数据共识、共用、共融、共治基础上的信息生产、信息传递、信息分解、信息消费协同;以及企业知识链管理和价值链管理融合,面向企业、行业和产业集群的数据价值、信息价值、知识价值、生态价值创造及增值的价值协同[138]。进而有效提高企业服务能力、提升知识增值利润、实现更安全的数据存储与共享、更低廉的获取成本。而制造企业多价值链协同数据空间是制造企业多价值链协同主体相关的数据及其关系的集合,包括主体、数据集、数据服务和知识服务要素。

基于语义的数字资源聚合目标在于发现数字资源之间的语义关联,通过数据整合、语义识别、语义挖掘,将多源异构的数字资源多维、多层次的融合,形成领域主题、概念主题、数据内容和数据对象实体汇集的立体化知识网络[139]。

(1)制造企业多价值链协同数字资源聚合模型及语义化

1)制造企业多价值链协同数据空间数字资源聚合模型。制造企业在多价值链的协同过程中,需要对数字资源进行划分,挖掘制造企业和用户的需求,并进而利用数字资源挖掘潜在用户需求,提供个性化服务。因而,制造企业多价值链协同数字资源聚合模型构成的关键要素,包括上下游企业和普通用户、数字资源以及领域本体知识。

资源聚合模型基于数字资源超载现状,针对单一资源无法满足多价值链协同数据需求问题,对企业及上下游资源进行深度组合、开发,有序地组织和挖掘资源关系,以及数据空间蕴含的知识,满足制造企业价值链用户多粒度、细粒度的数据消费需求。同时,同一企业用户,对于产品的功能、属性、服务质量也具有更多元的层次化需求,满足其异质性的资源需求并为其推荐个性化资源,也是聚合模型需要解决的问题;数字资源也是聚合模型构建的关键要素。制造企业数字资源主要指的是企业生产、制造、营销、服务过程中所产生的有序的、主权明晰的数字化信息,并分布式存储在本地或数据空间。例如,进销存数据、财务数据、客户关系数据、数字化合同协议文本等都是数字资源聚合的对象。

聚合模型的要素还包括领域本体知识。领域本体知识是制造企业生产、制造、营销、服务价值链所涉及的知识固有属性,主要指知识结构关系和知识脉络。随着制造企业的生产、制造流程和工艺的变革,营销和服务水平的提升,跨学科领域知识不断融合,形成空间网状结构的知识关系概念群和知识集合。领域本体知识作为从知识结构出发对数字资源进行聚合的先进理论和技术,可以对知识概念多重继承并超越传统单一结构,对多价值链协同的制造企业业务能够形成有效支撑。数字资源聚合模型如图6-1所示,首先整合制造企业数据空间、云存储空间、企业网站、微信公众号、本地应用软件、App程序等应用数据,接着构建领域本体,对数字资源进行语义化处理,进而计算领域相关度,构建语义网络,分析语义网络指标,发现关键节点。

2)制造企业多价值链协同数据空间数字资源聚合语义化。数字资源语义化就是对知识组织的抽象,建立语义标签、反映语义特征,实现计算机对数字资源内容的理解。数字资源语义化描述语言、技术和规范，包括 RDF/RDFS、OWL、SPARQL、RIF 等，为制造企业对数据的描述提供了基本格式，并为语义互联、语义信息扩展、语义互操作提供基础。然后将制造企业数字资源语义化划分为内容语义化和组织语义化两个层面。使用元数据和本体，基于自然语言处理技术对数字资源进行采集、语义标注，形成计算机可以理解的内容，建立语义关联并通过语义搜索引擎实现制造企业用户需求的语义化解读、知识匹配和语义化服务。

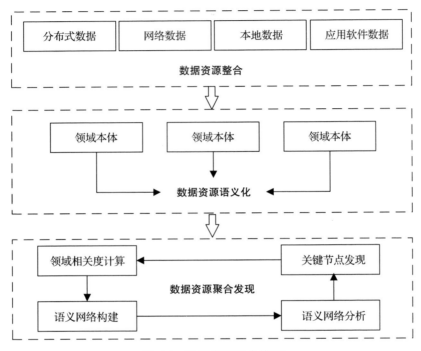

图 6-1　数字资源聚合模型

制造企业生产经营过程中所涉及的概念以及概念之间的关系，构成了数字资源聚合的基础。基于数据采集、清洗、抽取、挖掘等技术，识别数字资源实例。例如进行设备名称、供应商、价格、数量、型号、规格、功率、维护手册等概念识别，进而寻找概念和知识之间的关联，基于语义关系反映制造企业数字资源蕴含的支撑价值链协同的知识结构。可以采用 $L(G,L,G)$ 三元组描述概念关系，其中 G 为概念关系，L 为概念，语义关系可以通过语义相同、语义相近、语义相反、上下位语义、部分整体语义关系进行细粒度描述。

语义化表示后，则进一步采用语义相似度算法，将自然语言片段构成的数字资源转化为计算机能够处理的结构化信息。利用向量空间模型计算自然语言文本特征向量，通过特征向量的内积、Jaccard 系数、余弦相似度、Dice 系数来计算语义相似度 $R(b_i,b_j)$，假设两个自然语言片段特征向量为

$$S_{bi} = (V_{i1}, V_{i2}, \cdots, V_{i3}), S_{bj} = (V_{j1}, V_{j2}, \cdots, V_{j3})$$

特征向量夹角 $R(b_i, b_j)$ 内积计算如式（6-1）所示，Jaccard 系数法如式（6-2）所示，Dice 系数法如式（6-3）所示，余弦相似度法[140]如式（6-4）所示，其中余弦相似度算法被普遍应用。

$$R(b_i, b_j) = S_{bi} \times S_{bj} = \sum_{k=1}^{n} V_{ik} \times V_{jk} \tag{6-1}$$

$$R(b_i, b_j) = \frac{\sum_{k=1}^{n} V_{ik} \times V_{jk}}{\sum_{k=1}^{n} V_{ik}^2 + \sum_{k=1}^{n} V_{jk}^2 - \sum_{k=1}^{n} V_{ik} V_{jk}} \tag{6-2}$$

$$R(b_i, b_j) = \frac{2\sum_{k=1}^{n} V_{ik} \times V_{jk}}{\sum_{k=1}^{n} V_{ik}^2 + \sum_{k=1}^{n} V_{jk}^2} \tag{6-3}$$

$$R(b_i, b_j) = \cos \alpha = \frac{\sum_{k=1}^{n} V_{ik} \times V_{jk}}{\sqrt{\sum_{k=1}^{n} V_{ik}^2 \times \sum_{k=1}^{n} V_{jk}^2}} \tag{6-4}$$

（2）制造企业多价值链协同数字资源聚合识别方法

1）制造企业多价值链协同数据空间领域相关度计算。首先采用语义相关度和一致度算法剔除无关概念，语义相关度算法[140]，如式（6-5）所示。

$$\text{LS}(d_i, W) = \frac{F(d_i | W)}{\sum_{i=1}^{n} F(d_i | W)} \tag{6-5}$$

式中，$F(d_i | W) = \text{Fr}_i / \sum_{i=1}^{n} \text{Fr}_i$，Fr 为概念频率，$d$ 为候选概念，W 为领域，i 为第几个候选概念，n 为候选概念总数。考虑多价值链协同过程中概念的内涵延伸，并结合制造企业多价值链协同企业的相关概念要素，本书基于语义相关度算法提出制造企业多价值链协同数据空间领域相关度算法，如式（6-6）所示。

$$\text{LS}(d_i, W) = \frac{\sum_{j=1}^{m} F(d_i | W_j)}{\sum_{i=1}^{n} F(d_i | W_j)} \tag{6-6}$$

式中，$F(d_i | W_j) = \text{Fr} / \sum_{i=1}^{n} \text{Fr}_i$，Fr 为概念在企业单一价值链数据集中出现的频率；m 为领域数量。改进后的制造企业多价值链协同数据空间的数字资源领域一致度的计算公式如式（6-7）所示。

$$\text{LC}(d_i, W) = \sum_{i=1}^{n} \text{LS}(d_i, W) \times \lg \frac{1}{\text{LS}(d_i, W)} \tag{6-7}$$

语义抽取概念公式如式 6-8 所示，其中，$\alpha, \beta \in (0,1)$，最终可以得到制造企业多价值链协同数据空间领域本体的所有相关概念。

$$LO_I = \alpha \times LS(d_i, W) + \beta \times LC(d_i, W) \tag{6-8}$$

2）制造企业多价值链协同数据空间语义网络构建及结构分析方法。制造企业多价值链协同数据空间语义网络构建如下：将领域本体视为由节点和关系连接构成，以关系连接形成有向图。允许领域本体概念的多重继承，并保留结构性、等级制和中心化特征。语义网络中的对象为数字资源，实体概念或事务则表现为节点、概念之间的关系、概念和属性的关系、属性和属性的关系连接，形成了资源之间的紧密联系。

虽然语义网络和复杂网络具有一定的相似性，但还是有明显的区别。首先语义网络节点具有丰富的语义性，而普通复杂网络则具有更多的同质性，语义内容单一。其次，语义网络边类型更为丰富，加之在制造企业多价值链协同过程中，概念的连接更加复杂多样，边的连接在不同的价值链上不能视同为同一类型。最后，语义网络存在具有语义内涵的空白节点，而复杂网络则不允许复杂节点存在。

因此，在传统的复杂网络分析指标基础上，本书提出了制造企业多价值链协同数据空间语义网结构分析方法，如式（6-9）～式（6-13）所示。

①语义网络密度。语义网络密度算法如式（6-9）所示，其中 R 为语义网络节点连接数量，N 为语义网络中的概念数量，i 为某价值链协同语义网络。网络密度越大说明概念的关联关系越多。

$$M_i = R_i / N_i \times (N_i - 1) \tag{6-9}$$

②语义网络可达性。语义网络可达性算法如式（6-10）所示，其中 U 为不可达的点对数量。该指标反映了网络的脆弱性和稳健性。如果网络中很多节点都是通过某一个概念或几个概念相连，说明该语义网络对此节点较为依赖，稳健性则不高。

$$C_i = 1 - 2U_i / N_i \times (N_i - 1) \tag{6-10}$$

③语义网络中心性。语义网络中心性指标包括度中心度、中间中心度和接近中心度。度中心度指标反映概念处于语义网络中心的程度，如式（6-11）所示，其中 n_j 为 j 概念在 i 价值链建立连接的关系数，N_i 为 i 价值链语义网络节点数量。

$$ZD_i^j = n_j / N_i - 1 \tag{6-11}$$

中间中心度衡量一个概念在多大程度上处于其他点对的中间位置，如式（6-12）所示。其中，$A_{BC_j} = \sum_{k}^{n} \sum_{l}^{n} b_{kl}(j), b_{kl}(j) = d_{kl}(j) / d_{kl}, j \neq k \neq l, k < l$，$d_{kl}$ 为点 k 和 l 之间的最短路径数目，$d_{kl}(j)$ 为 d_{kl} 中经过 j 概念节点的最短路径数目。

$$ZC^i = \frac{2A_{BC_j}}{N_i^2 - 3N_i + 2} \tag{6-12}$$

接近中心度反映了该概念在价值链协同过程中的独立程度，如式（6-13）所示，d_{kl} 是 i 价值链网络中，概念 k 和 l 之间的最短路径线数。

$$ZC^i = \frac{(N_i - 1)}{\sum_{l=1}^{n} d_{kl}} \quad (6\text{-}13)$$

3）制造企业多价值链协同数据空间语义网络节点发现方法。在语义网络结构分析基础上，进一步展开语义网络重要节点发现，基于概念度分布，筛选核心概念节点，基于 $D\text{-}S$ 证据理论引入信任函数、似然函数，提出制造企业多价值链协同数据空间语义网络节点发现方法，计算如下：

①理论函数定义。假设样本空间 M 中有 n 个元素，则 M 子集个数为 2^n，2^M 表示 M 的所有子集，把 M 子集 A 映射到 $[0,1]$，值为 $D(A)$。信任函数 $\mathrm{Bel}:2^M \to [0,1]$，且 $\mathrm{Bel}(A)=\sum_{B\subseteq A} D(B)$，信任函数 $\mathrm{PI}:2^M \to [0,1]$，则 A 为真的信任程度 $\mathrm{PI}(A)=1-\mathrm{Bel}(\neg A) A \subseteq D$，即

$$\mathrm{PI}(A) = \sum_{A\cap B \neq \varnothing} D(B)$$

利用合成规则计算最终信任函数，以解决两个不同信任函数的问题。假设框架 M 下证据 $H1$ 分配函数为 d_1、焦元为 A_i，证据 $H2$ 分配函数为 d_2、焦元为 B_j，则合成规则如式（6-14）所示。

$$d(A) = \begin{cases} \dfrac{\sum_{A_i \cap B_j} d_1(A_i) d_2(B_j)}{1 - \sum_{A_i \cap B_j = \varnothing} d_1(A_i) d_2(B_j)}, & A \neq \varnothing \\ 0, & A = \varnothing \end{cases} \quad (6\text{-}14)$$

②重要节点建模。聚类系数可以衡量语义网络概念的聚集程度，对于制造企业语义有向网络，聚类系数公式如式（6-15）所示，其中 F_i 表示邻居概念节点之间边的连接数目。

$$K = \frac{1}{n}\sum_{i=1}^{n} F_i / N_i \times (N_i - 1) \quad (6\text{-}15)$$

在识别框架 M 下，A_i、B_j 分别被定义为概念节点度和概念节点聚类系数，基于式（6-14）得到概念节点重要性评价结果。

③重要节点识别。基于式（6-14）和式（6-15）提出制造企业多价值链协同数据空间语义网络核心节点识别算法 MPC，假定语义有向网络包含 N 个节点、M 条边，则有向网络 $E=E(G,B)$，其中 G 为概念节点集合，B 为边集合，

$$G=(G_1,G_2,\cdots,G_N), B=\{(G_i-G_j)|0<i<\max, 0<j<\max\}$$

且 G_i 和 G_j 存在连接关系，边之间存在继承关系，则节点 i 度及邻居节点度的和可以用式（6-16）表示。其中 β_i 为 C_i 邻接点集，C_α 是 C_i 邻接点，C_{ij} 为节点 C_i 度。

$$\mathrm{Dg}(i) = C_i + \sum_{C_{\alpha\beta_i}} C_{ij} \quad (6\text{-}16)$$

定义 f_i 如式（6-17）所示，S_i 是节点 C_i 的聚类系数，Dg_j 是节点 C_j 和邻居节点度值和。

$$f_i = \frac{\dfrac{S_i}{\mathrm{Dg}_i} - \min\limits_{j=1}^{N}\left\{\dfrac{S_j}{\mathrm{Dg}_j}\right\}}{\max\limits_{j=1}^{N}\left\{\dfrac{S_j}{\mathrm{Dg}_j}\right\} - \min\limits_{j=1}^{N}\left\{\dfrac{S_j}{\mathrm{Dg}_j}\right\}} \quad (6\text{-}17)$$

定义函数 g_i 如式（6-18）所示。

$$g_i = \frac{\mathrm{Dg}_i}{\sqrt{\sum_{j=1}^{N}\mathrm{Dg}_j^{\,2}}} + \frac{f_i}{\sqrt{\sum_{j=1}^{N}f_j^{\,2}}} \quad (6\text{-}18)$$

网络节点局部信息函数 dg、g 的最大值与最小值计算如式（6-19）～式（6-22）所示。

$$\mathrm{dg}_{\min} = \min\{\mathrm{dg}_1, \mathrm{dg}_2, \cdots, \mathrm{dg}_N\} \quad (6\text{-}19)$$

$$\mathrm{dg}_{\mathrm{Max}} = \max\{\mathrm{dg}_1, \mathrm{dg}_2, \cdots, \mathrm{dg}_N\} \quad (6\text{-}20)$$

$$g_{\min} = \min\{g_1, g_2, \cdots, g_N\} \quad (6\text{-}21)$$

$$g_{\mathrm{Max}} = \max\{g_1, g_2, \cdots, g_N\} \quad (6\text{-}22)$$

将框架定义为 $M(h,l)$，互斥元素 h、l 表示 f_i 和 g_i 对节点重要性支撑程度高或者低，令 $m_{\mathrm{dg}_i}(h)$、$m_{\mathrm{dg}_i}(l)$ 及 $m_{g_i}(h)$、$m_{g_i}(l)$ 分别表示节点度和信息对节点重要性支撑高低程度，则其公式分别为式（6-23）～式（6-28），其中 $0 < \delta, \gamma < 1$。

$$m_{\mathrm{dg}_i}(h) = \frac{|\mathrm{dg}_i - \mathrm{dg}_m|}{\alpha} \quad (6\text{-}23)$$

$$m_{\mathrm{dg}_i}(l) = \frac{|\mathrm{dg}_i - \mathrm{dg}_M|}{\alpha} \quad (6\text{-}24)$$

$$m_{g_i}(h) = \frac{|g_i - g_m|}{\beta} \quad (6\text{-}25)$$

$$m_{g_i}(l) = \frac{|g_i - g_M|}{\beta} \quad (6\text{-}26)$$

$$\alpha = \mathrm{dg}_M - \mathrm{dg}_m + 2\delta \quad (6\text{-}27)$$

$$\beta = g_M - g_m + 2\gamma \quad (6\text{-}28)$$

由此 f_i 和 g_i 基本概率分配函数如式（6-29）～式（6-35）。

$$M_f(i) = (m_{\mathrm{dg}_i}(h), m_{\mathrm{dg}_i}(l), m_{\mathrm{dg}_i}(\theta)) \quad (6\text{-}29)$$

$$M_g(i) = (m_{g_i}(h), m_{g_i}(l), m_{g_i}(\theta)) \quad (6\text{-}30)$$

$$m_{\mathrm{dg}_i}(\theta) = 1 - m_{\mathrm{dg}_i}(h) - m_{\mathrm{dg}_i}(l) \tag{6-31}$$

$$m_{g_i}(\theta) = 1 - m_{g_i}(h) - m_{g_i}(l) \tag{6-32}$$

则

$$M(i) = (m_i(h), m_i(l), m_i(\theta)) \tag{6-33}$$

$$M(h) = m_i(h) + \frac{1}{2m_i(\theta)} \tag{6-34}$$

$$M(l) = m_i(lh) + \frac{1}{2m_i(\theta)} \tag{6-35}$$

由此得到制造企业语义网络的重要节点评估指标：

$$\mathrm{MPC}(i) = M(h) - M(l) = m_i(h) - m_i(l) \tag{6-36}$$

基于语义理论对制造企业多价值链协同数据空间的数字资源聚合识别方法。首先，构建了制造企业多价值链协同数据空间的数字资源聚合模型，提出从知识结构出发对数字资源进行聚合的过程和方法，对知识概念多重继承并超越单一结构，形成制造企业智能决策有效支撑；其次，考虑制造企业多价值链协同概念的内涵延伸，并结合制造企业多价值链协同的相关概念要素，提出制造企业多价值链协同数据空间领域相关度计算方法；进而，基于概念度分布、D-S 证据理论，引入信任函数、似然函数，提出制造企业多价值链协同数据空间语义网络节点发现方法，最后形成了系统的数字资源聚合识别方法。本方法对于多价值链协同下的制造企业具有现实意义。一方面，该方法有助于指引制造企业围绕多价值链协同目标，聚合高质量数字资源，提高信息价值密度，加强数字资产建设。另一方面，随着数字资产建设质量的提升，制造企业知识发现和知识创新能力不断提高，能够有效支撑智能工厂知识服务、智能决策。

2. 基于 ERNIE-Gram 和 CNN 的中文文本蕴含识别方法

文本蕴含又称文本间的推理关系，就是判断两个文本之间是否是蕴含关系[141]。目前中文文本蕴含方法主要分为基于成分对齐的识别方法和基于机器学习的识别方法两类。基于成分对齐的识别方法主要是上下位的词语以及一些近义词的对齐，这种方法不适合复杂的语义关系的判断；而基于机器学习的方法很难完全提取语句的深层特征并且训练时间较长。这严重制约了信息检索、机器阅读理解、机器翻译等任务的发展。

基于 ERNIE-Gram 和 CNN 的中文文本蕴含识别方法总体框架如图 6-2 所示，总体分为基于三阶段的文本向量表示、融合 warmup 的语义识别网络构建、基于 CNN 的深层次语义提取、蕴含关系识别四个步骤。

步骤 1：基于三阶段的文本向量表示。在编码输入阶段先把前提和假设句子编码后输入 ERNIE-Gram 模型中，两个句子编码之后的输入是 768 维的向量（Token Embeddings + Segment Embeddings + Postition Embeddings）。

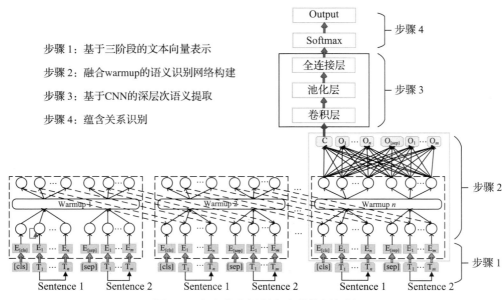

图 6-2 文本蕴含识别方法总体框架图

步骤2：融合 warmup 的语义识别网络构建。在 ERNIE-Gram 模型中创新性的加入更适合中文文本蕴含的 warmup 优化学习率，防止在开始阶段学习速度较快，模型不能够很好的吸收学到的语义信息，在优化学习率的同时进行对模型参数的更新，对上一轮句子对的更新参数需要传递给下一轮句子对的起始参数（图 6-2 中的 O 表示参数），然后把提取到的词语级别的语义和句子级别的语义进行融合送入 CNN 进行进一步的语义提取及融合。

步骤3：基于 CNN 的深层次语义提取。ERNIE-Gram 模型的输出是 768 维的向量，由卷积层进一步提取句子深层次的语义，然后经过池化和全连接降维成三维的向量。

步骤4：蕴含关系识别。通过把全连接层输出的三维向量概率归一化，识别句子之间的关系。

（1）基于三阶段的文本向量表示

在制造业多价值链协同数据空间中，为充分利用句子的表征信息并且提高泛化能力，采用 BERT 字向量编码，编码输入规则如图 6-3 所示，分为 Token Embeddings、Segment Embeddings、Postition Embeddings 三种编码。

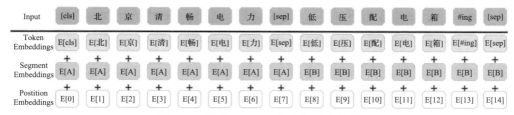

图 6-3 基于三阶段的文本向量表示图

1）Token Embeddings 是一个 768 维的初始化的向量，句子中对应的字的编号就是对应的 Token Embeddings。例如："北"这个字在字典的编号是 419，"北"的 Token Embeddings 就是 419 行的一个 768 维的向量。

2）Segment Embeddings 是由于把两句话放在一个模型里面，为了区分这两句话，每个句子分别加一个符号 E[A] 和 E[B]，让模型能够区分这是两句话。

3）Postition Embeddings 是由于 Token 互相的位置距离是学不到的，就把它们从 0 进行了一个编码，由于句子都是短文本，把 Postition Embeddings 设置到 0～512。这三个编码简单相加就是 input Embeddings。[cls] 是一个符号，表示是两句话的开始，[sep] 是两句话的分隔符，[sep] 前是前提句，[sep] 后是假设句，最终用 #ing 表示结尾。把上面三个编码函数封装起来，加一个偏函数，在做明文转 id 的时候，希望里面有一些参数是固定的，因为要对很多数据做同样的操作，设置 tokenizer 是一样的，Postition Embeddings 的最大值是 512。这样就方便对数据的处理了。例如，句子 A 和句子 B 的长度分别是 n 和 m，那么 input 就是一个 768*(m+n) 的矩阵。这个矩阵进入 ERNIE-Cram 模型之后分别和 K、Q、V 三个初始化不同的矩阵相乘，得到的两个矩阵再分别相乘，最终得到的矩阵就是这两句话的每个词之间的相互关系，这种方式可以最大程度地保留文本信息的完整性。

（2）融合 warmup 的语义识别网络构建

1）基于关系增强的 ERNIE-Cram 模型构建。为了更好地提取文本的语义关系，让模型更好地利用文本特征，引入了一种增强的 n-gram 关系建模机制。首先用从生成器模型中采样的似然 n-gram 标识掩盖原来的 n-gram，然后用似然 n-gram 和原 n-gram 之间的成对映射关系将它们融合成新的 n-gram。并加入了被替换 tokens 检测的目标，以区分原始与似然的 n-gram，这增强了显式 n-gram 与细粒度上下文 tokens 之间的交互。

同时以细粒度和单标识 [M] 粗粒度的方式预测 n-gram，这有助于提取全面的 n-gram 语义。其损失函数如式（6-37）所示。

$$-\log p_\theta(y_m, z_m | \overline{z} \backslash m) = -\sum_{y \in y_m} \log p_\theta(y | \overline{z} \backslash m) - \sum_{z \in z_m} \sum_{x \in z} \log p_\theta(x | \overline{z} \backslash m) \quad (6\text{-}37)$$

式中，$x = \{x_1, x_2, \cdots, x_{|x|}\}$ 表示输入序列；$y = \{y_1, y_2, \cdots, y_{|b|-1}\}$ 表示 n-grams 集；$b = \{b_1, b_2, \cdots, b_{|b|}\}$ 表示 n-grames 的开始边界集；$z = \{z_1, z_2, \cdots, z_{|b|-1}\}$，表示 n-grams 序列集；m 表示随机选择的开始边界集，z_m 表示 m 对应的 n-grams 序列集；$\overline{z} \backslash m$ 表示掩膜了 z_m 之后的序列；y_m 表示随机选择的 n-grams 集；为了从单个 [M] 中预测一个 n-grams 中包含的所有 tokens，而不是连续的 [M] 序列，采用独特的掩码符号 $[M_i], i = 1, 2, \cdots$，去聚合上下文表示，用于预测 n-gram 中的第 i 个标记。为了明确学习 n-gram 之间的语义关系，联合训练了一个小的生成器模型 θ' 与显式 n-gram MLM 目标函数，以采样 n-gram 标识。关系建模的详细架构图如图 6-4 所示。

利用生成的标识进行掩码，训练标准模型 θ 以粗粒度和细粒度的方式预测原始的 n-gram，该模型可以有效地建模相似的 n-gram 之间的成对关系，为精准识别相似句子对之间的蕴含关系做保障。

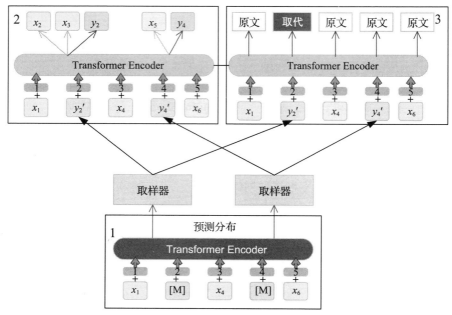

图 6-4 关系建模的详细架构图

图 6-4 中，1 中的 Transformer Encoder 的训练标准模型，也就是一个 explicity n-gram MLM。损失函数如式（6-38）所示。

$$\text{loss}_1 = -\log_{p_{\theta'}}(y_M \mid \overline{z}/M) \tag{6-38}$$

式中，$y_M = \{y_2, y_4\}$，$\overline{z}/M = \{x_1, [M], x_4, [M], x_6\}$，并且设预测出来的结果为 $y'_M = \{y'_2, y'_4\}$。

2 中的 Transformer Encoder 的训练标准模型，一个特殊的 comprehensive n-gram MLM。损失函数如式（6-39）所示。

$$\text{loss}_2 = -\log_{p_\theta}(y_M, z_M \mid z'/M) \tag{6-39}$$

式中，z'/M 是把 y'_M 作为掩膜后的原序列。

3 中的 Transformer Encoder 的训练标准模型，完成 replaced token detection objective(RTD) 损失函数如式（6-40）所示。

$$-\log p_\theta(\mathbb{1}(\overline{z}' \setminus M = \hat{z} \setminus M) \mid \overline{z}' \setminus M) = -\sum_{t=1}^{|\hat{z} \setminus M|} \log p_\theta(\mathbb{1}(\overline{z}' \setminus M, t = \hat{z} \setminus M, t) \mid \overline{z}' \setminus M, t) \tag{6-40}$$

式中，$z \setminus M = \{x_1, x_2, x_3, x_4, x_5, x_6\}$；$\mathbb{1}$ 为一个既定标识符，如果 $\mathbb{1}(\overline{z}' \setminus M = \hat{z} \setminus M)$ 为真，$\mathbb{1}$ 为 1，否则 $\mathbb{1}$ 为 0。

图 6-4 中总的来说，1 使用上下文信息预测 n-gram，捕捉了 n-gram 和上下文的联系；2 使用 1 中预测出来的结果掩膜过后的序列，去预测 n-gram，捕捉了 n-gram 和 n-gram 之间的联系 3。一方面更加显式地完成了 2，另一方面，反过来使用 n-gram 信息预测上

下文的 tokens，加强了联系。

2）基于动态调整的 warmup 学习率嵌入。考虑到 ERNIE-Gram 模型的初始阶段容易出现过拟合现象，引入 warmup 学习率，对不同的阶段设置不同的学习率，对参数进行调优一直是学术界的热点。学习率是模型的一个重要参数，如何调整学习率是训练出好模型的关键要素之一，在通过 SGD 求解问题的极小值时，梯度不能太大，也不能太小。太大容易出现超调现象，即在极值点两端不断发散，或是剧烈震荡，随着迭代次数增大 loss 没有减小的趋势；太小会导致无法快速找到好的下降方向，随着迭代次数增大 loss 基本不变。学习率越小，损失梯度下降的速度越慢，收敛的时间就会越长。

由于神经网络在刚开始训练的时候学到的东西的深度和广度是非常不稳定的，因此刚开始的学习率应当设置得比较低，这是为了防止模型不收敛。但是如果学习率太小会使得训练过程变得非常缓慢，因此采用从较低学习率逐渐增大至较高学习率的方式实现网络训练的开始阶段，把这一过程称为 warmup-stage。但是如果使网络训练的 loss 很小，那么就不能一直使用较高学习率，因为它会使得权重的梯度一直来回震荡，模型的训练结果会发散，很难使训练的损失值达到全局最小。因此需要在经过一些步骤之后再让学习率慢慢变小。

可以认为，刚开始模型对数据的认识为零，或者说均匀认识所要训练的数据；在第一轮训练的时候，每个数据点对模型来说都是新的，模型会很快地进行数据分布修正，如果这时候学习率就很大，极有可能导致开始的时候就对该数据"过拟合"，后面要通过很多次训练，模型才会有新的认识，并纠正自己对原本学习的理解，才能把模型拉回到正轨上。这不仅浪费很多时间，还降低模型的高效性。当训练了一段时间（比如两轮、三轮）后，模型已经对每个数据熟悉了，对模型参数也熟悉了，或者说对当前的 batch 而言有了一些正确的先验，较大的学习率就不那么轻易使模型学偏，这时候可以适当调大学习率。

Consine decay 原理如式（6-41）所示。

学习率减小：

$$\eta_t = \eta_{\min}^i + \frac{1}{2}(\eta_{\max}^i - \eta_{\min}^i)\left(1 + \cos\left(\frac{T_{\text{cur}}}{T_i}\pi\right)\right) \qquad (6\text{-}41)$$

式中，i 就是第几次 run（索引值）；$\eta_{\max}^i$ 和 $\eta_{\min}^i$ 分别表示学习率的最大值和最小值，规定了学习率的范围。保持 $\eta_{\max}^i$ 和 $\eta_{\min}^i$ 在每次 restart 之后仍然不变；T_{cur} 则表示当前执行了多少个 epoch，但是 T_{cur} 是在每个 batch 运行之后就会更新，而此时一个 epoch 还没有执行完，所以 T_{cur} 的值可以为小数。例如，总样本为 80，每个 batch 的大小是 16，那么在一个 epoch 中就会循环 5 次读入 batch，那么在第一个 epoch 中执行完第一个 batch 后，T_{cur} 的值就更新为 1/5=0.2，以此类推；T_i 表示第 i 次 run 中总的 epoch 数。开始会初始化一个比较小的 T_i，在每次 restart 后，T_i 会以乘以一个 T_{mult} 的方式增加，即把 T_i 固定为训练模型的 epoch 数。

基于 ERNIE-Gram 和 CNN 的中文文本蕴含识别对学习率的初始阶段的控制如图 6-5 所示。

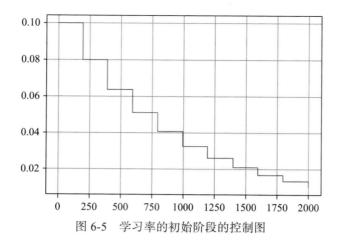

图 6-5 学习率的初始阶段的控制图

图 6-5 横轴代表训练进度,纵轴代表学习率。初始化学习率为 0.1,每学习 200 条数据,学习率下降到原来的 80%,前 2000 条数据按此方法进行模型训练,剩下的学习率设为 0.1。这样,在模型的初始阶段学习率较小,可以很好地修正模型,防止模型过拟合,又解决了模型训练过慢的问题。

(3)基于 CNN 的深层次语义提取及蕴含关系识别

在制造企业多价值链协同数据空间中,为了提取文本深层次的语义信息并进行句子关系的识别,首先用卷积神经网络的卷积层对文本信息进行卷积,融合不同级别的语义信息,然后通过池化层和全连接层对句子进行语义匹配,最后通过 Softmax 对句子之间的关系进行蕴含识别。

1)提取语义信息的 CNN 结构。结合前人工作以及本书模型特点,为进一步提取文本语义,CNN 结构框架设计如图 6-6 所示。

输入:在"北京清畅电力"中每个字使用一个 shape 为 1×5 的行向量表示,然后这 7 个字以垂直方式堆积成一个二维矩阵。该二维矩阵的 shape 为 count(单词)$\times 5$。

卷积核:输入确定之后,后面的一层中展示的是 3 种不同尺寸的卷积核,分别为 2 个 45、2 个 35 和 2 个 2×5 的卷积核。可以看出来,卷积核的一个维度是确定的,与词向量的维度 d 相等。那么这里的卷积就不再是图像中的二维卷积,而是一维卷积,该卷积核只在高度维度上平移。

卷积操作:在卷积核确定之后,每个卷积核与输入进行卷积运算,会得到一个特征图的输出,分别为 2 个 14、2 个 15 和 2 个 1×6 的特征图。这一步是卷积运算。

池化操作:从图 6-6 中可以看出,在卷积之后,又进行了最大池化,然后将每个特征最大池化之后的结果以垂直方式堆积。

全连接层:在池化操作之后,可以进行全连接的计算,目的是降为三维的向量。

2)蕴含关系识别。经过 CNN 全连接层后得到一个三维的向量,再通过 Softmax 进行归一化处理,就可以判断两个句子之间的关系。sigmoid 函数可以将输入的一个实数映射到区间 [0,1] 上,那么任意的一个 X_1 都可以得到一个在 [0,1] 上的 Y_1,也就是可以把所有的值都压缩到区间 [0,1] 内，一个输入对于每一个类别的得分 X，都可以把这个得分映射到区间 [0,1] 内，也就是把得分数值转成了相应的概率值。再通过概率值的归一化就可以得出两个句子之间的关系。

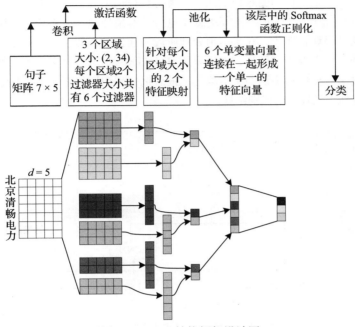

图 6-6 CNN 结构框架设计图

在制造业多价值链协同数据空间中，识别文本蕴含是一项非常重要的任务，目前对中文文本蕴含的识别主要困难在于考虑语义不全面，难以充分利用文本语义信息。通过基于 ERNIE-Gram 和 CNN 的中文文本蕴含识别方法，嵌入 warmup 的 ERNIE-Gram 模型和卷积神经网络对句子语义双层提取的方式识别句子之间的关系。在预训练模型中加入符合中文文本蕴含的 warmup 优化学习率，使预训练模型提取语义更充分。同时，在预训练模型提取一遍语义之后，加入卷积神经网络，再对语义进行更深层次的提取，解决了传统方法因语义提取噪声大且不充分而导致的难以全面捕捉语义信息的情况，因此可以有效解决制造企业在生产决策过程中多价值链数据协同问题。

3. 考虑特征词汇和否定词汇的中文文本蕴含识别方法

文本蕴含就是给定两个句子，判断这两个句子之间的关系，它是机器阅读理解、对话系统、信息检索等任务的重要基础。近年来，在制造业多价值链协同的数据空间中，随着文本蕴含任务的发展，含有否定词汇的文本越来越多，但由于现有方法对文本的高级语法很难有很好的理解，导致对含有否定词汇的文本蕴含识别效果不佳[142]。

为了更好地识别含有否定词汇的中文文本的蕴含关系，提出一种考虑特征词汇和否定词汇的中文文本蕴含识别方法。该方法创新地把特征词汇和否定词汇提取出来和文本一起训练，并用双塔模型分别训练前提句和假设句，降低模型维度，解决了传统方法考虑文本特征单一和训练时间长的问题；在此基础上加入修正层，有效解决传统机器学习方法对含有否定词汇的文本识别准确率低的问题。

在制造业多价值链协同的数据空间中，考虑特征词汇和否定词汇的中文文本蕴含识别方法总体框架如图 6-7 所示。该方法总体包括文本预处理、语义特征提取、语篇蕴涵的初步识别和结果修正四步。在文本预处理阶段对前提句和假设句去停用词、数字归一化和提取特征词汇以及否定词汇；然后采用 Bi-LSTM 和 CNN 对文本语义特征进行双层提取；再通过全连接层初步识别文本蕴含；最后把初步识别的蕴含结果在结果修正阶段进行修正，直到得到较好的识别结果。

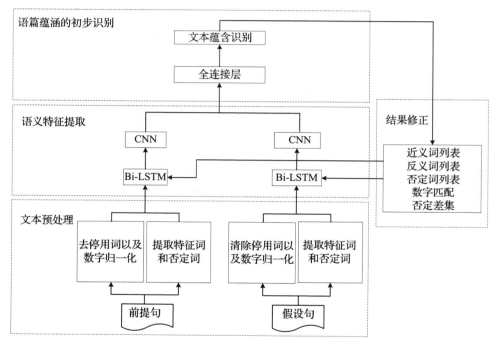

图 6-7　考虑特征词汇和否定词汇的中文文本蕴含识别方法总体框架

（1）文本预处理

针对当前神经网络模型维数大、训练时间长的问题，提出采用双塔结构对前提句和假设句分别训练。首先对前提句和假设句进行预处理、提取特征词汇和否定词。预处理主要包括去停用词和数字统一化；研究表明，名词、动词、形容词、副词这四类词是包含语义最丰富的词语[143]，故特征词汇为这四类词语。

1）去停用词。构造特征通常会引起文本噪声过大，首先要对文本去停用词汇，停用词是指一些没有实际语义的词汇，去停用词可以达到数据增强的作用。本书对照"中文停用词汇表""哈尔滨工业大学停用词汇表""百度停用词汇表""四川大学机器智能实验室停用词汇库"去停用词。

2）数字归一化。由于要对文本中的数字进行相同匹配，在预处理的时候就要对数字进行归一化，把不同形式的数字转化为阿拉伯数字，并保留到小数点后两位，具体见表 6-1。

表 6-1　数字归一化示例

转化前的数字	转化后的数字
叁拾肆	34.00
七十二	72.00
1/3	0.33
60%	0.60
25	25.00
28.473	28.47

3）提取特征词汇和否定词汇。以否定词表为基准，利用正则匹配对文本中的否定词进行匹配，然后提取句子的否定词，用 LTP 提取句子的名词、动词、形容词、副词以及句法分析（如图 6-8 中上半部分）和句子语义依存分析（如图 6-8 中下半部分），结果如图 6-8 所示。

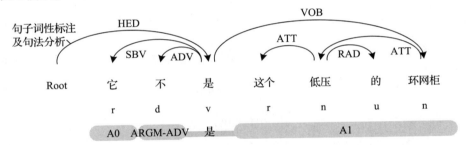

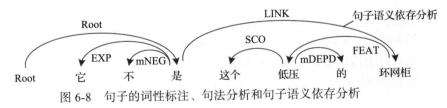

图 6-8　句子的词性标注、句法分析和句子语义依存分析

（2）语义特征提取

在语义特征提取阶段，先使用 Bi-LSTM 对前后文语义关系进行提取，然后使用 CNN 对文本的局部特征进行提取，双层次对文本语义进行提取，尽可能多地保留文本语义特征。

1）基于 Bi-LSTM 的前后文语义依赖特征提取。为提取前提句和假设句的上下文的语义依赖关系，采用非常适合用于对时序数据建模的 Bi-LSTM 分别对前提句和假设句进行训练，使用 Bi-LSTM 模型可以更好地捕捉到较长距离的依赖关系。其内部网络结构如图 6-9 所示。

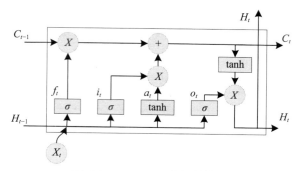

图6-9 Bi-LSTM 内部结构图

Bi-LSTM 在 RNN 基础上添加了记忆单元、输入门、输出门和遗忘门。网络的输入可由 $[x_1, x_2, \cdots, x_T]$ 表示,每个 LSTM 网络中的输入门 i_t、输出门 o_t、遗忘门 f_t 和细胞状态 c_t 可由以下公式计算得出:

令 $X=[x_1, x_2, \cdots, x_T]$ 为输入的文本,LSTM 神经元内部结构的实现如下:

$$i_t = \sigma(W_{xi}x_t + W_{hi}h_{t-1} + W_{ci}c_{t-1} + b_i) \quad (6\text{-}42)$$

$$f_t = \sigma(W_{xf}x_t + W_{hf}h_{t-1} + W_{cf}c_{t-1} + b_f) \quad (6\text{-}43)$$

$$c_t = f_t c_{t-1} + i_t \tanh(W_{xc}x_t + W_{hc}h_{t-1} + b_c) \quad (6\text{-}44)$$

$$o_t = \sigma(W_{x0}x_t + W_{ho}h_{t-1} + W_{co}c_t + b_o) \quad (6\text{-}45)$$

$$h_t = o_t \tanh(c_t) \quad (6\text{-}46)$$

式中,i_t、f_t、c_t、o_t、h_t 分别为输入门、遗忘门、细胞状态、输出门和隐藏层在输入第 t 个文本时的状态。W_i、W_f、W_c、W_o 分别为输入门权重、遗忘门权重、细胞状态权重和输出门权重。b_i、b_f、b_c、b_o 分别为输入门偏置、遗忘门偏置、细胞状态偏置和输出门偏置。W 为模型的参数;σ 为 Sigmoid 函数;tanh 为双曲正切函数。

Bi-LSTM 由前向 LSTM 与后向 LSTM 组合而成,前向 LSTM 能够记忆上文信息,后向 LSTM 能够记忆下文信息,对连续的序列分析起到了促进作用。Bi-LSTM 网络结构图如图 6-10 所示。

图 6-10 中的 x_t 表示网络在 t 时刻的输入,方框中的 LSTM 为标准 LSTM 模型,$\vec{y}_t$ 为前向 LSTM 在 t 时刻的输出,$\overleftarrow{y}_t$ 为反向 LSTM 在 t 时刻的输出,也就是说 Bi-LSTM 在 t 时刻的输出表示定义为 $y_t = [\vec{y}_t : \overleftarrow{y}_t]$,即 t 时刻的输出由前向输出与反向输出直接拼接而成。

本书采用双塔模型对前提句和否定句分别训练,固定句子的长度为 76 个字(不足 76 的补 0),Bi-LSTM 隐藏层的神经元为 256 个,故 Bi-LSTM 的输出是(256, 76)的矩阵,对此矩阵进行 padding 操作为(256, 256)的矩阵输入 CNN。

2)基于 CNN 的局部特征提取。Bi-LSTM 比较擅长学习文本的前后文依赖特征,但是考虑特征词汇和否定词汇就要求模型对局部特征比较敏感（比如学习词汇之间的关系）。CNN具有表征学习（representation learning）能力，能够按其阶层结构对输入信息进行平移不变分类（shift-invariant classification），故加入CNN对前提句和假设句的局部特征进行提取，方便后续进行词汇语义层面的语义匹配。

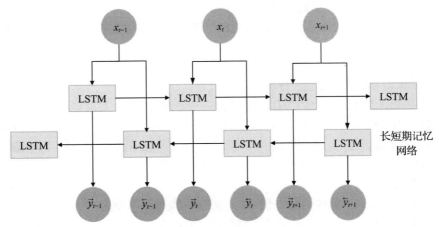

图 6-10　Bi-LSTM 网络结构图

由于考虑特征词汇和否定词汇的中文文本蕴含识别方法且采用双塔模型，故在CNN层含有输入层、卷积层、池化层和全连接层。

①输入层。把 Bi-LSTM 的输出向量作为 CNN 层的输入，整体来说就是文本在 Bi-LSTM 中被提取长期依赖关系之后再输入 CNN 提取文本的局部信息。

②卷积层。卷积层是由一系列卷积单元（也称卷积核，Conrolution kernel）组成，通过反向传播算法训练得到每个卷积单元的参数。卷积层能够提取输入文本的局部特征，原因是每个神经元的输入并非与前一层全连接，而是与其局部接受域相连，因此提取到的是该局部的特征。针对数据集特点，本书共设置了三种不同尺寸的卷积核，并且确定滑动步长为2。另外，为避免特征矩阵中间区域与边缘区域提取次数不同的问题，采取 padding 操作（其中 Pad=1，即外围补一圈 0），这样既避免边缘区域特征提取少，还能够使得卷积输出与输入维度一致，提高程序可维护性和泛化性。

假设卷积层输入维度 $w_{in} = len_{in} \times wid_{in}$，其中 len_{in} 为输入长度，wid_{in} 为输入宽度，那么，输入维度的计算如下：

$$w_{out} = len_{out} \times wid_{out} \quad (6-47)$$

$$len_{out} = \frac{len_{in} - Fliter + 2pad}{stride} + 1 \quad (6-48)$$

$$wid_{out} = \frac{wid_{in} - Fliter + 2pad}{stride} + 1 \quad (6-49)$$

由上可知，$w_{out} = w_{in}$。

③池化层。卷积层输出的特征维度通常较高，会造成较大运算压力，解决这一问题的方法是通过池化层对卷积层输出进行特征压缩。本书选择使用最大池化作为池化方式，最大池化即在过滤器滑动到一个区域时，选择使用区域内最大值作为该区域表示。过滤器尺寸选择上，使用大小为 2×2 的尺寸，滑动步长设置为2。原特征矩阵经过最大池化处理后被压缩为原来大小的1/4，因此池化操作能够在尽可能保持最显著特征的前提下有效提高计算效率。

④全连接层。全连接层接收经过卷积和池化操作后得到的一系列局部特征，将其通过权值矩阵重新整合成为完整的特征信息。

CNN 的输入是（256，256）的矩阵，经过一次卷积输出为（128，128）的矩阵，第二次卷积输出为（65，65）的矩阵，第三次卷积输出为（33，33）的矩阵，然后 MAX 池化为（4，4）的矩阵，把（4，4）的矩阵转化为（1，16）的矩阵输入匹配层。由于是双塔模型，也就是把前提句和假设句转化为两个（1，16）的矩阵输入匹配层进行文本语义匹配。

（3）文本蕴含初步识别

为进一步提高文本蕴含识别的准确性，同时降低方法的维数，本书采用双塔模型建模，在文本蕴含初步识别中先对前提句和假设句进行语义匹配，然后初步得出两个句子的蕴含关系。文本蕴含初步识别结构如图 6-11 所示。

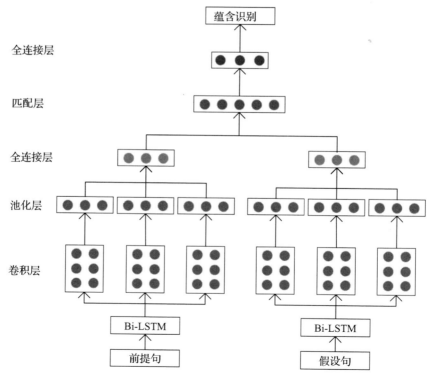

图 6-11　文本蕴含初步识别结构图

单塔结构分别提取前提句和假设句的语义特征,在匹配层进行语义匹配,再通过全连接层降成三维,采用 Softmax 激活函数进行文本蕴含识别结果的分类,最终输出文本蕴含识别的结果。

(4)结果修正

为提高方法对含有否定词的文本蕴含识别的准确率,加入结果修正阶段对识别结果进行修正。结果修正阶段加入近义词汇表、反义词汇表、否定词汇表、数字匹配和否定差集对初步识别的结果进行修正。

否定差集是指分别提取前提句和假设句的否定词汇,然后用 count() 函数进行统计,再通过式(6-50)进行否定差奇偶性的计算。

$$Parity = |P_p - P_h|\%2 \tag{6-50}$$

式中,P_p 表示前提句含有否定词的数量,P_h 表示假设句含有否定词的数量,Parity 表示前提句和假设句否定词数量差的奇偶性。把 Parity 作为参数加入语义特征提取阶段用来更新语义特征提取参数的权重,把新的权重再传入文本蕴含初步识别阶段对初步识别的蕴含结果进行更新,循环迭代直至方法达到最优识别效果。

以上针对在制造业多价值链数据协同的过程中,含有否定词的中文文本蕴含识别准确率较低的问题,提出一种考虑特征词汇和否定词汇的中文文本蕴含识别方法,该方法的创新之处在于,在文本预处理阶段考虑了特征词汇(名词、动词、形容词、副词)和否定词汇对文本语义的影响以及双塔模型和修正的综合运用。该方法加入修正层对蕴含识别结果进行修正,也使得蕴含识别准确率得到提高。此外,目前中文文本蕴含数据集较少,具体到制造企业多价值链数据协同中的中文文本蕴含数据集更是不够全面,所以建立制造企业的中文文本数据集也是一项有意义的工作。

6.1.2 制造业多价值链协同数据空间管理引擎查询优化模块

随着互联网技术和计算机技术的飞速发展,在制造企业中的相关信息往往以文本、图像、视频等不同载体广泛存在。这种表达内容语义相似,但以不同模态、不同来源和不同背景等形式出现的数据统称为多源异构的"跨媒体数据"[144]。随着跨媒体数据规模的迅速膨胀与应用场景的不断扩充,跨媒体数据查询、检索(简称跨媒体检索)成为当前的研究热点。跨媒体检索指的是通过输入任意一种模态的数据,在跨媒体数据集中检索出所有语义相关数据[145]。由于跨媒体数据之间在底层特征与高层语义之间存在鸿沟,即不同模态数据的底层特征之间存在较大的异构性和不可比性,使得跨媒体检索面临巨大挑战。

跨媒体关联学习是解决跨媒体数据底层特征之间存在的异构性和不可比性的主要手段,当前多采取建立一个共享子空间的方法,将不同模态的媒体数据投影到这个子空间中做统一表征,然后采用诸如余弦距离、欧氏距离等传统计算方法求得数据间距离以代表数据间相关性。在这种思路的指引下,最早诞生了基于 CCA(典型相关分析)及其变形形式如 KCCA(核典型相关分析)的一系列方法[146]。随着机器学习、深度学习、强化学习在图片分类等领域的高效应用，研究人员也将精力集中在采用这些方法进行模型训练和数据学习中。近些年来，一些研究者探索了包括哈希法、图正则等方法在内的跨媒体关联学习方法，这些方法同样取得了不错的效果。

上述方法大多存在两个局限性：一是仅针对文本和图像两种媒体类型的数据进行跨媒体检索；二是当前存在的跨媒体数据集数据分布稀疏，在语义上下文关系上并没有得到良好的关联。事实上，跨媒体数据的构成远非文本与图像两种模态那么简单，同时，媒体内数据的语义相关性也是反应跨媒体数据相关性的重要组成部分[147]。

1. 多模态语义稀疏数据跨媒体关联性计算方法

多模态语义稀疏数据跨媒体关联性计算方法结构如图 6-12 所示。方法包括数据集内部对象细粒度关联学习层与语义类别关联补充层。数据集内部对象细粒度关联学习层，首先将不同模态数据进行细粒度划分从而产生局部细节信息并输入长短期记忆神经网络建模，进行细粒度特征提取。之后，将细粒度的局部信息通过关联损失函数进行约束，实现对不同模态媒体数据之间关联性的充分分析与挖掘。语义类别关联补充层引入诸如Wikipedia、百度、搜狐等具有大量知识的外源扩展数据源，通过 KTF-IDF 方法得到词语之间的相关性，用以克服把词语的相关性作为以该词语为标签的一系列媒体数据的相关性。最后，在通过以上方法分别计算出媒体内与媒体间的相关性之后，联合两种相关性加权取平均值，最小化关联损失并最终确定跨媒体数据相关系数。

2. 数据集内部对象细粒度关联学习层

（1）细粒度特征提取

细粒度特征提取的目的是将跨媒体数据切割、转换成片段或时序序列，并通过 LSTM 网络学习、统一表征。例如，对于文本数据，首先对其进行分句、分词，将长文本内容切割成片段，把该片段输入文本卷积神经网络[148]中，提取 300 维特征，并以内容本身的顺序组成序列；对于音频数据，按固定的时间长度进行切割，将切割后的音频内容分别提取 128 维 MFCC（mel frequency cepstrum coefficient）特征，MFCC 特征是 Speech Recognition 和 Speaker Recognition 方面最经常使用的语音特征；对于 3D 模型数据，对目标的 47 个不同角度进行观察，并使用光场描述子对每一个角度提取 100 维特征组成序列；对于图像，采用 VGG-19 卷积神经网络进行特征提取，提取 512 维特征，并按照人眼观察的顺序组成序列；对于视频，在提取每一个视频帧的前提下，利用 ResNet 模型提取 256 维特征，并按照视频的时间顺序组成序列。将处理好的特征输入 LSTM 网络学习，输出结果统一表征为 256 维的数据。网络的学习率为固定值 0.0005。

LSTM 网络是一种特殊的循环神经网络，能够利用 cell 和 gate 的更新有效学习序列数据中的长期依赖，解决 RNN 循环网络中的消隐梯度问题（the vanishing gradient problem of RNN）。LSTM 的核心公式可以表示为

$$i_t = \text{sigmoid}(W_i x_t + U_i h_{t-1} + b_i) \quad (6\text{-}51)$$

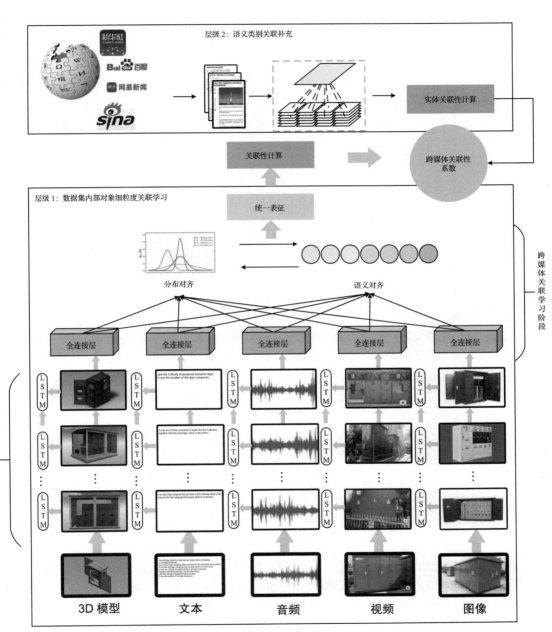

图 6-12 多模态语义稀疏数据跨媒体关联性计算方法结构

$$f_t = \text{sigmoid}(W_f x_t + U_f h_{t-1} + b_f) \tag{6-52}$$

$$o_t = \text{sigmoid}(W_o x_t + U_o h_{t-1} + b_o) \tag{6-53}$$

$$c_t = f_t \odot c_{t-1} + i_c \odot \tilde{c}_t \tag{6-54}$$

$$h_t = o_t \odot \tanh(c_t) \tag{6-55}$$

式中,i_t、f_t、o_t 分别表示输入门、遗忘门、输出门,c_t 表示记忆单元。x_t 表示 t 时刻的输入序列,h_{t-1} 表示上一时刻的外部状态,$\tilde{c}_t$ 表示候选状态。数据经由 LSTM 网络后得到序列特征 h^l_{seq}

$$h^l_{\text{seq}} = \{h^l_1, h^l_2 \cdots, h^l_j\} \tag{6-56}$$

将序列特征取平均得到每个任意媒体类型数据的特征 h^l:

$$h^l = \frac{1}{j} \sum_{i=1}^{j} h^l_j \tag{6-57}$$

（2）跨媒体关联学习

跨媒体关联学习指的是跨媒体数据之间的关联学习,即五种模态数据中,不同模态媒体间数据之间的关联学习。在通过 LSTM 网络对跨媒体数据局部细粒度特征进行准确提取之后,最重要的问题就是如何将底层异构的媒体数据投影到一个共同的空间中衡量。本书采用最小化关联损失的方式,从两个角度出发,确定关联损失函数,衡量媒体间数据的关联性并量化其关联系数。

考虑高层语义空间中的跨媒体数据关联性,采用一种基于交叉熵的语义关联损失计算方式,公式表示为

$$H(p,q) = -\sum_{i=1}^{n} p(x_i) \log q(x_i) \tag{6-58}$$

式中,p 为经过提取的任意媒体类型数据的特征,q 为其对应的语义标签,$p(x_i)$ 是一个 0-1 函数,$q(x_i)$ 为语义标签函数。

研究表明,跨媒体数据在其特征空间中存在影响较大的分布差异问题,为拉近不同模态数据的分布距离,借鉴迁移学习及相关思想,采用最大均值差异（maximum mean discrepancy，MMD）损失函数优化不同媒体类型数据之间的分布差异。最大均值差异通过将数据映射到再生核希尔伯特空间中度量距离,常被用来度量两个分布之间的距离,是迁移学习中常用的损失函数。它的基本思想是：如果两个随机变量的任意阶都相同的话,那么两个分布就是一致的。而当两个分布不相同的话,那么使得两个分布之间差距最大的那个矩应该被用来作为度量两个分布的标准。通过最小化 MMD 损失,可以减小不同分布之间的差异,达到对齐分布的效果。MMD 的表示方式为

$$\text{MMD}^2(p_i, p_j) = \left\| \frac{1}{m}\sum_{i=1}^{m} \phi(p_i) - \frac{1}{n}\sum_{i=1}^{n} \phi(p_j) \right\|_H^2 \tag{6-59}$$

式中，p_i 和 p_j 表示任意两个经过特征提取的相同维度的数据，$\phi(\cdot)$ 表示特定的核函数。本方法中核函数选取高斯核函数。

在确定了媒体间关联学习相应定义方式后，最终的联合损失函数 L 计算公式表示为

$$L = \alpha H(p,q) + (1-\alpha)\text{MMD}^2(p_i, p_j) \tag{6-60}$$

$$L = -\alpha \sum_{i=1}^{n} p(x_i) \log q(x_i) + (1-\alpha) \left\| \frac{1}{m}\sum_{i=1}^{m} \phi(p_i) - \frac{1}{n}\sum_{i=1}^{n} \phi(p_j) \right\|_H^2 \tag{6-61}$$

最小化上述整合计算公式，不仅可以使数据间语义关系更加紧凑，也可以最大限度消除分布差异，从而得到更加完善的关联关系。

3. 语义类别关联补充与检索

长久以来，跨媒体检索研究的角度多集中于媒体间数据的检索过程，并因此弱化了对媒体内数据关联性的考量。实际上，任何一种单一的媒体内的关联程度都是媒体关联性的重要组成部分。以文本为例，有基于字符串、基于语料库和基于知识的相似性三种方向的关联度度量方法。从理论来说，引入媒体内关联性有两方面的优势，一方面可以增大应该具有关联性的数据的相关性，让语义相近的数据更加紧凑；另一方面，也可以增大不具备明显关联性的数据之间的语义距离，让语义无关的数据被更好的辨识。

在整体的框架中，媒体内部关联系数计算通过联合维基百科、新华网和腾讯新闻网等外源 Web 扩展知识库的主题关联计算得到实现。对于 PKU XMediaNet 数据集，共集中描述了 200 个不同类别的个体，形成了 200 个实体，包括："飞机、老虎、人"等，构成了高层的语义空间。在外源 Web 知识库中，抽取大量富含数据集中语义标签的知识表述，通过采取基于语料库的文本关联度度量方法计算语义标签之间的相关性，在高层语义空间中形成量化的媒体内关联性，并以此作为媒体内关联系数。

进一步地，采用一种改进的关键词语义相关词频 – 逆文档频率方法（keywords term frequency-inverse document frequency，KTF-IDF），对于互联网中的知识与文章，利用 KTF-IDF 获取关键标签之间的相似性。TF 表示词语频率，即关键字在文本中出现的频率。用 tf_{ij} 来表示词条在文本中出现的频率，那么 tf_{ij} 可以表示为

$$\text{tf}_{ij} = \frac{n_{i,j}}{\sum_k n_{k,j}} \tag{6-62}$$

式中，$n_{i,j}$ 是该词在文件 d_j 中出现的次数，分母则是文件 d_j 中所有词汇出现的次数总和。

IDF 表示逆向文件频率，反映了一个词在所有文本中出现的频率，一个词在很多文档中出现，则表示这个词更具有泛用性而非针对特定主题，那么这个词的 IDF 值应该很低。反之，IDF 值较高的词语则表明它与特定主题关联密切。本书采用经过平滑处理的

IDF，具体可以表示为

$$\text{ktf}_{ij} - \text{idf}_i = \frac{\sum\limits_1^r n_{i,j}}{\sum\limits_j \sum\limits_k n_{k,j}} \times \log\left(\frac{D}{D_i + 1}\right) \times \beta \qquad (6\text{-}63)$$

式中，D 表示语料库中所有文档总数，D_i 表示语料库中所有包含实体 i 的文档总数，r 表示 d_j 的数量，$n_{i,j}$ 表示实体 i 在文件 D 中出现的次数，$\sum\limits_k n_{k,j}$ 是文件 D 中所有词汇出现的次数总和，β 表示放大系数，将关联系数扩大到 [0,1] 区间内。

KTF-IDF 方法在传统的 TF-IDF 基础上，引入关键字选择机制，从而实现语义标签之间关联度的计算，该关联度即媒体内数据相关系数，表示为 C。设数据集中所描述的语义标签的集合为 M，知识库中关键词为 k 的文章内容 T_k。关键词 a,b,c,d 存在于 T_k 之中，分别计算 a,b,c,d 在语料库的 TF 值 t_a,t_b,t_c,t_d 和 IDF 值 i_a,i_b,i_c,i_d。则最终关键词 k 与 a,b,c,d 的相关系数分别 $C_{k,a},C_{k,b},C_{k,c},C_{k,d}$ 表示为

$$C_{k,a} = t_a \times i_a \qquad (6\text{-}64)$$

$$C_{k,b} = t_b \times i_b \qquad (6\text{-}65)$$

$$C_{k,c} = t_c \times i_c \qquad (6\text{-}66)$$

$$C_{k,d} = t_d \times i_d \qquad (6\text{-}67)$$

最后，计算任意两个跨媒体对象经过跨媒体关联学习之后得到的向量的余弦距离记为 $\text{dist}_{i,j}$，将两跨媒体对象之间通过 KTF-IDF 方法计算所得的语义上下文关联性记为 $C_{i,j}$。设定平衡因子 α，用以平衡媒体内信息关联性和媒体间信息关联性之间的权重分配。通过最大化式（6-68），最终两媒体数据间的关联性定义为

$$A = \frac{1}{2}(C_{i,j} + \text{dist}_{i,j}) \qquad (6\text{-}68)$$

文中所提出的多模态语义稀疏数据跨媒体关联性计算与检索方法，在制造业多价值链数据协同的跨媒体检索中有着很大优势。由于针对数据空间中的数据集内部每一种模态媒体数据分别进行符合其数据特征的预处理手段并考虑了充分的数据细粒度信息，相比于现有其他方法中仅考虑了每一数据个体粗粒度信息，并用同一种方法处理所有类型数据来说，学习到了更加细致准确的关联信息，同时从语义和分布两方面构建损失函数，保证了学习结果的精确性，为制造业多价值链协同数据空间的检索提供全新的多源异构数据检索方法。

6.1.3　制造业多价值链协同数据空间管理引擎数据操纵模块

随着大数据、人工智能、物联网云计算等信息技术的快速发展，制造企业的数字化水平得到了相当大的提升。制造企业在运营过程中所产生的供应链、生产链、销售

链、服务链等异质价值链条上的结构化数据与非结构化数据等大规模的数据集有着不可估量的价值。然而这些大规模的数据集也对并行处理、事务处理以及容错恢复等功能提出了更高的要求。因此，本节结合制造企业多源异构的大规模数据集的特点，基于 MapReduce 并行计算框架，设计了 HBase 数据二级索引方案，为用户提供一个高效的数据并发处理并具有高容错性的数据操纵方法，以满足复杂的业务处理需求。

1. 并行处理算法 MapReduce

大数据时代首先要解决大规模多源异构的海量数据高效存储问题，还需要解决大规模多源异构海量数据的高效处理问题，分布式并行编程可以大幅提高程序性能，实现高效的批量数据处理。谷歌最早提出分布式并行编程模型 MapReduce，然后 Hadoop MapReduce 根据 MapReduce 进行了开源实现。谷歌的 MapReduce 运行在分布式文件系统 GFS 上，与谷歌类似的 Hadoop MapReduce 运行在分布式文件系统 HDFS 上，分布式程序运行在大规模计算机集群上，可以并行执行大规模数据处理任务，从而获得海量的计算能力。Hadoop MapReduce 相对谷歌的 MapReduce 的使用门槛较低，程序员可以较为轻松地开发分布式程序并部署到计算机集群中。

MapReduce 工作流程的核心思想就是计算向数据靠拢，它将尽可能使用可用的服务器和基础设备，可靠的将待处理数据拆解成大小合理的块。也就是把一个大的数据集拆分成多个小数据集在多台机器上并行处理。也就是说一个大的 MapReduce 作业，首先会被拆分成多个 Map 任务在多台机器上并行执行，每个 Map 任务通常运行在数据存储的节点上。这样计算和数据就可以放在一起运行，不需要额外的数据传输。当 Map 任务结束后，会生成 <key, value> 形式的许多中间结果。然后，这些中间结果会被分发到多 Reduce 任务在多台机器上并行执行，具有相同 key 的 <key, value> 会被发送到一个 Reduce 任务，Reduce 任务会对中间结果进行汇总计算得到最后结果，并进行相应的输出。MapReduce 的具体工作流程如 6-13 所示。

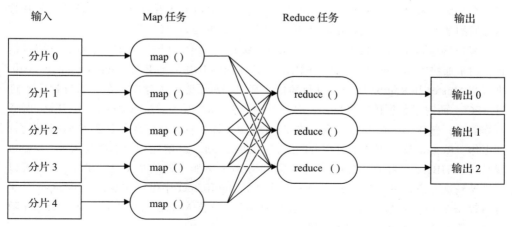

图 6-13　MapReduce 的具体工作流程图

2. 分布式数据库 HBase

HBase（hadoop database）是一个高可靠性、高性能、面向列、可伸缩的分布式数据库，主要用来存储非结构化和半结构化的松散数据，HBase 可以支持超大规模的数据存储，它可以利用 HBase 技术通过水平扩展方式，利用普通的计算机处理超过 10 亿行数据并且由数百万列元素组成的数据表。

HBase 是 Google BigTable 的开源实现，模仿并提供了基于 Google 文件系统的 BigTable 数据库的所有功能。类似 Google BigTable 利用 GFS 作为其文件存储系统，HBase 利用 Hadoop HDFS 作为其文件存储系统；Google 运行 MapReduce 来处理 BigTable 中的海量数据，HBase 同样利用 Hadoop MapReduce 来处理 HBase 中的海量数据；Google BigTable 利用 Chubby 作为协同服务，HBase 利用 Zookeeper 作为协同服务。HBase 可以直接使用本地文件系统或者 Hadoop 作为数据存储方式，不过为了提高数据可靠性和系统的健壮性，发挥 HBase 处理大数据量等功能，需要使用 Hadoop 作为文件系统。与 Hadoop 一样，HBase 目标主要依靠横向扩展，通过不断增加廉价的商用服务器来增加计算和存储能力。此外，为了方便在 HBase 上进行数据处理，Sqoop 为 HBase 提供了高效、便捷的关系数据库管理系统（RDBMS）数据导入功能，Pig 和 Hive 为 HBase 提供了高层语言支持。

HBase 的系统架构如图如 6-14 所示。架构中包括了 Client 客户端、Zookeeper 服务器、Master 主服务器以及 Region 服务器，HBase 一般也架构在 Hadoop 的分布式文件系统 HDFS 上，它近乎可无限扩展，具有自动分片、高容错性、高可靠性、强一致性等特性，并且与 Hadoop MapReduce 无缝连接，并向外提供 Java、Thrift 和 Rest API 提供访问。

在一个 HBase 中，存储了许多表。对于每个 HBase 表而言，表中的行根据行键的值的字典序进行维护，表中包含的行的数量可能非常庞大，无法存储在一台机器上，需要分布存储到多台机器上。因此，需要根据行键的值对表中的行进行分区，每个行区间构成一个分区，被称为"Region"。包含了位于某个值域的所有数据，它是负载均衡和数据分发的基本单位，这些 Region 会被分发到不同的 Region 服务器上。

客户端包含访问 HBase 的接口，同时在缓存中维护着已经访问过的 Region 位置信息，用来加快后续数据访问过程。HBase 客户端使用 HBase 的 RPC（remote process call）机制与 Master 和 Region 服务器进行通信。其中，对于管理类操作，客户端与 Master 进行 RPC；而对于数据读写类操作，客户端会与 Region 服务器进行 RPC。在 HBase 服务器集群中，包含了一个 Master 和多个 Region 服务器。Master 主要负责表和 Region 的管理工作，Region 服务器负责维护分配给自己的 Region，并响应用户的读写请求。Master 就是这个 HBase 集群的"总管"，它必须知道 Region 服务器的状态。ZooKeeper 就可以轻松做到这一点，每个 Region 服务器都需要到 ZooKeeper 中进行注册，ZooKeeper 会实时监控每个 Region 服务器的状态并通知 Master，这样 Master 就可以通过 ZooKeeper 随时感知各个 Region 服务器的工作状态。

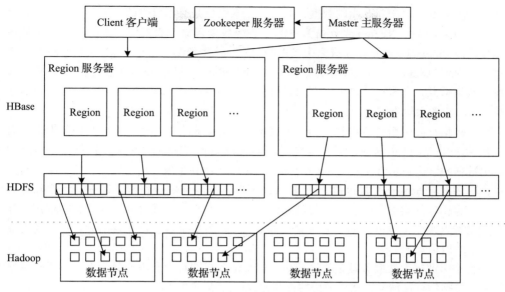

图 6-14　HBase 的系统架构

总的来讲，HBase 适用大数据量的存储、大规模数据集高性能的并发访问、适用于非结构化数据和半结构化数据。适合制造企业数据结构复杂，需要动态增加列数据，数据访问并发多，复杂查询少，且数据写入后读写较多，改变较少等场景。本节基于 MapReduce 并行计算框架，设计了 HBase 数据二级索引方案，提出了一种大规模数据集的并发处理解决方法，增强数据并发处理能力，加快数据处理速度。

3. HBase 数据二级索引方案设计方法

HBase 在数据查询上支持三种查询方式，分别为基于行键的单条数据查询、基于行键的范围查询以及全表扫描查询。全表扫描对于任何查询操作都是最后的选择，在大规模数据集的系统中，全表扫描海量数据在消耗的资源和需要耗费的时间方面都是很大的。HBase 中在数据的组织方式上是按照行健排序存储的，行健是 HBase 事实上的一级索引，但是基于行健的查询并不能高效支持一些基于列的查询，或者其他复杂查询。因此本节为了更好地支持系统的业务需求，为 HBase 表数据建立二级索引，使 HBase 能支持相对复杂的查询需求，加快查询速度，并对二级索引进行管理和维护。

一个索引表如果在用户表创立之后，但是尚未有数据写入之前建立，可以保证与用户表内的数据一致，假设如果用户表里已经含有很多数据了，那么首先我们需要为这些历史数据建立索引。MapReduce 是处理大规模数据集的最好选择之一，本节根据数据的存储和查询特点，设计一个基于 MapReduce 的索引建立类 MyIndexBuilder，为所有历史数据建立符合数据特点的索引，以适合查询特点，加强查询效果。同时，为建立的索引表、索引列以及主表信息建立相应的映射关系，方便后续的查询使用。

建立索引的另一部分内容是增量数据的索引建立问题。用户在生产经营过程中会不断地产生数据，对于新产生的数据，为其建立索引也是必不可少的。本节为新增数据建立索引时采用基于 Region 服务器为 HBase 表中数据建立全表索引的方案。在程序中新建自己的 IndexObserver 来完成索引数据的建立，这个类继承 BaseRegionObserve 类，通过获取 Put、Delete 等相关操作，重写其中的 prePut、preDelete 等方法，并获取相应的操作数据信息，同步更新进入已有的索引表中，并且同时更新丰富上文提到的索引信息映射表，方便后续查询。

主表信息和索引信息单独存储。主表中需要建立索引的列值和部分其他数据重新组合作为索引表的 RowKey，而主表中对应的 RowKey 信息则存储到索引表的 Value 中。历史数据的索引信息首先通过 MapReduce 任务线下离线生成，对于线上实时产生的新数据，则用 Coprocesor 实时拦截 Put、Delete 等操作，同步更新到索引表中。当删除主表时，该表相应的索引数据表也需要删除，从而减少数据的无效存储，释放集群资源。如果数据特点改变，也可以单独删除部分索引表，并且更新索引信息映射表，以避免无效的索引映射信息。

当索引数据表在服务端建立完成后，HBase 客户端对于表中的数据查询方式需要根据索引数据的存在情况，选择最快的查询方式，具体步骤如下：

1）判断查询属性中是否包含 RowKey，如果有则直接按照 RowKey 查询。如果查询属性中不包含 RowKey，则判断查询属性中是否已经建立了索引数据。

2）如果查询属性中已经建立了索引信息，那么判断查询属性中已经建立索引信息的数量。如果有多个属性都有索引信息，则依次按照顺序查询索引表，这个过程中会根据前面属性的查询结果返回数量决定是否会继续查询其他索引列。如果返回数据量较小，不再继续查询其他索引列，否则继续查询其他索引列，并将最终查询结果合并，返回给客户端。

3）根据第一步返回的结果，由于返回信息中包含有主表的 RowKey 信息，直接根据这些信息查询主表，更新 HBase 表中的数据，并返回相应信息给客户端，二级索引查询流程如图 6-15 所示。

查询索引表时，根据索引列的数量，进行不同的处理。对于只有一个索引列的情况，直接查询即可。对于具有多个索引列的查询，将依次查询索引列，并根据查询结果返回数量决定是否会继续查询其他索引列。如果返回数据量较小，不再继续查询其他索引列，否则继续查询其他索引列，并将最终查询结果合并，返回给客户端，查询索引列的具体流程如图 6-16 所示。

当前在大数据、人工智能、物联网、云计算等信息技术的快速发展背景下，随着制造企业与协作企业业务的不断开展，将产生大量的数据资源，包括制造企业与协作企业在生产及管理各个环节产生的感知数据、状态数据、业务数据、流程数据等结构化数据、半结构化数据以及非结构化数据。这些大规模的数据集也对高度并行处理以及容错恢复等功能提出了更高的要求。本节基于 MapReduce 并行计算框架，设计了 HBase 数据二级索引方案，提出了一种大规模数据集的并发处理解决方法，可以有效增强数据并发处理能力，加快数据处理速度。

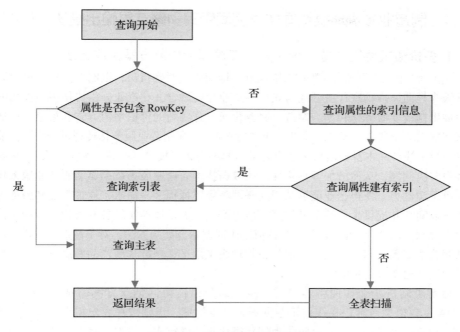

图 6-15　二级索引查询流程图

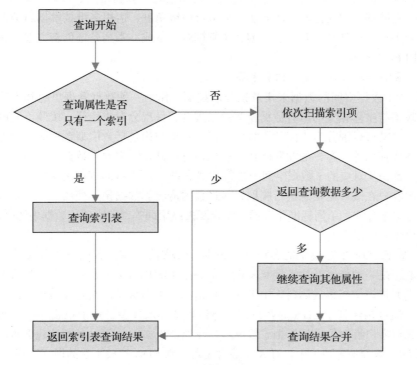

图 6-16　查询索引列的具体流程图

6.1.4 制造业多价值链协同数据空间管理引擎结果输出模块

1. 多价值链协同"链 – 维 – 法"三层耦合创新方案生成方法

我国《"十四五"规划和 2035 年远景目标纲要》明确指出，以制造业提质增效和转型升级为导向，推动现代服务业与先进制造业深度融合，在产业分工协作不断深化的过程中催生制造业服务化转型。制造业服务化通过开辟新的价值增值方式和渠道，已成为我国高端制造业获取全球竞争优势的重要方向[149]。在制造业服务化转型过程中，企业由原有的只关注产品本身转向聚焦客户需求，通过为客户提供"一站式解决方案"，更好地为客户解决问题，从而增加客户黏性。大数据技术高速发展为数据驱动制造业服务化转型提供了源动力，使得企业能够利用互联网等渠道捕捉客户需求，通过产品和服务的融合，企业间相互提供生产性服务和服务性生产，更加便捷地实现各利益相关者的价值增值[150]。因此，将客户需求转化为多价值链协同创新方案的方法，对于制造企业推行数据驱动制造业服务化转型、提升企业创新管理决策水平，精准开展产品和服务创新，具有重要的理论意义和实践价值。

为解决制造企业如何将客户需求融入多价值链协同创新方案的难题。首先，利用 LDA 主题模型对客户在线评论数据进行文本挖掘，识别潜在客户需求；其次，基于 PLTS 与 QFD 思想将客户需求转化为创新模块重要度排序；再次，将多价值链协同与多维技术创新地图技术相融合，基于多价值链协同模块、创新维度、创新法则构建"链 – 维 – 法"三层耦合创新方案生成方法。从多价值链角度，运用多维技术创新地图技术对创新要素进行维度划分，并与多个创新法则耦合，生成一系列备选创新方案，具体技术路线如图 6-17 所示。

（1）客户数据采集与需求识别方法

1）基于数据空间的数据采集及预处理技术。作为一种数据管理思想和方法，数据空间反映了与主体相关的所有数据及其关系集合，呈现分布式特征，按照不同的业务和管理目标，又可以细分为不同的子数据空间，基本结构包括数值型数据库、文件型数据库以及图像存储等。客户的互联网在线评论信息存储在特定的子数据空间中。识别客户需求前，首先从对应的子数据空间中进行数据采集，利用 Python 网络爬虫对制造企业目标产品的客户在线评论信息进行爬取，经过数据清洗等数据预处理环节，将获取的文本数据进行文本分词、单词标准化、词语整合及去停用词等，消除评论数据中的噪声信息，以备后续环节使用[151]。

2）基于 LDA 主题模型的客户需求识别。LDA 将文本内容以概率分布的形式形成某种主题，是一种能够有效挖掘和发现文本数据中潜在语义主题的非监督学习方法，可用来识别大规模文档集或语料库中潜在主题信息。本书将经过预处理的在线评论数据作为输入，通过构建基于 LDA 的客户在线评论主题提取模型，识别在线评论中的相关主题，完成对客户潜在需求的挖掘。假设客户在线评论集 D 中第 d 条评论包含 N_d 个词项，$d \in [1, D]$，假设该条评论中含有 K 个隐含主题，则 LDA 形成主题的训练过程如下：

① 第 d 条在线评论中包含词项的 N_d 服从泊松分布，即 $N_d \sim \text{Poinsson}(\xi)$。

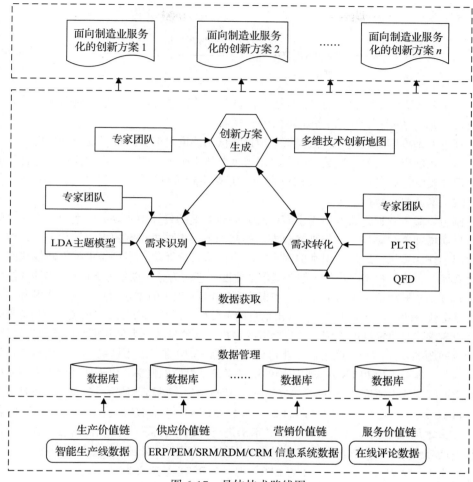

图 6-17 具体技术路线图

②第 d 条在线评论中主题的分布 $\theta_d \sim \text{Dirichlet}(\alpha)$；$\theta_d$ 表示第 d 条评论中主题概率分布，α 是每条评论下主题的多项分布的 Dirichlet 先验参数。

③第 k 个主题下的词项分布，$\varphi_k \sim \text{Dirichlet}(\beta)$；$\varphi_k$ 表示第 k 个主题下的词项概率分布，$k \in [1, K]$；β 该主题下词项的多项分布的 Dirichlet 先验参数。

④根据主题概率分布 θ_d 生成词项 $W_{d,n}$ 的主题 $Z_{d,n}$，即 $Z_{d,n} \sim \text{Multinomial}(\theta)$；$W_{d,n}$ 表示第 d 条评论中的第 n 个词项，$Z_{d,n}$ 表示第 d 条评论中第 n 个词项的主题；根据词项概率分布 $\varphi_{Z_{d,n}}$ 生成主题下的词项，则 $W_{d,n} \sim \text{Multinomial}(\varphi_{Z_{d,n}})$。

一条评论中第 i 个词项的生成概率见式（6-69）为

$$P(w_i) = \sum_{j=1}^{N_d} P(w_i \mid z_i = j) P(z_i = j) \quad (6\text{-}69)$$

LDA 需要事先确定提取的最优主题数量。确定主题数量的一个指标是困惑度，困惑

度计算公式为

$$\text{Perplexity}(D) = \exp\left\{-\frac{\sum_{d=1}^{M}\log p(w_i)}{\sum_{d=1}^{M}N_d}\right\} \quad (6\text{-}70)$$

式中，D 表示语料库中的测试集，M 表示测试集中的评论数量；N_d 表示每条评论中的词项数量；$p(w_i)$ 表示评论中第 i 个词项的生成概率。

理论上困惑度越低越好，但如果单纯追求低困惑度可能会造成过度拟合的现象。因此，本书在确定提取的主题数量时，将困惑度曲线出现不再明显下降的拐点，并且各主题间重叠较低时对应的 K 值记为 LDA 模型的最优主题数量[152]。

（2）客户需求转化方法

制造业服务化通过将客户需求有机融入创新方案的设计中，以更好地为客户解决问题，从而增加客户黏性。在识别客户需求的基础上，本书提出客户需求转化方法，结合 PLTS 与 QFD 思想，通过对识别的客户需求进行重要度评价、客户需求与创新模块间关联关系评价，将客户需求转化为创新模块重要度，进而为企业创新方案的设计提供启发。

1）PLTS 概率语义术语集方法。考虑到利用 LDA 识别的需求信息是基于主题和词项出现概率获得的，可能无法真正反映出信息的重要性。因此，需要结合领域专家的意见完成客户需求信息重要度的识别，并将提取的客户需求信息转化为创新模块的重要度排序。由于该问题的复杂性和不确定性可能造成专家在评价时难以采用精确型评价信息表达观点。因此，本书采用 PLTS 方法将不同的语义集赋予对应的概率，以表达评价中专家不同程度的偏好，减少评价过程中专家偏好引起的信息损失，提高评估意见反馈的准确性。

PLTS 是由语义术语集（Linguistic Term Set, LTS）和其对应的概率组成的语义集合。概率语义术语集不仅可以采用多个语义术语进行评价，提高了语义信息表达的完整性，而且通过对应的概率表现出专家对语义集的不同偏好程度，保证了信息的精确性。

定义 1：设 $S=\{s_0,s_1,s_2,\cdots,s_a\}$ 为 LTS，则一个 PLTS 被定义为

$$L(p)=\{L^{(k)}p^{(k)}\mid L^{(k)}\in S, p^{(k)}\geq 0, \\ k=1,2,\cdots,\#L(p), \sum_{k=1}^{\#L(p)}p^{(k)}\leq 1\} \quad (6\text{-}71)$$

式中，$\#L(p)$ 表示 $L(p)$ 中包含语义集 $L^{(k)}$ 的个数；$L^{(k)}p^{(k)}$ 表示语义集 $L^{(k)}$ 的概率 $p^{(k)}$。

当 $\sum_{k=1}^{\#L(p)}p^{(k)}=1$ 表示专家给出的是完全评价信息，$\sum_{k=1}^{\#L(p)}p^{(k)}<1$ 表示专家给出的是不完全评价信息。为了便于 PLTS 之间的比较，需要将不完全评价信息进行标准化处理。

定义 2：设 PLTS 的 $\sum_{k=1}^{\#L(p)}p^{(k)}<1$，将其标准化处理转化为完全评价信息形式为

$$\bar{L}(p)=\left\{L^{(k)}\bar{p}^{(k)}\mid k=1,2,\cdots,\#L(p), \bar{p}^{(k)}=\bar{p}^{(k)}/\sum_{k=1}^{\#L(p)}p^{(k)}\right\} \quad (6\text{-}72)$$

定义 3：设一个 PLTS 形式为

$$L(p)=\{L^{(k)}p^{(k)}\mid k=1,2,\cdots,\#L(p)\}$$

$r^{(k)}$ 为 LTS 的下角标，则 $L(p)$ 的得分函数为

$$G(L(p)) = \left\{ S_{\bar{\alpha}} \mid \bar{\alpha} = \sum_{k=1}^{\#L(p)} r^{(k)} p^{(k)} \Big/ \sum_{k=1}^{\#L(p)} p^{(k)} \right\} \tag{6-73}$$

对于概率语义术语集 $L(p)_1$ 和 $L(p)_2$，如果 $G(L(p))_1 > G(L(p))_2$，则 $L(p)_1 > L(p)_2$。$L(p)$ 的偏差度计算公式为

$$\delta(L(p)) = \frac{\left(\sum_{k=1}^{\#L(p)} (p^{(k)}(r^{(k)} - \bar{\alpha}))^2 \right)^{1/2}}{\sum_{k=1}^{\#L(p)} p^{(k)}} \tag{6-74}$$

通过式（6-73）和式（6-74）可知，PLTS 的得分函数从语义术语的加权平均值方面进行衡量，$\bar{\alpha}$ 越大，表示 $L(p)$ 越优；PLTS 的偏差度是从 PLTS 中语义集的差异程度考虑，偏差度越小，表示 $L(p)$ 越优。$L(p)$ 的犹豫度计算公式为

$$H(L(p)) = \frac{\frac{1}{\#L(p)} \sum_{k=1}^{\#L(p)} (p^{(k)}(r^{(k)} - \bar{\alpha})^2)}{\bar{\alpha} + 1} \tag{6-75}$$

为了便于计算，引入将 PLTS 转化为精确数值的计算公式：

$$G^*(L(p)) = \bar{\alpha} - \delta(L(p)) - H(L(p)) \tag{6-76}$$

即 $\bar{\alpha}$ 越大，偏差度越小，犹豫度越小，概率语义术语集 $L(p)$ 越优。

2）创新模块重要度评估方法。制造业服务化情境下，制造企业的产品创新方案是内部生产价值链、外部供应价值链、营销价值链和服务价值链协同创新的有机体，因而对于产品创新模块的划分不能只聚焦于原有的生产价值链。基于此，本书基于多价值链协同的角度，将制造企业的创新模块划分为生产价值链模块（包括产品技术子模块 M_1、产品质量子模块 M_2、产品成本子模块 M_3）、供应价值链模块（包括资源品质子模块 M_4、资源调控子模块 M_5、资源获取子模块 M_6）、营销价值链模块（包括销售渠道子模块 M_7、营销策略子模块 M_8、营销成本子模块 M_9）、服务价值链模块（包括服务品质子模块 M_{10}、顾客价值子模块 M_{11}、企业文化子模块 M_{12}）。

QFD 作为处理用户需求的结构化工具，能够实现将客户需求重要度转化为考虑客户需求的创新模块重要度。基于 QFD 思想，设专家组人数为 A_x（$1 \leq x \leq l$），专家权重为 O_x（$1 \leq x \leq l$），用户需求为 R_i（$1 \leq i \leq m$），模块为 M_j（$1 \leq j \leq n$），利用 PLTS 对客户需求的重要度、客户需求重要度与创新模块之间的关联关系进行评价，对于评价结果先转化为精确数值，然后采用加权平均法综合专家评价信息，转化为考虑客户需求的创新模块重要度。

专家组对客户需求 R_i 的重要度评价结果计算公式为

$$E_i = \sum_{x=1}^{l} [G_E^*(L(p)_i^x) \cdot O_x] \tag{6-77}$$

专家组对客户需求 R_i 和创新模块 M_j 之间关联关系的评价结果计算公式为

$$F_{ij} = \sum_{x=1}^{l}[G_F^*(L(p)_{ij}^x) \cdot O_x] \qquad (6\text{-}78)$$

考虑客户需求的创新模块重要度计算公式为[16]

$$m_j = \sum_{i=1}^{m} E_i \cdot F_{ij} \qquad (6\text{-}79)$$

（3）"链 – 维 – 法"三层耦合创新方案生成方法

多维技术创新地图作为产品或技术创新方案生产的重要理论方法，其核心内容为通过九大创新维度和九大创新法则的"维法融合"，利用创新方法对创新对象进行重构，为创新方案的生产提供启发。其中，九大创新维度包括空间维、环境维、结构维、功能维、机理维、材料维、动力体系维、工序维和人机关系维；九大创新法则包括分解与去除、组合与集成、局部优化、替代、动态化、自服务、友好化、柔性化、智慧化。依据现实需求或拟解决的问题，可选择上述法则指导创新维度的变换。

本书在此基础上，将多价值链协同的思想加入"维法融合"，提出多价值链协同 – 创新维度 – 创新法则的"链 – 维 – 法"（chain-dimension-method，CDM）三层耦合创新方案生成方法。

第一步，设定创新模块、创新维度与创新法则的集合。

1）设 K 为多价值链协同创新模块集合，$k_1 \sim k_4$ 分别为生产、供应、营销、服务四条价值链中创新模块集合。即 $K=\{M_1, M_2, \cdots, M_{12}\}$，$k_1=\{M_1, M_2, M_3\}$，$k_2=\{M_4, M_5, M_6\}$，$k_3=\{M_7, M_8, M_9\}$，$k_4=\{M_{10}, M_{11}, M_{12}\}$。

2）将12个创新模块分别按照9个创新维度进行划分，划分结果用集合表示。即 $W=\{w_1, w_2, \cdots, w_{12}\}$，其中，$w_i=\{y_1, y_2, \cdots, y_9\}$。$y_1 \sim y_9$ 分别表示 w_i 模块按照9个创新维度划分后对应集合；同理，分别以9个创新维度出发，对12个创新模块进行划分，划分结果用集合 D 表示。即 $D=\{D_1, D_2, \cdots, D_9\}$，$D_i=\{d_1, d_2, \cdots, d_{12}\}$。那么，$\forall y \in w_i, \neg d = y, d \in D_i$。

3）设 P 为九大创新法则集合。即 $P=\{p_1, p_2, \cdots, p_8, p_9\}$。

第二步，定义创新形式。

定义4："多链"，设 X 为基于多价值链协同思想提取的创新模块所构成的集合，则 X 被定义为

$$X = \{x \in K \mid \text{card}(X) \geq 2, \neg x_i \in k_\alpha, x_j \in k_\beta, \alpha \neq \beta\} \qquad (6\text{-}80)$$

定义5："单维"，设 Y 为集合 X 中创新模块基于同一创新维度划分形成的元素集合，则 Y 可被定义为

$$Y = \{y \mid \forall \zeta_\alpha \in X, \neg y_i \in w_\alpha, \forall y \in D, (D \cap X) = Y\} \qquad (6\text{-}81)$$

定义6："多维"，设 Y' 为集合 X 中创新模块基于不同创新维度划分形成的元素集合。则 Y' 可被定义为

$$Y' = \{y \mid \forall \zeta_\alpha \in X, \neg y_i \in w_\alpha, \forall y \in D, (D \cap X) \subseteq Y \| (D \cap X) \neq Y\} \qquad (6\text{-}82)$$

定义7："单法"，设 Z 为 $Y(Y')$ 中元素选择同一创新法则的集合。则 Z 可被定义为

$$Z = \{z \in P \mid \text{card}(Z) = 1\} \qquad (6\text{-}83)$$

定义 8："多法"，设 Z' 为 $Y(Y')$ 中元素选择的不同创新法则的集合。则 Z' 可被定义为

$$Z' = \{z \in P \mid \operatorname{card}(Z') \geq 2\} \quad (6\text{-}84)$$

集合间的包含关系及映射图如图 6-18 所示。

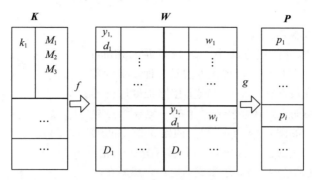

图 6-18　集合间包含关系及映射图

第三步，确定创新方案类型。在考虑多价值链协同的前提下，优先考虑重要性排序靠前的创新模块，对其进行创新维度的划分，然后通过一种或多种特定创新法则的作用关系，生成不同类型的创新方案。根据上述"链 – 维 – 法"三层耦合关系，可形成 4 种类型的创新方案集：多链 – 单维 – 单法（$X\text{-}Y\text{-}Z$）、多链 – 多维 – 单法（$X\text{-}Y'\text{-}Z$）、多链 – 单维 – 多法（$X\text{-}Y\text{-}Z'$）、多链 – 多维 – 多法（$X\text{-}Y'\text{-}Z'$）。

以上所提出的多价值链协同"链 – 维 – 法"三层耦合创新方案生成方法，对于多价值链协同情境下制造企业的服务化转型具有现实意义。一方面，该成果有助于提升企业创新方案优化决策的效率与准确性；另一方面，该成果聚焦于在创新管理过程中融入客户需求信息，通过多价值链协同制造，构建以客户为中心的一体化解决方案，为制造业服务化转型，挖掘新的价值增长点提供有益参考。

2. 基于 PCA-Radviz 的数据可视化输出方法

当前我国工业已经步入先进制造的阶段，随着大数据技术和互联网技术的发展，伴随着制造供应链的相关链条产生了大数据环境，先进制造业的数据已经步入高维阶段。在全球市场化的环境下，制造业已经转型成依靠信息做出快速决策，并整合相关资源，进行快速加工流通的生产模式。从整个供应链的角度看，在供给方面，由于技术进步和经济发展，制造企业正面临着更加激烈的竞争，需要及时进行原材料供给信息的采集。在需求方面，由于市场偏好逐渐趋于个性化和定制化，需要分析市场销售时机。在现在大数据的环境下，如何围绕数据、信息形成较好的决策环境，提供给决策者快速有用的数据空间，并形成直观的可视化环境，已是当前先进制造业亟待需要解决的问题之一。

以电力生产制造业为例，对电力生产制造业的数据空间抽取和可视化进行研究分析。在电力工业供应链分为发、输、配、用四个环节，其中每个环节中还涉及很多供应商，具有数据维度高和数据对象关联性强等特点，由于电力在当前的技术下，想要经济运行

需要达到发、输、配、用的瞬时平衡,因此,在整个电力生产时,其供应链上的数据需要达到瞬时的平衡,当前中国的电力市场的最小刻度为每15min为1个刻度的值,因此电力市场中的电能供给数据会被描述成一个96维度的数据结构,虽然可以利用折线图进行趋势的表达,但是如果电力负荷随着时间的变化一直累加,可视化效果将会难以达到预期效果。

（1）Radviz可视化技术

在高维的数据可视化方法中,由1997年Hoffman等人提出的Radviz径向坐标可视化方法是一种多维可视化技术,它将高维数据在一个单位圆上按照维度进行等分,然后通过使用胡克定律将物理学上的一组N维点映射到一个平面上,如图6-19所示[153]。假定m维空间的点表示为$\{A_{i1}, A_{i2}, \cdots, A_{im}\}$。首先将一个圆等分成$m$份,记为$\{R_1, R_2, \cdots, R_m\}$。可以将其想象成固定点,然后在点$R_i$上固定弹性系数不同的弹簧$j$,弹性系数取值为$A_{ij}$,则多维向量的二维空间中的投影点为各弹簧的弹力平衡点P_i。

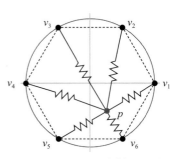

图6-19 Radviz映射原理图

其中,P满足式（6-85）:

$$\sum_{j=1}^{n}(\vec{V_j} - \vec{P})y_j = 0 \quad (6-85)$$

从式（6-86）可以推导出点P的求解公式为

$$P = \frac{\sum_{j=1}^{n} V_j \cdot y_j}{\sum_{j=1}^{n} y_j} \quad (6-86)$$

在二维坐标系中,可以得到点P横纵坐标(x_p, y_p)的求解公式为

$$x_P = \frac{\sum_{j=1}^{n} y_j \cos(a_j)}{\sum_{j=1}^{n} y_j}, y_P = \frac{\sum_{j=1}^{n} y_j \sin(a_j)}{\sum_{j=1}^{n} y_j} \quad (6-87)$$

（2）主成分分析方法

Radviz可视化技术可以将高维数据转换为平面表示方式,提供了一种将高维数据转换到二维空间的方法,能够方便人类直观理解,它提供了一种可以揭示数据中的隐藏模式、发现数据属性间的关系以及形成对大量数据类别结构的直观理解,从而验证数据之间的某种联系,降低数据分析的难度,并且实现过程简单。但是,如果维数太高,则会出现圆的等分点太多、角度切分过小并且映射会随着维度的增多而指数级增长的问题。并且如果维数过多、样本也多的情况下,将会在一个有限单位圆内显示数据过密,在一

定程度上会造成数据投影点太过密集或重叠,造成混乱。因此需要寻求一种方案来解决数据过于密集的问题。

主成分分析(principal components analysis,PCA)是降维方法的常用方法之一,可以有效进行数据压缩和降低维度冗余。假如数据集有 n 个样本,是 m 维空间的,假定降低到 k 维中去,并且尽可能使 k 维中的数据尽可能代表原来数据中含有的信息,可以进行如下变换计算。

假设样本信息矩阵 $\boldsymbol{X}$ 为

$$\boldsymbol{X}_{m\times n}=\begin{bmatrix} x_{11} & x_{12} & \cdots & x_{1n} \\ x_{21} & x_{22} & \cdots & x_{2n} \\ \vdots & \vdots & & \vdots \\ x_{m1} & x_{m2} & \cdots & x_{mn} \end{bmatrix} \qquad (6\text{-}88)$$

利用公式将其进行标准化得

$$zx_{ij} = \frac{x_{ij} - \bar{x}_{ij}}{\sqrt{\mathrm{var}(x_j)}} \qquad (6\text{-}89)$$

$$\mathrm{var}(x_j) = \frac{1}{n-1}\sum_{i=1}^{n}(x_{ij} - \bar{x}_j)^2 \qquad (6\text{-}90)$$

$$\bar{x}_j = \frac{1}{n}\sum_{i=1}^{n}x_{ij} \qquad (6\text{-}91)$$

计算标准化后矩阵的协方差矩阵。然后计算出该矩阵的特征根和特征向量,根据预先想要得到的矩阵维数 k,或者是规定的贡献率将原样本转化为另外的 k 维的样本空间。主成分分析的算法如下[154]:

输入:数据集矩阵,指定降到的维数 k。

1)去平均值(即去中心化),即每一位特征减去各自的平均值。

2)计算协方差矩阵。

3)用特征值分解方法求协方差矩阵的特征值与特征向量。

4)对特征值从大到小排序,选择其中最大的 k 个(或者选择大于一定百分比的 k 个)。然后将其对应的特征向量分别作为行向量组成特征向量矩阵 $\boldsymbol{P}$。

5)利用 $\boldsymbol{Y}=\boldsymbol{P}\boldsymbol{X}$ 将数据转换到新的样本空间中。

(3)基于 PCA 和 Radviz 的制造业电力供给可视化表达方法

在现代的先进电力工业中,一般以 15min 作为电力市场的一个管理周期,因此每天将电力的供给和使用表达为一个 96 维的数据空间向量。在当前的智能量测技术和智能电网的数据处理技术下,可以针对相应的电力服务对象进行电力供给数据的提取。从中抽取出面向该对象的电力供给数据空间。对于具体对象电力供给数据空间而言,一般可以提取一周 7 天或者一月 30 天的相应数据空间,然后利用结合 PCA 和 Radviz 的以下算法,将其投影到二维平面上。

输入：面向电力供给的数据空间矩阵 X_{96*7}，指定降到的维数 k。

1）去平均值（即去中心化），并计算协方差矩阵。

2）求得协方差矩阵的特征值与特征向量。

3）对特征值从大到小排序，选择其中最大的 k 个。然后将其对应的特征向量分别作为行向量组成特征向量矩阵 P。

4）利用 $Y = PX$ 将数据转换到新的样本空间中。

5）利用 Radviz 进行构图表达。

文中所提出的基于 PCA 和 Radviz 可视化的先进制造业的可视化方法，能够将多维的时间序列供给图像降维后在二维平面上进行表达，能够为企业决策者提供更加直观的决策信息。

3. 基于几何的数据可视化输出方法

基于几何的数据可视化输出方法基本思想是以几何画法或几何投影的方式将高维数据映射到低维空间中，以点、曲线或折线来表示多维信息对象，适用于数据量不大但是维数较多的数据集，比较容易观察多维数据的分布和数据在各维属性之间的走向趋势。主要包括平行坐标系、散点图矩阵、Andrews 曲线法等。

（1）平行坐标系

1980 年，INSELBERG 提出的平行坐标系（parallel coordinates）是经典的多维数据可视化技术之一。平行坐标系使用平行竖直的线来代表不同的维度，将高维数据的各个变量用一系列相互平行的坐标轴表示，变量值对应轴上的位置，进而在二维空间内展示多维数据。为了反映出变化趋势和各个变量间的关系，往往将描述不同变量的各点连接成折线。平行坐标图如图 6-20 所示。

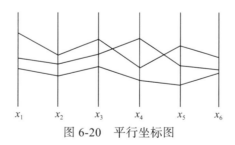

图 6-20　平行坐标图

平行坐标的基本思想是将 n 维数据属性空间通过 n 条等距离的平行轴映射到二维平面上，每一条轴线代表一个属性维，轴线上的取值范围从对应属性的最小值到最大值均匀分布。这样，每一个数据项都可以依据其属性取值，用一条跨越 n 条平行轴的折线段表示，相似的对象就具有相似的折线走向趋势。可以这样来实现：设 $P_i = (p_{i1}, p_{i2}, \cdots, p_{in})$，$i = 1, 2, \cdots, m$，$P_i$ 为 n 维欧式空间中的一点（m 为 n 空间中点的个数），经过映射 P_i 的第 j 分量 p_{ij} 变换为二维平面第 j 个平行轴上的点 $q_{ij}(x_{ij}, y_{ij})$，那么 P_i 可以用依次经过点 q_{i1}, $q_{i2}, \cdots, q_{in}$ 的折线段表示。令 A_j 和 B_j 分别表示这 m 个点的第 j 分量 x_{ij} 的最小值与最大值，第一个平行轴的横坐标为 d_0，平行轴最低点的纵坐标为 l_0，平行轴的间距为 d，平行轴的长度为 1。

n 维数据在平行坐标中的映射关系可用图 6-21 来表示，那么点 q_{ij} 在二维直角坐标系中的坐标 (x_{ij}, y_{ij}) 可用下式计算。

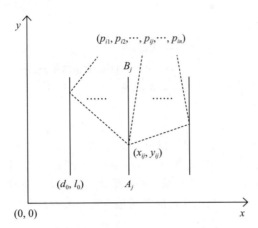

图 6-21　n 维数据在平行坐标中的映射关系

$$\begin{cases} x_{ij} = d_0 + d \cdot (j-1) \\ y_{ij} = l_0 + l \cdot \dfrac{p_{ij} - A_j}{B_j - A_j} \end{cases} (1 \leqslant i \leqslant m, 2 \leqslant j \leqslant n) \qquad (6\text{-}92)$$

圆形平行坐标法是对平行坐标法的扩展。首先将圆 n 等分，使圆中的 n 条半径表示 n 维空间的 n 条坐标轴。将 n 维数据中的每一维数据映射到对应半径上，并用折线把相邻半径（维）间的数据连接起来，形成的闭合多边形表示一个多维数据。由于坐标轴内外的不对称性，它能更好地揭示多维信息之间的某些特殊关系。n 维数据在图形平行坐标中的映射关系可用图 6-22 来表示。

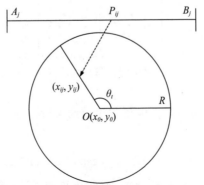

图 6-22　n 维数据在圆形平行坐标中的映射关系

从图中可以看出圆形平行坐标法不仅需要对 y 轴方向进行压缩或拉伸，x 轴方向也需要。具体实现时，令半径为 R，第一条半径（坐标轴）角度为 $0°$，相邻半径之间的夹角为 $\theta = 360°n$，则表示第 i 个半径的角度为 $\theta_i = \theta(i-1)$。那么点 $P_i = (p_{i1}, p_{i2}, \cdots, p_{ij}, \cdots, p_{in})$，$i = 1, 2, \cdots, m, P_i$ 的第 j 分量 p_{ij} 在圆形平行坐标系中点 q_{ij} 的坐标 (x_{ij}, y_{ij}) 可用式（6-93）计算。

$$\begin{cases} x_{ij} = x_0 + \dfrac{p_{ij} - A_j}{B_j - A_j} \cdot R\cos\theta_i \\ y_{ij} = y_0 + \dfrac{p_{ij} - A_j}{B_j - A_j} \cdot R\sin\theta_i \end{cases} \quad (1 \leq i \leq m, 3 \leq j \leq n) \tag{6-93}$$

（2）散点图矩阵

散点图矩阵的基本思想是对给定的 k 个变量 $(X_i, i = 1, 2, \cdots, k)$ 集在一个页面上用矩阵的形式表示所有这些变量成对的散点图，其中每一行和每一列都定义一个单独的散点图。也就是说如果有 k 个变量，那么这个散点图矩阵将有 k 行 k 列且这个矩阵的第 i 行第 j 列是 X_i 对 X_j 的一个图。这对于快速确定成对变量之间的关系是十分有用的。散点图矩阵如图 6-23 所示。

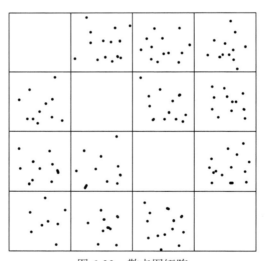

图 6-23　散点图矩阵

（3）Andrews 曲线法

Andrews 曲线法是 Andrews 于 1972 年提出的多维可视化方法，基本思想是使用类似傅里叶展开

$$f(t) = x_1 / \text{sqrt}(2) + x_2 \cdot \sin(t) + x_3 \cdot \cos(t) + x_4 \cdot \sin(2t) + \cdots (-\pi < t < \pi)$$

的方式表示多维数据点 $X = (x_1, x_2, \cdots, x_n)$。这种方法的优点是能够表示的信息维数较多，曲线的分布情况反映了数据的性质；缺点是对于海量高维数据集的计算及显示效率较低。Andrews 曲线如图 6-24 所示。

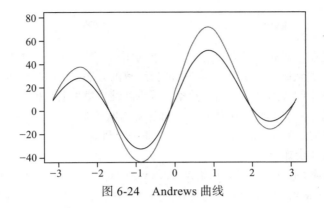

图 6-24 Andrews 曲线

4. 基于降维映射的数据可视化输出方法

随着目前社会的高速发展，接触范围的逐步扩大，人们遇到的数据早已不再局限于一个小范围的几笔小数据，取而代之的是正以指数形式增长的大型数据，也就是现在常说的高维数据，这其中自然包括制造业庞大的数据信息。因此，就需要考虑降维处理。降维映射可视化方法把多维信息数据看作某一维度中的点，根据维度属性确定点的坐标，保持信息数据间关系不改变的前提下，将点映射到可视的低维空间中。在降维时选择性省略掉部分信息数据，最终在二三维空间中呈现出数据集。需要明确的是，数据降维是以牺牲一部分信息为代价的，把高维数据通过投影映射到低维空间中势必会造成一些原始信息的损失。降维映射一般分为线性降维和非线性降维，通过特征选择与提取来实现。降维问题的模型为 (X, F)，其中 D 维数据空间集合 $X = \{x_i\}_{i=1}^{N}$（一般为 R^D 的一个子集），映射 F 为

$$F: X \rightarrow Y; \ x \rightarrow y = F(x) \tag{6-94}$$

Y 是 d 空间集合（一般是 R^d，$d \ll D$）的一个子集，我们称 F 是数据集 X 到 Y 的降维。若 F 为 X 的线性函数，则称 F 为线性降维，否则，称为非线性降维。特征选择通过选择具有代表性的特征属性（简称优势维）进行降维映射，特征提取则是重组多维度属性来构建优势维度，实现降维映射，这类提取适合没有代表性特征属性的信息数据集。目前常用的非线性降维方法有局部线性嵌入算法以及等距映射法。

（1）局部线性嵌入算法

局部线性嵌入算法（LLE）是一种非线性降维方法，是基于数据在高维空间满足流形分布为假设，将其映射至低维空间时也将保持其流形结构不变化的算法。最突出特点就是用局部性，用局部的线性来逼近全局的非线性，保持局部的几何结构不变，通过相互重叠的局部邻域来提供整体的信息，从而保持整体的几何性质。LLE 主要思想是对一组具有嵌套流形的数据集，在嵌套空间与内在低维空间局部邻域间的关系应该不变，即在嵌套空间中每个采样点可以用它的近邻点线性表示，在低维空间中保持每个邻域中的权值不变，重构原数据点，使重构误差最小。

其步骤主要分为三步：①得到样本的 k 邻近点；②通过样本点的邻近点计算出该样本点的局部重建权值矩阵；③由样本点的局部重建权值矩阵与其相应的邻近点可计算出

输出值。

（2）等距映射法

等距映射的基本思想是寻求保持"数据点间距离"的低维表示数据。在"距离"的选取上，其采用"测地距离"代替传统的欧氏距离的方法，去描述两点间的差异，能够更有效地在低维空间表达高维空间的数据，减少降维后损失的数据信息。使用等距映射有两个前提条件，一是高维数据所在的低维流形与欧氏空间的一个子集是整体等距的，二是与数据所在的流形等距的欧氏空间的子集是一个凸集。

等距映射具体步骤为：

1）构造局部邻域。首先对数据集 $X = \{x_1, x_2, \cdots, x_n\}$，计算任意两个样本向量 x_i 和 x_j 的欧氏距离 $d_x(x_i, x_j)$，将每一个点与所有的点进行比较，当两点之间的距离小于固定的半径 ε（或 i 是 j 的 k-邻域）时，我们就认为它们是相邻的，将其连接起来，该边的长度为 $d_x(x_i, x_j)$，则得到邻域图 G。

2）计算最短距离。在图 G 中，设任意两个样本向量 x_i 和 x_j 之间的最短距离为 $d_G(x_i, x_j)$。若 x_i 和 x_j 之间存在连线，$d_G(x_i, x_j)$ 的初始值为 $d_x(x_i, x_j)$，否则令 $d_G(x_i, x_j) = \infty$，对所有的 $k = 1, 2, \cdots, n$，可得式（6-95）。

$$d_G(x_i, x_j) = \min\{d_G(x_i, x_j), d_G(x_i, x_k), d_G(x_k, x_j)\} \quad (6\text{-}95)$$

这样得到矩阵 $\boldsymbol{D}_G = \{d_G(x_i, x_j)\}$，它是图中所有点对的最短路径组成。

3）构造 d 维嵌入。用 MDS 方法构造一个保持本征几何结构的 d 维嵌入空间 Y，可表示如下：

$$\tau(\boldsymbol{D}_G) = \frac{\boldsymbol{H} * (\boldsymbol{D}_G)^2 * \boldsymbol{H}}{2} \quad (6\text{-}96)$$

$\boldsymbol{H}$ 是与 $\boldsymbol{D}_G$ 同阶的单位矩阵，令 λ_p 是矩阵 $\tau(\boldsymbol{D}_G)$ 的第 p 个特征值（特征值已按降序排列），v_p^i 是第 p 个特征值对应的特征向量的第 i 个分量，令 d 维嵌入向量 y_i 的第 p 个分量等于 $\sqrt{\lambda_p} v_p^i$。

5. 基于层次信息的数据可视化输出方法

层次信息的数据是大数据时代的一种重要数据形式，因为很多数据集本质上是分层的，或者是有目的的分层。因此，基于层次信息的数据可视化输出在信息可视中扮演着重要的角色。层次信息的数据可视化作为辅助管理层次信息的一种有效工具，能够帮助用户实现对信息的洞察，避免在信息中迷航，在尽可能短的时间内，以最自然的方式获得和理解所需信息并做出决策。层次可视化不是简单地对层次结构进行图形映射，而是要忠实美观地反映层次信息的结构信息和内容信息。因此，设计一个好的层次可视化必须满足一定的设计目标。大数据时代下的多价值链制造业，往往需要针对客户需求或者企业需要提供一站式服务，需要满足从生产到供应需求等一系列具有一定层次信息的数据显示。因此，可以采用层次结构来描述具有明显层次结构的对象，包括多价值链数据层次系统或者面向客户提供的数据层次关系等。层次数据的视图布局大致分为 2 种：节点连接表示法和空间填充表示法。

（1）节点连接表示法

节点连接主要绘制不同形状节点表示信息数据内容，节点之间连线表示数据之间的关系。节点连接图是表示层次关系的最直接方式，它将数据表示成节点连线的树形结构图，数据映射为图中的节点，数据间的层次关系映射为图中的连线。随着数据层级的增加，节点连接图中节点数量呈指数级别的增长。此类层次代表技术有空间树、圆锥树。节点连接图如图 6-25 所示。

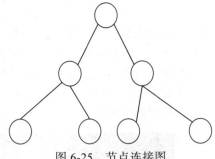

图 6-25　节点连接图

空间树（space tree）采用点 – 线形式和收缩 – 展开方法实现层次结构的可视化。为在有限可视区域中显示整体结构。空间树对层次结构的各分支做了相应的收缩和展开处理，根据子节点数目将收缩部分采用不同大小的三角形图标（称为预览图标）进行标注。当用户关注某分支时，点击相应的三角形，该图标就展开显示对应节点的下一级分支信息。同时其他已展开的分支收缩为三角形，作为背景退后。在动画变换时，用颜色标记焦点和根节点之间的路径，防止迷航。另外，它还将可视化浏览与筛选、检索紧密结合起来，专业用户可以通过输入检索词实现动态检索和即时定位。此方法通过裁剪和筛选树型来显示用户关心的层次结构。用户关心的数据信息就可以通过空间树的展示方法进行一个选择，满足用户需求。

圆锥树（cone tree）是一项三维可视化技术，其基本思想是利用三维图形技术将传统二维树形表示扩展到三维空间。该方法利用三维锥体来展示层次结构中亲子节点之间的关系，棍节点配置在可视化空间的顶端，每个锥体的顶点表示（子）树的根节点，孩子节点环形均匀排布在锥体底面圆刷上，每一底面代表层次中的相应层次。圆锥底面直径随着层次结构的深入而逐渐减小，锥体之间透明遮挡，保证用户容易感知各锥体及其前后关系。通过旋转锥体，用户关心的节点可显示在最前端，且比其他锥体显示略大。同时整体层次结构也完整地显示在背景中。光线和阴影的运用使得显示更加真实，增强了空间立体感，整个屏幕充满了信息。圆锥树如图 6-26 所示。

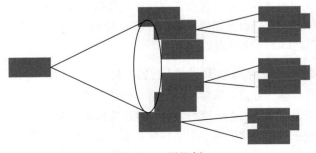

图 6-26　圆锥树

（2）空间填充表示法

空间填充主要运用包围框表示层次结构信息数据，上层节点与下层节点之间的包围关系表示信息数据间的结构关系。此类层次代表技术主要为树图。树图（tree-maps）将层次结构映射到一个二维矩形区域。充分利用了整个可视空间。每棵（子）树用一个矩形框表示，其面积对应于该（子）树权重（对文件系统来说，该权重通常是文件的大小）。该矩形中又分割出与其孩子数等量的子矩形。这些对齐的子矩形在方向与其上层矩形垂直，分别对应表示每一个孩子节点作为一种封闭图，树图通过依次嵌套矩形框表现层次关系。树图如图 6-27 所示。

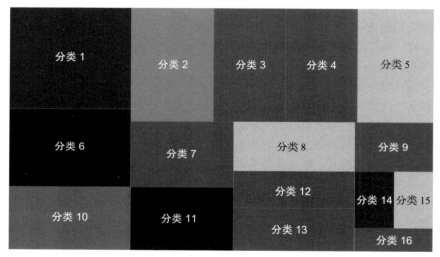

图 6-27　树图

6.2　制造业多价值链协同数据空间管理系统架构

6.2.1　制造业多价值链协同数据空间管理系统需求分析

面向制造企业及协作企业群形成的产业多价值链，数据空间的构建只是提供了一个汇集多方数据的方式或途径，而要想真正利用好大数据，首先需要分析企业对于多价值链协同数据空间体系需求，以及如何使用和管理数据空间。制造业多价值链协同数据空间系统需求主要包括以下几个方面：

1. 全过程多价值链协同数据采集整合需求

数据格式多种多样，数据空间囊括了制造与协作企业在生产及管理各个环节产生的感知数据、状态数据、业务数据、流程数据以及价值链中的交易平台、金融平台、供应链平台等平台中存在的结构化数据、半结构化数据、非结构化数据。因此具有统一标准和规范的数据对于企业来说是首要的需求。只有按照标准统一的数据规则，分门别类存放到规则一致、格式规范的统一数据服务平台,才能完成构建多价值链协同数据体系架构,提供数据分析和服务的能力。

工业系统中最重要的便是数据采集,它可以对车间内产生的各种数据进行采集与整理,实现物料跟踪、产能分析、维护历史记录等功能,为其他的数据信息管理提供了基础。以某手工生产型制造车间为例,该车间的加工设备按照加工顺序进行设置,可生产多种类型的配套产品。通过对该车间生产过程的研究,可以发现该车间不同设备加工的零件数量不同,且仅依靠手工来记录生产数据。另外员工对车间生产缺少全面了解,只注重生产的数量,忽略了产品的生产质量,造成产品的废品率上升。

为维持整个生产车间的正常运行,数据采集系统需要适应现代化的管理方式,及时准确地采集生产过程中的数据,并将采集到的信息保存到数据库中,供 MES 或黑湖系统及外部系统调用。随着现代社会的生产需求,企业生产车间的生产模式变得越来越复杂,导致车间管理不能正常运行。越复杂的生产车间就越需要及时进行数据的采集、监控产品的生产状态。根据不同类型的车间选择相应的数据采集方式,比如对业务系统数据的采集的源业务仓数据和监控到的产品信息、设备运行状态、车间生产状态通过显示屏展示给管理人员,使生产车间能够可视化管理。这就需要企业在信息管理的过程中,积极适应市场变化,根据产品需求选用先进的数据采集技术,避免在企业竞争中淘汰。另外在遇到突发情况时,车间应该具备应对突发情况的能力,保证车间生产的连续性。

制造业多价值链数据空间中数据主要包括:销售数据、生产数据、供应数据、出厂数据和售后信息数据等方面。

销售数据主要包括:材料成本核算、销售员、采购材料名称、市场价、优惠价、销售单价、销售数量、客户名称和销售订单号等。

生产数据主要包括:供应商、工序信息、采购材料名称、生产批次、成本核算、生产日期、工序信息 ID、生产订单、入库单和生产检验单等。

供应数据主要包括:供应商、生产设备、生产人员、采购批次、采购单价、采购日期、采购员、采购订单、到货单、进货检验单等。

出厂数据主要包括:出厂编号、产品 ID、收货地、物流公司、签收记录单签收人和时间、出厂资料、出库单、发货照片、发货单等。

售后信息数据主要包括:产品 ID、出厂编号、操作机构故障、开关类故障、联锁类故障、安装类故障、其他故障、故障日期、售后服务信息客户名称、售后维修单号、售后维修编号、故障视频、故障照片等。

2. 多价值链协同数据空间管理与快速索引需求

作为关联数据库的延伸,数据空间的使用也包括数据集成、储存、处理、分析及展现等功能,但由于其涉及的数据源众多,数据格式多种多样,使得在数据空间的管理要复杂得多。因此,在多价值链协同数据空间的使用过程中,要尤其注意管理问题。其可能涉及的管理方法有分布式集群引擎数据存储和管理、面向事务处理的动态快速索引、引擎数据自动扩展和可视化等。

针对制造业及协作企业多价值链协同数据空间的异域、异源和异构数据，基于企业信息需求与设计原则，指定多价值链协同的数据标准、规范和协议。运用大数据分布式计算并行处理混合技术等技术，研究多源异构数据协同采集整合方法，通过研究数据库数据抽取、数据采集、文件采集和分布式访问接口，批量数据分析技术，对数据进行采集后按照数据服务实现的业务形态进行分析，将数据进行有效的存储，便于对数据进行数据关联，也便于对数据进行分类、分级管理。

从制造及协作企业多价值链协同数据空间中复杂维度分布式数据出发，运用数据标准、规范和协议，设计汇聚、整合、存储方式，在分层、分域、分布与协同、融合、全局一体化的高维时空内，构建多价值链活动数据生成、汇聚、存储、管理、分析、使用和销毁的全过程的价值链协同数据体系架构的方法。对制造业多价值链活动全过程数据对象进行管理，主要从建立数据集然后对数据空间存储的对制造业与协作企业在生产及管理各个环节产生的价值链数据进行管理，尤其对供应链中出现的结构化数据、半结构化数据和非结构化数据，按照统一标准的数据规则，进行分类存放到一致、格式规范的统一数据服务平台，完成构建多价值链协同数据对象管理。

制造业全价值链活动全过程快速索引是为了将生产中的工艺流程中出现的全价值链数据提供快速索引，尤其是对结构化信息和非结构化信息关联的数据，能够按照某一个维度进行引擎计算，快速检索出相关联的信息，实现结构化数据和非结构化数据的快速索引。

3. 多价值链数据空间管理引擎软件需求与协同知识服务需求

建立供应、生产、营销和服务多价值链协同高维时空全局最优数据空间管理系统架构，基于数据空间管理系统，在数据空间管理引擎设计基础上，采用分布式多自主体智能系统设计方法，按照数据层、接口层、智能服务层三层空间管理技术结果，构建一个包含管理引擎中心和数据对像管理、数据集管理、数据智能服务的数据空间管理系统模型。

面向复杂的数据空间，企业常常无法在短时间内获得最理想的服务，这就涉及对数据的协同知识服务和知识服务推荐，即制造业对多价值链协同数据空间的知识服务及知识重用需求。为实现良好的知识服务，应通过构建面向多源、多模态、多维数据的一致性知识表示模型，以对复杂数据空间中的有效信息进行知识抽取；设计异构知识融合和推理算法，以构建自演化协同服务知识图谱；同时基于多价值链协同服务知识图谱，采用面向语境的知识服务推荐方法，以实现复杂知识服务与用户需求的动态匹配。

4. 多价值链活动全过程智能优化决策及集成演化软件构建需求

传统制造业在生产经营活动中无法充分利用来自市场的大量数据，在产品的研发和生产、经营及销售活动等方面往往存在很大的不确定性，难以对市场需求、产品销售状况做出准确分析与预测，进而做出最优决策。在智能制造中，企业要做的便是将数据驱动与专家知识相结合，建立制造企业外部供应链以及企业内部价值活动的搜索、关联和演化动态系统模型。其具体的需求主要包括：基于人工智能对历史数据、多价值链各环节的数据的挖掘，整合专家知识库的先验知识，建立价值链各环节的智能优化决策模型，实现制造企业及其协作企业的需求预测、库存优化、供应链联盟评价、生产调度优化和物流运输优化、供应链动态演化博弈报价、多模态混杂数据的产品故障预测预警及关系驱动自学习特征识别的质量追溯模型，提出价值链智能优化决策建模理论方法。

挖掘分布在供应链、生产链、营销链和服务链等异质链条上数据的时空间演化趋势，进而预测其未来演化趋势，并使用可视化方法直观地展示集成信息，为制造企业的业务决策提供有价值的信息支持。集成演化模块涉及的多源异构数据主要包括供应信息、生产信息、营销信息和服务信息。供应信息包括供应商信息、原材料供应信息等；生产信息包括原材料信息、库存信息、物料结构信息、产品信息、批次信息；营销信息包括各区域的销量、利润、销售额等信息；服务信息包括客户信息、售后信息、故障信息等。本系统将这些多链数据汇聚到数据治理平台中，为进一步的分析挖掘提供数据支持。

6.2.2 制造业多价值链协同数据空间管理系统架构

1. 多价值链协同数据空间管理引擎模型研究框架

多价值链协同数据空间管理引擎模型研究框架如图 6-28 所示，研究框架主要包括面向数据协同和应用驱动的管理引擎模型、基于底层接口库的数据中枢智能筛选模型、高维数据集聚协同智能管理系统模型等三大部分。

（1）面向数据协同和应用驱动的管理引擎模型

针对制造业多价值链数据流、信息流及业务流特征，研究多价值链协同数据空间管理引擎内部程序监控、底层服务应用程序交互、独立可协调管理、完整事务处理、并发控制和数据恢复等功能实现难点和痛点；提出包含数据集成、数据中枢、数据演化和数据输出四大引擎的多价值链协同数据空间管理引擎模型；部署数据层、引擎接口层、数据服务维护层等三层空间管理引擎结构。基于管理引擎接口库调用及组件复用的思想，设计满足复杂数据应用项目开发以及内外部组件配置、管理、监控等功能需求的管理引擎接口数据交互模型。

（2）基于底层接口库的数据中枢智能筛选模型

基于底层引擎接口库调用的模型设计思想，研究数据集成、数据更新、数据监控等引擎数据集成机制，融合区块链和数据映射理论提出数据中枢智能筛选模型；研究数据存储、索引、访问、查询、销毁等引擎数据中枢管理机制，融合语义本体和路径优化理论提出引擎数据中枢筛选模型；研究支撑数据模式抽取、数据关系发现、数据自适应计算、索引自动优化的引擎数据演化机制，融合智能协同技术和多任务聚类理论提出引擎数据演化模型；研究数据共享、高效数据查询、数据排序等引擎数据输出机制，融合知识图谱和动态自适应理论提出引擎数据输出模型。

（3）高维数据集聚协同智能管理系统模型

在制造业多价值链协同数据对象管理、数据集管理、数据服务和知识服务需求挖掘基础上，分析制造企业及协作企业信息流、数据流、业务流、价值流、知识流传递机制，面向价值链企业管理绩效提升、基于业务流程的企业价值优化增值、基于知识流和资源流的知识价值优化增值、基于价值链战略和业务流的反馈创新，建立供应、生产、营销和服务多价值链协同的高维时空全局最优数据空间管理系统模型；基于数据空间管理系统模型，在数据空间管理引擎设计基础上，采用分布式多自主体智能系统设计方法，按照数据层、接口层、智能服务层等三层空间管理系统技术结构，构建包含一个管理引擎中心和数据对象管理、数据集管理、数据智能服务的数据空间管理系统模型。

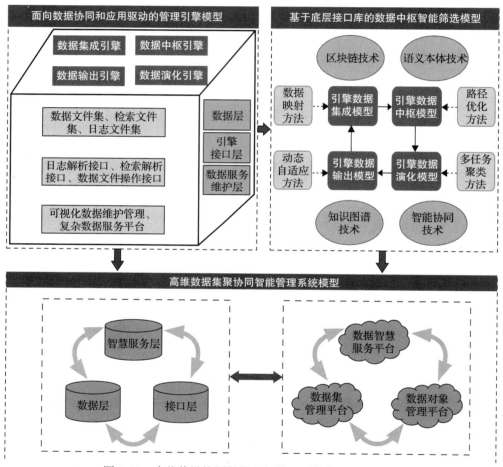

图 6-28　多价值链协同数据空间管理引擎模型研究框架

2. 面向决策的制造业多价值链协同数据空间管理引擎模型分析

（1）管理引擎模型分析框架

面向决策的制造业多价值链协同数据空间管理引擎模型分析框架如图 6-29 所示。数据空间管理引擎模型从不同维度入手，提升价值链的整体决策水平和竞争力，多维协同决策。深度挖掘内在逻辑，确保决策的前瞻性和准确性，实现智能优化决策；注重决策方案执行效果的后评估，实现动态闭环决策。

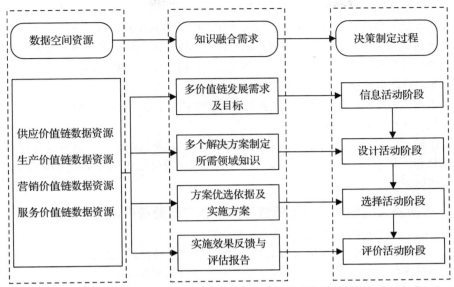

图 6-29 面向决策的制造业多价值链协同数据空间管理引擎模型分析框架

（2）多价值链协同管理引擎的决策支持价值分析

随着时间的推移和制造企业业务的不断开展，多价值链协同数据资源不断纳入数据空间的管理范畴。不断积累的数据空间资源对大数据时代核心及协作企业进行智能决策从而获取持续竞争优势具有重要的战略意义。具体而言，基于供应价值链数据资源展开的智能决策活动主要涉及供应链联盟评价、企业及其协作企业的需求预测和库存优化、供应链动态演化博弈报价等。如多价值链大数据下的在线分级联盟原料和备品库存协同优化问题，多价值链大数据下动态柔性供应联盟设计、供应联盟动态优选与评价问题等。

基于生产价值链数据资源展开的智能决策活动主要涉及生产调度优化和物流运输优化、成本控制等。如供应联盟生产工序优化、供应联盟生产资源调度优化等。

基于营销价值链数据资源展开的智能决策活动主要涉及供应链协同报价、动态供应链竞争下核心企业演化博弈报价、供应联盟利益分配与优化问题等。

基于服务价值链数据资源展开的智能决策活动主要涉及产品故障预测和质量追溯等，如基于价值链大数据的产品故障预测预警、基于大数据的质量追溯问题等。

（3）面向决策的管理引擎资源知识融合模型设计

按照系统论整体性思想，面向决策的领域知识融合需求分析涉及需求主体、需求动机、需求内容、需求阶段等关键要素。

需求主体：即决策者，涉及核心企业以及协作企业的高层管理者。决策是为企业总体战略目标服务的，以实现整个制造业多价值链的高度协调及资源的合理配置与应用。因此，在决策过程中更多关注在价值链运行中产生的过程数据，如业务数据、状态数据、金融数据等。在面对决策问题时更多需要的是能够总结归纳出应对具体问题的解决方案，更重要的是，在决策中需要通过对数据空间内海量、多源和异构的信息资源进行加工处理后获得的能够反映事物发展规律和本质的知识。

需求动机：即决策过程面临的问题或目标。基于Simon的思想，制造业多价值链协同的决策过程包括信息活动阶段决策目标的设定、设计活动阶段多个拟定解决方案的制定、选择活动阶段最优解决方案的选择和实施、评价活动阶段对所选解决方案的修正与经验积累，这些问题驱动了决策者的知识需求行为。

需求内容：即核心企业以及协作企业高层管理者为了达到需求动机所需的领域知识、推理知识、任务知识等决策知识。

需求阶段：与决策过程的四个基本阶段相对应。在不同的阶段，决策者面对不同的问题或目标，基于知识供需动态匹配机制，从特定信息环境中获取不同类型的知识，及时调整和修正。

3. 面向决策的制造业多价值链协同数据空间管理引擎模型构建

（1）面向决策的数据空间管理引擎模型框架

提出如图6-30所示的面向决策的制造业多价值链协同数据空间管理引擎模型框架，该框架包括多源数据资源、决策制定过程、知识融合和服务应用4个核心部分，不同部分的结构要素之间以决策驱动的知识融合服务流程为导向，通过决策业务流和决策知识流实现相互联系与内部协同。

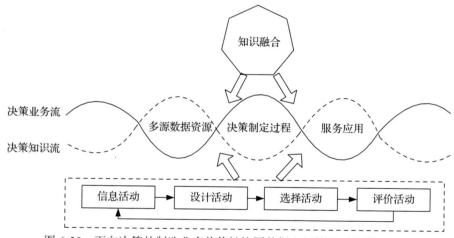

图6-30　面向决策的制造业多价值链协同数据空间管理引擎模型框架

（2）面向决策的数据空间管理引擎知识融合模型

构建了如图6-31所示的面向决策的制造业多价值链协同数据空间管理引擎知识融合模型。该模型反映出数据资源层、决策活动层、知识融合层、服务应用层4个部分及其结构要素之间动态的协同作用机理。模型中各构成要素之间的协同运作机理形成了一个动态演化的系统，该系统以数据空间中的海量制造业信息资源为基础，应用数据空间管理思维、方法和技术，沿着知识价值链管理的主线，实现从数据资源层的"输入"，到决策活动层的"驱动",再到知识融合层的"转化",最后到服务应用层的"输出"与"反馈"。

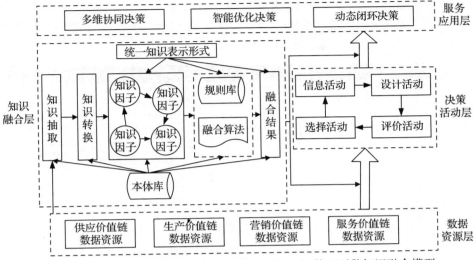

图 6-31 面向决策的制造业多价值链协同数据空间管理引擎知识融合模型

6.2.3 制造业多价值链协同数据空间管理平台

基于制造业多价值链协同数据空间体系及管理系统架构,开发了制造业多价值链协同数据空间管理平台,实现了基于多价值链协同数据空间管理引擎的多源异构数据采集整合、多价值链活动全过程快速索引与关联表示、多价值链活动全过程数据建模、知识服务引擎、知识图谱构建等功能。制造业多价值链协同数据空间管理平台登录界面如图 6-32 所示。

图 6-32 制造业多价值链协同数据空间管理平台登录界面

1. 制造业多价值链协同数据空间主平台

基于制造业多价值链协同数据中枢用户集，以及数据的占有、使用、收益和处分权益，实现了制造业多价值链协同数据空间部分用户的权限管理功能。制造业多价值链协同数据空间管理平台用户权限管理界面如图 6-33 所示。

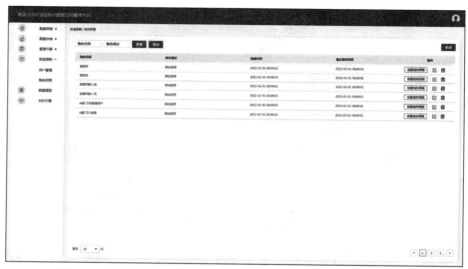

图 6-33　制造业多价值链协同数据空间管理平台用户权限管理界面

基于制造业多价值链协同数据中枢用户集、数据集的语义本体、数据索引和关联关系，实现了基于物料编码的关联表示，制造业多价值链协同数据空间关联表示界面如图 6-34 所示。

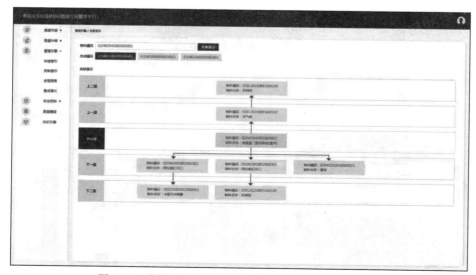

图 6-34　制造业多价值链协同数据空间关联表示界面

基于制造业多价值链协同数据中枢数据，调用管理引擎构件，实现了设计、销售、供应、生产、服务价值链的全链并发检索，制造业多价值链协同数据空间管理平台全链检索界面如图 6-35 所示。

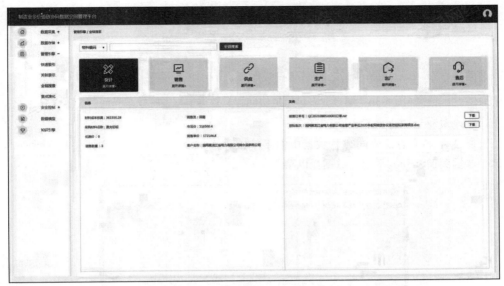

图 6-35　制造业多价值链协同数据空间管理平台全链检索界面

2. 制造业多价值链协同智慧数据中枢系统实现

基于制造业多价值链协同数据空间管理引擎架构，在管理平台中专门开发了管理引擎的数据中枢系统。主要包括管理引擎数据存储、数据画像、数据开放平台、数据操纵等核心功能。通过中枢系统实现制造业多价值链分布式集群引擎数据存储和管理，满足企业内部、集团各子公司、分公司、产业链上下游企业、终端消费者数据的分布式存储和管理需求。实现数据自动智慧扩展和可视化，满足基于数据智慧扩展、高质量查询结果输出的引擎数据动态可视化需求。实现管理引擎数据预处理，满足语义分词、语义解释、要素提取、自动聚类、特征标引等智能分析需求。

同时，中枢系统建立系统底层接口库，提供制造业多价值链协同智慧数据中枢系统接口，满足管理引擎和数据空间系统开放平台建设需求。设计制造业多价值链协同数据中枢智慧筛选算法，开发多价值链协同数据空间管理引擎数据操纵、查询优化、结果输出执行器和优化器。满足通过索引方式、数据类型、负载自动选择查询路线和方式的引擎数据查询优化需求，满足复杂数据并发动态快速更新、并发处理、事务处理、容错恢复等功能需求的数据操纵需求。

（1）数据中枢系统登录

制造业多价值链协同智慧数据中枢系统登录界面如图 6-36 所示。选择操作员、输入密码、点击确定就可完成登录操作。

图 6-36　制造业多价值链协同智慧数据中枢系统登录界面

（2）数据中枢系统界面

制造业多价值链协同智慧数据中枢系统主界面如图 6-37 所示，主要包括了数据存储、数据图像、开放平台、数据操纵菜单。

图 6-37　制造业多价值链协同智慧数据中枢系统主界面

（3）数据中枢系统数据操作

制造业多价值链协同智慧数据中枢系统数据存储界面如图 6-38 所示，在此界面进行数据存储管理操作。

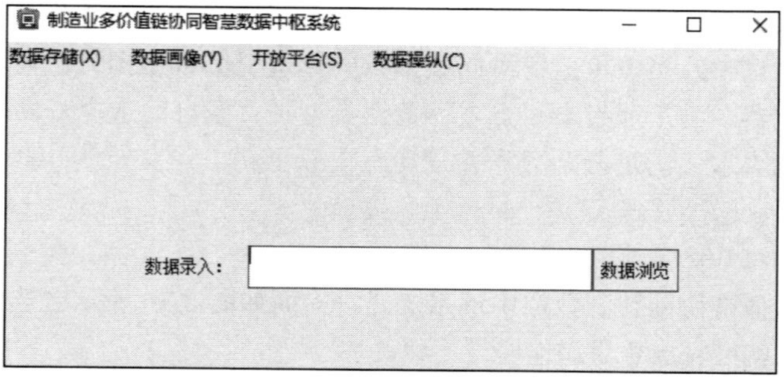

图 6-38　制造业多价值链协同智慧数据中枢系统数据存储界面

制造业多价值链协同智慧数据中枢系统数据浏览界面如图 6-39 所示，点击"数据浏览"可以进行本地数据文件的录入。

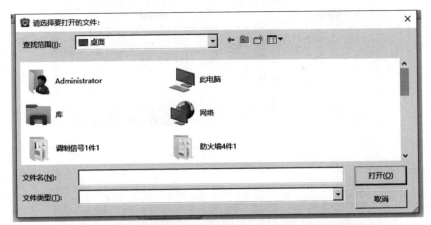

图 6-39　制造业多价值链协同智慧数据中枢系统数据浏览界面

（4）数据中枢系统数据画像

制造业多价值链协同智慧数据中枢系统数据画像界面如图 6-40 所示，可以在此界面查看数据画像。

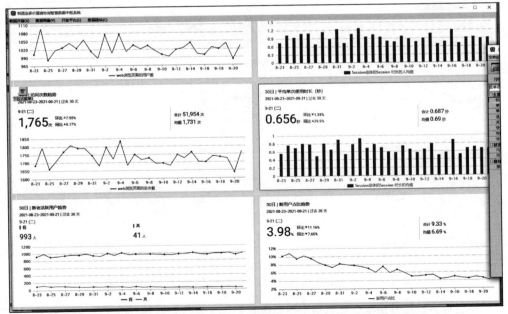

图 6-40　制造业多价值链协同智慧数据中枢系统数据画像界面

制造业多价值链协同智慧数据中枢系统接口功能界面如图 6-41 所示，可以在此界面查看接口及接口功能介绍。

制造业多价值链协同智慧数据中枢系统
数据存储(X)
数据画像(Y)
开放平台(S)
数据操纵(C)
序号
API名称
简介
查询
取消
清空
请求参数查看
序号
API名称
简介
备注
01
定制图表
支持常规的线图、饼图、
新增
删除
保存
取消

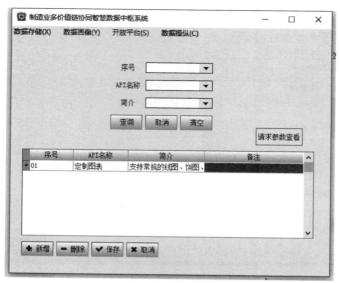

图 6-41　制造业多价值链协同智慧数据中枢系统接口功能界面

制造业多价值链协同智慧数据中枢系统 API 界面如图 6-42 所示，点击图 6-41 中“请求参数查看”可以查看指定 API 的参数。

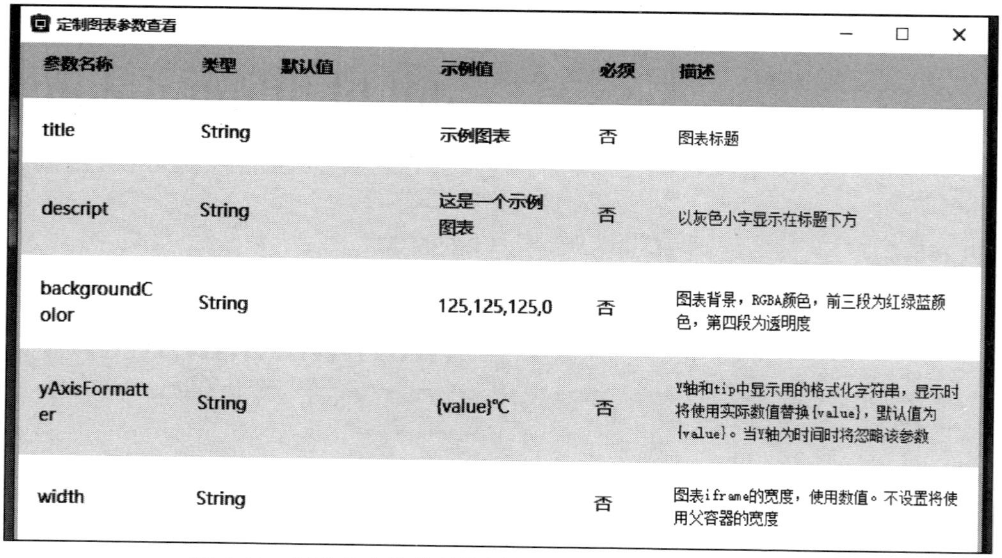

定制图表参数查看
参数名称
类型
默认值
示例值
必须
描述
title
String
示例图表
否
图表标题
descript
String
这是一个示例图表
否
以灰色小字显示在标题下方
backgroundColor
String
125,125,125,0
否
图表背景，RGBA颜色，前三段为红绿蓝颜色，第四段为透明度
yAxisFormatter
String
{value}℃
否
Y轴和tip中显示用的格式化字符串，显示时将使用实际数值替换{value}，默认值为{value}。当Y轴为时间时将忽略该参数
width
String
否
图表iframe的宽度，使用数值。不设置将使用父容器的宽度

图 6-42　制造业多价值链协同智慧数据中枢系统 API 界面

制造业多价值链协同智慧数据中枢系统数据操纵界面如图 6-43 所示，可以在此界面进行数据查询、优化等操作。

制造业多价值链协同智慧数据中枢系统数据优化界面如图 6-44 所示，点击“数据优化”可以进行数据优化操作。

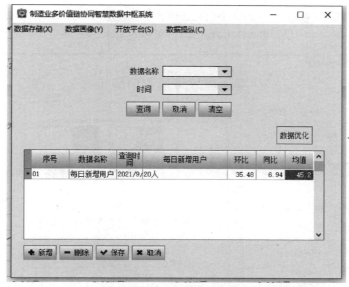

图 6-43　制造业多价值链协同智慧数据中枢系统数据操纵界面

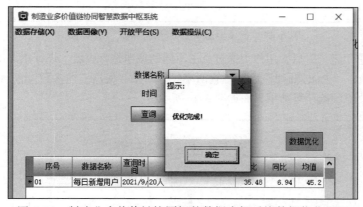

图 6-44　制造业多价值链协同智慧数据中枢系统数据优化界面

3. 制造业多价值链协同数据空间数据模型模块

对供应、生产、营销和服务多价值链活动全过程数据进行分析建模，实现了基于制造业多价值链协同数据空间的变压器故障预测预警以及物资需求预测。

（1）变压器故障预测预警功能

如要进行变压器故障预测预警，点击（变压器故障预测预警）按钮，在系统对话框中输入因变量 Y 与自变量 X 的列数，点击按钮"导入数据"，即可将相应数据导入。例如，设置"因变量：23；自变量：0-10、10-23"，点击"导入数据"；导入数据后，在图 6-45 所示界面进行数据集参数设置，设置 XGBoost 及 RF 模型参数。例如，将模型参数设置如下：

XGBoost：n_estimators---15；learning_rate---0.1

RF：n_estimators---15；maxfeatures---5；random_state---1

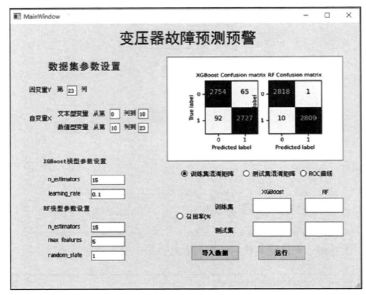

图 6-45　变压器故障预测预警参数设置界面

点击按钮"运行"后，用户可通过点击不同的按钮选择查看"训练集混淆矩阵""测试集混淆矩阵""ROC 曲线"以及"召回率"等结果。根据上述参数设置示例，可分别得到变压器故障预测预警结果界面如图 6-46 所示。

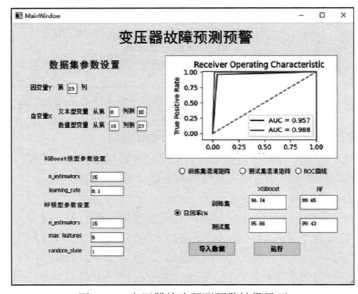

图 6-46　变压器故障预测预警结果界面

(2)物资需求预测功能

如要进行物资需求预测,在弹出的系统对话框中,点击"物资需求预测"按钮,在系统对话框中输入物资编码后,点击按钮"导入数据"。如设置"物资编码:10039001344";用户可根据自身需求点击不同的按钮,选择查看近十年、近五年或近三年该物资的历年需求情况;导入数据后,进行参数设置,设置好正常需求最大值。例如,将参数设置为:"正常需求最大值:600",参数设置完成后,即可进行预测。物资需求预测参数设置如图 6-47 所示。物资需求预测结果界面如图 6-48 所示。

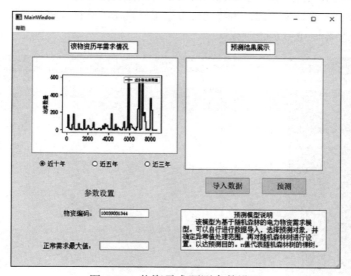

图 6-47 物资需求预测参数设置

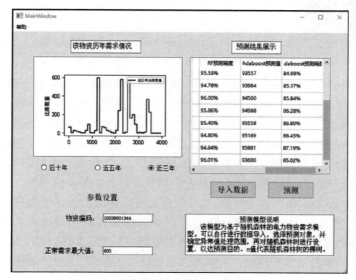

图 6-48 物资需求预测结果界面

4. 制造业多价值链协同数据空间知识引擎模块

（1）知识引擎

随着智能制造领域的不断发展，围绕信息源和信息检索方式，多价值链协同知识服务作为知识服务平台构建的基础和关键，实现多价值链数据知识的积累和重用。为了应对多价值链协同制造领域产生的越来越多的数据资源，如交易文本、标准文档等，需要有效、高效的对多价值链协同制造产生的知识进行管理，并为知识的重用复用进行反馈，以多价值链协同知识为目标，以知识图谱为知识服务技术支撑，搭建多价值链协同知识服务基础平台，方便知识管理，为智能决策应用提供基础支持。多价值链协同知识服务基础平台系统主界面如图 6-49 所示。

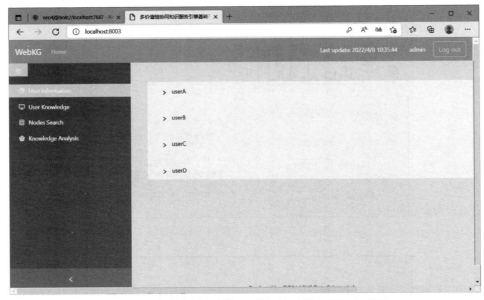

图 6-49　多价值链协同知识服务基础平台系统主界面

点击"User Knowledge"菜单，进入用户图谱管理界面，点击每个用户的菜单即可显示该用户所拥有的图谱，不同用户的图谱之间是隔离开来的，每个图谱上方都显示对应的数据文件来源，点击即可下载相应的文件；多价值链协同知识服务基础平台用户图谱界面如图 6-50 所示。点击节点可以选中，每个节点旁边显示的是节点标签，选中一个节点会在该图谱显示区域的左上角展现该图谱的名字，右键可以进行扩展、收起、删除操作，多价值链协同知识服务基础平台用户图谱管理界面如图 6-51 所示。

点击"Nodes Search"菜单，进入用户节点搜索界面，里面会在所有用户的图谱里进行全面的节点搜索，在界面上侧输入栏处选择实体类型和输入实体名字，点击"Search"，即可显示包含该实体名字且符合实体类型的所有实体。对于每个节点可左键单击选中，左上角提示名字信息，右键唤起菜单，可以扩展、收起、删除，多价值链协同知识服务基础平台节点查询结果界面如图 6-52 所示。

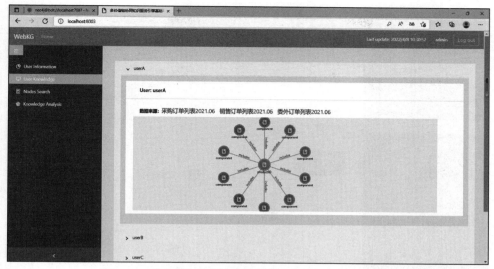

图 6-50　多价值链协同知识服务基础平台用户图谱界面

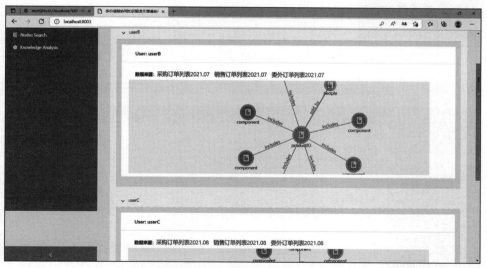

图 6-51　多价值链协同知识服务基础平台用户图谱管理界面

（2）知识抽取及图谱构建

随着智能制造领域的不断发展，围绕信息源和信息检索方式，为用户提供个性化的服务，知识服务作为知识服务平台构建的基础和关键，实现数据知识的积累和重用。为了应对制造业多价值链领域产生的越来越多数据资源，需要对数据中的知识进行有效的挖掘，并为知识的重用复用进行反馈，本软件以多价值链知识为目标，以知识图谱为知识服务技术支撑，搭建智能知识抽取及图谱构建平台，方便知识抽取与管理，为多价值链知识服务应用提供基础支持。智能知识抽取及图谱构建平台系统界面如图 6-53 所示。

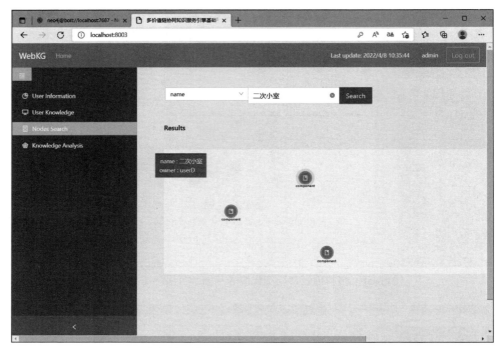

图 6-52　多价值链协同知识服务基础平台节点查询结果界面

图 6-53　智能知识抽取及图谱构建平台系统界面

在系统首页点击"Knowledge Extraction"菜单可打开网站到知识抽取界面，如图 6-54 所示，知识抽取界面包括命名实体识别、中文分词、关系分类，进入后默认显示的是命名实体识别的界面，用户首先选择进行命名实体识别的模型，默认为 BERT 模型，然后用户输入句子，可以选择 example 句子，最后用户点击 Run 按钮，在下方显示结果。点击侧边栏"Chinese word segmentation"选项进入中文分词的界面，点击侧边栏"Relation Classification"选项进入关系抽取的界面。智能知识抽取演示界面如图 6-54 所示。

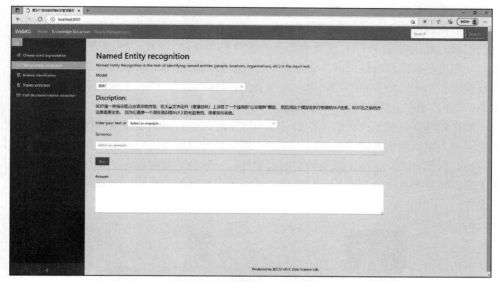

图 6-54 智能知识抽取演示界面

点击"Graph Management"菜单，进入图谱管理界面，点击"显示图谱"即可得到可视化图谱，如图 6-55 所示；在左侧输入栏处选择实体属性和输入属性值，点击"Search"，即可显示包含该属性值的所有实体。点击节点可以选中，右键可以进行扩展、收起、删除操作。

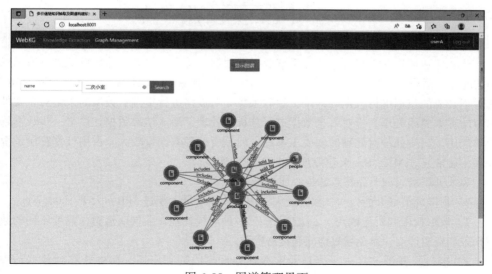

图 6-55 图谱管理界面

6.2.4 制造业多价值链协同数据空间管理系统软件构件

1. 多源异构数据采集整合软件构件

（1）技术架构

ETL 的过程如下：从操作型的数据源，经过数据中转区，最后到达数据集市的数据处理过程。底层是整个 ETL 过程中都涉及的数据存储层。ETL 过程逻辑架构如图 6-56 所示。左边是数据源的提供者，业务系统是业务信息的来源。源系统数据存储类型由源系统规定，如一般的关系型数据库、文本书件、影像等。了解源系统的本质对于创建数据集市结构、ETL 过程结构等非常关键。

数据中转区是数据准备的工作台，其功能主要包括：可快速接受数据采集系统传过来的大量数据，缩短数据采集时间，减少数据采集对应用系统的冲击。实现对多个数据源的统一数据采集，提高了采集数据的可靠性、一致性。暂时保存了要加载的数据，避免了数据转换系统对数据源的直接操作，减少了对数据源的影响。对数据进行转换清洗的操作。

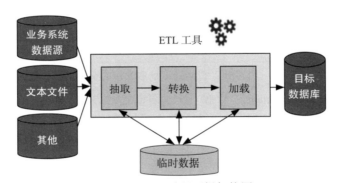

图 6-56 ETL 过程逻辑架构图

（2）数据流程

从业务数据流向上来说，业务系统数据源数据、文本书件和其他数据源进行数源采集的时候，需要先经过 Spark 流批工具，将数据提取到 Hudi 和 Hive 中进而保存到 Hdfs。先对不必要的数据进行数据的冲洗，然后采集完对数据进行重洗，数据的采集对于文件内容的提取离线处理，指对海量数据进行分析和处理，形成结果数据，供下一步数据场景的应用。离线处理对处理时间要求不高，但是所处理数据量较大，占用计算存储资源较多，通常通过 MR、Spark 作业或者 SQL 作业实现。

离线处理场景的典型特点和核心能力是：

1）集群规模最大能力——数据量大，用户数据量最大超过 5PB，大于 1000 节点。

2）数据权限和资源隔离（多租户）——多种离线处理作业同时运行，需要不同的数据权限和资源调度，避免越权访问和抢占资源。

3）接口与开源兼容——客户通常存在存量离线处理应用，需要迁移到数据治理系统。

4）支持多数据源、多种数据加载方式——数据源存在多种类型来源，存在多种类型数据，存在多种数据格式。

5）滚动升级——离线处理是客户大数据系统的基础，无法忍受停机升级。

6）支持作业调度管理——多种离线作业存在不同的优先级、不同的运行时间，需要多种调度策略管理，对异常、失败作业进行监控。

7）支持异构设备——支持异构设备，客户扩容时支持配置升级的设备，并且支持新旧设备区分使用。

8）支持冷热数据分级存储——用户数据热度不同，希望有分级存储策略，达到性能和成本的平衡。

9）支持与第三方软件对接（可视化、分析挖掘、报表、元数据等）——对接多种第三方工具，方便对数据进行进一步的分析和管理。

（3）业务支撑

实时流处理，指对实时数据源进行快速分析，迅速触发下一步动作的场景。实时数据对分析处理速度要求极高，数据处理规模巨大，对 CPU 和内存要求很高，但是通常数据不落地，对存储量要求不高。实时处理，通常通过 Spark Streaming 或者 Flink 任务实现。实时流处理场景的典型特点和核心能力是：

1）处理速度快：端到端处理需要达到秒级，流处理平台负责的数据采集和数据处理要在 1s 内完成。未来要建成要求单条数据处理时间达到秒级，单节点 TPS 大于 1000。

2）吞吐量高：需在短时内接收并处理大量数据记录，吞吐量需要达到一定的极限。

3）抗震性强：为应对数据源端业务数据产生速度会突然出现峰值的情形，需提供数据缓存机制。

4）可靠性高：网络、软件等故障发生时，需保证每条数据不丢失，数据处理不遗漏、不重复。

5）水平扩展：当系统处理能力出现瓶颈后，可通过节点的水平扩展提升处理性能。

6）多数据源支持：支持网络流、文件、数据库表、IOT 等格式的数据源。对于文件数据源，可以处理增量数据的加载。

7）数据权限和资源隔离：消息处理、流处理需要有数据权限控制，不同的作业、用户可以访问、处理不同的消息和数据。多种流处理应用之间要进行资源控制和隔离，防止发生资源争抢。

8）第三方工具对接：支持与第三方规则引擎、决策系统、实时推荐系统等对接。

制造业多价值链协同数据空间管理系统存储设计如图 6-57 所示。

（4）数据处理

结构化数据通过 Spark Streaming 将数据采集后，把数据存储到 Hudi 和 Hive 中，实现数据的统一存储，也将数据存储到 HDFS 中一份。对于非结构化数据和半结构化数据，使数据能够存储到 HDFS 上，将索引的半结构化数据和非结构化数据存储到关系型数据库中，实现对数据的管理。

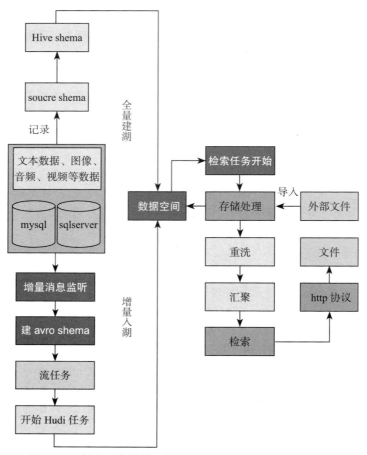

图 6-57 制造业多价值链协同数据空间管理系统存储设计

Hive 是建立在 Hadoop 上的数据仓库框架，提供大数据平台批处理计算能力，能够对结构化数据和半结构化数据进行批量分析汇总完成数据计算。提供类似 SQL 的 Hive Query Language 语言操作结构化数据，其基本原理是将 HQL 语言自动转换成 MapReduce 任务，从而完成对 Hadoop 集群中存储的海量数据进行查询和分析。

Hive 支持对表的某一列或者多列进行加密。在创建 Hive 表时，可以指定要加密的列和加密算法。当使用 Insert 语句向表中插入数据时，即可将对应的列进行加密。由于底层存储系统的原因，Hive 并不能支持对单条表数据进行删除操作，未来本书可能使用 Hive on HBase 功能，提供对 HBase 表的单条数据的删除功能，通过特定的语法，Hive 可以将自己的 HBase 表中符合条件的一条或者多条数据清除。

实现大数据采集与关系型数据库、文件系统之间交换"数据""文件"，既可以将数据从关系型数据库或者文件服务器导入到 HDFS/Hive 中，同时也支持从 HDFS/Hive 导出到关系型数据库或者文件服务器中。对于 ETL 采集功能基础上进行了一些扩展，实现大数据采集与关系型数据库、文件系统之间交换"数据""文件"，既可以将数据从关系型数据库或者文件服务器导入到 HDFS/Hive 中，同时也支持从 HDFS/Hive 导出到关系型数据库或者文件服务器中。

Loader 功能包括：

1）通过 MapReduce 实现并行执行和容错 Loader 通过 MapReduce 作业实现并行的导入或者导出作业任务，不同类型的导入导出作业可能只包含 Map 阶段，或者同时包含 Map 和 Reduce 阶段。Loader 同时利用 MapReduce 实现容错，在作业任务执行失败时，可以重新调度。

2）在 MapReduce 作业的 Map 阶段，从外部数据源抽取数据。在 Reduce 阶段中，按 Region 的个数启动同样个数的 Reduce Task，Reduce Task 从 Map 接收数据，然后按 Region 生成 HFile，存放在 HDFS 临时目录中。在 MapReduce 作业的提交阶段，将 HFile 从临时目录迁移到 HBase 目录中。

3）数据导入 HDFS 在 MapReduce 作业的 Map 阶段，从外部数据源抽取数据，并将数据输出到 HDFS 临时目录下。在 MapReduce 作业的提交阶段，将文件从临时目录迁移到输出目录中。

4）数据导出到关系型数据库在 MapReduce 作业的 Map 阶段中，从 HDFS 或者 Hive 中抽取数据，然后将数据通过 JDBC 接口插入到临时表（staging table）中。在 MapReduce 作业的提交阶段，将数据从临时表迁移到正式表中。

5）数据导出到文件系统 在 MapReduce 作业的 Map 阶段中，从 HDFS 或者 HBase 中抽取数据，然后将数据写入到文件服务器临时目录中。在 MapReduce 作业的提交阶段，将文件从临时目录迁移到正式目录中。

2. 多源异构数据统一存储软件构件

（1）技术架构

当前人的生活以及制造业的发展都被数据空间所包围。伴随着复杂供应链的数据空间，围绕制造业进行数据分析的过程，必然需要依靠场景和业务处理或接触到很多的数据。结构化数据伴随着非结构化数据在制造业中的各个环节随处可见，需要进行集成管理，这成了当前的新制造业供应链信息管理的新问题。而数据库技术是信息化时代的数据存储的主要方式之一，在过去近半个世纪中为推动工业、制造业的相关企业数据管理的发展做出了巨大贡献。制造业多价值链协同数据空间的多源异构数据存储构件技术架构如图 6-58 所示。

（2）数仓设计

随着工业科技的不断发展，为了满足人们更高级的需求，制造业的产品加工流程越来越细化，围绕着工业制造进行全球资源整合的概念越来越成为主流，制造业数据空间的数据管理呈现出大数据的特点。首先，第一个特点是海量，全球的数据量正在以指数级的速度迅猛增长；其次，另一个特点是多样化，今天人们所面临的数据已不再是关系模型下纯粹的结构化数据，更多的是非结构化数据，如图片、音频、视频、文档等非结构化数据大量涌入到工业、制造业以及人们的生活中来。对于结构化数据，利用一般的常用结构化的数据库进行存储，对于非结构化数据，利用非结构化数据进行存储。制造业多价值链协同数据空间的数仓设计是针对采集后的多源异构数据进行存储，首先对结构化数据进行存储，然后把非结构化数据存储到分布式存储 HDFS 上进行一种块存储，进而把非结构化数据以路径索引的方式保存到关系型数据库当中。结构化数据和非结构化数据的数据绑定之后，然后对业务数据源的业务数仓进行数据的相互转化。

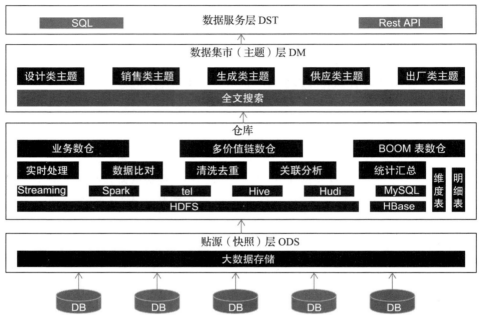

图 6-58　制造业多价值链协同数据空间的多源异构数据存储构件技术架构

多价值链数仓指的是外部文件数据源采集读取到数据之后，经过消息的相互转化，将相应的数据按照各个主题进行分类汇总，将结构化数据和非结构化数据，按照各个主题数仓的设计规则统计到一起，形成各个数仓的价值链数据。BOOM 表数仓，主要是针对从生产工艺的角度进行组件的联查，将每个层级之间的逻辑关系映射到实际的生产业务关系的总称。

（3）业务支撑

制造业多价值链协同数据空间管理系统存储设计的目的主要是实现储存和检索；存储主要从两方面考虑：增量入数据空间和全量建数据空间，检索主要通过利用计算引擎进行，对于不符合标准的数据进行的操作或者是对于用户有用的数据进行的相关的聚合、汇聚等，最终用户通过 http 协议或者可视化相关的操作使用检索服务对数据进行查询，结果以文件的方式呈现给用户。

（4）分布式存储

在 Hadoop 中有一个叫 FileSystem 的通用的文件基类，它可以被分布式文件系统进程实现一个 Distributed FileSystem 的类，还可以通过 http 访问相关文件或通过 FTP 方式读写文件。Hadoop 文件访问流图如图 6-59 所示。

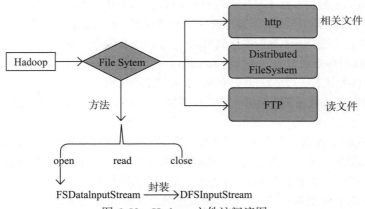

图 6-59　Hadoop 文件访问流图

Hadoop 文件访问具体流程如图 6-60 所示：

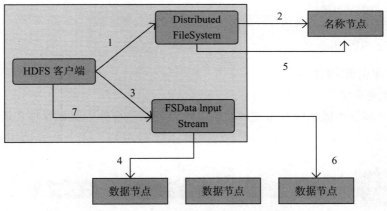

图 6-60　Hadoop 文件访问具体流程

1）打开文件：HDFS 客户端打开文件。

2）获取数据块信息：Distributed FileSystem 会与名称节点沟通，通过 ClientProtocal.getBlock Locations() 获得数据块的位置。

3）读取请求：HDFS 客户端得到数据的位置就可以通过 read 函数读取数据。

4）读取数据：数据从数据节点读到客户端，读取后 FSData Input Stream 要关闭和数据节点的连接。

5）获取数据块信息：再让输入流通过 ClientProtocal.getBlock Locations() 查找下一个数据块。

6）读取数据：获得数据位置后再次和其他数据节点交互读取数据，读取后关闭连接。

7）关闭文件：当数据读取结束，调用 close 函数关闭文件，读取数据结束。

（5）流批一体

对于离散的元数据，在本系统中的 OA 系统的 MySQL 离散元数据及 U8 系统中离散的 sqlserver 的元数据，将元数据进行统一的数据管理，载入 mysql 当中，利用存储引擎读取元数据信息，进行一系列的操作到 Hudi 当中，主要分为三步：

1）注册库并注册临时表，并注册 schema。

2）记录任务状态、最小粒度表级别、汇总粒度库级别。

3）计算增量入湖需要的 offset 值，计算同步字段（updatetime，修改时间）max 值，开个新库。

对于离散的元数据，在本书中的 OA 系统的 mysql 离散元数据及 U8 系统中离散的 sqlserver 的元数据，将元数据进行统一的数据管理入 mysql 当中，利用存储引擎读取元数据信息，进行一系列的操作到 Hudi 当中，主要分为四步：

增量数据和全量数据经过以上操作后最终同步到 Hive 表当中；

1）增量入数据空间的动作在全量建数据空间动作之后，此时去建立 topic，进行流任务。

2）建 avro schema。

3）配置 StreamSets 并启动开始流任务。

4）开始进行 Hudi 任务。

3. 管理引擎构件

（1）数据管理

制造业多价值链系统数据空间管理系统管理引擎构件中数据管理功能如图 6-61 所示。

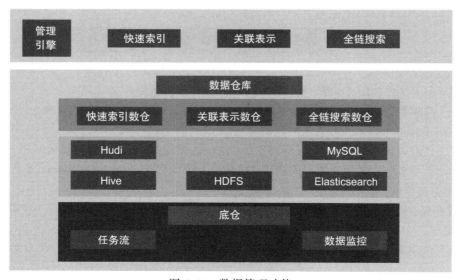

图 6-61　数据管理功能

（2）数据空间的数仓分层设计

制造业多价值链数据空间的数仓设计采用的是分层的数据架构，首先对于外部数据源通过任务流和数据监控的方法采集到系统平台当中。

由于数据源零散分布，使得生产工艺的各个业务独立，形成数据孤岛，无法统一全局集成管理，实现数据的有利统一，在此基础上，制造业多价值链数据空间管理引擎，为了打破数据孤岛问题，使得数据能够统一的规范化管理，形成应用的资产，引用新型的数据空间架构对新的业务数据形成业务和应用的有力支撑。

然后对数据进行分层数仓设计，对于结构化文件和非结构化文件，采用传统数仓架构，先采集到数据空间当中，进而筛选业务数据，按照快速索引、关联表示和全链搜索的目的，实现数据的有利统一。

1）清晰数据结构

每一个数据分层都有它的作用域和职责，在使用表的时候能更方便的定位和理解。

2）减少重复开发

规范数据分层，开发一些通用的中间层数据，能够减少极大的重复计算。

3）统一数据口径

通过数据分层，提供统一的数据出口，统一对外输出的数据口径。

4）复杂问题简单化

将一个复杂的任务分解成多个步骤完成，每一层解决特定的问题。

一种通用的数据分层设计如下：

ODS：存放原始数据。

DW：存放数仓中间层数据。

APP：面向业务定制的应用数据。

（3）数据处理

通过部署大数据计算框架，基于多种算法库，实现大数据存储访问及分布式计算任务调度、多维索引数据的深度搜索和全文检索等功能。建立基于分布式并行计算架构，部署服务器集群，具备横向扩展能力，可以动态增加或减少计算资源和存储资源，支持 PB 量级离线计算和在线计算。部署非关系型数据库 HBase、数据仓库 Hive、数据处理工具 Sqoop、机器学习算法库 Mahout、一致性服务软件 ZooKeeper、管理工具 Ambari 等，或者其他大数据计算框架如 MapReduce、Spark、Tez 等，部署搜索引擎 Elasticsearch 用于全文检索、结构化检索和分析。

实时检索，通常是指数据实时写入，对海量数据基于索引主键实时查询，查询响应要求较高，查询条件相对比较简单。查询条件复杂的可以根据关键词在全域数据中通过索引搜索主键后，通过主键查询。全域数据既包含了结构化数据又包含了文本等非结构化数据。实时检索处理场景的典型特点和核心能力是：

1）查询速度快：查询响应时间要求较高，通常要求在 1s 内返回结果。

2）高并发能力：需要同时支持多用户查询，如 1s 千级并发查询。

3）数据量大：处理数据量巨大，通常在 PB 级别。

4）能够同时处理结构化数据和非结构化数据。
5）支持全文检索功能。

4. 数据对象构件

（1）技术架构

制造业多价值链系统数据空间管理系统管理引擎构件中数据对象构件技术架构如图 6-62 所示。

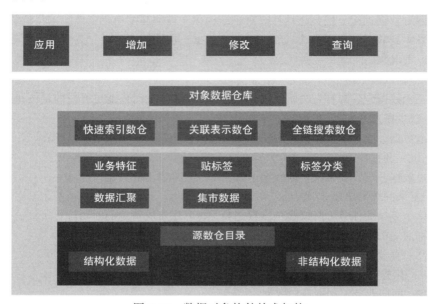

图 6-62　数据对象构件技术架构

（2）数据流程

制造业多价值链数据空间多维度整合系统，满足前台应用准确性、快速性和多样性的数据需求，缩短研发周期、降低技术成本，将数据中心逐步由成本中心向资产中心转变，提升数据价值，实现五个打通：

1）横向打通：破除部门壁垒，打通专业。横向跨专业间的分析挖掘融通。
2）纵向打通：内部多层级数据打通，形成统一资源目录。上下级数据共享交换。
3）内外打通：消除内外数据的鸿沟，实现内外部数据的关联分析。
4）管理打通：建立企业标准，实现统一管理统计口径。
5）服务打通：数据中台统一对外提供数据服务和应用构建，与业务系统和数据应用充分协同。

（3）业务流程

对象管理主要是面向标签的管理。

管理分类：面向管理和运营，标识标签所属组织、范围，实现标签共享和私有的统一管理，并能够辅助标签目录的运营。例如，管理分类可以按照以下分类：

按水平组织架构分类：如按照业务分类，可分为快速索引标签、关联查询标签、全链搜索标签等。

按标签权限分类：如按照标签使用权限，全局标签用于全部开放，适应于所有人员；私有标签适用于本部门、本业务所用。

按标签权限分类：按照标签权限，如全局标签用于全部开放，适应于所有人员；私有标签适用于本部门、本业务部门所用。除了上述组织及权限分类外，还可以按照标签热度分类，即按照标签使用的频率进行分类，可根据使用热度分为热门标签、未使用标签等。

（4）数据处理

基于多价值数据空间的对象的管理，以服务器作为基础硬件平台，采用集群技术、分布式存储技术、分布式计算技术、ETL 技术，制定数据采集标准及处理流程，对结构化数据抽取入库后，对非结构化数据进行结构化改造，主要包括设计类多价值链信息、生成类多价值链信息、营销类多价值链信息、服务类价值链信息、售后类多价值链信息等内容。实现数据对象的管理，将全价值链信息根据标签进行标定，然后根据原有的数据内容进行数据分组，实现对多价值信息数据对象的管理。

标签规则创建首先要对业务生产的需要，生成一些标签规则配置支持基础标签、组合标签和智能标签的创建，并且可将外部标签导入到标签管理中进行统一存储和管理。其中基础标签的创建支持规则配置和 SQL 语句创建两种方式。规则配置是将已设置好的数据模型由程序进行操作，设置多个属性的逻辑处理规则来创建标签。SQL 语句创建是 SQL 方式配置的计算规则，主要用于复杂的数据处理规则定义。组合标签是基于多个已创建标签的逻辑规则组合方式来创建标签。支持直接映射数据、条件匹配、公式计算等标签计算配置规则。

1）直接映射数据。支持通过自定义标签值、识别状态、事件状态、规则类型、对应的具体规则、匹配字段、特定转换函数、规则的有效时间和备注等信息来创建标签规则。

2）条件匹配。系统支持的条件匹配标签计算配置规则包括地理范围规则、数据范围规则、时间范围规则、库表比对规则等。数据范围规则是通过判断数据级别、业务数据人员或者生产工艺的各个环节等是否落入该范围，来判断是否打上对应的标签。时间范围规则是通过判断事件中的发生时间、入库时间等是否落入该事件范围内，一旦符合规则，则打上对应的标签。库表比对规则是通过事件中的所涉及的检索要素，如结构化数据和非结构化数据、BOOM 表自上而下的数据关联性，根据多价值链数据协同，从设计、销售、生产、售后和维修的各个主题的主句，比对快速索引资源库、关联表示资源库、多价值链数据协同资源库企等主题库或专题库，一旦这些要素属于这些数据库，则打上对应的标签。

3）公式计算。系统支持的公式计算标签计算配置规则包括逻辑表达式规则、符合标签规则等。逻辑表达式规则是通过事件标题、内容是否符合规则所定义的逻辑表达式，来判断是否打上对应的标签。复合标签规则是在基础的标签无法符合业务规则需求时，通过对多种标签进行逻辑计算形成标签的标签规则。

5. 数据集管理构件

（1）技术架构

制造业多价值链系统数据空间管理系统多数据集管理构件技术架构如图 6-63 所示。

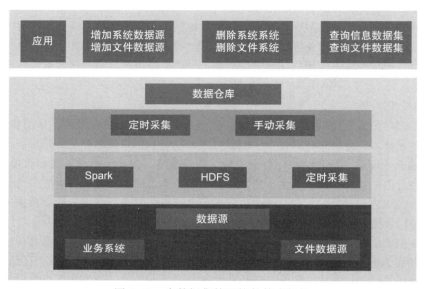

图 6-63　多数据集管理构件技术架构

（2）数据流程

因为数据要实行统一存储，数据采集的时候首先定义好选择的业务标签，根据标签进行计算，选择存储的数据库，然后才能将数据很好地统一起来，实现海量的数据统一存储，根据不同的业务进行采集和计算。

系统支持在线标签计算、离线标签计算，以便能够支持平台沉淀的大量历史数据的标签计算，也支持对实时流入的事件进行标签计算。在线标签计算主要是针对实时流数据进行标签标识；离线标签计算主要是针对已入库的数据进行离线计算，并进行标签识别。

制造业多价值链数据空间数据集的管理主要对采集汇聚的数据进行清洗加工处理，并做标准化整理。主要包括制定数据清洗流程、清洗流程控制、清洗质量控制、清洗过程管理等。通过规范流程和规则库，基于流程引擎构建统一的、可配置的数据转换、清洗、比对、关联、融合等加工处理过程，对异构异源海量离散的数据资源加工生产，生成易于分析利用的、可共享的数据。

（3）业务流程

将业务数据源和非结构化数据源通过 ETL 方式，将数据纳入进来，实现业务数据源的系统数据通过手动采集和自动采集的方式纳入到系统中，实现全量的提取。对于文件数据源可以通过可以选择的数据类型，将数据导入进来，存储到分布式文件系统 HDFS 中，实现数据的读取。

在读取完数据后，可以实现对其他数据源的添加，实现多个数据源的手动采集和自动采集，在数据存储仓库中，实现采集的各个库和表的数据，可以根据库的数据实现数据的删除和查询功能。同样对于非结构化文件也一样，当选择好数据类型之后，根据我们想要上传的文件类型进行采集。

数据集市往往是针对一类业务场景相对集中的系统设计的数据存储，由于其指向明确，因此数据集市中的数据量和维度的提取往往只局限于该场景的应用范围，因此数据集市中的数据量和基本数据维度往往小于数据仓库，但是由于数据集市直接面向具体应用，因此数据集市中往往具备数据仓库中缺少的针对性的衍生信息，例如指标、标签等。

数据仓库中存放着最全的、维度最丰富的信息，一般有价值的或者有价值提取意义的数据均会进入数据仓库，数据仓库的信息一般具有如下特征：明细的、全量的、基础的。明细是指数仓中的数据是每个行为、每次交互或者交易为粒度的信息，全量是指数仓中的数据往往包含了所有可采集有价值的数据，基础是指数仓的数据往往是基本数据为主。

（4）数据处理

制造业多价值链数据空间的数据集市，必须满足数据接入整合能力、数据应用能力、数据综合管理能力、基础组件支撑能力四方面，全面建设数据能力、能力体系，实现数据接入、存储计算、数据分析、数据服务、数据资产管理、运营管理等功能，以多类型大数据量的汇聚为基础，以统一模型为标准，为前端应用提供灵活的统一数据服务。

对于源业务系统数据，如设计类、销售类、生产类、售后类及供应商类的数据以及渐变维度类数据，由于一条记录存在每天更新变化可能性，通常情况采用全量卸载。

对于设计类的一些交易记录，每一条记录都是一个新的事件，相互之间没有必然的联系，新记录不是对原纪录数值的变更，记录包括时间字段，可以通过时间字段将新增数据抽取出来加载到数据库中。

将多价值链数据源通过数据源对接上数据后，通过手动的方式，将清畅系统的业务数据源采集到我方系统当中，实现数据源的管理。

将多价值链数据源通过数据源对接上数据后，通过自动的方式，定时任务加载，每隔 15min 进行数据采集，将采集的数据进行统一的存储，实现对业务的关联，将相同维度的数据进行聚合，实现数据的统一管理，实现快速索引、关联表示和全链搜索。

数据集的增加、删除、查询等业务，主要在数据库层面对数据集进行的 SQL 操作需有强大的 SQL 存储操作，支持 SQL 语句、函数。通过数据的存储过程、匿名块等，能够在存储过程嵌套调用，支持 SELECT INTO 语句与 SQL 的交互，支持用户自定义异常和系统预定义异常，支持异常其在存储过程内部和之间的传播。提供多种安全认证方式，从而满足不同应用场景下用户对安全方面的要求。

6.3 本章小结

本章节从制造业多价值链协同数据空间管理引擎数据处理模块、查询优化模块、数据操纵模块和结果输出模块四个方面详细介绍了制造业多价值链协同数据空间管理引擎设计方法。在数据处理模块中，提出了基于语义的数字资源聚合识别方法、基于 ERNIE-Gram 和 CNN 的中文文本蕴含识别方法以及考虑特征词汇和否定词汇的中文文本蕴含识别方法，解决了传统方法因语义提取噪声大且不充分而导致的难以全面捕捉语义信息的问题，可以有效解决制造企业在生产决策过程中多价值链数据协同问题。在查询优化模块中，分别介绍了多源异构数据跨媒体关联性计算与检索方法和多源异构数据全链搜索方法，为制造业多价值链协同数据空间的检索提供全新的多源异构数据检索方法。在数据操纵模块中，基于 MapReduce 并行计算框架，设计了 HBase 数据二级索引方案，为用户提供一个高效的数据并发处理并具有高容错性的数据操纵方法。在结果输出模块中，介绍了多价值链协同"链－维－法"三层耦合创新方案生成方法、基于 PCA-Radviz 的数据可视化输出方法、基于几何的数据可视化输出方法以及基于降维映射的数据可视化输出等方法，能够为企业决策者提供更加直观的决策信息。

针对制造业多价值链协同数据空间管理系统需求，本章节从数据采集整合、数据管理与快速索引、软件需求与协同知识服务以及智能优化决策和集成演化软件构建等方面进行了详细的需求分析。并设计了制造业多价值链协同数据空间管理系统架构，在此基础上开发了制造业多价值链协同数据空间管理平台，实现了基于多价值链协同数据空间管理引擎的多源异构数据采集整合、多价值链活动全过程快速索引与关联表示、多价值链活动全过程数据建模、知识服务引擎、知识图谱构建等功能。

‖ 第 7 章

制造业多价值链协同数据空间应用实践

基于前文对制造业多价值链协同数据空间概述、制造业多价值链协同数据全生命周期体系、制造业多价值链协同数据空间关键支撑方法、制造业多价值链协同数据空间的知识挖掘和服务方法、制造业多价值链协同数据空间管理引擎设计内容的详细介绍，本章对制造业多价值链协同数据空间应用实践进行介绍，以验证本书的成果是真实有效的。

7.1 应用单位简介

本章选取北京清畅电力技术股份有限公司作为制造业多价值链协同数据空间应用实践的单位。该公司成立于 2005 年，专注于环网柜系列产品的技术研究和制造，并向类环网柜一二次技术的高精尖领域不断延伸，依托于环网柜技术核心辐射发展至新能源配电领域，旨在打造配电领域"全球电力细分行业知名品牌"。在 2020 年，国家重点研发计划项目《制造业多价值链协同数据空间设计理论与方法》获批，北京清畅电力技术股份有限公司作为该项目的落地企业，在为期三年的项目中提供了制造类典型企业的实际运营数据，以该数据作为研究基础，进一步发展了企业的科学管理和数字化管理的深度和广度。

北京清畅电力技术股份有限公司在技术层面，一直以技术驱动和技术领军为企业发展原则与目标，该公司注重现代化制造建设，打造了行业内首家全产业链集约化的工业 4.0 智能制造平台（见图 7-1），以"数据平台＋智能装备＋制造工程师"为路径，将信息技术、自动化技术、现代管理技术与制造技术、设备相结合，实现产品设计制造和企业管理的信息化、生产过程控制的智能化、制造装备的数控化以及服务的网络化，从钣金、焊件、模具到材料清单的自动输出至智能装备，极大程度地消除了创新风险，减少物理样机的数量，从而节约资金并缩短产品完成时间，提高设计效率。在云数据管理平台中，该公司具有完整的信息化平台基础，具备销售、研发、制造、供应、质量、财务等各大模块管理的信息化系统，见表 7-1。近期，该公司又通过升级全范围顶层设计的流程再造，增加中台管理理念，实现各种系统数据之间的互联互通，解决同行企业普遍存在的数据孤岛问题，切实实现数字化管理提升。依托参与国家级研发项目向上下游多价值链做数据延伸，向数字化纵深方向追求管理效益。

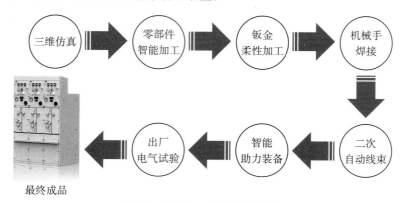

图 7-1 工业 4.0 智能制造平台

表 7-1 云数据管理平台模块

模块	内容	特点
日常办公	OA 系统、OA 电子签章系统及文控系统	可追溯性强，工作效率高
财务管理	U8+ERP 企业一体化管理平台，以及移动报销	精细管理，敏捷经营
营销管理	CRM 移动营销系统	分层管理，精准营销
图文档管理	PDM 产品数据管理平台	协作设计，规范管理
供应链管理	V-join 供应商管理平台	信息交互，便捷开放合作
制造信息化	MES 生产制造执行系统	计划排产，全生命周期管理

北京清畅电力技术股份有限公司以服务于全球的电力行业为己任，致力于成为"全球电力细分行业知名品牌"。当前，北京清畅电力技术股份有限公司以现有环网柜技术为核心，向泛电力配电领域和新能源领域不断延展，技术更加丰富和完善，完整地覆盖了电气技术、自动化技术和电力电子等主流专业。

7.2 应用情况分析

本节根据前文所构建的模型进行应用分析，结合实例证明模型的有效性。

7.2.1 基于深度学习的电力制造企业多价值链协同数据挖掘方法应用

在电力装备制造企业的数字化转型中,需要对数据空间中多价值链协同的高维数据进行挖掘与分析,本节针对电力装备制造业进销存大数据的预处理问题展开了研究。首先,给出了变点法和局部异常因子(local outlier factor,LOF)组合的数据异常值检验校正预处理方法;其次,提出了基于LASSO(Least absolute shrinkage and selection operator)算法的栈式稀疏自编码器(Stack sparse auto-encoder,SSAE)的数据降噪降维组合深度学习处理方法(SSAE-LASSO),对特征进行压缩降维提取,去除严重干扰数据回归分析的噪声信息,并过滤影响度低的冗余数据,从而实现数据的降噪降维处理。

1. 数据预处理

(1) 数据的构成及含义

本节的研究重点是基于企业生产数据,挖掘价值链运营现状,构建数量模型,为企业生产销售规划与管理提出相应的优化建议。结合以上研究重点,根据数据获取来源的不同,本节的研究数据分为三类:用友U8+(内部数据)、OA数据(具体数据)、网络开放空间和统计调查数据(研究区域统计年鉴等)。为了尽可能地将影响销售的因素考虑在内,本节搜集了大量的相关数据集,见表7-2。其中,涉及内部价值链的有客户所在城市编号、销售数量,涉及外部价值链的有退货时间、退货原因等指标。

表7-2 相关数据集

字段名称	字段类型	文字描述
部分商品表字段		
item_id	string	商品编码
item_name	string	商品名称
item_dese	string	商品描述
item_cla	string	规格型号
item_status_cd	string	商品状态
item_shelves_dt	string	商品出库日期
部分订单数据表字段		
字段名称	字段类型	文字描述
sale_ord_id	string	销售订单编号
item_id	string	商品编号
user_id	string	客户编号
user_site_city_id	string	客户所在城市编号
delv_way_cd	string	配送方式
pay_mode_cd	string	支付方式
sale_qtty	bigint	销售数量
sale_dsc	string	折扣

(续)

部分订单数据表字段		
字段名称	字段类型	文字描述
befoe_prefr_unit_price	double	优惠前单价
after_prefr_unit_price	double	优惠后单价
produ_cost	string	成本
gros_prft	string	毛利
order_cycle	string	订货周期
sale_ord_dt	string	销售订单订购日期
Return_qtty	string	退货数量
return_prc	string	退货金额
return_dt	string	退货时间
return_rson	zijie	退货原因

（2）数据预处理

对相关数据进行了全方面、多角度的异常数据点检验和剔除，不仅从单一变量本身进行噪声检验，同时对有强相关性的销量 - 影响因素进行异常点检验。通过这样全方位的数据检验过滤来达到有效过滤噪声的目的。

第 1～3 次变点法处理结果如图 7-2～图 7-4 所示。

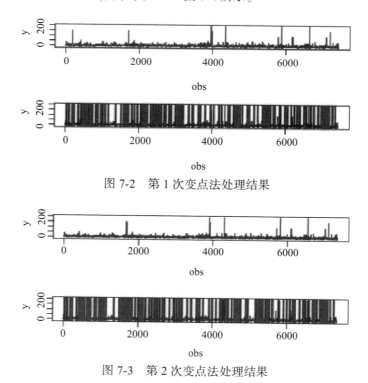

图 7-2　第 1 次变点法处理结果

图 7-3　第 2 次变点法处理结果

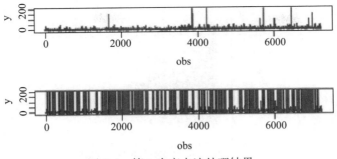

图 7-4 第 3 次变点法处理结果

本节对进销存数据进行 3 次变点法处理,变点法对异常点的识别效果很有限,特点主要是识别数据中的堆积异常值,如图 7-2～图 7-4 所示,通过 3 次变点法识别并删除后,堆积型异常数据已基本删除。但离散型异常值尚未处理,因此结合 LOF 算法对原始数据进行处理是有一定必要性与可行性的。为了提高识别效率,对数据先进行三次变点法去掉大量堆积的数据点,再对剩余数据进行 LOF 处理,变点法后 LOF 算法异常值识别如图 7-5 所示。

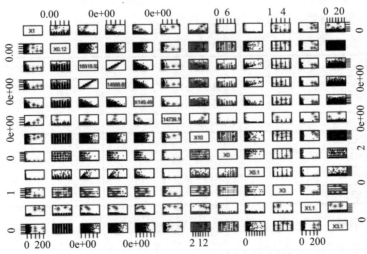

图 7-5 变点法后 LOF 算法异常值识别

由图 7-6 可知,图中为 12 个变量(共 16 个变量,去掉 4 个哑变量),图中"+"为每个特征中的异常值。

结合变点法和 LOF 算法的异常数据点检测方法可以较好地去除靠近正常数据点附近较为离散的异常点。这定量地证实了将变点法与 LOF 算法相结合的异常数据检验策略是有效且可行的。综上所述,实验证明,结合变点法和 LOF 算法的异常数据识别方法对于三种类型数据都有较好的识别效果。

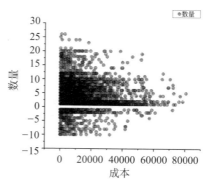

图 7-6 变点法后 LOF 算法处理结果

2. 实验方法及参数设置

为了更准确地进行销售量预测，本节对六种智能预测模型进行了参数设定。深度神经网络的训练与网络的层数密切相关，层数太多时，计算量增加，耗时过多，不仅效率低下还有可能出现网络过拟合的现象，因此，训练模型包含一个输入层、两个隐藏层和一个输出层，每个输出节点对应一个数字，总的网络层数为 4。训练过程中使用交叉熵代价函数作为损失函数。模型参数设定见表 7-3。

表 7-3 模型参数设定

算法名称	参数	参数值
SSAE	Hiddensize1	100
	Hiddensize1	50
PCA	K（降维后的特征数）	10
LASSO	CV（交叉验证函数）	8
SVM	径向基核参数	24
RF	决策树个数	300
LSTM	—	—

3. 评价指标

为了突出 SSAE-LASSO 的优势，本节将 SSAE-PCA-RF、SSAE-PCA-LSTM 与 SSAE-LASSO-RF 和 SSAE-LASSO-LSTM 对比，与此同时单独列出未经过特征提取直接通过 SVM、LSTM、RF 预测与本书提出的方法进行比较。比较标准采用 MAE、MAPE 和 CC。

给定的预测值 $\hat{y}$ 和真实值 y 如下：

$$\hat{y} = \{\hat{y}_1, \hat{y}_2, \hat{y}_3, \cdots \hat{y}_n\} \tag{7-1}$$

$$y = \{y_1, y_2, y_3 \cdots y_n\} \tag{7-2}$$

MAE 用来测量误差的平均大小，其原理是将 $\hat{y}$ 和 y 差的绝对值之和相加，然后除以

测试样本数得出。其计算公式如下:

$$\text{MAE} = \frac{1}{n}\sum_{i=1}^{n}|\hat{y}_i - y_i| \qquad (7\text{-}3)$$

式中，MAE 的范围为 [0,+∞)，当 MAE=0 时，即完美模型。

MAPE 用来测量 $\hat{y}$ 和 y 差的绝对值与 y 的比值的平均值。其计算公式如下：

$$\text{MAPE} = \frac{1}{n}\sum_{i=1}^{n}\left|\frac{\hat{y}_i - y_i}{y_i}\right| \times 100\% \qquad (7\text{-}4)$$

式中，MAPE 的范围为 [0,+∞)，当 MAPE=0 时，即完美模型；当 MAPE＞1 时，可认为是劣质模型。

CC 是用来测量各预测模型的程序运行时间，可通过 clock() 函数实现。当模型的 MAE 和 MAPE 值接近时，即性能相近时，CC 越小，使用成本越低。

4. 实验结果与分析

（1）未经变点法和 LOF 算法组合数据预处理智能预测模型结果分析

为了更好地比较预测结果，使用相同的未经变点法和 LOF 算法组合数据预处理算法的训练集训练 7 种模型，其中前 3 种是未经降噪降维的销售量预测模型，后 4 种为使用了特征提取降噪降维的销售量预测模型，具体结果见表 7-4。

表 7-4　未经变点法和 LOF 算法组合数据预处理的销售量智能预测模型结果

预测方法 / 评估标准	MAE	MAPE	CC
SVM	3.61	0.41465	1.7261s
RF	2.9812	0.33565	1.6842s
LSTM	6.2739	0.5226	42.657s
SSAE-PCA-RF	1.2420	0.28191	5.569s
SSAE-PCA-LSTM	1.6875	0.39916	11.32s
SSAE-LASSO-RF	0.80075	0.14221	171.32s
SSAE-LASSO-LSTM	1.08213	0.28772	245.254s

在未经变点法和 LOF 算法组合数据预处理的预测结果中，本书提出的使用特征提取后再进行降维后的输出值作为预测模型的输入值时，得到的预测精度较未经特征提取直接计算的算法均有提升。

从图 7-7 中可以发现，未经数据处理的原始数据中存在部分异常值，再次验证本节提出的数据异常值筛选法对提高数据质量具有实际意义。在未经变点法和 LOF 算法组合数据预处理的预测结果中，本书提出的使用特征提取后再进行降维后的输出值作为预测模型的输入值时，得到的预测精度较未经特征提取直接计算的算法均有提升，如图 7-7、图 7-8 所示。

（2）变点法和 LOF 算法组合数据预处理智能预测模型结果分析

为了更好地比较预测结果，使用相同的经变点法和 LOF 算法组合数据预处理算法的训练集训练 7 种模型，其中前 3 种是未经降噪降维的电力产品销售量智能预测模型，后 4 种是使用了特征提取降噪降维的电力产品销售量智能预测模型。不同模型的具体结果见表 7-5。

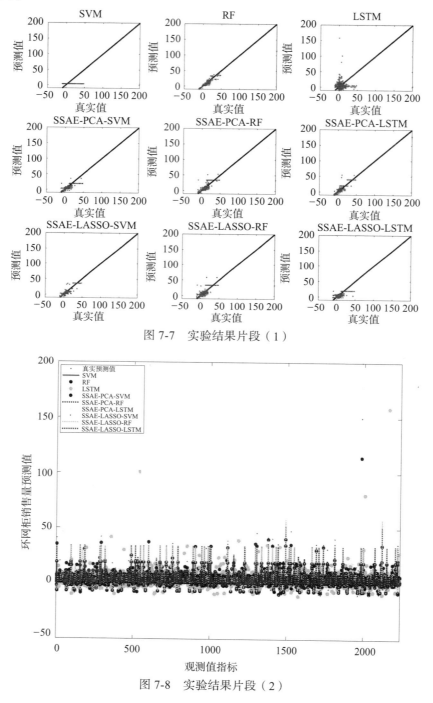

图 7-7　实验结果片段（1）

图 7-8　实验结果片段（2）

表 7-5　经变点法和 LOF 算法组合数据预处理的销售量智能预测模型结果

预测方法/评估标准	MAE	MAPE	CC
SVM	1.3645	0.37263	1.7261s
RF	0.7318	0.26237	1.6842s
LSTM	1.1908	0.34961	42.657s
SSAE-PCA-RF	0.7889	0.18882	5.569s
SSAE-PCA-LSTM	1.1908	0.34961	11.32s
SSAE-LASSO-RF	0.63271	0.12189	171.32s
SSAE-LASSO-LSTM	0.8994	0.2686	245.254s

经数据预处理的预测结果中，所有算法的预测结果均有改善，说明本节提出的基于两种组合预处理建立的电力产品销售量智能预测模型预测精度都有较大提高。

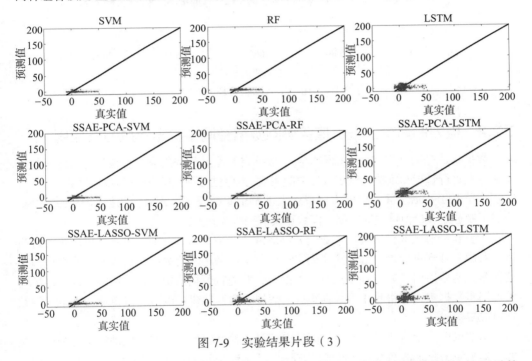

图 7-9　实验结果片段（3）

从图 7-9 和图 7-10 中可以发现，变点法和 LOF 算法组合数据预处理算法处理后的异常点数基本大幅度减少，再次验证本节提出的数据异常值筛选法对本书数据有实际意义。

本节围绕支撑电力装备制造企业多价值链协同的高维数据分析与挖掘技术展开研究，利用数据降噪和深度学习等人工智能方法，提出新的电力装备制造业进销存数据预处理方法来提高数据挖掘的精度和效率。通过与其他预测模型的比较不难发现，本书提出的数据预处理方法有效地降低了预测误差。

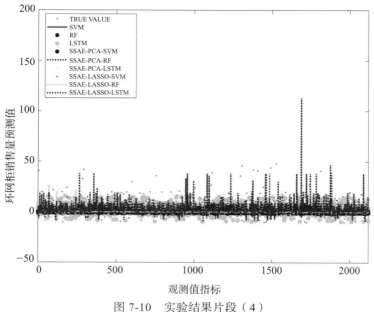

图 7-10　实验结果片段（4）

7.2.2　电力制造企业多价值链协同数据空间中数据集成方法应用

数据集成是数据空间的基础和核心，数据空间通过数据集成进行构建并且通过数据集成方式进行管理和维护，对于数据空间集成的研究是数据空间技术研究的重点。

本节基于数据空间，以电力制造业上下游企业的海量多元异构数据作为研究对象，构建了制造业多价值链协同数据空间数据集成架构实施方案。

本节在分析产业价值链、产业链和供应链之间关系的基础上，以外部供应价值链为例，对影响外部供应价值链的重要因素进行总结，采用灰色关联法按重要性顺序梳理关键因素，然后采用 K-means 法进行数据挖掘，并进行数据清洗，建立影响外部价值链的关键因素数据集，并将其作为数据集成的底层架构，构建了电力制造企业数据空间的数据集成架构。

本节以电力制造业多价值链协同的多元异构数据集作为研究对象进行实证分析，该数据集来源于北京清畅电力技术股份有限公司及其协作企业的业务数据库，图 7-11 记录了这些企业的制造、供应、物流、营销、服务等相关数据，具体字段包括产品数量、设备采购费、生产材料费、物流费、职工费用、融资费用以及日常运营等费用。

从业务数据集提取数据，建模计算后获得如下的多价值链协同相关因素数据集，如图 7-12 所示。

经灰色关联后，关键因素序列见表 7-6。

再对排名前 8 位的关键因素数据集进行聚类，对于影响这些关键因素的相关数据集进行数据挖掘和数据处理，然后基于 ETL 技术进行数据空间的数据集成，其中部分数据集如图 7-13 所示。

inventory database

Date: January 2011 to December 2021

Inventory Classification: Business Database

	order number	stock name	Specification model	quantity	Original currency	Total price and tax in original currency
6	QCB2017-03-011	Box type opening and closing	AC10kV, 2 in, 4 out	6.0000	0.8129	0.8417
7	QCB2017-04-010	Ring Main Unit	Load Switch Fuse Combination Cabinet,	2.0000	0.9711	0.9701
8	QCB2017-04-010	Ring Main Unit	630A, Circuit Breaker Cabinet, SF6, N	1.0000	0.0225	0.0233
9	QCB2017-04-010	Ring Main Unit	kV, 630A, Load Switch Cabinet, SF6, No	3.0000	0.9653	0.9641
10	QCB2017-04-010	Ring Main Unit	630A, Voltage Transformer Cabinet, SF6,	2.0000	0.0314	0.0325
11	QCB2017-04-005	pole breaker	630A, 20kA, vacuum, with isolation knife,	10.0000	0.9296	0.9272
12	QCB2017-04-006	pole breaker	630A, 21kA, vacuum, with isolation knife,	5.0000	0.0347	0.0360
13	QCB2017-04-006	pole breaker	630A, 22kA, vacuum, with isolation knife,	3.0000	0.9795	0.9788
14	QCB2017-04-007	pole breaker	630A, 23kA, vacuum, with isolation knife,	30.0000	0.2128	0.2204
15	2017040026	desk	1.6	2.0000	0.9957	0.9963
16	2017040026	bookcase	Sanmen	1.0000	0.0009	0.0007
17	2017040026	bookcase	two doors	1.0000	0.9991	0.9993
18	2017040026	office chair	swivel chair	2.0000	0.0003	0.0002
19	xycg001	Cross-linked cable	YJV22-0.6/1KV/3*50+2*25	1,781.0000	0.8699	0.8653
20	xycg002	Front plug cable	Helida	4.0000	0.0527	0.0546
21	CG005201704-0001	Jinbei car		0.8000	0.9248	0.9221
22	CG005201704-0001	Jinbei car		0.2000	0.0072	0.0063
23	QC202009030-1	Ring Main Unit	QLG-12/630-3D1L1LPT5-1-3	12.0000	0.0000	0.0000
24	QC202009030-1	Ring Main Unit	QLG-12/630-4L1F5-1-4	2.0000	0.0791	0.0790
25	QC202009030-1	Ring Main Unit	QLG-12/630-3L1F4-1-3	6.0000	0.8095	0.8095
26	QC202009014-1	nflatable metal switchgear (full insula	12-CCF outlet cabinet fuse core 63A	6.0000	0.0906	0.0906
27	CG002201604-034	nguang MES Manufacturing Execution Syst	V7.0	1.0000	0.6008	0.5866
28	CG008201704-014	omnidirectional microphone	Jabra 410	1.0000	0.0000	0.0000
29	CG002201806-080	FANUC intelligent arc welding robot	FANUC M10i 8L	1.0000	0.7585	0.7521
30	CG002201806-080	Fronius Welder	TPS 3200CMT	1.0000	0.2924	0.3002

inventory database | service database | business database | Marketing Database | ...

图 7-11　业务数据库

business database

Date: January 2011 to December 2021

Enterprise serial number	Number of suppliers	Timely delivery rate	Supply product qualification rate	Customer satisfaction	Customer retention rate	Customer acquisition rate	market share	Enterprise size	Production-sales rate	information valid
A	6.0000	0.5259	0.6576	0.5113	0.2082	0.5337	0.0500	8.1797	0.1800	0.1858
B	2.0000	0.5621	0.0749	0.9581	0.6638	0.8106	0.0480	3.4077	0.4312	0.0194
C	1.0000	0.3382	0.1302	0.7606	0.5946	0.9814	0.0439	1.5107	0.6743	0.7849
D	3.0000	0.7059	0.0456	0.5150	0.0582	0.4950	0.0412	4.2388	0.2638	0.5653
E	2.0000	0.3833	0.7731	0.7749	0.8732	0.8226	0.0407	3.9850	0.6413	0.4990
F	10.0000	0.4352	0.6224	0.1629	0.7604	0.7036	0.0395	1.4929	0.9086	0.2506
G	5.0000	0.5846	0.9393	0.4520	0.3650	0.6475	0.0360	5.0708	0.8011	0.2760
H	3.0000	0.0739	0.7964	0.6692	0.7969	0.5278	0.0358	8.4154	0.8862	0.9276
I	30.0000	0.7782	0.7121	0.5357	0.6163	0.7657	0.0326	5.1908	0.7961	0.3298
J	2.0000	0.8741	0.2365	0.0937	0.0319	0.6399	0.0318	6.7264	0.1507	0.2612
K	1.0000	0.3676	0.7581	0.6937	0.8847	0.1834	0.0313	4.7522	0.1945	0.6143
L	1.0000	0.4816	0.5132	0.6256	0.6458	0.1093	0.0301	5.6682	0.6725	0.0441
M	2.0000	0.2194	0.1407	0.5830	0.7656	0.6704	0.0273	9.4639	0.3805	0.2694
N	6.0000	0.4711	0.6638	0.4988	0.9989	0.7965	0.0247	3.6223	0.6063	0.2715
O	1.0000	0.5460	0.2082	0.0406	0,8193	0.3636	0.0241	7.2638	0.3283	0.6907
P	1.0000	0.9711	0.1418	0.4104	0.5712	0.4984	0.0234	2.9555	0.0089	0.3623
Q	1.0000	0.5182	0.2025	0.9509	0.1395	0.0097	0.0217	7.6972	0.9065	0.5568
R	1.0000	0.6927	0.2569	0.0214	0.6802	0.2994	0.0210	5.1306	0.0166	0.9198
S	2.0000	0.8179	0.6873	0.1195	0.7377	0.6111	0.0203	6.1816	0.9932	0.3624
T	1.0000	0.9864	0.2522	0.7314	0.5873	0.1158	0.0197	6.6586	0.8124	0.4347
U	1.0000	0.1215	0.5149	0.4884	0.4969	0.8367	0.0186	3.8830	0.1753	0.1357
V	1.0000	0.5052	0.4932	0.5624	0.4157	0.1177	0.0171	7.1656	0.7181	0.5049
W	1.0000	0.4686	0.4925	0.4114	0.5502	0.6752	0.0159	5.0306	0.5442	0.3527
X	1.0000	0.5164	0.1762	0.7000	0.9107	0.4889	0.0156	5.4259	0.8679	0.6335
Y	2.0000	0.6171	0.8115	0.0832	0.8843	0.0481	0.0153	3.9866	0.2538	0.5196

图 7-12　多价值链协同相关因素数据集

表 7-6　灰色关联表

关键因素序列	关联度	排序
供货及时率	0.6472	11
供应产品合格率	0.6756	3
供应商数量	1.0000	1
顾客满意度	0.6534	10
顾客保持率	0.6535	9
顾客获得率	0.6572	8
市场占有率	0.5747	12

（续）

关键因素序列	关联度	排序
企业规模	0.5202	13
产销率	0.6577	6
信息有效性	0.6722	5
信息共享率	0.6916	2
价值链节点企业忠诚度	0.6738	4
利益分配合理性	0.6577	7

inventory database

Date: January 2011 to December 2021

Inventory Classification: Business Database

order number	quantity	Original currency	Total price and tax in original currency	Equipment purchase fee	production material fee	logistics fee	employee fee	financing fee and daily operation
QCB2017-03-011	6.0000	0.8129	0.8417	0.8605	0.5665	0.2453	0.9131	0.4864
QCB2017-04-010	2.0000	0.9711	0.9701	0.1871	0.4160	0.7345	0.7179	0.6469
QCB2017-04-010	1.0000	0.0225	0.0233	0.7731	0.6442	0.0804	0.2801	0.0788
QCB2017-04-010	3.0000	0.9653	0.9641	0.1817	0.9406	0.3208	0.9269	0.0457
QCB2017-04-010	2.0000	0.0314	0.0325	0.1101	0.2187	0.0247	0.7634	0.7861
QCB2017-04-005	10.0000	0.9296	0.9272	0.5676	0.6111	0.8162	0.5055	0.7600
QCB2017-04-006	5.0000	0.0347	0.0360	0.8386	0.3218	0.6524	0.6177	0.0868
QCB2017-04-006	3.0000	0.9795	0.9788	0.8107	0.1723	0.6525	0.1261	0.1217
QCB2017-04-007	30.0000	0.2128	0.2204	0.8499	0.3349	0.9216	0.3522	0.0932
2017040026	2.0000	0.9957	0.9963	0.9952	0.5203	0.8965	0.2220	0.9411
2017040026	1.0000	0.0009	0.0007	0.4411	0.3316	0.9084	0.6617	0.2179
2017040026	1.0000	0.9991	0.9993	0.5180	0.9463	0.0916	0.0288	0.3392
2017040026	2.0000	0.0003	0.0002	0.1481	0.5580	0.8570	0.9760	0.3924
xycg001	1,781.0000	0.8699	0.8653	0.6499	0.4653	0.0503	0.7304	0.3824
xycg002	4.0000	0.0527	0.0546	0.6659	0.1338	0.5642	0.1167	0.4186
CG005201704-0001	0.8000	0.9248	0.9221	0.6240	0.3796	0.6038	0.7044	0.7203
CG005201704-0001	0.2000	0.0072	0.0063	0.5624	0.3658	0.5254	0.3628	0.2484
QC202009030-1	12.0000	0.0000	0.0000	0.6496	0.3841	0.3413	0.6867	0.3237
QC202009030-1	2.0000	0.0791	0.0790	0.1036	0.3472	0.1205	0.1575	0.0212
QC202009030-1	6.0000	0.8095	0.8095	0.1625	0.4789	0.3053	0.1336	0.1783
QC202009014-1	6.0000	0.0906	0.0906	0.1372	0.8949	0.5729	0.2227	0.0583
CG002201604-034	1.0000	0.6008	0.5866	0.4652	0.0002	0.6511	0.5087	0.6418
CG008201704-014	1.0000	0.0000	0.0000	0.4051	0.4273	0.0887	0.0857	0.7170
CG002201806-080	1.0000	0.7585	0.7521	0.2076	0.9553	0.7925	0.5153	0.0752
CG002201806-080	1.0000	0.2924	0.3002	0.9359	0.3652	0.0699	0.6181	0.5550

inventory database | service database | business database | Marketing Database | ...

图 7-13　部分数据集

在完成了数据采集工作后，为验证本书所提数据集成架构的有效性，将原始多价值链协同业务数据集输入多价值链服务数据集成管理平台，应用多价值链协同数据空间数据集成的数据准备、数据管理和管理服务模块，通过检测软件的实时监测可以得出表 7-7 的制造企业及其协作企业的业务效率变化。

表 7-7　业务效率变化

业务评价指标	数据集成前的业务效率	数据集成后的业务效率
数据对象关系准确率	80%	100%
数据采集频度	60 分钟 / 次	15 分钟 / 次
知识抽取准确率	62%	85%
信息价值密度	70%	95%
设备利用率	60%	90%
生产效率	74%	82%
需求预测精度	88%	98%
库存优化	81%	91%
设备利用率	75%	85%
经济效益提升	6%	
企业决策优化效率提升	7%	

通过实证研究发现，本书提出的数据集成架构显著提升了数据对象关系准确率、数据采集和知识抽取的效率，显著提升了信息价值密度，能够在设备制造、需求预测、库存优化、设备利用、经济效益和企业决策优化等方面为电力制造企业提供精确的、有效率的数据空间数据集成一体化解决方案。

7.2.3 电力制造企业多价值链协同运作效率影响因素分析方法应用

国务院在2015年5月19日印发的《中国制造2025》战略文件为电力制造业带来了新的发展机遇。但受新冠疫情影响，全球制造业受到了较大冲击。为适应后疫情时代的经济新常态，电力制造业多价值链协同运作模式应运而生。该模式以多价值链协同管理为运营模式，与互联网技术相结合，对多个价值链内的研发链、生产链、销售链、物流链和服务链等进行有效的集成规划并进行管控，从而构建出一种高效协作模式。本书将电力制造业多价值链协同运作效率影响因素划分为管理层面、技术层面和政策层面三个维度进行归纳。其中，管理层面包含多链协同运作（S_1）、精益化水平提升（S_2）和数字化人才整合（S_3）三个因素；技术层面包含数据透明度（S_4）、信息共享程度（S_5）、数字化技术推广（S_6）和第三方云平台建设（S_7）四个因素；政策层面包括政策促进（S_8）和工业4.0推进（S_9）两个因素。本书利用FISM-ANP模型来进行影响因素研究，探索电力制造业多价值链协同运作效率影响因素的具体内容和权重。

1. 基于FISM确定指标之间的关联关系

邀请专家进行打分，最终得到因素间的模糊关联强度。阈值λ的取值应能够反映因素间的合理关系，本节取$\lambda=0.20$。

首先建立邻接矩阵M，如下所示。

$$M = \begin{array}{c} S_1 \\ S_2 \\ S_3 \\ S_4 \\ S_5 \\ S_6 \\ S_7 \\ S_8 \\ S_9 \end{array} \begin{pmatrix} 0 & 0 & 0 & 0 & 0 & 0 & 0 & 0 & 0 \\ 0 & 0 & 0 & 1 & 0 & 0 & 0 & 0 & 1 \\ 0 & 0 & 0 & 0 & 1 & 0 & 0 & 0 & 1 \\ 0 & 0 & 0 & 0 & 1 & 0 & 0 & 0 & 0 \\ 0 & 0 & 0 & 0 & 0 & 0 & 0 & 0 & 0 \\ 0 & 0 & 1 & 1 & 1 & 0 & 1 & 0 & 0 \\ 1 & 0 & 0 & 0 & 1 & 0 & 0 & 0 & 0 \\ 1 & 0 & 0 & 0 & 0 & 0 & 0 & 0 & 1 \\ 0 & 0 & 1 & 0 & 1 & 1 & 0 & 0 & 0 \end{pmatrix} \quad (7\text{-}5)$$

通过MATLAB计算可达矩阵M'，如公式（7-6）所示。

$$M' = \begin{matrix} S_1 \\ S_2 \\ S_3 \\ S_4 \\ S_5 \\ S_6 \\ S_7 \\ S_8 \\ S_9 \end{matrix} \begin{pmatrix} 1 & 0 & 0 & 0 & 0 & 0 & 0 & 0 & 0 \\ 1 & 1 & 1 & 1 & 1 & 1 & 1 & 0 & 1 \\ 1 & 0 & 1 & 1 & 1 & 1 & 1 & 0 & 1 \\ 0 & 0 & 0 & 1 & 1 & 0 & 0 & 0 & 0 \\ 0 & 0 & 0 & 0 & 1 & 0 & 0 & 0 & 0 \\ 1 & 0 & 1 & 1 & 1 & 1 & 1 & 0 & 1 \\ 1 & 0 & 0 & 0 & 1 & 0 & 1 & 0 & 0 \\ 1 & 0 & 1 & 1 & 1 & 1 & 1 & 1 & 1 \\ 1 & 0 & 1 & 1 & 1 & 1 & 1 & 0 & 1 \end{pmatrix} \quad (7\text{-}6)$$

通过式（7-5）、式（7-6）计算出前因集、可达集和交集，见表7-8。

表 7-8　因素前因集、可达集和交集表

A_i	可达集 $R(A_i)$	前因集 $Q(A_i)$	$R(A_i) \cap Q(A_i)$
A_1	1	1,2,3,6,7,8,9	1
A_2	1,2,3,4,5,6,7,9	2	2
A_3	1,3,4,5,6,7,9	2,3,6,8,9	3,6,9
A_4	4,5	2,3,4,6,8,9	4
A_5	5	2,3,4,5,6,7,8,9	5
A_6	1,3,4,5,6,7,9	2,3,6,8,9	3,6,9
A_7	1,5,7	2,3,6,7,8,9	7
A_8	1,3,4,5,6,7,8,9	8	8
A_9	1,3,4,5,6,7,9	2,3,6,8,9	3,6,9

得出影响因素层级划分，见表7-9。

表 7-9　影响因素层级划分表

层级	元素
1	1,5
2	4,7
3	3,6,9
4	2,8

最终得到电力制造业多价值链协同运作效率影响因素的递阶结构有向图，如图7-14所示。

2. FISM 结果分析

1）根本原因（L_4）分析。精益化水平提升（S_2）、政策促进（S_8）处于结构底层，对系统结构起到了基础性作用。

2）具体原因（L_2、L_3）分析。数字化人才整合（S_3）、数字化技术推广（S_6）、工业 4.0 推进（S_9）均受到 S_2 和 S_8 的双重影响；数据透明度（S_4）、第三方云平台建设（S_7）也同

时受到 S_3、S_6、S_9 的三重影响。上述五个因素间存在较强的相互制约关系，均受到最底层因素影响。

3) 直接原因（L_1）分析。多链协同运作（S_1）、信息共享程度（S_5）位于结构顶层，是导致电力制造业多价值链协同运作效率提升的直接原因。

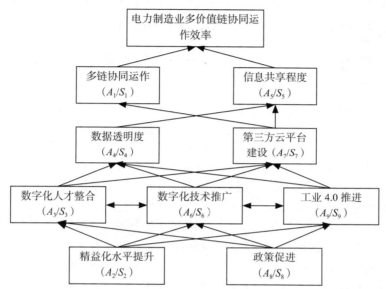

图 7-14　电力制造业多价值链协同运作效率影响因素的递阶结构有向图

3. 基于 ANP 确定指标权重

专家在 FISM 得出的影响因素递阶结构有向图基础上，对 3 个元素集（管理层面、技术层面和政策层面）进行打分，建立元素判断矩阵和加权矩阵。对判断矩阵和加权矩阵进行处理。当一致性检验 $C_R<0.1$ 时，可得到极限超矩阵 W_s，最终各因素权重排名见表 7-10。

表 7-10　电力制造业多价值链协同运作效率影响因素权重

控制层	权重	指标层	权重	排序
管理层面	0.211	多链协同运作	0.141	2
		精益化水平提升	0.019	9
		数字化人才整合	0.051	6
技术层面	0.705	数据透明度	0.108	3
		信息共享程度	0.446	1
		数字化技术推广	0.043	7
		第三方云平台建设	0.108	3
政策层面	0.084	政策促进	0.021	8
		工业 4.0 推进	0.063	5

4. ANP 结果分析

各因素的权重代表其对电力制造业多价值链协同运作效率的影响程度，权重越大，影响越大。由表 7-10 可知，从控制层来看，技术层面权重最高，管理层面其次，政策层面最低，分别为 0.705、0.211 和 0.084。指标层中，信息共享程度（0.466）、多链协同运作（0.141）、数据透明度（0.108）和第三方云平台建设（0.108）处于权重排序的前四位，可以认为这四种因素是影响电力制造企业多价值链协同运作效率的关键因素。

7.2.4 多价值链视角下基于深度学习的制造企业产品需求预测模型应用

多价值链协同发展背景下，大部分制造企业没有充分考虑服务链、营销链等外部价值链对产品需求的影响。为提高制造企业产品需求预测的精度，本节提出了产品数据空间和一维卷积神经网络（one-dimensional convolutional neural networks, 1D-CNN）-长短期记忆神经网络（long short-term memory, LSTM）的深度学习模型。首先，整合不同价值链对产品需求影响的相关数据构建产品数据空间。其次，从数据空间中获取多链数据集用于 1D-CNN-LSTM 模型的预测。其中，1D-CNN 通过两次卷积池化操作获取数据的深层次特征，LSTM 则通过进一步学习数据特征中的重要信息来进行时间序列预测。最后，通过某电气设备制造企业生产销售的环网柜产品的相关数据进行算例分析，并与其他几种模型进行预测结果比较。结果表明：1D-CNN-LSTM 模型的预测效果优于神经网络模型和单一的 LSTM 模型。可见本书提出的 1D-CNN-LSTM 深度学习模型更具优越性，预测效果良好。

本节以北京清畅电力技术股份有限公司为研究对象，对生产销售的环网柜需求进行算例分析。综合考虑制造企业供应链、服务链、营销链对产品需求的影响以及相关数据的可获取性，选取产品价格折扣、产品不合格数量、节假日（节假日及周末为 1，正常上班日期为 0）、新增客户数量作为产品需求预测模型的输入变量，以销售数量作为产品需求量，构建多价值链数据集，用于产品需求预测。获取的数据为 2020 年 7 月 6 日—2021 年 7 月 30 日之间的每日数据。其中，随机抽取 80% 的数据集作为训练集，进行预测模型训练；以其余 20% 数据集作为测试集，对训练好的模型的预测精度进行检验。环网柜需求相关的部分多链数据集见表 7-11。

表 7-11 环网柜需求相关的部分多链数据集

日期	产品价格折扣	产品不合格数量	节假日	新增客户数量	销售数量
2020/7/6	0.33	19	0	1	27
2020/7/7	0.27	38	0	3	38
2020/7/8	0.00	0	0	0	0
⋮	⋮	⋮	⋮	⋮	⋮
2021/7/29	0.35	0	0	2	1
2021/7/30	0.24	4	0	1	10

（1）数据预处理

从数据空间中获取的多链数据集需要进行预处理，防止数据不规范、异常等因素对预测结果产生影响，主要处理方式包括缺失值处理、归一化处理。

1）缺失值处理。部分数据有可能在数据空间记录过程中出现某条数据样本丢失或不全的情况。这些缺失值取前后时刻该特征值的平均数。

2）归一化处理。为了消除数据之间的相互影响，让 1D-CNN-LSTM 组合预测模型收敛更快更稳定，本节采用 min-max 法进行归一化处理，将数据映射到 [0,1] 区间内。

（2）实验环境

实验平台为 AMD Ryzen 5 4600U with Radeon Graphics，主频 2.1GHz，16G RAM 以及 Windows 10 64 位操作系统。本节采用 Python 3.7 构建实验模型，基于 Python 的深度学习库 Keras2.0 实现，Keras 以 TensorFlow 或 Theano 作为后端，是一个非常方便的深度学习框架。1D-CNN-LSTM 模型的超参数设置在一定程度上会影响预测性能，经过反复试验，确定了相对较优的 1D-CNN-LSTM 模型超参数设置见表 7-12 和其模型组件参数设置（见表 7-13）。

表 7-12 1D-CNN-LSTM 模型超参数设置

超参数	值
time_steps	6
batch_size	8
epochs	150
损失函数	MSE
优化器	Adma
激活函数	Relu
池化层	最大池化

表 7-13 1D-CNN-LSTM 模型的模型组件参数设置

模型组件	内核尺寸	卷积核（神经元）数量	参数数量
Dense 层	—	128	768
卷积层 1	1×1	128	16512
最大池化层 1	1×1	—	0
卷积层 2	1×1	128	16512
最大池化层 2	1×1	—	0
LSTM1	—	32	20608
LSTM2	—	8	1312
Dense 层 1	—	32	288
Dense 层 2	—	1	33

（3）预测结果

对比训练集和验证集的损失值和误差值可以反映模型的拟合能力，因此本节从训练集中随机选取 20% 的数据集作为验证集对模型进行验证。本节训练模型的训练集和验证集的损失曲线如图 7-15 所示，训练集和验证集的误差曲线如图 7-16 所示。从图 7-15 和图 7-16 可以看出，随着训练次数的增加，训练集和验证集的损失值和误差值先是快速下降，而后收敛，再趋于平稳，并且损失值和误差值都收敛于较小的值，反映了本节构建的 CNN-LSTM 模型泛化能力较好，拟合程度较高。

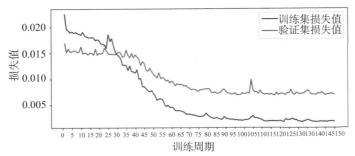

图 7-15　训练模型的训练集和验证集的损失曲线

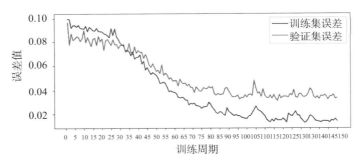

图 7-16　训练集和验证集的误差曲线

利用测试集对训练好的模型进一步进行性能验证，图 7-17 为测试集的预测结果。对比图中预测值和测试集的实际值的曲线可以看出，预测值和测试集的实际值十分接近，预测精度较高，说明 CNN-LSTM 模型具有较好的预测能力。

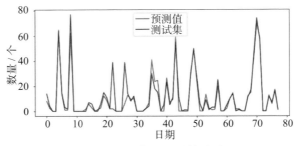

图 7-17　测试集的预测结果对比

（4）与其他模型对比

本节选取方均根误差（Root Mean Square Error, RMSE）、平均绝对误差（Mean Absolute

Error, MAE）两种评价指标来检验模型的预测效果，其计算公式如下：

$$e_{RMSE} = \sqrt{1/n \sum_{i=1}^{n}(y_i - \hat{y}_i)^2} \tag{7-7}$$

$$e_{MAE} = \frac{1}{n} \sum_{i=1}^{n} |y_i - \hat{y}_i| \tag{7-8}$$

进一步验证本书构建模型的有效性，分别与 LSTM 模型、BP 模型以及 PSO-BP 模型进行实验对比。本节选取这些模型基于以下几点考虑：第一，与 LSTM 模型进行对比，验证利用 CNN 改进的 LSTM 模型是否能够通过抓取深层次数据特征而提高模型的预测精度；第二，与 BP 模型、PSO-BP 模型进行对比，验证深度学习模型的学习能力是否优于传统神经网络模型，能够训练出拟合能力更强的预测模型。其中，LSTM 模型的参数设置为：LSTM 第一层神经元数量为 128，LSTM 第二层神经元数量为 64，Dropout 比率取 0.2，Dense 层 1 参数为 32，Dense 层 2 参数为 1。BP 模型的参数设置为：隐藏层节点数为 4，训练次数为 1000 次，学习率为 0.01，最小误差为 0.00001。PSO-BP 模型的参数设置为：初始种群数为 50，粒子更新位置最大速度为 0.9，粒子更新位置最大速度为 0.1，隐藏层节点数为 4。表 7-14 为不同模型预测结果的误差值对比。

表 7-14　不同模型预测结果的误差值对比

模型	RMSE	MAE
1D-CNN-LSTM	6.69	2.81
LSTM	7.21	3.52
BP	11.78	7.16
PSO-BP	8.23	4.19

从表 7-14 可以看出，LSTM 模型的误差小于 BP 模型和 PSO-BP 模型。这说明了相比传统的神经网络，深度学习网络在足够数据量的支持下进行深层次的学习拟合，能够搭建出预测精度更高的预测模型。另外考虑到了数据潜在特征的 1D-CNN-LSTM 模型，则在 LSTM 模型的基础上进一步提升了预测精度。

7.2.5　基于数据空间全生命周期的电力制造企业数据安全协同治理方法应用

数据空间数据的全生命周期和成品全生命周期保持一致，其所有的产品信息数据为整个电力制造企业共享，有利于部门之间协作沟通，整个过程贯穿于整个产品生命周期的产品数据及开发过程，对新产品的研发起到一定的促进作用。同时，电力制造企业数据空间的构建，更加方便产品的维护与升级，提高企业竞争力。

本章对北京清畅电力有限公司的数据空间数据安全风险进行评估，访问相关领域的 90 位专家，对其数据空间数据安全的风险指标进行问卷调查。对于定性风险指标，采用李克特五级量表进行评估，根据问卷格式来对识别出的数据空间数据安全风险指标进行评分，满分 100 分，分数越高，代表风险发生可能性、风险造成损失水平、风险可控制性越高。其中，共发放 90 份调查问卷，回收 90 份，统计可得该量表的 Cronbach's α 为 0.8765，量表信度非常好；经 KMO 检验和 Bartlett's 球状检验，得 KMO 统计量为 0.823>0.5，$\chi^2=699.346, P<0.002$，量表结果具有统计学意义，问卷的题项适合进行主成分分析，采用最大方差正交旋转法保留负荷绝对值大于 0.6 的题项。最后综合统计定性指标和定量指标的风险调查结果，计算确定风险量的大小，利用数据空间数据安全风险等级划分方式将所有风险进行分级，结果见表 7-15。

表 7-15 北京清畅电力制造企业数据空间数据安全风险评估

数据生命周期	风险指标	指标类型	统计量(N)	发生可能性(P)		损失水平(L)		可控制性(C)		风险量(R)	风险等级
				均值	标准差	均值	标准差	均值	标准差		
数据采集	个人信息权	定性指标	90	32	6.99	92	9.66	50	9.66	58.880	1
	数据隐私权	定性指标	90	60	10.54	72	8.43	60	8.5	72.000	3
	数据真实性	定性指标	90	42	19.94	62	11.01	56	11.35	46.500	1
	数据完整性	定量指标	90	62	13.7	62	7.38	67	7.38	57.373	1
数据存储	数据容量	定量指标	90	66	6.32	55	11.6	62	10.33	58.548	1
	数据泄露	定性指标	90	43	7.38	68	10.75	55	10.33	53.164	1
	数据时效性	定量指标	90	76	6.32	66	11.6	69	13.37	72.696	3
数据处理	数据敏感性	定性指标	90	63	10.33	64	9.49	68	9.43	59.294	1
	数据匿名	定性指标	90	53	10.59	56	11.6	52	12.65	57.077	1
	数据受损	定量指标	90	64	14.76	71	11.6	52	8.43	81.231	4
数据传输	数据延迟	定量指标	90	58	9.66	54	8.23	56	12.29	55.929	1
	数据泄露	定性指标	90	58	17.29	46	11.6	49	12.69	54.449	1
数据交换	数据授权	定性指标	90	66	11.6	52	6.99	60	14.14	57.200	1
	数据混合访问	定性指标	90	70	8.5	62	7.38	48	9.66	90.417	5
	数据泄露	定性指标	90	56	12.52	60	12.69	58	11.74	57.931	1
数据销毁	数据销毁不当	定性指标	90	66	9.49	70	8.5	67	10.59	68.955	2
	数据泄露	定性指标	90	52	9.94	66	9.49	60	8.23	57.200	1

由表 7-15 风险评估结果可知，该公司数据空间数据进行交换时，在数据混合访问环节，会出现重大风险，有可能导致公司数据的不安全，因此需要对相关数据进行销毁，并核查相关环节出现的数据；在数据处理过程中，数据受损的风险也比较高，此时应该停止对数据进行进一步的处理工作，核查相关环节出现的纰漏；在数据销毁过程中，数据销毁不当也存在一定的风险，应该改进销毁方法，降低风险；在数据采集和数据存储过程中，数据隐私权和数据的时效性存在的风险不大，风险存在于极个别数据之中，应该检查所有的数据来源，核查出现问题的数据，并进行改正。在对风险进行第一轮评估后，数据安全风险治理小组应立即制定行动方案，将具体行动措施下达到相关部门，多

个部门协同治理,将风险消除;在各个执行小组采取改正措施之后,应该再一次对数据安全风险进行评估,以确保数据安全风险已经彻底消除。

7.2.6 基于数据空间的电力制造企业多价值链经营风险识别与管控方法应用

目前,我国电力事业快速发展,智能制造也在不断推进,电力制造行业存在着科技创新不足、竞争能力较弱等问题。对于电力制造企业来说,如何有效识别控制经营风险,形成新的多价值链风险管理模式,对提高电力制造企业风险管控水平,从而提高经济效益具有重要意义。本节基于数据空间和文本挖掘技术,通过大数据爬虫技术收集电力制造业相关风险政策和新闻报道共 16034 篇,利用文本挖掘模型进行风险主题的挖掘,识别经营风险关键因素和风险主题;然后利用风险识别结果,从多价值链角度构建电力制造企业全生命周期经营风险安全数据空间;最后,本节利用某电力制造企业近 20 年生产经营数据进行实例分析,验证风险数据空间构建的有效性。研究结果表明从多价值链角度对电力制造企业经营风险进行识别具备合理性,电力制造企业全生命周期经营风险安全数据空间的构建能够在各环节实现风险的合理规避和智能管控。

为验证多价值链经营风险识别和管控的有效性,本节以北京清畅电力有限公司近 20 年的生产和经营数据为分析样本,通过以上电力制造业多价值链经营风险因素体系,收集该制造企业的风险因素数据,经过数据整理,以不同风险因素的安全维度为权重进行赋权,计算得到该电力制造企业近 20 年每一年的经营风险评估因子,并与该企业的实际情况进行对比,判断经营风险因素识别的有效性和多价值链经营风险数据空间构建的合理性。

在经营风险评估因子的计算过程中,涉及多源异构数据的量化问题。定量数据经过数据整理,定性数据则按 0-1 变量和相应评分等级进行量化,其中 0-1 变量包括政治制度、法律政策以及作风建设等风险因素,本节用是否有重大政治事件、是否有法律法规颁布以及企业是否有重大作风建设问题进行评估。除此之外,质量管理风险、监督检查风险等风险因素则通过产品质量等级和监管评估等级等进行量化分析。

对于一个企业来说,传统的评估经营风险的方法只能通过单一财务指标进行粗略评判,常用的评判指标为经营杠杆系数、盈亏平衡点和息税前利润。

经营杠杆系数是息税前利润的变化率与产销量变动率之间的比值。因此,在同一产销量水平下,经营杠杆系数越大,说明利润的变化率越大,相应的经营风险就会越大。盈亏平衡点是当全部销售收入等于全部成本时企业的产量,该产量越大,说明企业项目投产以后获得盈利的标准就越高,盈利的可能性就越低,经营风险越大。息税前利润是衡量企业利润多少的指标,其数值越大,经营风险越小。

利用收集到的数据计算该企业的经营杠杆系数、盈亏平衡点以及息税前利润,作为风险评估因子的对照值,分析风险评估因子解释经营风险的有效性。四个指标的变动情况如图 7-18 所示。

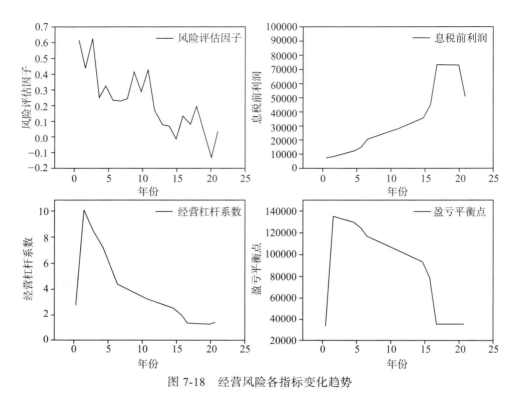

图 7-18 经营风险各指标变化趋势

本节通过相关性分析和误差分析从定量的角度分析该多价值链经营风险数据空间体系构建的合理性。统计分析结果见表 7-16。

表 7-16 统计分析结果

统计分析				
R^2			0.787417319	
调整的 R^2			0.620026035	
标准误差			0.173216649	
观测值			20	
系数		标准误差	t 值	P 值
—	0.828	0.246	3.371	0.0036
息税前利润	−0.642	0.198	3.240	0.0048
经营杠杆系数	0.392	0.232	1.691	0.0090
盈亏平衡点	−0.430	0.197	2.182	0.0434

由以上结果可以看出，该风险评估因子能够有效解释 78% 的经营风险，且误差值为 0.17。且对于单一指标来说，该风险评估因子对其解释程度也都是显著的，且误差水平也都在 0.2 左右，说明该风险评估因子具有一定解释经营风险的能力，该数据空间体系的构建具有合理性。

为了更加直观体现误差水平，本节选择 MAE（平均绝对误差）、MSE（方均误差）、RMSE（方均根误差）以及 SSE（残差平方和）来计算风险评估因子与经营杠杆系数和盈亏平衡点之间的误差值。

该误差值结果见表 7-17。

表 7-17　误差值结果

指标	MAE	MSE	RMSE	SSE
息税前利润	0.477	1.271	1.797	6.462
经营杠杆系数	0.237	0.692	0.979	1.917
盈亏平衡点	0.286	0.812	1.149	2.641

由表 7-17 可知，风险评估因子在经营风险解释方面，与经营杠杆系数和盈亏平衡点的误差相差值都较低，说明风险评估因子和这两个指标具有类似的解释效果，且风险评估因子介于两者变动范围之内，能够较好平衡两者在解释企业经营风险时的误差。因此多价值链经营风险的识别具有有效性，经营风险数据空间体系构建和相应的管控措施有一定的依据和参考意义。

7.2.7　基于数据空间多价值链协同体系架构的制造企业生产决策方法应用

随着全球产业价值链的调整升级，如何在固有状态下有效提升全球价值链中的地位和作用成为当前经济发展的关键。制造业作为一个国家能源经济发展的基础化产业，提升其产业基础能力和产业链现代化水平是推动智能制造的重要举措。而有效的制造企业生产决策能够保障企业利益，提高企业竞争力，为一个国家在全球范围内更好参与产业价值链重构提供条件和保障。因此，本书利用数据空间这一海量数据管理技术，构建 DS-MVC 体系架构，并基于该架构进行制造企业多价值链协同生产决策分析，最终构建了 RF-BAS-CNN 三阶段制造企业生产决策分析模型。

本节以北京清畅电力技术股份有限公司为研究对象，收集了该企业自 2010 年 1 月至 2021 年 10 月经营过程中的供应、营销、服务以及生产月度数据，并对该缺失数据进行仿真处理。根据以上模型构建环节的因素分析过程，本节结合该电力制造企业实际情况，最终，在内部价值链的生产环节，本节以生产订单数量（POQ）及生产存货数量（PIQ）作为生产决策的研究变量；在外部价值链的供应环节，本节最终选取原材料采购量（RMPV）、原材料采购成本（RMPC）、原材料存货（RMI）、出库成本（OC）、原材料运费（RMF）、原材料使用量（RMU）、原材料价格（RMP）、资金筹措（F）以及借款利息（B）共 9 个变量，从原材料供应、原材料使用情况以及资金供应等方面反映电力制造企业实际的供应情况；在多价值链的营销环节，本节选取了销售量（SV）、销售成本（C）、销售收入（R）、销售毛利（G）以及销售价格（P）作为营销环节的影响因素，这几个变量可以从营销的收支情况及盈利情况等方面反映出电力制造企业的营销状况；在多价值链的服务环节，本节选取了检修成本（MC）、检修次数（OT）、客户数量（NC）及产品合格率（RQP）作为影响因素，来反映电力制造业对客户的服务情况以及服务对生产的影响，构成多价值链中服务环节。多价值链各环节影响因素选取情况见表 7-18。

表 7-18　多价值链各环节影响因素选取情况

内部价值链	影响因素			
生产环节	生产订单数量		生产存货数量	
外部价值链	影响因素	外部价值链	影响因素	
供应环节	原材料采购量	营销环节	销售量	
	原材料采购成本		销售成本	
	原材料存货		销售收入	
	出库成本		销售毛利	
	原材料运费		销售价格	
	原材料使用量	服务环节	检修成本	
	原材料价格		检修次数	
	资金筹措		客户数量	
	借款利息		产品合格率	

通过数据预处理，本节得到外部价值链月度数据和内部价值链生产决策变量。本书采用 RF 算法对外部价值链不同环节的影响因素进行重构。首先，本书利用 RF 算法对外部价值链的不同环节中多维影响因素计算贡献度，分析在这一价值链中该影响因素的影响程度；其次结合预处理后的外部价值链月度数据，计算外部价值链不同环节月度综合因素 ICSU、ICM 及 ICSE。最后得到外部价值链供应、营销以及服务环节的综合因素指标，用于生产环节的决策分析。该指标能够有效概括外部价值链不同环节中各影响因素的影响作用。

外部价值链供应环节影响因素贡献度计算结果见表 7-19。供应环节各影响因素贡献度中，原材料采购量贡献程度最大，在 0.1659 左右，原材料采购成本和原材料存货的贡献程度比较低，没有超过 0.1。

表 7-19　外部价值链供应环节影响因素贡献度计算结果

供应环节	影响因素贡献度
原材料采购量	0.16592668
原材料采购成本	0.07724933
原材料存货	0.08029827
出库成本	0.11211431
原材料运费	0.12002262
原材料使用量	0.11446901
原材料价格	0.12664587
资金筹措	0.10238738
借款利息	0.10088653

外部价值链营销环节影响因素贡献度计算结果见表 7-20。其中贡献度最大的是销售收入，其次是销售量、销售毛利、销售价格以及销售成本。

表 7-20　外部价值链营销环节影响因素贡献度计算结果

营销环节	影响因素贡献度
销售量	0.22226639
销售成本	0.08467889
销售收入	0.33516822
销售毛利	0.2098629
销售价格	0.1480236

外部价值链服务环节影响因素贡献度计算结果见表 7-21。其中影响因素贡献度最大的是检修次数，其次是产品合格率、客户数量和检修成本。

表 7-21　外部价值链服务环节影响因素贡献度计算结果

服务环节	影响因素贡献度
检修成本	0.21303916
检修次数	0.27302427
客户数量	0.25466212
产品合格率	0.25927445

本节利用外部价值链不同环节各影响因素在该环节中的贡献程度，建立可以代表外部价值链不同环节的综合影响因素指标。具体计算方法如下：

$$D_i = \sum_{k=1}^{n} d_{ik} \times w_{ik} \tag{7-9}$$

式中，i 代表外部价值链的不同环节；k 代表外部价值链某一环节中的第 k 个影响因素；n 代表外部价值链某一环节中共 n 个影响因素；d_{ik} 代表外部价值链 i 环节第 k 个影响因素的序列数据；w_{ik} 代表外部价值链 i 环节第 k 个影响因素的贡献程度；D_i 代表外部价值链 i 环节的综合影响因素序列数据。

按照式（7-9）对外部价值链综合因素指标进行重构，得到综合指标变化情况。其中，外部价值链中供应环节综合影响因素指标 ICSU 呈现先稳定而后剧烈波动的趋势，ICM 指标变化情况与 ICSU 变化情况一致，而服务环节的综合影响因素指标 ICSE 除了异常值波动以外，整体变化较为平稳。

本节将 C_POQ 和 C_PIQ 作为生产决策分析的输出结果，将外部价值链不同环节的累积综合影响因素指标：C_ICSU、C_ICM 和 C_ICSE 作为输入变量，进行制造企业多价值链生产决策分析。本节采用多元线性回归模型、BP、RNN、CNN 以及 BAS-BP、BAS-RNN、BAS-CNN 模型进行生产决策分析，分析不同模型下得到的生产决策分析结果与实际值的对比情况，选取最优生产决策分析模型。为了有效对比几种模型，本节将收集到的 142 个生产月度数据分为训练数据集和测试数据集，选取后 50 个月度数据作为生产决策的测试数据集，剩余 92 个数据作为训练集进行分析。

本节首先利用多元线性回归模型进行分析，得到的多元线性回归系数和误差值见表 7-22。

表 7-22 多元线性回归系数和误差值

		因变量	
		C_POQ	C_PIQ
	R^2	0.944297128	0.998384981
	调整后 R^2	0.943086196	0.998349872
	标准估算的误差	14155.6663	8214130.547
回归系数	（常量）	18509.73639	7350577.45
	C_ICSU	−0.00042764	−0.127106559
	C_ICM	0.000163712	0.06016854
	C_ICSE	0.729924307	5435.028831

多元线性回归标准化残差值分布如图 7-19 所示。由图 7-19 可知，回归的标准化残差基本符合正态分布，说明回归结果有意义，且符合多元线性关系，但由于回归得到的误差值较大，回归效果较差。

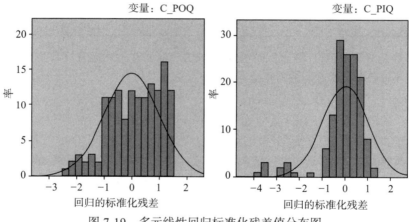

图 7-19 多元线性回归标准化残差值分布图

根据得到的未标准化系数对累积生产订单数量（C_POQ）以及累积生产存货数量（C_PIQ）进行计算，利用 C_ICSU、C_ICM 以及 C_ICSE 的测试集数据计算 C_POQ 和 C_PIQ 的决策测试集数据，并与实际值进行对比。多元线性回归分析得到的生产决策分析结果如图 7-20 所示。

由图 7-20 可以看出，多元线性回归的结果中，C_POQ 的决策分析结果与实际决策结果相差较大，而 C_PIQ 的决策分析结果与实际决策值较为接近。因此，多元线性回归不是最优的生产决策分析模型。

因此，本书选用 BAS-CNN 作为生产决策分析模型进行研究，为了验证 BAS-CNN 对生产决策分析的有效性，本节利用 BP、BAS-BP、RNN、BAS-RNN、CNN 模型作为

BAS-CNN 模型的对比模型。为了保证对比分析的可行性，本节设置除 BAS 优化的参数外，神经网络其他参数保持一致。其中，BP 和 RNN 设置最大训练次数为 400000 次，误差不大于 0.001，学习率为 0.01。CNN 设置最大训练次数为 400000 次，梯度阈值为 1，学习率为 0.01。BAS 优化算法的步长与初始距离之间的关系为 eta=0.8，c=5，初始步长为 10，迭代次数为 50。相应的模型学习率为 BAS 优化值。模型构建参数设定表见表 7-23。

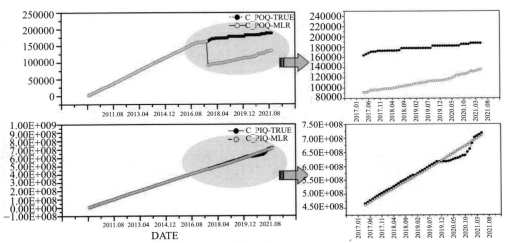

图 7-20 多元线性回归分析得到的生产决策分析结果

表 7-23 模型构建参数设定

	trainParam. epochs	400000		trainParam. epochs	400000		trainParam. epochs	400000
BP	trainParam.lr	0.01	RNN	trainParam.lr	0.01	CNN	trainParam.lr	0.01
	trainParam. goal	1.00E-03		trainParam. goal	1.00E-03		Gradient Threshold	1
BAS-BP	trainParam. epochs	400000	BAS-RNN	trainParam. epochs	400000	BAS-CNN	trainParam. epochs	400000
	trainParam.lr	BAS 优化值		trainParam.lr	BAS 优化值		trainParam.lr	BAS 优化值
	trainParam. goal	1.00E-03		trainParam. goal	1.00E-03		Gradient Threshold	1
	步长与初始距离之间的关系	eta=0.8		步长与初始距离之间的关系	eta=0.8		步长与初始距离之间的关系	eta=0.8
		c=5			c=5			c=5
	初始步长	10		初始步长	10		初始步长	10
	迭代次数	50		迭代次数	50		迭代次数	50

根据以上模型构建参数，本节将 C_ICSU、C_ICM 以及 C_ICSE 作为以上模型的输

入变量，C_POQ 和 C_PIQ 作为模型的输出变量，利用前 92 个月度数据进行神经网络的训练，输出后 50 个测试集数据，并与实际生产决策结果进行对比分析。BAS-CNN 生产决策分析结果如图 7-21 所示。

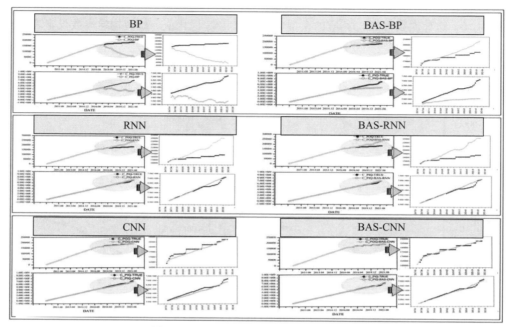

图 7-21 BAS-CNN 生产决策分析结果

由 BP 输出结果可以看出，无论是 C_POQ 还是 C_PIQ，其测试值和实际决策结果相比都有较大的偏差，因此 BP 模型对生产决策的分析效果一般。

BAS 优化后的 BP 得到的生产决策结果中，C_POQ 和 C_PIQ 的决策分析效果得到明显的改善，但和实际决策结果相比还存在着一定的偏差，因此 BAS-BP 模型对生产决策的分析效果也一般。

从 RNN 输入结果可以看出，相比于 BP 和 BAS-BP、RNN 的测试效果要好于以上两种模型，其中生产决策分析变量 C_PIQ 的测试值和实际决策结果比较接近，而 C_POQ 输出结果与实际决策结果相比仍存在一定的偏差。

BAS 优化后的 RNN 得到的生产决策结果中，C_POQ 和 C_PIQ 的测试效果没有得到明显的改善，但和实际决策结果相比之间的偏差没有减小，因此，BAS 优化模型对 RNN 的优化效果一般，BAS-RNN 对生产决策的分析效果一般。

由 CNN 输入结果可以看出，相比于 BP、BAS-BP、RNN 以及 BAS-RNN，CNN 的测试效果要明显好于以上几种模型，其中 C_POQ 决策结果要好于 C_PIQ 决策结果。总之，该结果体现了 CNN 模型在生产决策分析中的有效性。

BAS 优化后的 CNN 得到的生产决策结果中，C_POQ 和 C_PIQ 的测试效果和实际决策结果相比之间的偏差更小，因此，相比于 BP、BAS-BP、RNN、BAS-RNN、CNN，

BAS 优化的 CNN 模型对生产决策的分析效果较好。

通过构建 RF-BAS-CNN 模型，对内部价值链的生产订单和生产存货数量进行有效的决策分析，通过模型输出的决策值与实际值进行对比可以看出模型的高拟合度和有效性，就 MAPE 这一误差指标来说，生产订单决策结果的误差为 0.0058，生产存货决策结果的误差为 0.0136。因此，本书构建的模型在内部价值链和外部价值链之间的协同关系上具有较高的拟合性，为未来制造企业考虑多价值链协同下，进行内部价值链的生产决策提供了有效的分析模型，并且具有重要的意义。

7.2.8 基于数据空间的制造企业数据空间存储方法应用

数据库技术是信息化时代的数据存储的主要方式之一，在过去近半个世纪中为推动工业、制造业的相关企业数据管理的发展做出了巨大贡献。随着数字化技术、互联网、移动手机、物联网的技术的发展，大量多源异构数据出现，如何合理存储这些数据成为了急需解决的问题。

1. 数据空间中围绕电力数据预处理和数据视图的形成

电力系统中，以电力系统中常用工作的电力负荷预测为例，首先根据相关工作将相关的非结构化的天气数据以及结构化的历史负荷数据按照时间戳信息进行提取，组成如图 7-22 所示的记录结构。在数据记录结构前首先是天气数据类提取出的特征化数据，这些因素可以作为知识挖掘的条件属性，在数据记录结构的末尾是结构化的日负荷曲线数据，即 24/48/96 点负荷作为数据挖掘的决策属性。

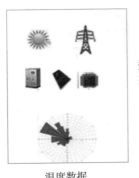

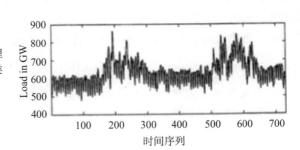

图 7-22 数据挖掘的记录结构

当形成上述数据记录结构规范时，为利用这些历史数据进行知识挖掘的分类处理，需要对上述数据结构进行如下处理。

1）利用聚类技术对历史负荷数据进行聚类分析。
2）根据聚类结果对定性因素属性利用粗糙集进行属性约简。
3）对约简后的定性因素进行决策树分类分析，寻找定性因素和负荷数据之间的联系。

2. 利用天气相关因素进行聚类知识挖掘

聚类分析是数据挖掘中的一个很活跃的研究领域，其算法可以大致分为划分方法、层次方法、基于密度方法、基于网格方法和基于模型方法五种。其中以划分方法中的 K-means 方法最为经典。K-means 算法以 k 为参数，把 n 个对象分为 k 个簇，以使簇内具有较高的相似度，而簇间的相似度较低。相似度的计算根据一个簇中对象的平均值（重心）来进行。

K-means 算法过程如下：首先从 n 个数据对象任意选择 k 个对象作为初始聚类中心，对于剩下的其他对象，根据它们与这些聚类中心的相似度（距离），分别将它们分配给与其最相似的（聚类中心所代表的）聚类；然后再计算每个所获新聚类的聚类中心（该聚类中所有对象的均值），不断重复这一过程直到标准测度函数开始收敛为止。一般采用均方差作为标准测度函数。如式（7-10）所示。

$$E = \sum_{i=1}^{k}\sum_{p \in C_i} |p - m_i|^2 \qquad (7\text{-}10)$$

式中，E 是数据库中所有对象的平方误差的总和；p 是空间中的点，用来表示给定的数据对象；m_i 是簇 C_i 的平均值（p 和 m_i 都是多维的）。

3. 基于聚类后的 LSTM 负荷预测

在进行完上述步骤后，可以得到一系列的依靠天气进行相似日的判断，将上述的依靠天气聚类后的负荷数据提取出来后，通过构建 LSTM 进行电力负荷的预测。LSTM 神经网络单元结构图如图 7-23 所示。其中，遗忘门的作用是决定丢弃细胞中的哪些信息，处于 LSTM 算法的第一个环节。该门通过读取前一细胞单元的输出 h_{t-1} 和本细胞单元的输入 x_t，输出一个 0～1 之间的数值作为权重赋予前一个细胞的信息传递状态 C_{t-1}，"1" 表示前一细胞状态全部传递下去，"0" 表示前一细胞状态全部丢弃。其数学表达式为

$$F_t = \sigma(W_t[x_t, h_{t-1}] + b_t)$$

式中，F_t 表示针对前一细胞保留多少信息的数值结果；σ 表示 sigmoid 激活函数；x_t 和 h_{t-1} 分别表示本单元的输入和前一单元的输出；W_t 表示权重；b_t 为偏置项。

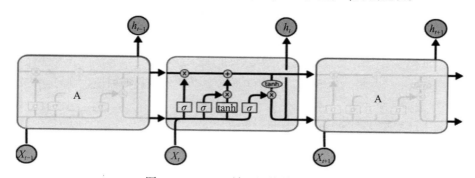

图 7-23 LSTM 神经网络单元结构图

利用 LSTM 进行电力预测模型的训练需要将数据集分成训练集和测试集，实例中共提取出相似数据共 31 组，将前 27 组数据作为训练集输入到 LSTM 神经网络模型之中，然后利用训练好的神经网络模型针对全体数据（包括剩下的 4 组数据）进行预测，并将预测结果与真实数据进行对比，计算均方误差。经过神经网络预测，LSTM 神经网络训练集和测试集的误差变化图如图 7-24 所示。

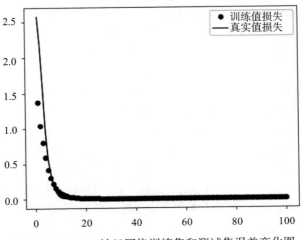

图 7-24　LSTM 神经网络训练集和测试集误差变化图

对预测数据与真实数据进行趋势作图对比，如图 7-25 所示。LSTM 模型经过 100 次迭代，模型训练误差下降至 6.7942×10^{-4}，而测试集误差下降至 0.0024，说明利用 LSTM 神经网络预测准确度可达到 99% 以上的精度。

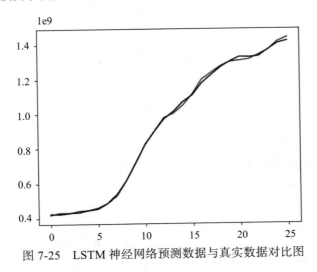

图 7-25　LSTM 神经网络预测数据与真实数据对比图

7.2.9 基于制造业多价值链协同数据管理体系的产品销量预测方法应用

针对制造业数据管理中遇到的困难及挑战，本节考虑了数据空间与传统数据管理方式在多个方面的不同，并采用云计算等算法技术，从数据采集、数据处理、数据分析应用、数据可视化四方面提出基于数据空间的制造业多价值链协同数据管理体系架构，并对数据管理体系的典型应用场景进行了分析。以电力设备制造业产品——环网柜为例，从制造业多价值链数据空间中有效抽取多个主体的产品销量相关数据（环网柜销量、不合格产品数量、价格折扣等），分析影响因素与环网柜销量的相关性，根据数据特征建立麻雀搜索算法优化的极限学习机模型对制造企业产品销量进行预测，通过实验数据验证了基于数据空间的制造业多价值链数据管理体系在产品销量预测中的有效性。

以北京清畅电力技术股份有限公司为研究对象，对其产品环网柜销量进行算例分析。综合考虑制造业数据空间内生产价值链、供应价值链、服务价值链、营销价值链以及经济等客观因素对产品销量的影响，选取指标生产不合格量（a_1）、配件需求量（a_2）、新增客户数（a_3）、价格折扣（a_4）、一周中的节假日天数（a_5）、产品退货量（a_6）、前一周产品销量（a_7），构建制造业多价值链的数据集，用于产品销量预测。由于环网柜设备的销售数据并不是每日都存在，所以以周为周期进行分析，时间范围为 2018 年 1 月—2019 年 12 月，共 104 条数据，将前 70 条数据作为训练集，后 34 条数据作为测试集对原始数据进行划分，如图 7-26 所示。

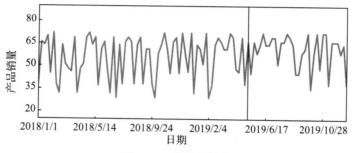

图 7-26　数据集划分

为进一步验证 SSA-ELM 模型的有效性，分别与 PSO-ELM、ELM、BP、SVM 模型进行实验对比。选取这些模型的主要考虑是：通过比较 SSA-ELM 与 PSO-ELM、ELM 的预测结果，可以了解应用智能算法 SSA、PSO 对 ELM 进行优化的效果；通过比较 ELM 与 BP 神经网络、SVM 的预测结果，可以了解 ELM 模型的预测效果。SSA-ELM 与其他几种模型的预测结果如图 7-27 所示。

从图 7-27 中可以看出，相较于 PSO-ELM 与 ELM 模型，SSA-ELM 预测精度最高，表明 SSA 算法可以对参数进行优化从而提高预测精度，且 SSA 算法的参数优化效果优于 PSO 算法。相较于 SVM、BP 神经网络模型，ELM 模型预测更精确，表明 ELM 模型在产品销售预测中的优越性。综合五个模型来看，SSA-ELM 模型的预测精度最高，相对误差最小。

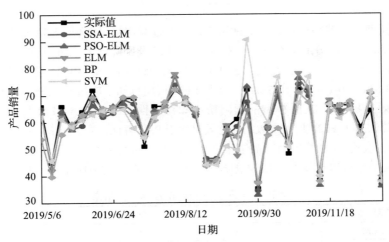

a）不同模型预测值对比

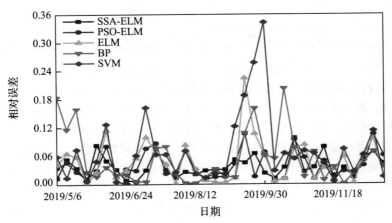

b）不同模型预测误差对比

图 7-27　预测结果

本节采用以下 3 个误差指标来评价模型的预测性能：方均根误差（root mean square error，RMSE）、平均绝对误差（mean absolute error，MAE）、平均绝对百分比误差（mean absolute percent eroror，MAPE）。它们的定义如下：

$$\text{RMSE} = \sqrt{\frac{1}{m}\sum_{i=1}^{m}(y_i - \hat{y}_i)^2} \quad (7\text{-}11)$$

$$\text{MAE} = \frac{1}{m}\sum_{i=1}^{m}|y_i - \hat{y}_i| \quad (7\text{-}12)$$

$$\mathrm{MAPE} = \frac{1}{m}\sum_{i=1}^{m}\left|\frac{y_i - \hat{y}_i}{y_i}\right| \times 100\% \qquad (7\text{-}13)$$

不同模型的误差指标计算结果见表 7-24。通过对比可以发现，SSA-ELM 模型相较于 PSO-ELM、ELM、BP 神经网络、SVM 的 RMSE 分别降低了 12.6%、41.7%、51.7%、59.0%，MAE 分别降低了 7.8%、29.9%、37.1%、51.3%，MAPE 分别降低了 6.5%、25.7%、33.8%、50.1%。对比 SSA-ELM 与 ELM 模型可知，应用 SSA 算法优化 ELM 模型参数有效地提高了 ELM 模型的预测精度和稳定性；对比 SSA-ELM 与 ELM 模型可知，SSA 算法对于 ELM 模型参数的优化效果优于 PSO 算法；对比 ELM 与 BP 神经网络、SVM 可知，应用 ELM 模型对产品销量进行预测的预测效果更好，精度更高。实验结果表明：SSA 算法可以有效优化 ELM 的模型参数，提高模型的适应能力，提升产品效率。

表 7-24 不同模型的误差指标计算结果

模型	RMSE	MAE	MAPE（%）
SSA-ELM	2.49	2.13	3.62
PSO-ELM	2.85	2.31	3.87
ELM	4.27	3.04	4.87
BP	5.15	3.39	5.47
SVM	6.08	4.37	7.26

综上，应用基于数据空间的制造业多价值链数据协同管理体系，一方面可以对与销量相关的多价值链因素进行提取和筛选，消除无关、冗余的特征数据，对高维、海量数据进行降维，得到更加可靠、有效的数据信息，从而生成与产品销量相关性较高的低维度多价值链数据集，进一步提高预测分析的效率，减少无价值的数据分析；另一方面可以对产生的产品销量影响因素数据集进行分析，针对数据集的数据量和数据特征选择合适的预测分析方法，如本节中由于产品销量数据量以周为单位，数据量较少，故选取极限学习机模型，并采用麻雀搜索算法对极限学习机的参数进行优化。从预测效果可以看出，应用基于数据空间的制造业多价值链数据协同管理体系可以提升预测效率，从而为制定下一步生产计划做出指导。

7.3 应用效果验证

结合制造业多价值链协同数据空间的实际业务需求，本书基于制造业多价值链协同数据空间体系架构构建了各种实用模型并开发了软件构件，下面对于各软件的应用效果验证情况进行介绍。

7.3.1 多价值链协同多源异构数据采集整合软件应用效果验证

多价值链协同多源异构数据采集整合软件（简称整合软件）聚焦制造业多价值链协

同数据空间领域的需求，解决多价值链协同数据体系架构基础设计问题，提出多价值链协同多源异构数据采集整合，为多价值链业务活动提供数据支撑。为保证多价值链协同多源异构数据采集整合软件功能实现正常，对整合软件进行测试。

1. 测试方案

整合软件产品测试方案见表 7-25。

表 7-25 整合软件产品测试方案

测试项目		技术要求	测试策略	测试结果	测试结论
稳定性	技术指标	软件构件响应时间在 2000ms 以内	通过日志打印验证	软件构件响应时间在 2000ms 以内	符合
		CPU 占用率在 70% 以下	通过 nmon 监控工具监测 CPU 占用率	CPU 使用率在 70% 以下	符合
		平均内存占用率在 60% 以下	通过 nmon 监控工具监测内存占用率	平均内存占在 60% 以下	符合
		数据对象关系准确率 100%	通过数据的前后对比	数据对象关系准确率在 100%	符合
		数据采集频度 15min/次	通过触发定时任务日志及实际采集数据验证	数据采集频度 15min/次	符合
		信息价值密度 0.95 以上	通过计算公式"目标数据/原始数据 ≥ 95%" 计算	信息价值密度 0.95 以上	符合
功能性	数据采集	多源异构数据采集整合功能正常	查询数据采集正确	数据采集功能正常	符合
	数据有效性	应实现多源异构数据采集后数据对比正确	数据采集前后对比正确	采集后数据对比正确	符合
	数据量有效性	应实现多源异构数据采集后数据记录条数正确	采集数据查询记录条数	采集后数据记录条数正确	符合
	系统容错机制	系统不应因错误导致系统的异常退出	监控系统正常运行	系统不会因错误导致系统异常退出	符合
易用性	易安装性	系统应易于用户安装部署	系统的安装部署	用户可参考部署手册进行安装部署	符合
	易学习性	系统应易于学习	系统易学习	对操作人员无特殊要求	符合
	易理解性	系统应易于理解，没有歧义	系统易理解	系统容易理解	符合
	易操作性	系统应易于操作	系统易操作	符合用户的操作习惯	符合
—		用户文档的中文符合性	用户文档应使用简体中文	检查使用说明书数用简体中文	使用说明书采用简体中文	符合

(续)

测试项目	技术要求	测试策略	测试结果	测试结论
正确程度	用户文档中的所有信息应是正确的，不能有歧义和错误的表达	检查使用说明书	使用说明书描述信息正确	符合
描述与软件实际功能一致	用户文档描述应与软件一致	检查使用说明书	使用说明书描述与软件一致	符合
提供学习操作的实例	用户文档应提供主要功能具体操作的实例	检查使用说明书	使用说明书描述具体操作步骤	符合
易浏览程度	用户文档应用有目录表、索引表、页面等表示，方便用户浏览	检查使用说明书	使用说明书有目录表、索引表页码等，方便使用	符合

通过表 7-25 中内容可知，该软件在各测试项目中表现良好，拥有满意的测试结果。

2. 测试指标

（1）指标 1：软件构件响应时间指标

实际测试说明：本次测试软件构件响应时间 1500ms，如图 7-28 所示，符合软件构件响应时间指标在 2000ms 以下。

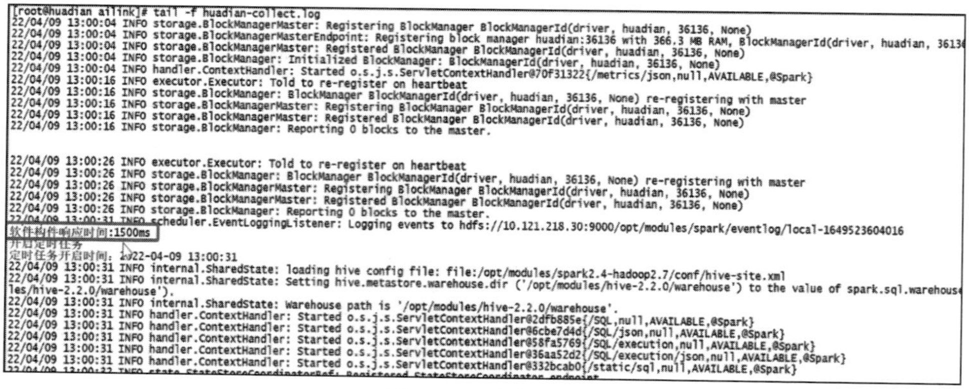

图 7-28　响应时间

（2）指标 2：CPU 使用率在 70% 以下

实际测试说明：本次 CPU 使用率在 20% 左右，符合 CPU 使用率在 70% 以下，如图 7-29 所示。

（3）指标 3：平均内存占用率在 60% 以下

实际测试说明：本次平均内存占用率在 37.5% 左右，平均内存占用率在 60% 以下，如图 7-30 所示。

（4）指标 4：数据对象关系准确率 100%

实际测试说明：选择数据空间记录少的 HY_DZ_BorrowOutChange 表及数据空间记

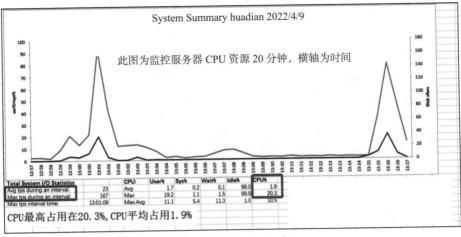

图 7-29 CPU 使用率

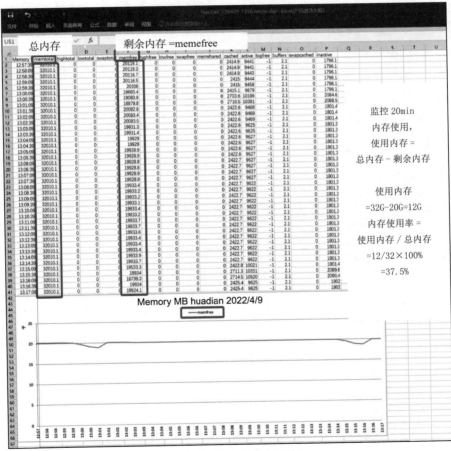

图 7-30 平均内存占用率

录多的 HY_DZ_BorrowOut 表，查看每条记录有所属部门，故数据对象关系准确率 100%，如图 7-31 和图 7-32 所示。

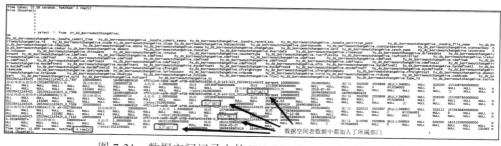

图 7-31　数据空间记录少的 HY_DZ_BorrowOutChange 表

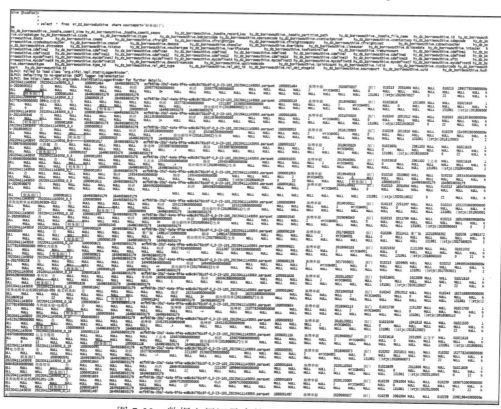

图 7-32　数据空间记录多的 HY_DZ_BorrowOut 表

（5）指标 5：数据采集频度 15min/次

实际测试说明：数据采集频度通过 crontab 任务设置，设置图如图 7-33 所示。

图 7-33　设置图

结束采集时间如图 7-34 所示。

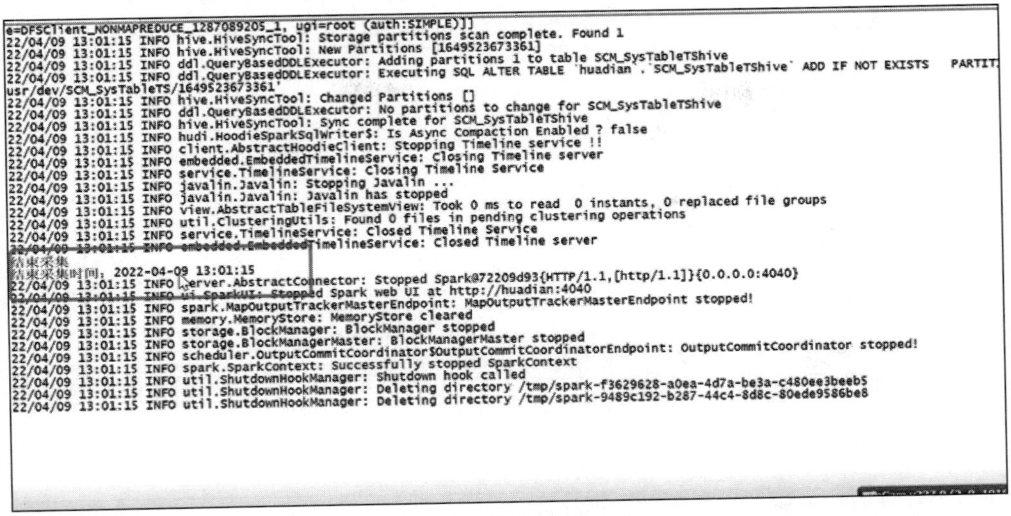

图 7-34 结束采集时间

定时 15min 轮询再次开始时间，如图 7-35 所示。

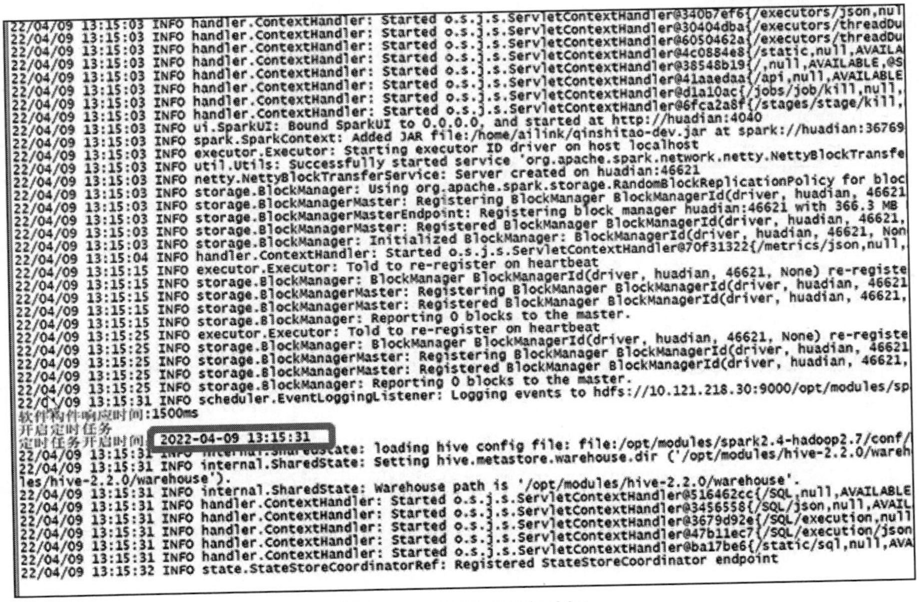

图 7-35 再次开始时间

（6）指标 6：信息价值密度 0.95 以上

实际测试说明：信息价值密度 = 目标数据 / 源数据。目标数据为数据空间数据，源数据为采集的数据源。

1）数据源中 HY_DZ_BorrowOut 表记录条数如图 7-36 所示。

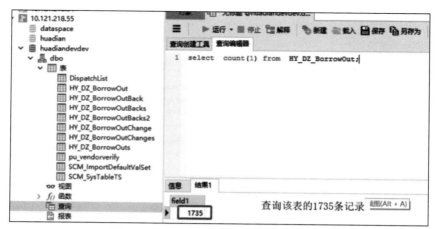

图 7-36　HY_DZ_BorrowOut 表记录条数

2）采集源数据至数据空间 HY_DZ_BorrowOuthive 表记录条数，如图 7-37 所示。

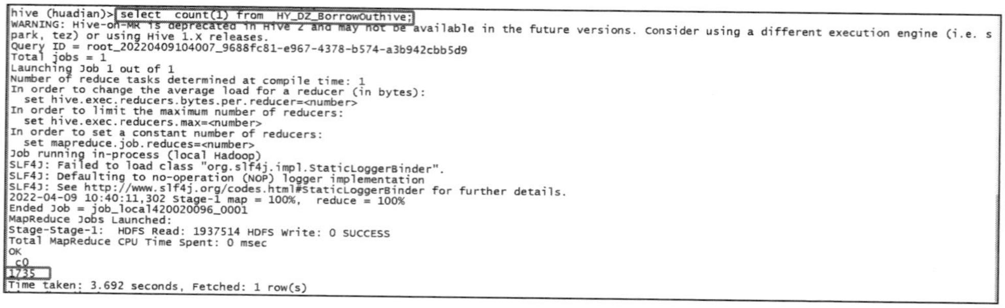

图 7-37　HY_DZ_BorrowOuthive 表记录条数

根据公式：信息价值密度 = 目标数据 / 源数据 =1735/1735=1>0.95，故符合该测试指标。

（7）指标 7：总体设备利用率提高 10%

在利用该软件进行数据采集后，配合其他软件，与企业上一年度数据相比，总体设备利用率提高了 10%。

（8）指标 8：总体设备利用率提高 10%

在利用该软件进行数据采集后，配合其他软件，与企业上一年度数据相比，总体设备利用率提高了 10%。

（9）指标 9：生产周期缩短 10%

在利用该软件进行数据采集后，配合其他软件，与企业上一年度数据相比，生产周期缩短了 10%。

（10）指标 10：经济效益提高 6%

在利用该软件进行数据采集后，配合其他软件，与企业上一年度数据相比，经济效益提高了 8.5%。

7.3.2 多价值链活动全过程快速索引与关联表示软件应用效果验证

多价值链活动全过程快速索引与关联表示软件（简称表示软件）聚焦制造业多价值链协同数据空间领域的需求，解决多价值链协同数据体系架构基础设计问题，提出多价值链协同数据空间下支持全过程快速索引查询及关联表示。表示软件适用于我国制造及协作企业存在多价值链活动全过程的快速检索数据或文件等信息，通过安全高效的数据处理引擎，满足业务场景物料的关联表示，为多价值链业务活动提供支撑。为保证多价值链活动全过程快速索引与关联表示软件功能实现正常，对软件进行测试。

1. 测试方案

表示软件产品测试方案见表 7-26。

表 7-26　表示软件产品测试方案

测试项目		技术要求	测试策略	测试结果	测试结论
软件稳定性	技术指标	软件构件响应时间在 2000ms 以内	通过日志打印验证	软件构件响应时间在 1438ms	符合
		CPU 占用率在 70% 以下	通过 nmon 监控工具监测 CPU 占用率	CPU 使用率在 23% 以下	符合
		平均内存占用率在 60% 以下	通过 nmon 监控工具监测内存占用率	平均内存占用 50% 左右	符合
		数据对象关系准确率 100%	通过数据的前后对比	数据对象关系准确率在 100%	符合
		数据采集频度 15min/次	通过触发定时任务日志及实际采集数据验证	数据采集频度 2min	符合
		数据库命中率 95% 以上	查询数据库缓存命中率语句	数据库命中率 97.1%	符合
		信息价值密度 0.95 以上	通过计算公式"目标数据/原始数据 ≥95%"计算	信息价值密度 0.95 以上	符合
功能性	关系型数据检索	快速索引查询数据	输入相关条件查询数据	能检索到需要查询的数据	符合
	非关系型数据检索	通过文件名快速查询文件	通过文件名查询到文件信息	查询到非关系型文件	符合
	关联表示	应实现查询子件物料的上下级物料关系	输入子件编码显示该物料上两级和下两级物料编码	实现查询子件物料的上下级物料关系	符合
	系统容错机制	系统不应因错误导致系统的异常退出	系统无异常，没有终止程序	系统不会因错误导致系统异常退出	符合

(续)

测试项目		技术要求	测试策略	测试结果	测试结论
易用性	易安装性	系统应易于用户安装部署	系统的安装部署	用户可参考部署手册进行安装部署	符合
	易学习性	系统应易于学习	系统易学习	对操作人员无特殊要求	符合
	易理解性	系统应易于理解，没有歧义	系统易理解	系统容易理解	符合
	易操作性	系统应易于操作	系统易操作	用户的操作习惯	符合
一	使用说明书性	使用说明书应使用简体中文	检查使用说明书数用简体中文	使用说明书采用简体中文	符合
	正确程度	使用说明书中的所有信息应是正确的，不能有歧义和错误的表达	检查使用说明书	使用说明书描述信息正确	符合
	描述与软件实际功能一致	使用说明书描述应与软件一致	检查使用说明书	使用说明书描述与软件一致	符合
	提供学习操作的实例	使用说明书应提供主要功能具体操作的实例	检查使用说明书	使用说明书描述具体操作步骤	符合
	易浏览程度	使用说明书应用有目录表、索引表、页面等表示，方便用户浏览	检查使用说明书	使用说明书有目录表、索引表页码等，方便使用	符合

通过表 7-26 中内容可知，该软件在各测试项目中表现良好，拥有满意的测试结果。

2. 测试指标

（1）指标 1：软件构件响应时间指标

实际测试说明：本次测试软件构件响应时间 1438ms，符合软件构件响应时间指标在 2000ms 以下，如图 7-38 所示。

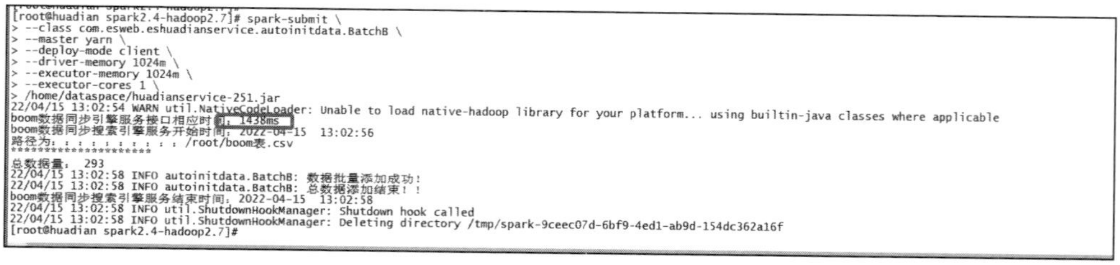

图 7-38 响应时间

（2）指标 2：CPU 使用率在 70% 以下

实际测试说明：本次 CPU 使用率在 22.8% 左右，符合 CPU 使用率在 68% 以下，如图 7-39 所示。

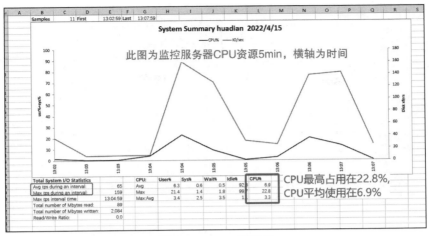

图 7-39　CPU 使用率

（3）指标 3：平均内存占用率在 60% 以下

实际测试说明：本次平均内存占用率在 46.8% 左右，平均内存占用率在 60% 以下，如图 7-40 所示。

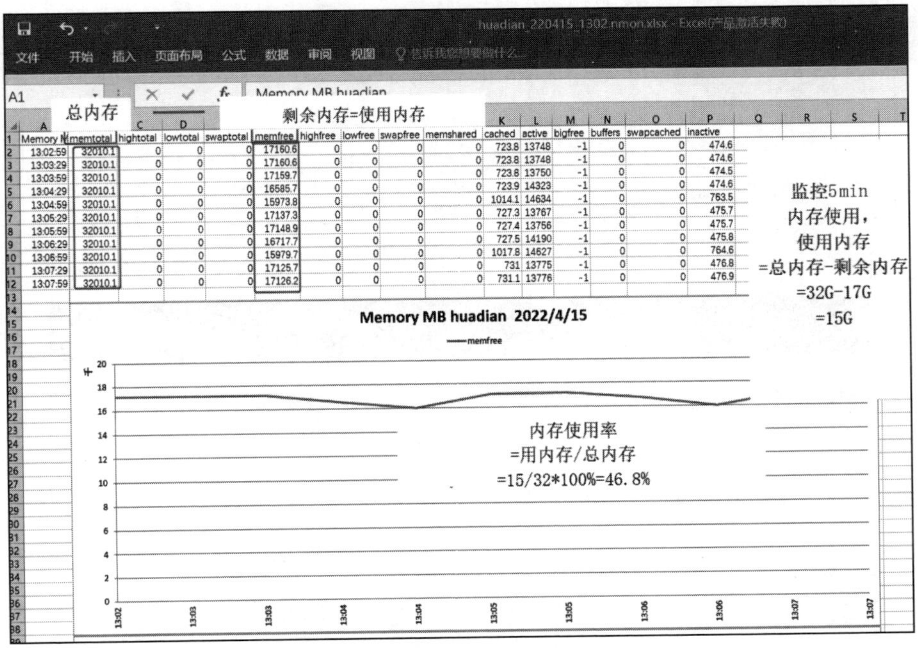

图 7-40　平均内存占用率

（4）指标 4：数据对象关系准确率 100%

实际测试说明：选择数据空间记录数据多的 HY_DZ_BorrowOutChangehive 表，查看每条记录有所属部门，如图 7-41 所示，故数据对象关系准确率 100%。

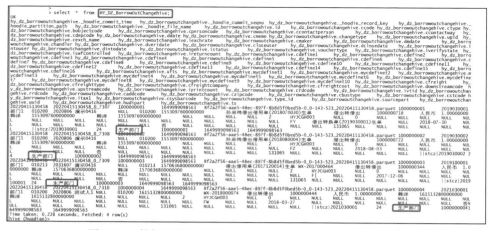

图 7-41　数据空间记录的 HY_DZ_BorrowOutChangehive 表

（5）指标 5：数据采集频度 2min/ 次

实际测试说明：数据采集频度通过 crontab 任务设置如图 7-42 和图 7-43 所示。设置为采集频度为 2min/ 次，且为运行定时任务状态。

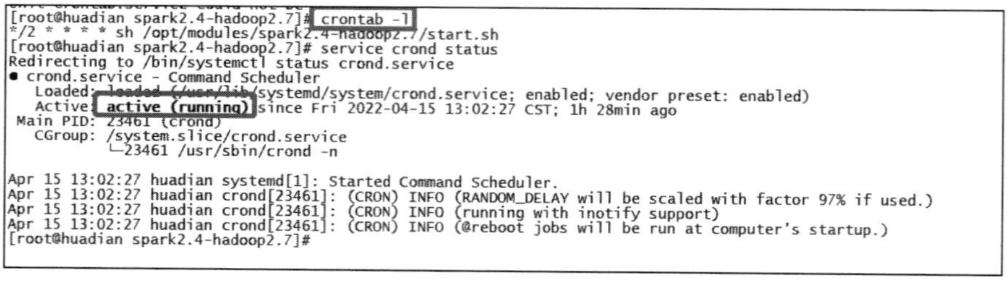

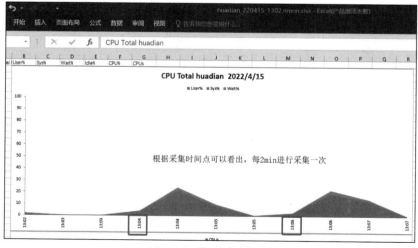

图 7-42　设置图

图 7-43　数据采集频度

（6）指标6：数据库命中率95%以上

实际测试说明：通过查询数据库缓存命中率 Thread_cache_hits =（1−Threads_created / connections）×100%，如图7-44所示。

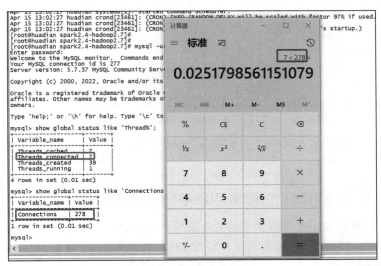

图7-44　数据库命中率

Thread_cache_hits =（1−Threads_created / connections）×100%

=（1−7/278）×100%

= 97.5%

本次测试数据库缓存命中率为97.5%，故数据库命中率在95%以上。

（7）指标7：信息价值密度0.95以上

实际测试说明：信息价值密度 = 目标数据 / 源数据。目标数据为数据空间数据，源数据为采集的数据源。

1）数据源中 HY_DZ_BorrowOutBacks 表记录条数，如图7-45所示。

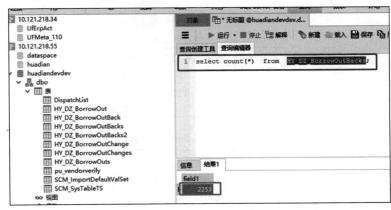

图7-45　HY_DZ_BorrowOutBacks 表记录条数

2）采集源数据至数据空间 HY_DZ_BorrowOutBackshive 表的记录条数，如图 7-46 所示。

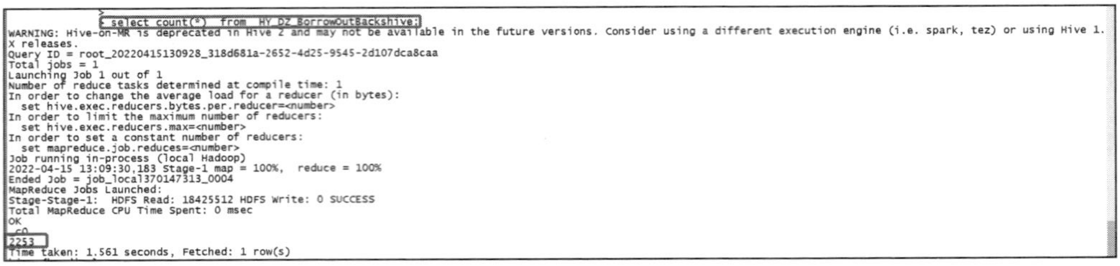

```
select count(*) from HY_DZ_BorrowOutBackshive;
WARNING: Hive-on-MR is deprecated in Hive 2 and may not be available in the future versions. Consider using a different execution engine (i.e. spark, tez) or using Hive 1.X releases.
Query ID = root_20220415130928_318d681a-2652-4d25-9545-2d107dca8caa
Total jobs = 1
Launching Job 1 out of 1
Number of reduce tasks determined at compile time: 1
In order to change the average load for a reducer (in bytes):
  set hive.exec.reducers.bytes.per.reducer=<number>
In order to limit the maximum number of reducers:
  set hive.exec.reducers.max=<number>
In order to set a constant number of reducers:
  set mapreduce.job.reduces=<number>
Job running in-process (local Hadoop)
2022-04-15 13:09:30,183 Stage-1 map = 100%,  reduce = 100%
Ended Job = job_local1370147313_0004
MapReduce Jobs Launched:
Stage-Stage-1: HDFS Read: 18425512 HDFS Write: 0 SUCCESS
Total MapReduce CPU Time Spent: 0 msec
OK
2253
Time taken: 1.561 seconds, Fetched: 1 row(s)
```

图 7-46　HY_DZ_BorrowOutBackshive 表记录条数

根据公式，信息价值密度 = 目标数据 / 源数据 =2253/2253=1>0.95，故符合该测试指标。

7.3.3　多价值链协同知识服务引擎基础平台应用效果验证

多价值链协同知识服务引擎基础平台采用 Python 语言并结合 JavaScript 和 Node.js 环境进行开发，搭载在 Nginx 服务器上实现负载均衡。本软件开发分为两个部分，前台网页模块开发和后台 Flask 与 neo4j 图数据库开发。结合了面向对象开发模式，为多价值链协同知识服务引擎提供技术支持。为保证多价值链协同知识服务引擎基础平台功能实现正常，对该平台进行测试。

1. 测试方案

多价值链协同知识服务引擎基础平台的测试方案见表 7-27。

表 7-27　多价值链协同知识服务引擎基础平台的测试方案

测试项目		技术要求	测试策略	测试结果	测试结论
软件稳定性	技术指标	软件构件响应时间在 2000ms 以内	通过日志打印验证	软件构件响应时间在 1000ms 内	符合
		CPU 占用率在 68% 以下	通过资源管理器监控工具监测 CPU 占用率	CPU 使用率在 0.58%	符合
		平均内存占用率在 55% 以下	通过资源管理器监控工具监测内存占用率	平均内存占用在 1.54%	符合
		数据采集频度至少 15min/ 次	通过触发定时任务日志及实际采集数据验证	数据采集频度 5min/ 次	符合
		信息价值密度 0.95 以上	通过计算公式"检索数据 / 源数据≥95%"计算	信息价值密度 100%	符合
功能性	引擎启动	知识服务引擎启动正常	启动日志	数据空间引擎启动正常	符合

（续）

测试项目		技术要求	测试策略	测试结果	测试结论
功能性	数据新增正常	用户图谱管理	进入用户图谱界面查看	用户图谱管理成功	符合
	节点查询正常	应实现对节点查询成功	对节点进行查询	查询到符合节点	符合
	节点删除正常	应实现对节点删除成功	对节点进行删除	节点删除成功	符合
	用户图谱分析	应显示对图谱节点关系分析图	对图谱节点关系分析	图谱节点关系分析图显示成功	符合
	系统容错机制	系统不应因错误导致系统的异常退出	系统无异常，没有终止程序	系统不会因错误导致系统异常退出	符合
易用性	易安装性	系统应易于用户安装部署	系统的安装部署	用户可参考部署手册进行安装部署	符合
	易学习性	系统应易于学习	系统易学习	对操作人员无特殊要求	符合
	易理解性	系统应易于理解，没有歧义	系统易理解	系统容易理解	符合
	易操作性	系统应易于操作	系统易操作	符合用户的操作习惯	符合
—	使用说明书的中文符合性	使用说明书应使用简体中文	检查使用说明书数用体中文	使用说明书采用简体中文	符合
	正确程度	使用说明书中的所有信息应是正确的，不能有歧义和错误的表达	检查使用说明书	使用说明书描述信息正确	符合
	描述与软件实际功能一致	使用说明书描述应与软件一致	检查使用说明书	使用说明书描述与软件一致	符合
	提供学习操作的实例	使用说明书应提供主要功能具体操作的实例	检查使用说明书	使用说明书描述具体操作步骤	符合
	易浏览程度	使用说明书应用有目录表、图表标题、页面等表示，方便用户浏览	检查使用说明书	使用说明书有目录表、图表标题，方便使用	符合

通过表7-27中内容可知，该软件在各测试项目中表现良好，拥有满意的测试结果。

2. 测试指标

（1）指标1：软件构件响应时间在2000ms以内

实际测试说明：软件构件响应时间从日志中体现，在用户向服务器发起请求时服务器记录进入了某个模块，服务器响应结束时会记录退出模块的行为并记录返回状态码，如图7-47所示，从enter到exit，在1s内完成，所以响应时间在1000ms以下，符合在2000ms以内的测试指标。

（2）指标2：CPU占用率在68%以下

实际测试说明：通过windows资源管理器的资源监视器图7-48可以看出，本次测试平均 CPU 为 0.58%，符合测试指标在 68% 以下的要求。

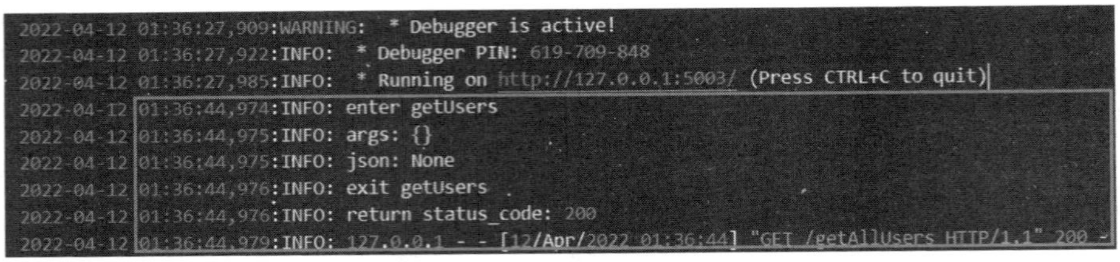

图 7-47　响应时间

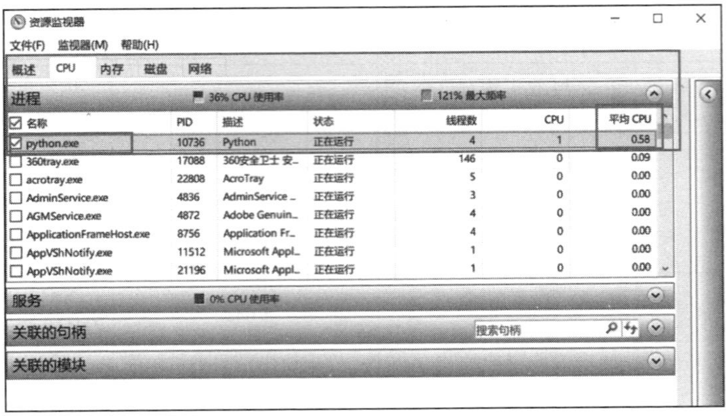

图 7-48　CPU 使用率

（3）指标 3：平均内存占用率在 55% 以下

实际测试说明：平均内存占用率计算公式为工作集大小 / 机器内存大小，通过 windows 资源管理器的资源监视器图 7-49 可以看出，本次测试平均内存占用率：工作集大小 / 机器总内存大小 =61.704MB/4GB × 100%=1.54%。

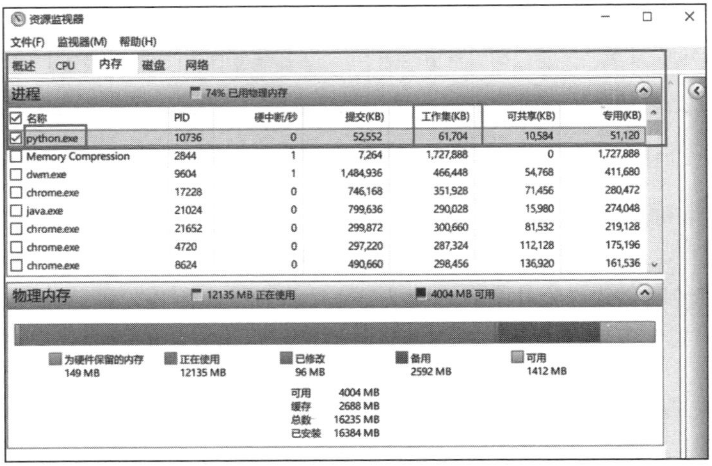

图 7-49　平均内存占用率

（4）指标 4：信息价值密度在 0.95 以上

实际测试说明：信息价值密度计算公式为检索数据/源数据，其中检索数据为系统返回的匹配数据个数，源数据为在数据库中的相关数据个数。测试示例：在系统界面输入"二次小室"进行检索，如图 7-50 所示。

图 7-50　检索示例

按 F12 打开浏览器的监控平台，如图 7-51 所示，可以看到后台传回的检索数据有 3 条。

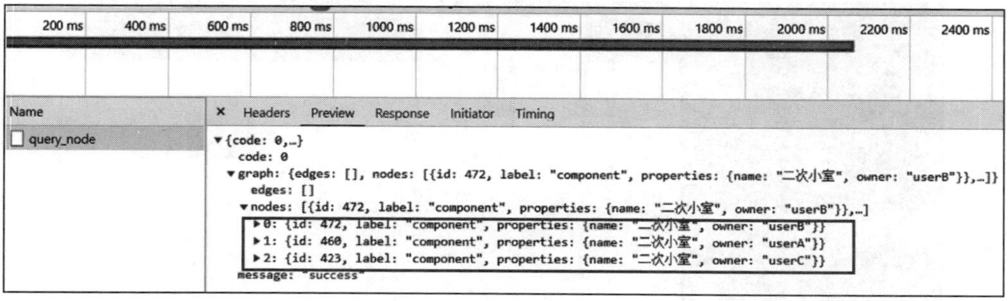

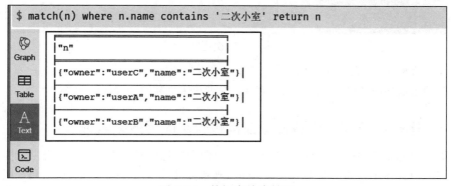

图 7-51　后台结果

在后台 neo4j 数据库里检索数据属性 name 里包含属性值"二次小室"字段的数据也是 3 条，如图 7-52 所示，且和上面的检索数据完全一致，根据公式信息价值密度 = 检索数据/源数据 =3/3=1，符合信息价值密度在 0.95 以上的指标。

图 7-52　数据库检索结果

（5）指标 5：数据采集频度至少 15min/ 次

实际测试说明：数据采集频度为系统里两次间隔的更新时间之差，在系统界面上反映，以下是两次连续的系统更新后的界面结果，本次测试两次更新时间分别在 1:46:34 和 1:51:34，如图 7-53 和图 7-54 所示，为 5min 一次，符合测试指标在 15min/ 次的结果。

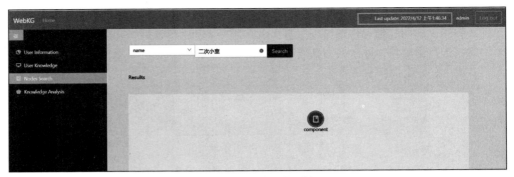

图 7-53　首次更新时间

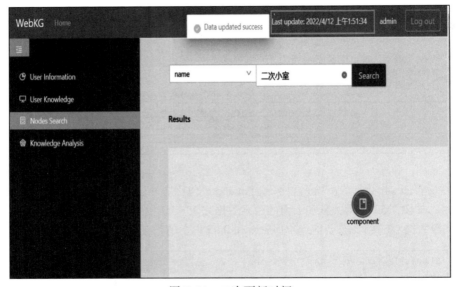

图 7-54　二次更新时间

（6）指标 6：提高企业优化效率在 7% 以上

在利用该软件平台后，配合其他软件，企业决策优化效率提高了 10%。

7.3.4　多价值链知识抽取及图谱构建软件应用效果验证

　　随着智能制造领域的不断发展，围绕信息源和信息检索方式，为用户提供个性化的服务，知识服务作为知识服务平台构建的基础和关键，实现数据知识的积累和重用。为了应对制造业多价值链领域产生的越来越多数据资源，需要有效对数据中的知识进行挖掘，并为知识的重用复用进行反馈。软件以多价值链知识为目标，以知识图谱为知识服务技术支撑，搭建智能知识抽取及图谱构建平台，方便知识抽取与管理，为多价值链知识服务应用提供基础支持。

　　本软件采用 Python 语言并结合 JavaScript 和 Node.js 环境进行开发。软件开发分为两个部分，前台网页模块开发和后台 neo4j 图数据库开发，结合面向对象开发模式，为多价值链知识抽取及图谱构建服务提供技术支持。为保证多价值链知识抽取及图谱构建软件功能实现正常，应对软件进行测试。

1. 测试方案

多价值链知识抽取及图谱构建软件的测试方案见表 7-28。

表 7-28　多价值链知识抽取及图谱构建软件的测试方案

	测试项目	技术要求	测试策略	测试结果	测试结论
软件稳定性	技术指标	软件构件响应时间在 2000ms 以内	通过日志打印验证	软件构件响应时间在 1000ms 内	符合
		CPU 占用率在 68% 以下	通过资源管理器监测 CPU 占用率	CPU 使用率在 10.82%	符合
		平均内存占用率在 55% 以下	通过资源管理器监测内存占用率	平均内存占用在 18.5%	符合
		信息价值密度在 0.95 以上	通过计算公式"检索数据/源数据≥95%"计算	信息价值密度 100%	符合
		知识抽取准确率在 85% 以上	通过计算公式"预测正确条目个数/总条目个数≥85%"计算	知识抽取准确率分别是 88% 和 92%	符合
功能性	图谱构建	应实现图谱构建成功	上传文件进行图谱构建	图谱构建成功	符合
	节点查询正常	应实现对节点查询成功	对节点进行查询	查询到符合节点	符合
	节点删除正常	应实现节点删除成功	对节点进行删除	节点删除成功	符合
	系统容错机制	系统不应因错误导致系统的异常退出	系统无异常，没有终止程序	系统不会因错误导致系统异常退出	符合
易用性	易安装性	系统应易于用户安装部署	系统的安装部署	用户可参考部署手册进行安装部署	符合
	易学习性	系统应易于学习	系统易学习	对操作人员无特殊要求	符合
	易理解性	系统应易于理解，没有歧义	系统易理解	系统容易理解	符合
	易操作性	系统应易于操作	系统易操作	符合用户的操作习惯	符合
	使用说明书的中文符合性	使用说明书应使用简体中文	检查使用说明书数用简体中文	使用说明书采用简体中文	符合
—	正确程度	使用说明书中的所有信息应是正确的，不能有歧义和错误的表达	检查使用说明书	使用说明书描述信息正确	符合
	描述与软件实际功能一致	使用说明书描述应与软件一致	检查使用说明书	使用说明书描述与软件一致	符合

(续)

测试项目	技术要求	测试策略	测试结果	测试结论
提供学习操作的实例	使用说明书应提供主要功能具体操作的实例	检查使用说明书	使用说明书描述具体操作步骤	符合
易浏览程度	使用说明书应用有目录表、图片标题说明、页面等表示，方便用户浏览	检查使用说明书	使用说明书有目录表、图片标题说明，方便使用	符合

通过表 7-28 中内容可知，该软件在各测试项目中表现良好，拥有满意的测试结果。

2. 测试指标

（1）指标 1：软件构件响应时间在 2000ms 以内

实际测试说明：软件构件响应时间从日志中体现，在用户向服务器发起请求时服务器记录进入了某个模块，服务器响应结束时会记录退出了这个模块并记录返回状态码，如图 7-55 所示，从 enter 到 exit，在 1s 内完成，所以响应时间在 1000ms 以下，符合在 2000ms 以内的测试指标。

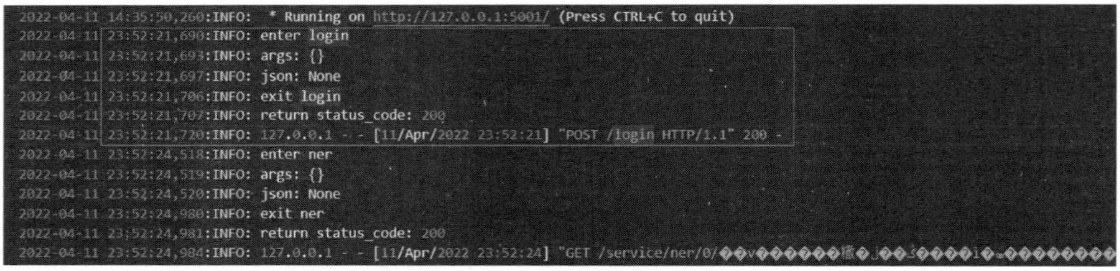

图 7-55 软件构件响应时间

（2）指标 2：CPU 占用率在 68% 以下

实际测试说明：通过 windows 资源管理器的资源监视器可以看出，如图 7-56 所示，本次测试平均 CPU 为 10.82%，符合测试指标在 68% 以下的要求。

（3）指标 3：平均内存占用率在 55% 以下

实际测试说明：平均内存占用率计算公式为工作集大小 / 机器内存大小，通过 windows 资源管理器的资源监视器可以看出，如图 7-57 所示，本次测试平均内存占用率：工作集大小 / 机器总内存大小 =741.724MB/4GB×100%=18.5%。

（4）指标 4：信息价值密度在 0.95 以上

实际测试说明：信息价值密度计算公式为检索数据 / 源数据，其中检索数据为系统返回的匹配数据个数，源数据为在数据库中的相关数据个数。

测试示例：在系统界面输入 QC 进行检索，如图 7-58 所示。

按 F12 打开浏览器的监控平台，可以看到后台传回的检索数据有 6 条，如图 7-59 所示。

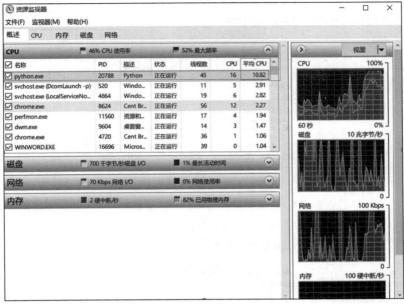

图 7-56 CPU 使用率

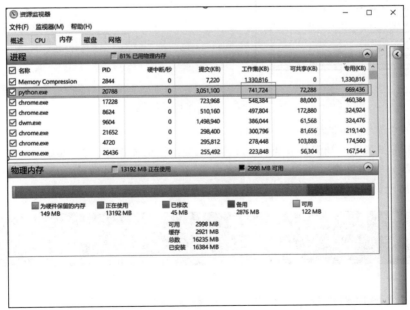

图 7-57 平均内存占用率

图 7-58 检索示例

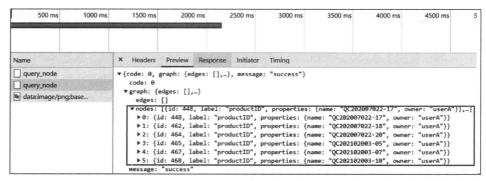

图 7-59　后台检索数据

在后台 neo4j 数据库里检索数据属性 name 里包含属性值" QC "字段的数据，如图 7-60 所示：也是 6 条，且和上面的检索数据完全一致，根据公式信息价值密度 = 检索数据 / 源数据 =6/6=100%，符合信息价值密度在 0.95 以上的指标。

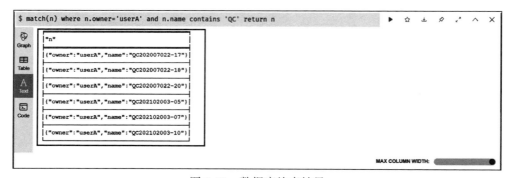

图 7-60　数据库检索结果

（5）指标 5：知识抽取准确率在 85% 以上

实际测试说明：知识抽取准确率计算公式为预测正确条目个数 / 总条目个数。

关系分类准确率：预测正确 528 条，总个数 600 条，准确率为 528/600=88%，如图 7-61 所示，符合知识抽取准确率在 85% 以上的测试指标。

图 7-61　关系分类准确率

命名实体识别准确率：预测正确个数为 33372，总个数为 36464，准确率为 33372/36464=92%，如图 7-62 所示。也符合知识抽取准确率在 85% 以上的指标。

图 7-62　命名实体识别准确率

（6）指标6：提高企业优化效率在7%以上

在利用该软件平台后，配合其他软件，企业决策优化效率提高了10%。

7.3.5 多价值链协同数据空间管理引擎软件应用效果验证

多价值链协同数据空间管理引擎软件（简称引擎软件）聚焦制造业多价值链协同数据空间领域的需求，解决多价值链协同数据体系架构基础设计问题，提出多价值链协同数据空间下支持数据空间关联引擎。建设一套多源异构数据平台，通过安全高效的数据处理引擎，满足业务场景数据采集，为多价值链业务活动提供支撑。该软件适用于对采集的多源异构数据的增加、删除、修改和查询，为企业提供数据共享。为保证多价值链协同数据空间管理引擎软件功能实现正常，对软件进行测试。

1. 测试方案

引擎软件产品测试方案见表 7-29。

表 7-29 引擎软件产品测试方案

	测试项目	技术要求	测试策略	测试结果	测试结论
软件稳定性	技术指标	软件构件响应时间在 2000ms 以内	通过日志打印验证	软件构件响应时间在 2000ms 以内	符合
		CPU 占用率在 68% 以下	通过 nmon 监控工具监测 CPU 占用率	CPU 使用率在 68% 以下	符合
		平均内存占用率在 55% 以下	通过 nmon 监控工具监测内存占用率	平均内存占用率在 55% 以下	符合
		数据对象关系准确率 100%	通过数据的前后对比	数据对象关系准确率在 100%	符合
		数据采集频度 15min/次	通过触发定时任务日志及实际采集数据验证	数据采集频度 15min/次	符合
		数据库命中率 95% 以上	查询数据库缓存命中率语句	数据库命中率 95% 以上	符合
		信息价值密度 0.95 以上	通过计算公式"目标数据/原始数据 ≥95%"计算	信息价值密度 0.95 以上	符合
功能性	引擎启动	数据空间引擎启动正常	启动日志	数据空间引擎启动正常	符合
	数据新增正常	应实现数据新增成功	输入数据新增	数据新增成功	符合
	数据修改正常	应实现对数据进行修改成功	对数据进行修改	数据修改成功	符合
	数据查询正常	应实现对数据查询成功	对数据进行查询	查询到符合数据	符合
	数据删除正常	应实现对数据删除成功	对数据进行删除	数据删除成功	符合
	系统容错机制	系统不应因错误导致系统的异常退出	系统无异常，没有终止程序	系统不会因错误导致系统异常退出	符合

（续）

测试项目		技术要求	测试策略	测试结果	测试结论
易用性	易安装性	系统应易于用户安装部署	系统的安装部署	用户可参考部署手册进行安装部署	符合
	易学习性	系统应易于学习	系统易学习	对操作人员无特殊要求	符合
	易理解性	系统应易于理解，没有歧义	系统易理解	系统容易理解	符合
	易操作性	系统应易于操作	系统易操作	符合用户的操作习惯	符合
一	使用说明书的中文符合性	使用说明书应使用简体中文	检查使用说明书数用简体中文	使用说明书采用简体中文	符合
	正确程度	使用说明书中的所有信息应是正确的，不能有歧义和错误的表达	检查使用说明书	使用说明书描述信息正确	符合
	描述与软件实际功能一致	使用说明书描述应与软件一致	检查使用说明书	使用说明书描述与软件一致	符合
	提供学习操作的实例	使用说明书应提供主要功能具体操作的实例	检查使用说明书	使用说明书描述具体操作步骤	符合
	易浏览程度	使用说明书应用有目录表、索引表、页面等表示，方便用户浏览	检查使用说明书	使用说明书有目录表、索引表页码等，方便使用	符合

通过表 7-29 中内容可知，该软件在各测试项目中表现良好，拥有满意的测试结果。

2. 测试指标

（1）指标 1：软件构件响应时间指标

实际测试说明：本次测试软件构件响应时间 1599ms，符合软件构件响应时间指标 2000ms 以下，如图 7-63 所示。

图 7-63　响应时间

（2）指标2：CPU使用率在68%以下

实际测试说明：本次CPU使用率在24%左右，符合CPU使用率在68%以下，如图7-64所示。

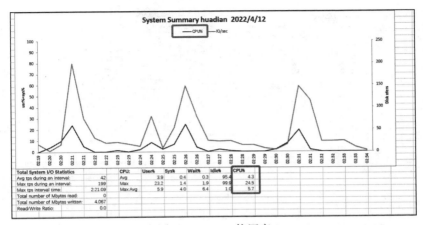

图 7-64　CPU 使用率

（3）指标3：平均内存占用率在55%以下

实际测试说明：本次平均内存占用率在37.5%左右，平均内存占用率在55%以下，如图7-65所示。

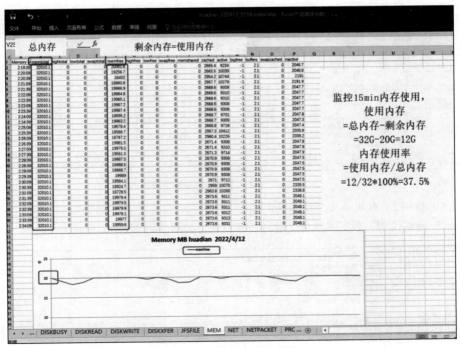

图 7-65　平均内存占用率

（4）指标 4：数据对象关系准确率 100%

实际测试说明：选择数据空间记录数据多的 pu_vendorverifyhive 表，查看每条记录有所属部门，如图 7-66 和图 7-67 所示，故数据对象关系准确率 100%。

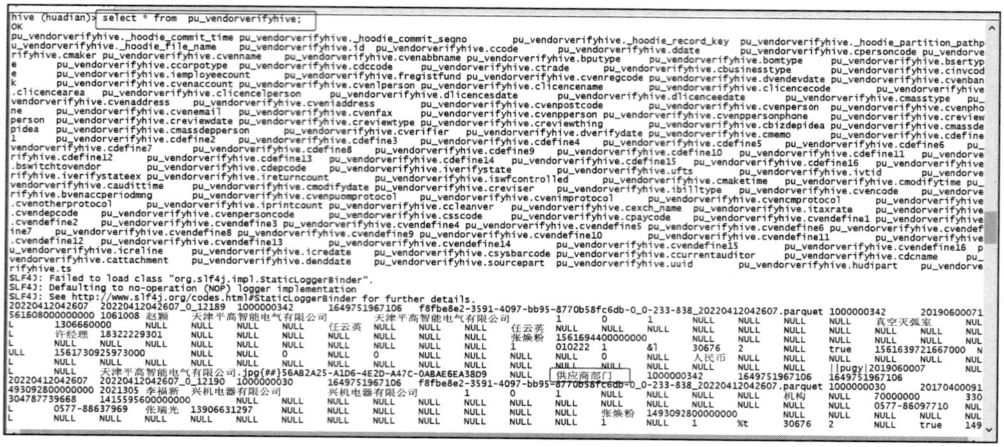

图 7-66　数据空间记录数据多的 pu_vendorverifyhive 表

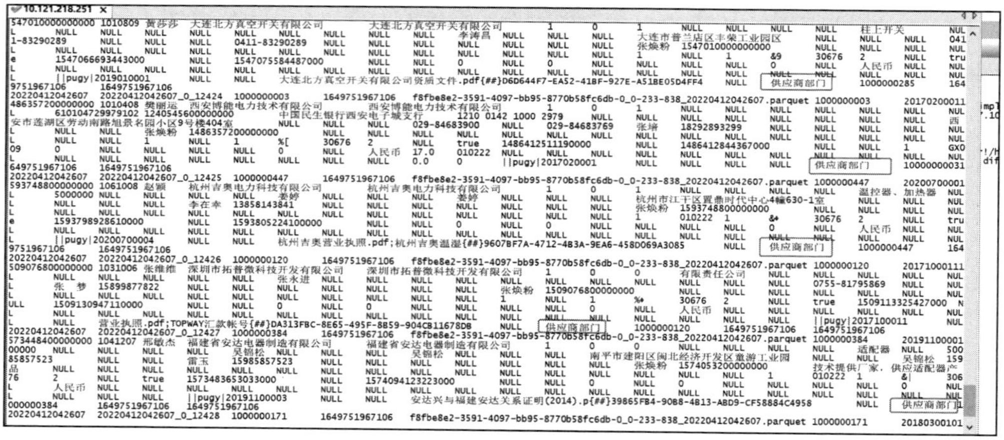

图 7-67　数据对象关系准确率

（5）指标 5：数据采集频度 5min/ 次

实际测试说明：数据采集频度通过任务设置，如图 7-68 所示。

```
[root@huadian ~]# service crond status
Redirecting to /bin/systemctl status crond.service
● crond.service - Command Scheduler
   Loaded: loaded (/usr/lib/systemd/system/crond.service; enabled; vendor preset: enabled)
   Active: active (running) since Tue 2022-04-12 01:52:33 EDT; 2h 10min ago
 Main PID: 13998 (crond)
   CGroup: /system.slice/crond.service
           └─13998 /usr/sbin/crond -n

Apr 12 01:52:33 huadian systemd[1]: Started Command Scheduler.
Apr 12 01:52:33 huadian crond[13998]: (CRON) INFO (RANDOM_DELAY will be scaled with factor 25% if used.)
Apr 12 01:52:33 huadian crond[13998]: (CRON) INFO (running with inotify support)
Apr 12 01:52:33 huadian crond[13998]: (CRON) INFO (@reboot jobs will be run at computer's startup.)
```

图 7-68　设置图

定时 5min 轮询再次开始时间，如图 7-69 所示。

图 7-69　采集频度

（6）指标 6：数据库命中率在 95% 以上

实际测试说明：通过查询数据库缓存命中率即 Thread_cache_hits =（1−Threads_created / connections）* 100%，如图 7-70 所示。

Thread_cache_hits =（1−Threads_created / connections）* 100%
　　　　　　　　 =（1−13/583）*100%
　　　　　　　　 = 98%

本次测试数据库缓存命中率为 98%，故数据库命中率在 95% 以上。

（7）指标 7：信息价值密度在 0.95 以上

实际测试说明：信息价值密度 = 目标数据 / 源数据。目标数据为数据空间数据，源数据为采集的数据源。

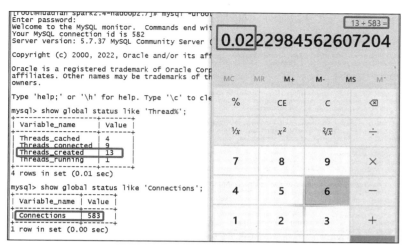

图 7-70　数据库命中率

1）数据源中 pu_vendorverify 表记录条数如图 7-71 所示。

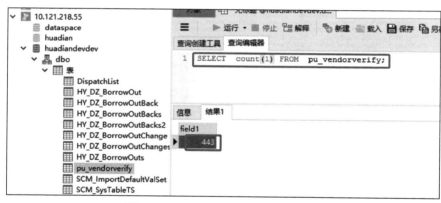

图 7-71　pu_vendorverify 表记录条数

2）采集源数据至数据空间 pu_vendorverifyhive 表记录条数，如图 7-72 所示。

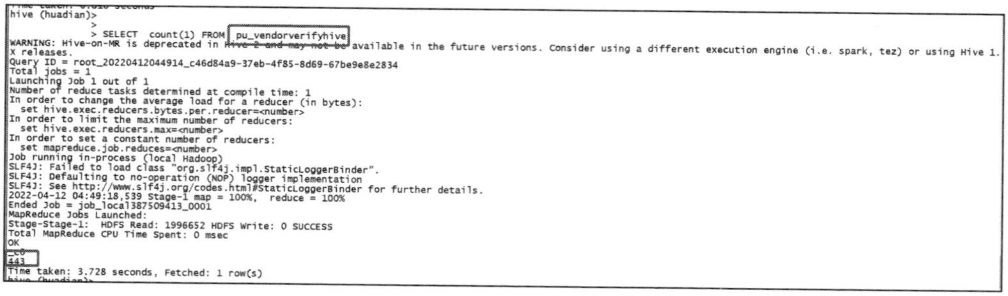

图 7-72　pu_vendorverifyhive 表记录条数

根据公式：信息价值密度 = 目标数据 / 源数据 =443/443=1>0.95，故符合该测试指标。

（8）指标8：配合其他软件，知识服务效果提升6%以上

在利用该软件进行数据空间管理后，配合其他软件，与企业上一年度数据相比，知识服务效果提升7%。

（9）指标9：配合其他软件，经济效益提高6%以上

在利用该软件进行数据空间管理后，配合其他软件，与企业上一年度数据相比，经济效益提高8.5%。

7.3.6 五种软件整体应用效果检验

北京清畅电力技术股份有限公司于2021年4月逐步上线使用《多价值链协同多源异构数据采集整合软件》、《多价值链活动全过程快速索引与关联表示软件》、《多价值链协同知识服务引擎基础平台》、《多价值链知识抽取及图谱构建软件》、《多价值链协同数据空间管理引擎软件》共5项软件构件，实现了企业全过程多价值链的协同管理，提高了经营效率和经营效益，具体如下：

1）设备利用率提高10%；

2）生产周期缩短10%；

3）经济效益提高8.5%；

4）需求预测精度提高12%；

5）库存优化降低10.5%；

6）提高企业决策优化效率10%；

7）知识服务效果提升7%。

计算过程见表7-30。

表7-30 北京清畅电力技术股份有限公司环网柜生产效率及效益计算表

指标	2021年	2022年	指标变化描述
设备利用率	85%	95%	提高10%
平均生产周期	15天	13.5天	缩短10%
营业利润（月）	84.5万	91.67万	增加8.5%
需求预测精度	78%	90%	预测精度提高12%
库存量（万件）	19000	17000	降低10.5%
决策平均时长	2天	1.8天	决策效率提高10%
知识抽取准确率	78%	85%	知识服务效果提升7%

其中，设备利用率为每年度环网柜生产设备实际使用时间占计划用时的百分比；平均生产周期为环网柜从开始投产至产出的全部时间；经济效益以环网柜的平均月度营业利润来表示；需求预测精度计算方式为：1－相对误差；库存优化以环网柜的库存量降低表示；决策效率以一个议题从提出到落实的平均时长表示；知识服务效果以知识抽取的准确率表示。

计算公式如下：

设备利用率：提高了 95%-85%=10%。
平均生产周期：缩短了（15-13.5）/15=10%。
营业利润（月）：增加了（91.67-84.5）/84.5=8.5%。
需求预测精度：提高了 90%-78%=12%。
库存量（万件）：降低了（19000-17000）/19000=10.5%。
决策平均时长：提高了（2-1.8）/2=10%。
知识抽取准确率：提升了 85%-78%=7%。

7.4　本章小结

　　本章节对制造业多价值链协同数据空间的应用实践进行了梳理。首先对应用单位进行了简介。然后对基于深度学习的电力制造企业多价值链协同数据挖掘方法、电力制造企业多价值链协同数据空间中数据集成方法、电力制造企业多价值链协同运作效率影响因素分析方法、多价值链视角下基于深度学习的制造企业产品需求预测模型、基于数据空间全生命周期的电力制造业数据安全协同治理方法、基于数据空间的电力制造企业多价值链经营风险识别与管控方法、基于数据空间多价值链协同体系架构的制造企业生产决策方法、基于数据空间的制造企业数据空间存储方法和基于制造业多价值链协同数据管理体系的产品销量预测方法进行了应用情况分析，结合实例证明模型的有效性。最后针对基于制造业多价值链协同数据空间体系架构的模型开发的软件构件进行了应用效果验证情况介绍，分别是《多价值链协同多源异构数据采集整合软件》、《多价值链活动全过程快速索引与关联表示软件》、《多价值链协同知识服务引擎基础平台》、《多价值链知识抽取及图谱构建软件》、《多价值链协同数据空间管理引擎软件》共 5 项软件构件，应用效果验证结果证明这 5 项软件构件实现了企业全过程多价值链的协同管理，提高了经营效率和经营效益。

第 8 章

成果与结论

国家重点研发计划启动实施"网络协同制造和智能工厂"重点专项,针对网络协同制造和智能工厂发展模式创新不足、技术能力尚未形成、融合新生态发展不足、核心技术/软件支撑能力薄弱等问题,基于"互联网+"思维,以实现制造业创新发展与转型升级为主题,以推进工业化与信息化、制造业与互联网、制造业与服务业融合发展为主线,以"创模式、强能力、促生态、夯基础"以及重塑制造业技术体系、生产模式、产业形态和价值链为目标,坚持有所为、有所不为,推动科技创新与制度创新、管理创新、商业模式创新、业态创新相结合,探索引领智能制造发展的制造与服务新模式,突破网络协同制造和智能工厂的基础理论与关键技术,研发网络协同制造核心软件,建立技术标准,创建网络协同制造支撑平台,培育示范效应强的智慧企业。

本书围绕国家重点研发计划"网络协同制造和智能工厂"重点专项的"1.3 制造业多价值链协同数据空间设计理论与方法"开展相关研究。具体为:面向制造企业及协作企业群形成的产业价值链,针对基于第三方平台构建的多价值链协同体系,研究价值链活动数据生成、汇聚、存储、管理、分析、使用和销毁全过程的价值链协同数据体系架构,供应/营销/服务价值链活动全过程的数据建模、快速索引、关联表示、全链搜索、集成演化等方法和技术。研究多价值链协同数据空间管理引擎设计方法、管理系统组成模型与架构。研究价值链服务引擎,基于数据空间的知识发掘和服务方法及技术。主要成果如下:

1)系统地梳理了制造业多价值链、制造业多价值链协同、制造业多价值链协同数据空间的相关概念、特征、业务流程及与参与主体的运行机制,根据需求分析和相关原则,重点构建了制造业多价值链协同数据空间体系架构。其中包含数据来源层、数据价值链层、数据输入层三个隶属于数据准备模块的层次，数据集成层、数据储存层、数据管理层三个隶属于数据管理模块的层次，知识服务层、数据分析层、应用输出层三个隶属于数据服务模块的层次，共三个模块九个层次的体系架构，廓清了制造业多价值链协同数据空间体系架构需求、规划、原则、安全、管理、优化与应用等。

2）基于数据采集、数据存储、数据分析及应用、数据安全四个方面详细构建了制造业多价值链协同数据全生命周期体系的数据处理方法：数据采集方面，基于数据空间协同多价值链的全生命周期流程介绍了数据采集方法、数据采集质量评估方法以及数据采集延伸出的数据处理和数据集成手段。数据存储方面，考虑到数据空间中的多源异构数据，分别设计结构化数据、半结构化数据和非结构化数据的存储方法，在此基础上相关数据的处理流程。数据分析及应用方面，梳理了数据定性筛选、分类、挖掘、降维以及预测的全面数据分析方法，并介绍了不同数据分析方法在电力设备制造企业中的应用场景。数据安全方面，首先概述了数据空间的不确定性，接着提出数据安全风险的预测方法，在风险预测的基础上设计了"风险识别 - 风险评估 - 风险预警 - 风险控制"的风险治理方法。

3）基于数据建模、快速索引、关联表示、全链搜索和集成演化构建制造业多价值链协同数据空间的关键支撑方法，实现全价值链数据的协同治理与价值信息的挖掘。其中，数据建模，可以高效利用制造业多价值链协同的过程中企业产生的大量的异域、异源、异构数据进行复杂多维度分布式数据分析。快速索引从多源数据、时空数据、多模态数据角度构建多链多源多模态数据的存储与索引，实现复杂数据的快速检索，并以模糊查询的形式为用户提供简便的查询入口，为其他服务提供基础。关联表示针对制造业全价值链活动过程中产生海量多源异构数据进行数据融合和数据关联，实现产品物料母件与子件的有效关联，并提供关联信息的可视化查询。全链搜索从设计、销售、工艺、生产、出厂、售后 6 大主题出发，针对用户输入关键词在制造业多价值链协同数据空间中搜索相关信息，并借助快速索引与关联表示方法实现信息的快速搜索与深度搜索。集成演化通过数据空间等技术集成孤立分布在供应链、生产链、营销链和服务链等异质链条上的结构化数据与非结构化数据，进而使用数据挖掘方法分析集成数据的时空演化趋势并预测其未来演化趋势，并使用可视化方法对数据集成信息以及演化趋势信息进行展示，为制造企业的业务决策提供有价值的信息支持。同时，基于制造企业清畅的供应链、生产链、营销链、服务链数据，使用大数据治理工具建立数据平台，进而在数据平台的基础上构建软件系统。

4）建立了制造业多价值链协同场景下知识挖掘和知识服务方法，基于知识图谱构建和存储、制造业多价值链协同数据空间知识引擎架构和制造业多价值链协同知识图谱的知识服务三方面进行演绎。在制造业多价值链协同领域，通过知识图谱构建、分割嵌入的知识图谱链路、图数据库的知识图谱构建和存储实现研究主题的剖析与预测；基于协同驱动的数据空间知识引擎架构，挖掘协同过程中的知识并对其进行重用。

5）基于制造业多价值链协同数据空间管理引擎数据处理模块、制造业多价值链协同数据空间管理引擎数据操纵模块、制造业多价值链协同数据空间管理引擎结果输出模块三个方面构建了制造业多价值链协同数据空间管理引擎设计方法；从制造业多价值链协同数据空间管理系统需求分析构建制造业多价值链协同数据空间管理系统架构，由此搭建制造业多价值链协同数据空间管理平台，从而实现制造业多价值链协同数据的空间管理与应用，进而助力制造企业竞争力不断提升，驱动企业高质量发展。

6）基于制造业多价值链协同数据空间概述、制造业多价值链协同数据全生命周期体系、制造业多价值链协同数据空间关键支撑方法、制造业多价值链协同数据空间的知识挖掘和服务方法以及制造业多价值链协同数据空间管理引擎设计内容的理论研究，运用于北京清畅电力技术股份有限公司实践，经实践数据的反复验证与论证，研究发现制造业多价值链协同数据空间设计理论与方法的理论研究对于指导制造企业的实践具有显著成效。

参 考 文 献

[1] 国务院. 国务院关于印发《中国制造 2025》的通知 [J]. 中华人民共和国国务院公报, 2015 (16): 10-26.

[2] 国务院. 国务院关于积极推进"互联网＋"行动的指导意见 [J]. 中华人民共和国教育部公报, 2015 (Z2): 6-19.

[3] 李明钰, 牛东晓, 纪正森, 等. 面向数据空间体系构建的电力制造业多价值链经营风险识别与管控研究 [J/OL]. 中国管理科学, 2022, 1-13.[2023-08-03].DOI:10.16381/j.cnki.issn1003-207x.2021.2138.

[4] 李黎, 华奎, 姜昀芃, 等. 输电线路多源异构数据处理关键技术研究综述 [J]. 广东电力, 2018, 31(8): 124-133.

[5] 丁小欧, 王宏志, 于晟健. 工业时序大数据质量管理 [J]. 大数据, 2019, 5(6): 1-11.

[6] 莫祖英. 大数据处理流程中的数据质量影响分析 [J]. 现代情报, 2017, 37(3): 69-72;115.

[7] 刘培永, 陆志强. 多维度 ABC 分类法在原材料库存控制中的应用 [J]. 机械制造, 2017, 55(2): 99-102.

[8] 李玉坤, 孟小峰, 张相於. 数据空间技术研究 [J]. 软件学报, 2008 (8): 2018-2031.

[9] 李树栋, 贾焰, 吴晓波, 等. 从全生命周期管理角度看大数据安全技术研究 [J]. 大数据, 2017, 3(5): 3-19.

[10] 黄水清. 数字图书馆信息安全管理的过程方法 [J]. 图书情报工作, 2013, 57(11): 5-11.

[11] 黄佳妮, 于丰畅. 基于表格检索和机器学习二阶段的文献表格相关文本自动识别 [J]. 数字图书馆论坛, 2022 (11): 34-42.

[12] 张少宇. 基于人工智能机器学习的文字识别方法研究 [J]. 电脑编程技巧与维护, 2022 (9): 154-156;176.

[13] 杨杰. 基于 XGBoost 的用户投诉风险预测模型的探究与实现 [D]. 呼和浩特: 内蒙古大学, 2022.

[14] 白永生, 王卫国. 定期检测策略下备件需求量仿真预测研究 [J]. 系统仿真技术, 2019,

15(2): 107-109;119.

[15] 周旋. 基于视频的行人轨迹信息提取及异常行为检测与分析研究 [D]. 桂林：桂林电子科技大学, 2023.

[16] 张刚瀚. 面向未剪辑视频行为识别的关键信息提取与建模研究 [D]. 广州：广东工业大学, 2022.

[17] 张鹏. 时间序列数据快速索引与可视化 [D]. 武汉：华中科技大学, 2022.

[18] 栾开宁, 郑海雁, 丁陈, 等. 用于电力大数据快速组合查询的动态索引技术 [J]. 电气技术, 2015, (1): 113-116;122.

[19] 卫威, 王建民. 一种大规模数据的快速潜在语义索引 [J]. 计算机工程, 2009, 35(15): 35-37;40.

[20] 付鹏程. 多模态关联表示方法研究 [D]. 郑州：中原工学院, 2022.

[21] 刘玉梅. 基于贝叶斯网的关联规则表示及应用 [J]. 黑龙江科技信息, 2008 (35): 50-51.

[22] 刘琼昕, 马敬, 郑培雄. 一种融合实体关联性约束的表示学习方法 [J]. 北京理工大学学报, 2020, 40(1): 90-97.

[23] 郑庆荣, 赵建立, 盛明, 等. 基于知识图谱的全链路数据自动检索方法 [J]. 自动化与仪器仪表, 2022 (5): 170-173.

[24] 冯睿琳. 面向深度学习的智慧图书馆文本相关性资源数据检索模型设计 [J]. 自动化技术与应用, 2021, 40(12): 41-44.

[25] 王均. 电力大数据高速存储和检索关键技术浅谈 [J]. 电力设备管理, 2021 (9): 180-183.

[26] 刁亮. 基于 Agent 的分布式信息系统集成演化支撑环境研究与实现 [D]. 西安：西安电子科技大学, 2016.

[27] 高添, 郭曦. 面向代码演化的集成软件缺陷预测模型 [J]. 武汉大学学报 (理学版), 2022, 68(3): 279-288.

[28] FEI Q, LIU J, MA Y M. Industrial big-data-driven and CPS-based adaptive production scheduling for smart manufacturing[J]. International Journal of Production Research, 2021, 59(23): 7139-7159.

[29] 李亢, 李新明, 刘东. 多源异构装备数据集成研究综述 [J]. 中国电子科学研究院学报, 2015, 10(2): 162-168.

[30] DORRI A, KANHERE S S, JURDAK R, et al. Blockchain for IoT security and privacy: The case study of a smart home[C]//2017 IEEE International Conference on Pervasive Computing and Communications Workshops. New York: IEEE, 2017: 618-623.

[31] NEISSE R, STERI G, NAI FOVINO I. A Blockchain-based Approach for Data Accountability and Provenance Tracking[C] //Proceedings of the 12th International Conference on Arailability, Reliability and Security. [S.l.]: ARES, 2017: 1-10.

[32] ZHENG T Y, CHEN G, WANG X Y, et al. Real-time intelligent big data processing: technology, platform, and applications[J]. Science China Information Sciences, 2019, 62(8): 82101.

[33] YANG C W, HUANG Q Y, LI Z L, et al. Big Data and cloud computing: innovation opportunities and challenges[J]. International Journal of Digital Earth, 2017, 10(1): 13-53.

[34] 施巍松, 孙辉, 曹杰, 等. 边缘计算: 万物互联时代新型计算模型[J]. 计算机研究与发展, 2017, 54(5): 907-924.

[35] 王建良, 杜元胜, 徐建良. 面向离散制造业数据挖掘技术研究与应用[J]. 微计算机信息, 2007 (33): 10-11; 21.

[36] AGRAWAL R, IMIELI'NSKI T, SWAMI Arun. Mining association rules between sets of items in large databases[C] //Proceedings of the 1993 ACM SIGMOD international Conference on Management of data. [S.l.]: SIGMOD, 1993: 207-206.

[37] 王宏志, 梁志宇, 李建中, 等. 工业大数据分析综述: 模型与算法[J]. 大数据, 2018, 4(5): 62-79.

[38] 王峻峰, 张玉帆, 邵瑶琪, 等. 面向生产性能数字孪生的仿真数据映射研究[J]. 系统仿真学报, 2021, 33(10): 2470-2477.

[39] WANG T J, WU K J, DU T T, et al. Adaptive dynamic disturbance strategy for differential evolution algorithm[J]. Applied Sciences, 2020, 10(6): 101972.

[40] HERMAN I, MELANÇON G, MARSHALL M S. Graph visualization and navigation in information visualization: a Survey[J]. IEEE Transactions on Visualization and Computer Graphics, 2000, 6(1): 24-43.

[41] 王战红. 计算机网络安全中数据加密技术的应用对策[J]. 现代电子技术, 2017, 40(11): 88-90; 94.

[42] SWEENEY L. k-Anonymity: A Model for Protecting Privacy[J].UNCERTAINTY, FUZZINESS AND KNOWLEDGE-BASED SYSTEMS, 2002, 10(5): 557-570.

[43] JAVAID M, HALEEM A, SINGH R P, et al. Significant Applications of Big Data in Industry 4.0[J]. Journal of Industrial Integration and Management, 2021, 6(4): 429-447.

[44] 李廉水, 石喜爱, 刘军. 中国制造业40年: 智能化进程与展望[J]. 中国软科学, 2019 (1): 1-9; 30.

[45] 尹锋. 国家大数据战略中的"数据孤岛"研究[D]. 北京: 中共中央党校, 2017.

[46] BIRNEY E. Lessons for big-data projects[J]. Nature, 2012, 489(7414): 49-51.

[47] 李黎, 华奎, 姜昀芃, 等. 输电线路多源异构数据处理关键技术研究综述[J]. 广东电力, 2018, 31(8): 124-133.

[48] 张春红. 基于XML的异构数据库集成技术研究[J]. 廊坊师范学院学报(自然科学版), 2014, 14(4): 29-30; 43.

[49] 张琦, 孙理军. 产业价值链密炼机理及优化模型研究[J]. 工业技术经济, 2005, 24(7): 111-113.

[50] 王延青. 产业价值链理论研究及其在我国互联网电话产业的应用[D]. 哈尔滨: 哈尔滨工业大学, 2008.

[51] 胡志菊, 罗经德. 价值链、产业链和供应链的概念和关系探究[J]. 铁路采购与物流,

[52] 蒋国俊, 蒋明新. 产业链理论及其稳定机制研究 [J]. 重庆大学学报 (社会科学版), 2004 (1): 36-38.

[53] 王海萍. 供应链管理理论框架探究 [J]. 经济问题, 2007 (1): 16-18.

[54] 徐雅卿. 现代服务业与先进制造业融合是实现经济高质量发展的重要推手 [N]. 深圳特区报, 2021

[55] 张伯超, 靳来群. 制造业服务化对企业研发创新积极性的影响——基于制造业服务化率 "适度区间" 的视角 [J]. 中国经济问题, 2020 (1): 74-91.

[56] 温璐. 大数据背景下航空制造业供应链生态圈构建研究 [J]. 经营与管理, 2020 (8): 95-99.

[57] 何湾. 大数据在制造企业战略管理中的应用 [J]. 辽宁大学学报 (哲学社会科学版), 2020, 48(5): 76-81.

[58] 朱娉婷, 贾春梅, 王瑛琦, 等. 基于大数据与人工智能的大数据获取方式变革 [J]. 科学技术创新, 2019 (21): 47-48.

[59] 许周祥, 陈绪兵, 王瑜辉, 等. RFID 技术在智能化生产线中的应用 [J]. 机械工程与自动化, 2017 (4): 138-139; 141.

[60] 陈世超, 崔春雨, 张华, 等. 制造业生产过程中多源异构数据处理方法综述 [J]. 大数据, 2020, 6(5): 55-81.

[61] 刘明月. 天津市大数据与制造业融合发展的思路与对策分析 [J]. 西部皮革, 2021, 43(8): 84-85.

[62] 梁志宇, 王宏志, 李建中, 等. 制造业中的大数据分析技术应用研究综述 [J]. 机械, 2018, 45(6): 1-13.

[63] 丁小欧, 王宏志, 于晟健. 工业时序大数据质量管理 [J]. 大数据, 2019, 5(6): 1-11.

[64] AMMAR M, HALEEM A, JAVAID M, et al. Improving material quality management and manufacturing organizations system through Industry 4.0 technologies[J]. Materials Today: Proceedings, 2021, 45(6): 5089-5096.

[65] SINGH H. Big data, industry 4.0 and cyber-physical systems integration: A smart industry context[J]. Materials Today: Proceedings, 2021, 46(1): 157-162.

[66] GUALO F, RODRIGUEZ M, VERDUGO J, et al. Data quality certification using ISO/IEC 25012: Industrial experiences[EB/OE]. [2023-07-08]. https://arxiv.org/abs/2102.11527.

[67] 张晓冉, 袁满. 通用数据质量评估模型及本体实现 [J]. 计算机研究与发展, 2018, 55(6): 1333-1344.

[68] 宗威, 吴锋. 大数据时代下数据质量的挑战 [J]. 西安交通大学学报 (社会科学版), 2013, 33(5): 38-43.

[69] 莫祖英. 大数据处理流程中的数据质量影响分析 [J]. 现代情报, 2017, 37(3): 69-72; 115.

[70] 胡良霖, 黎建辉, 刘宁, 等. 科学数据质量实践与若干思考 [J]. 科研信息化技术与应用, 2012, 3(2): 10-18.

[71] RAHM E, BERNSTEIN P A. A survey of approaches to automatic schema matching[J]. The VLDB Journal, 2001, 10(4): 334-350.

[72] BERLIN J, MOTRO A. Database Schema Matching Using Machine Learning with Feature Selection[C]//Advanced Information Systems Engineering: 14th International Conference, CAiSE 2002 Toronto, Canada, May 27-31, 2002 Proceedings 14. Berlin Springer, 2002: 452-466.

[73] NOTTELMANN H, STRACCIA U. Information retrieval and machine learning for probabilistic schema matching[J]. Information Processing & Management, 2007, 43(3): 552-576.

[74] SARMA A D, XIN D, HALEVY A. Bootstrapping pay-as-you-go data integration systems[A]//ACM Sigmod International. Conference on Management of Data.New York: ACM, 2008: 861-874.

[75] 蒋秀艳. 基于数据仓库的生产成本分析研究与应用[D]. 上海：上海交通大学, 2013.

[76] WALKER C, ALREHAMY H. Personal Data Lake with Data Gravity Pull[A]//2015 IEEE Fifth International Conference on Big Data and Cloud Computing.New York: IEEE, 2015: 160-167.

[77] 周勇, 秦长城, 余红燕. 基于数据中台的企业赋能体系构建：以通威股份为例[J]. 管理会计研究, 2019 (6): 79-86; 88.

[78] ALONSO Á, POZO A, CANTERA J M, et al. Industrial Data Space Architecture Implementation Using FIWARE[J]. Sensors, 2018, 18(7): 2226.

[79] 刘培永, 陆志强. 多维度ABC分类法在原材料库存控制中的应用[J]. 机械制造, 2017, 55(2): 99-102.

[80] 胡靖枫, 何利力, 周庆燕. 基于聚类分析的ABC库存分类方法研究[J]. 工业控制计算机, 2015, 28(3): 147-148.

[81] 陶莹, 杨锋, 刘洋, 等. K均值聚类算法的研究与优化[J]. 计算机技术与发展, 2018, 28(6): 90-92.

[82] 盘俊良, 石跃祥, 李娉婷. 一种新的粒子群优化聚类方法[J]. 计算机工程与应用, 2012, 48(8): 179-181.

[83] 程俊文, 李慧娟, 曹志强. 基于K-means算法和用电信息采集系统的防窃电研究[J]. 供用电, 2019, 36(1): 75-80.

[84] 李玉香, 王孟玉, 涂宇晰. 基于python的网络爬虫技术研究[J]. 信息技术与信息化, 2019, (12): 143-145.

[85] 谢钢. 基于Scrapy的信息采集与分析[J]. 现代信息科技, 2020, 4(14): 96-98.

[86] 林观德. 基于Scrapy爬取招聘信息的研究[J]. 电脑知识与技术, 2020, 16(35): 54-55.

[87] 胡阿沛, 张静, 雷孝平, 等. 基于文本挖掘的专利技术主题分析研究综述[J]. 情报杂志, 2013, 32 (12): 88-92; 61.

[88] 唐晓波, 向坤. 基于LDA模型和微博热度的热点挖掘[J]. 图书情报工作, 2014, 58(5):

58-63.

[89] KHAN A, SOHAIL A, ZAHOORA U, et al. A survey of the recent architectures of deep convolutional neural networks[J]. Artificial Intelligence Review, 2020, 53(8): 5455-5516.

[90] ZHAO B, LU H, CHEN S, et al. Convolutional neural networks for time series classification[J]. Journal of Systems Engineering and Electronics, 2017, 28(1): 162-169.

[91] 杨静, 代盛旭, 张红亮, 等. 大型活动散场期间地铁车站短时进站客流预测[J]. 科学技术与工程, 2021, 21(5): 2042-2048.

[92] KRIZHEVSKY A, SUTSKEVER I, HINTON G E. ImageNet classification with deep convolutional neural networks[J]. Communications of the ACM, 2017, 60(6): 84-90.

[93] 张焕, 张庆, 于纪言. 激活函数的发展综述及其性质分析[J]. 西华大学学报（自然科学版）, 2021, 40(4): 1-10.

[94] 刘万军, 梁雪剑, 曲海成. 不同池化模型的卷积神经网络学习性能研究[J]. 中国图象图形学报, 2016, 21(9): 1178-1190.

[95] ORDÓÑEZ F J, ROGGEN D. Deep Convolutional and LSTM Recurrent Neural Networks for Multimodal Wearable Activity Recognition[J]. Sensors, 2016, 16(1): 115.

[96] 董雪, 张德平. 基于组合核主成分分析的潜艇威胁度评估模型[J]. 计算机工程, 2018, 44(11): 40-45.

[97] 李宝胜, 秦传东. 基于粒子群优化的SVM多分类的电动车价格预测研究[J]. 计算机科学, 2020, 47(S2): 421-424.

[98] 时昀. 基于支持向量机的短期电力负荷预测[J]. 电子技术与软件工程, 2017 (1): 245.

[99] 李翼, 张本慧, 郭宇燕. 改进粒子群算法优化下的Lasso-Lssvm预测模型[J]. 统计与决策, 2021,37 (13): 45-49.

[100] 李玉坤, 孟小峰, 张相於. 数据空间技术研究[J]. 软件学报, 2008 (8): 2018-2031.

[101] 都婧. 新形势下对于构建数据安全治理体系的思考与建议[J]. 中国信息安全, 2019 (12): 68-70.

[102] 盛小平, 郭道胜. 科学数据开放共享中的数据安全治理研究[J]. 图书情报工作, 2020, 64(22): 25-36.

[103] 唐玮杰, 黄文明. 大数据时代下的数据安全管理体系讨论[J]. 网络空间安全, 2016, 7(7): 58-61.

[104] FENG D-G, ZHANG M, LI H. Big data security and privacy protection[J]. Chinese Journal of Computers, 2014, 37(1): 246-258.

[105] 王淳, 马海群. 我国数据安全治理体系及路径研究[J]. 图书馆理论与实践, 2018 (1): 5-9;112.

[106] 王欣亮, 任彀, 刘飞. 基于精准治理的大数据安全治理体系创新[J]. 中国行政管理, 2019 (12): 121-126.

[107] 李树栋, 贾焰, 吴晓波, 等. 从全生命周期管理角度看大数据安全技术研究[J]. 大数据, 2017, 3(5): 3-19.

[108] 黄水清. 数字图书馆信息安全管理的过程方法 [J]. 图书情报工作, 2013, 57(11): 5-11.

[109] 朝乐门. 数据空间及其信息资源管理视角研究 [J]. 情报理论与实践, 2013, 36(11): 26-30.

[110] 王晓妮, 段群. 基于云计算的数据安全风险及防御策略研究 [J]. 计算机测量与控制, 2019, 27(5): 199-202;225.

[111] 杜小勇, 王洁萍. 数据库服务模式下的数据安全管理研究 [J]. 计算机科学与探索, 2010, 4(6): 481-499.

[112] 李文沅, 卢继平. 暂态稳定概率评估的蒙特卡罗方法 [J]. 中国电机工程学报, 2005, (10): 18-23.

[113] 李雅丽, 王淑琴, 陈倩茹, 等. 若干新型群智能优化算法的对比研究 [J]. 计算机工程与应用, 2020, 56(22): 1-12.

[114] TOMAS M, SUTSKEVER I, CHEN K, et al. Distributed Representations of Words and Phrases and their Compositionality[Z]. 2013.

[115] PETERS M E, NEUMANN M, GARDNER M, et al. Deep contextualized word representations [EB/OL].[2023-07-09]. https://arxiv.org/abs/1802.05365v1.

[116] DEVLIN J, CHANG M W, LEE K, et al. BERT: Pre-training of Deep Bidirectional Transformers for Language Understanding [EB/OL]. [2023-07-09]. https://arxiv.org/abs/1810.04805v2.

[117] HUANG Z H, XU W, YU K. Bidirectional LSTM-CRF Models for Sequence Tagging [EB/OL]. [2023-07-09]. https://arxiv.org/abs/1508.01991.

[118] MA X Z, HOVY E. End-to-end Sequence Labeling via Bi-directional LSTM-CNNs-CRF. [EB/OL]. [2023-07-09]. https://arxiv.org/abs/1603.01354v5.

[119] LI X Y, MENG Y X, SUN X F, et al. Is Word Segmentation Necessary for Deep Learning of Chinese Representations? [Z]. 2019.

[120] AKBIK A, BLYTHE D, VOLLGRAF R. Contextual string embeddings for sequence labeling [C]//International Conference on Computational.[S.l.]: Association for Computational Linguistics, 2018: 1638-1649.

[121] MINTZ M, BILLS S, SNOW R, et al. Distant supervision for relation extraction without labeled data. [C]//ACL 2009. [S.l.]: DBLP, 2009: 1003-1011.

[122] JIA S B, XIANG Y, CHEN X J, et al. A Triple Trustworthiness Measurement Frame for Knowledge Graphs[EB/OL]. [2023-07-10]. https://arxiv.org/abs/1809.09414v1.

[123] FENG X C, GUO J, QIN B, et al. Effective deep memory networks for distant supervised relation extraction [C]//Proceedings of the 26th International Joint Conference on Artificial Intelligence. [S.l.]: IJCAI, 2017: 4002-4008.

[124] BORDES A, USUNIER N, GARCIA-DURAN A. Translating Embeddings for Modeling Multi-relational Data[J]. Advances in neural information processing systems, 2013,26.

[125] YANG B S, YIH W, HE X D, et al. Embedding Entities and Relations for Learning and

[125] 　Inference in Knowledge Bases [EB/OL]. [2023-07-10]. https://arxiv.org/abs/1412.6575v1.

[126] 　FADER A, SODERLAND S G, ETZIONI O W. Identifying Relations for Open Information Extraction[A]// EMNLP. New York: ACM, 2011: 1535-1545.

[127] 　VASHISHTH S, JAIN P, TALUKDAR P P. CESI: Canonicalizing Open Knowledge Bases using Embeddings and Side Information[A]//the 2018 World Wide Web Conference.New York: ACM, 2018: 1317-1327.

[128] 　ZHOU P, SHI W, TIAN J, et al. Attention-Based Bidirectional Long Short-Term Memory Networks for Relation Classification [C]//the 54th Annual Meeting of the Association for Computational Linguistics. [S.l.]: ResearchGate, 2016: 207-212.

[129] 　DEVLIN J, CHANG M W, LEE K, et al. BERT: Pre-training of Deep Bidirectional Transformers for Language Understanding [EB/OL]. [2023-07-10]. https://arxiv.org/abs/1810.04805v2.

[130] 　ETTLIE J E, KUBAREK M. Design Reuse in Manufacturing and Services*[J]. Journal of Product Innovation Management, 2008, 25(5): 457-472.

[131] 　翟社平，李兆兆，段宏宇，等．多特征融合的句子语义相似度计算方法 [J]．计算机工程与设计，2019, 40(10): 2867-2873, 2884.

[132] 　LAFFERTY J, McCallum A, PEREIRA F. Conditional Random Fields: Probabilistic Models for Segmenting and Labeling Sequence Data[C]// Proceedings of icml. [S.l.]: ResearchGate, 2001: 282-289.

[133] 　HUANG W D, ZHU H M, WANG C L, et al. Research on Emergency Knowledge Retrieval Mechanism Based on Domain Ontology[C]//WRI Global Congress on Intelligent Systems. New York: IEEE, 2009: 212-216.

[134] 　涂建伟，李彦，李文强，等．一种面向产品创新设计的知识检索模型与实现 [J]．计算机集成制造系统，2013, 19(2): 300-308.

[135] 　YAN R T, QIU D, JIANG H H. Sentence Similarity Calculation Based on Probabilistic Tolerance Rough Sets[J]. Mathematical Problems in Engineering (Theory Methods and Application), 2021, 2021(4): 1635708-1-1635708.9.

[136] 　TIAN X D, WANG J M. Retrieval of Scientific Documents Based on HFS and BERT[J]. IEEE Access, 2021, 9:8708-8717.

[137] 　解季非．制造企业服务化路径选择研究 [J]．中国管理科学，2018, 26(12): 135-145.

[138] 　罗政，李玉纳．企业价值链协同知识创新影响因素的系统动力学建模与仿真 [J]．现代图书情报技术，2016 (5): 80-90.

[139] 　张云中．从整合到聚合：国内数字资源再组织模式的变革 [J]．数字图书馆论坛，2014 (6): 16-20.

[140] 　MCAULEY J, LESKOVEC J. Hidden factors and hidden topics: understanding rating dimensions with review text[C]//Proceedings of the 7th ACM Conference on Recommender systems. New York: ACM, 2013: 165-172.

[141] XIAO D L, LI Y K, ZHANG H, et al. ERNIE-Gram: pre-training with explicitly n-gram masked language modeling for natural language understanding[Z]. 2020.

[142] PENG J, YANG D Q, TANG S W, et al. A new similarity computing method based on concept similarity in Chinese text processing[J]. Science in China (Series F) Information Sciences, 2008, 51(9): 1215-1230.

[143] LIU Y, SUN C J, LIN L, et al. Computing semantic text similarity using rich features[C]// PACLIC. [S.l.]: PACLIC, 2015: 44-52.

[144] 彭宇新, 綦金玮, 黄鑫. 多媒体内容理解的研究现状与展望 [J]. 计算机研究与发展, 2019, 56(1): 183-208.

[145] 张磊, 赵耀, 朱振峰. 跨媒体语义共享子空间学习研究进展 [J]. 计算机学报, 2017, 40(6): 1394-1421.

[146] RASIWASIA N, MAHAJAN D, MAHADEVAN V, et al. Cluster canonical correlation analysis[C]//PMLR. [S.l.]: PMLR, 2014: 823-831.

[147] LIANG M Y, DU J P, YANG C X, et al. Cross-Media Semantic Correlation Learning Based on Deep Hash Network and Semantic Expansion for Social Network Cross-Media Search[J]. IEEE Transactions on Neural Networks and Learning Systems, 2020, 31(9): 3634-3648.

[148] KIM Y.Convolutional Neural Networks for Sentence Classification[C]//Proceedings of the 2014 Conference on Empirical Methods in Natural Language Processing (EMNLP). [S.l.]: Association for Computational Linguistics, 2014.

[149] 綦良群, 刘晶磊, 吴佳莹. 服务化对先进制造业全球价值链升级的影响机制——基于企业双元能力视角的研究 [J]. 中国软科学, 2022 (4): 95-104.

[150] 蒋军锋, 尚晏莹. 数据赋能驱动制造企业服务化的路径 [J]. 科研管理, 2022, 43(4): 56-65.

[151] 张文, 王强, 杜宇航, 等. 在线商品评论有用性主题分析及预测研究 [J]. 系统工程理论与实践, 2022, 42(10): 2757-2768.

[152] 关鹏, 王曰芬. 科技情报分析中 LDA 主题模型最优主题数确定方法研究 [J]. 现代图书情报技术, 2016 (9): 42-50.

[153] RUBIO-SANCHEZ M, RAYA L, DIAZ F, et al. A comparative study between RadViz and Star Coordinates[J]. IEEE transactions on visualization and computer graphics, 2016, 22(1): 619-628.

[154] MATEEN M, WEN J H, NASRULLAH, et al. Fundus Image Classification Using VGG-19 Architecture with PCA and SVD[J]. Symmetry (Basel), 2018, 11(1): 1-12.